牵引变电所运行与维护

（活页式）

主　编 ◎ 窦婷婷　　赵先堃

副主编 ◎ 崔景萍

西南交通大学出版社

·成　都·

图书在版编目（ＣＩＰ）数据

牵引变电所运行与维护：活页式 / 窦婷婷，赵先堃
主编. —成都：西南交通大学出版社，2022.6（2025.2 重印）
ISBN 978-7-5643-8558-3

Ⅰ. ①牵… Ⅱ. ①窦… ②赵… Ⅲ. ①电气化铁道 –
牵引变电所 – 运行②电气化铁道 – 牵引变电所 – 维修
Ⅳ. ①U224

中国版本图书馆 CIP 数据核字（2021）第 275202 号

Qianyin Biandiansuo Yunxing Yu Weihu（Huoyeshi）

牵引变电所运行与维护

（活页式）

主 编 窦婷婷 赵先堃

责任编辑／张少华
封面设计／何东琳设计工作室

西南交通大学出版社出版发行

（四川省成都市金牛区二环路北一段 111 号西南交通大学创新大厦 21 楼 610031）
发行部电话：028-87600564 028-87600533
网址：http://www.xnjdcbs.com
印刷：四川玖艺呈现印刷有限公司

成品尺寸 185 mm×260 mm
印张 18.5 插页 1
字数 423 千
版次 2022 年 6 月第 1 版
印次 2025 年 2 月第 2 次

书号 ISBN 978-7-5643-8558-3
定价 56.00 元

课件咨询电话：028-81435775
图书如有印装质量问题 本社负责退换
版权所有 盗版必究 举报电话：028-87600562

前言
PREFACE

　　2019 年，教育部先后印发《国家职业教育改革实施方案》《关于组织开展"十三五"职业教育国家规划教材建设工作的通知》《职业院校教材管理办法》，明确提出建设一大批校企"双元"合作开发的国家规划教材，倡导使用新型活页式、工作手册式教材并配套开发信息化资源。每三年修订一次教材，其中专业教材随信息技术发展和产业升级情况及时动态更新，本教材正是按照此要求进行编写的。

　　本书采用新型活页式教材形式，加入二维码，充分体现了"互联网 + 职业教育"的新要求，二维码提供的内容用户可自主线上学习，也可按需选择打印并组装，实现定制化教材；配套有丰富的数字化资源，方便实现线上线下互动教学，最大限度地满足学生学习和教师教学的需要，提高教学和学习质量，促进教学改革。

　　本书以实际岗位需求为目标，以就业需求为导向，实现职业技能提升。全书根据高等职业教育的特点及现场实际运行情况，结合变电所综合自动化系统的发展，对内容进行了精选，力求在注重基本概念、基本知识、基本技能的同时突出实用性和逻辑分析，以提高学生独立分析问题和解决问题的能力；注重科学思维方法的训练，培养学生精益求精的大国工匠精神，增强学生探索未知、追求真理、勇攀科学高峰的责任感和使命感，匠心筑梦，成就供电工匠。同时，本书在文字表达方面力求概念清晰，深入浅出。

　　随着综合自动化设备在牵引供电系统中的不断更新、发展和完善，变电所大量实现无人值守，因此关于牵引变电所运行管理部分本书只进行了略讲，帮助学生了解变配电所运行维护的基本作业内容和要求。

　　由于牵引供电系统中很多国外先进电气设备不断被引进并逐渐实现国产化。因此，本书在选取内容时将滞后和已淘汰设备删除，增加了现场使用的新设备，介绍了国外电气设备二次回路的读图方法，保证了本书的可读性。同时，本书采用了大量工程实际图纸进行详细的讲解。书中所举变电所典型故障处理案例皆为现场真实案例，可满足高职铁道供电专业学生的教学及关键岗位职工的培训需求，对初涉铁道供电技术变电运行、变电检修、继电保护等的现场运行人员也有较高的参考价值。

全书共分为六个项目，全面系统地介绍了铁道供电技术的相关内容，包括牵引供电系统认知，牵引变电所一次设备，电气主接线及高压配电装置，牵引变电所运行维护，牵引变电所二次回路，牵引变电所事故处理。

　　本书由窦婷婷、赵先堃担任主编。本书项目二、项目三、项目四由山东职业学院窦婷婷编写，项目五、项目六由西安铁路职业技术学院赵先堃编写，项目一任务二由山东职业学院崔景萍编写，项目一任务一由山东职业学院孔瑾编写。本书在编写的过程中，参阅了大量的书籍和资料，在此对原作者一并表示感谢！

　　由于编者水平有限，书中难免存在疏漏和不足之处，恳请业内专家、同仁、广大读者批评指正。

编　者

2022 年 6 月 4 日

目 录
CONTENTS

项目一　牵引供电系统认知

项目导入

　　牵引供电系统认知是牵引变电值班员运行维护时应知应会的基本知识和技能，我们应该了解电气化铁路的发展概况和电气化铁道电流制，熟悉电力系统的基本知识和中性点运行方式，掌握牵引供电系统的组成，能够进行牵引供电方式的优缺点分析。

学习方法

　　资讯：接受学习任务，根据引导问题，通过学习查找资料、网络信息等，建立学习任务总体印象。

　　计划：与小组成员、教师、师傅、讨论任务对象在电气化铁路牵引供电中的影响和意义。

　　决策：与教师或师傅进行专业交流、确认本项目的工作步骤和涉及的工具，拟定检查、评价标准。

　　实施：按照确定的工作步骤完成对应的学习任务，发现问题，共同分析，遇到无法解决的问题时请老师或师傅帮助解决。

　　检查：

　　（1）生产文件准备好了吗？

　　（2）工具准备好了吗？

　　（3）安全注意事项有哪些？

　　评价：与同学、老师、师傅进行专业交流，任务完成有改进的建议吗？

任务 1　电气化铁路的发展

【任务目标】

　　（1）了解电气化铁路的发展历史。

　　（2）熟悉电气化铁路的优越性。

（3）掌握电力系统的组成。

（4）掌握电力系统中性点的运行方式。

（5）培养学生学习电气化铁路知识的兴趣。

【任务描述】

根据图 1.1 认知电气化铁路的特点。

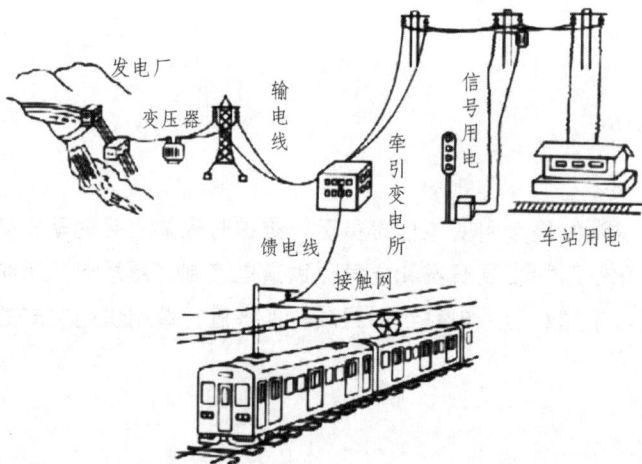

图 1.1　电气化铁路供电系统图

【任务分析】

从铁路牵引形式的发展入手，说明电气化铁路的电流制，进而引入电力系统的基本知识和电力系统中性点的运行方式。

【知识链接】

子任务 1　电气化铁路发展概况

（一）国外电气化铁路发展概况

1825 年世界上第一条铁路在英国建成。1879 年 5 月 31 日在德国柏林举办的世界贸易博览会上，由西门子和哈尔斯克公司展出了世界上第一条电气化铁路。

最初，电气化铁路都修建在城市近郊线路和些工矿线路上。后来，随着工业的发展，才逐渐发展到城市之间和运输繁忙的干线铁路上来。20 世纪 60～70 年代是世界电气化铁路发展最快的时期，平均每年修建达 5 000 多千米。在此期间，工业发达的西欧、日本、苏联以及东欧等国家，运输繁忙的主要铁路干线实现了电气化，而且基本上已经成网。1964 年 10 月日本建成世界上第一条高速电气化铁路——东海道新干线，以 210 km 的时速令世人瞩目。

20 世纪 80 年代以后，世界上又出现了一个电气化铁路建设高潮。一些发展中国家，如中国、印度、土耳其、巴西等国的电气化铁路建设也开始快了起来。例如，印度 1990～1991 年两年就建成电气化铁路 1 557 km,平均每年建成近 800 km;从 1981～

2000 年，我国在二十年内建成的电气化铁路约 13 000 km。目前我国的电气化铁路在建设里程和建设速度上都已经跃居世界前列。在此期间继日本高速电气化铁路时速提高到 270～300 km 之后，德国和法国相继建成时速达 250～350 km（ICE 和 TGV）的高速电气化铁路，工业发达国家正在集中力量兴建时速 200 km 以上的高速电气化铁路。

截止到 2010 年底，已建成高速电气化铁路的国家有中国、日本、法国、德国、意大利、西班牙、比利时、韩国、荷兰、瑞典、英国、俄罗斯，正在积极建设或规划建设的还有美国、瑞士、奥地利、丹麦、加拿大、澳大利亚、印度等国；欧洲已经突破了国界向路网化、国际化发展。

（二）我国电气化铁路发展历程

自 1961 年 8 月 15 日我国开通了第一条电气化铁路——宝鸡—凤州段起，至今已有 50 多年。在这 50 余年中，我国电气化铁路迅速地发展，取得了巨大的成就。

我国电气化铁路的发展和建设历程主要分为四个阶段：第一条电气化铁路的诞生（1953～1961 年）；恢复时期电气化铁路建设（1968～1980 年）；改革开放后电气化铁路建设（1981～2000 年）；新世纪电气化铁路建设（2001 年至今）。从第一条电气化铁路开始修建到 2012 年 12 月 1 日"哈（哈尔滨）大（大连）"高速铁路正式开通，中国电气化铁路总里程在 1954 年突破 4.8 万 km，超越俄罗斯位居世界第一位。这是中国铁路建设史上的一项重大成就，也是中国铁路现代化进程中的一个重要里程碑。

在电气化铁路建设发展过程中电气化铁路的牵引供电技术装备也发生了巨大变化。从最初全面学习苏联，到改革开放后积极引进和自主开发创新，在牵引供电、变电所设备、接触网、远动控制和检测技术方面，已经基本形成了自己的技术模式。在工程设计手段和工程施工工艺、设备的运营和管理，以及各种专用器材的生产等方面也都有了长足进步。

2004 年 1 月 7 日，国务院常务会议原则通过了《中长期铁路网规划》。2008 年 10 月 31 日，经国家批准，《中长期铁路网规划》（以下简称《规划》）正式颁布实施。《规划》规定，到 2020 年，全国铁路营业里程达到 12 万 km，主要繁忙干线实现客货分线，复线率和电化率分别达到 50% 和 60% 以上，运输能力满足国民经济和社会发展需要，主要技术装备达到或接近国际先进水平。

具体目标是：

（1）发展客运专线，为满足快速增长的旅客运输需求，建立省会城市及大中城市间的快速客运通道，规划"四纵四横"等客运专线以及经济发达和人口稠密地区城际客运系统。建设客运专线 1.6 万 km 以上。

（2）以扩大西部路网规模为主，形成西部铁路网骨架完善中东部铁路网结构，提高对地区经济发展的适应能力。规划建设新线约 4.1 万 km。

（3）加强既有路网技术改造和枢纽建设，提高路网既有通道能力。规划既有线增建二线 1.9 万 km，既有线电气化 2.5 万 km。

根据《规划》预测，到 2020 年，中国电气化铁路总里程将达到 5 万 km，电气化铁路承担的铁路运量比重将达到 80% 以上。中国几条主要繁忙长大干线：京哈线、京广线、京沪线、陆桥线、沪汉蓉线和沪昆线都将全线实现电气化；几个主要省会城市之间及环渤海地区、长江三角洲地区和珠江三角洲地区都将建成快速客运专线，其总里程将超过 1.6 万 km。中国西南、西北华北、东北、中南和华东的电气化铁路将基本连接成网。一个运输能力大，行车速度快，燃料消耗低，运输成本低，技术装备先进质量高，旅行环境好，不污染环境，分布比较合理的全国电气化铁路网将基本形成。到 2020 年，中国几条主要长大干线的旅客列车运行速度将普遍达到 160 km/h，部分区段将达到 200 km/h，新建的快速客运专线和城际客运线路将达到 200 km/h 及以上，几条主要繁忙干线的货物列车载重量将普遍达到 5 000 t 以上，而大秦和朔黄两条运煤专线的重载单元列车载重量将突破 1.5 万 ~ 2 万 t。旅客运输将全面实现"快速、准时、舒适"，主要城市间铁路旅行将实现 500 km 范围内"朝发夕归"，1 200 ~ 1 500 km 范围内"夕发朝至"，2 000 ~ 2 500 km 范围内"一日到达"的目标，货物运输将实现"大宗货物直达化，高值货物快速化"的目标。到 2020 年，中国电气化铁路在牵引供电设备的自动化水平、设备的国产化率、设备的运营可靠性及高速技术的应用等方面将呈现一个全新的局面，达到一个更高的水平。中国电力牵引动力的研发和生产，也将有重大的发展，跻身于世界先进国家行列。与此同时，在铁路电气化工程设计手段和标准化程度，电气化工程施工装备和施工质量标准，电气化铁路的运营管理现代化及电气化专用器材的生产等方面也将达到或接近世界先进水平。到 2020 年，中国电气化铁路的各项运营技术指标，如电力机车完成的工作量——日车公里和日产量、燃料消耗和能源利用率、能源使用结构、运输成本和运输质量以及环境的保护等都将达到或接近世界先进水平。还有中国电气化铁路的分布不合理状况、铁路电气化的投资回报率偏低、电气化铁路承担的铁路运量不大、牵引供电技术的自主研发能力不足等情况也将得到彻底扭转。

高速铁路全部采用电气化铁路的形式，2004 年起，我国通过引进消化吸收再创新的发展模式，极大地推动了高速铁路技术的发展，2008 年京津城际 300 km/h 高速铁路通车以来，陆续开通了武广、郑西、沪宁、沪杭、京沪等 350 km/h 高速铁路客运专线，并于 2010 年在京沪高速铁路创下 486.1 km/h 的世界铁路运营最高试验速度，目前我国高速铁路运营里程已经突破 1 万 km，接近世界高速铁路总里程的总和。

子任务 2　电气化铁路的供电制式

供电制式是指供电系统向电动车辆或电力机车供电时所采用的电流和电压制式，涉及直流制或交流制、电压等级、交流制中的频率（工频或低频）以及交流制中是单相或还是三相等。

目前各国所采用的供电制式有：直流制、低频单相交流制、工频单相交流制。我国的牵引供电系统采用工频单相交流制，电压为 25 kV（27.5 kV）或 50 kV（55 kV）。

（一）直流制

电力系统将三相交流电送到牵引变电所，经降压，整流变成直流电，再通过牵引网供给电力机车使用。

（1）优点：直流牵引电动机调速性能好，机车构造简单，接触网对铁路沿线通信线路造成的电磁干扰较小。

（2）缺点：直流制的供电电压因受到牵引电机端电压的限制而不能过高（最高6.6 kV）。接触网导线的截面面积大，金属消耗大，线路损耗大。变电所间距小，增加了变电所的数目。另外，变电所的设备、结构较复杂（降压、整流）。直流制的泄漏电流对沿线地下金属的腐蚀作用较为严重。

（3）应用：地铁、城市轨道交通、工厂矿山运输等。

（二）三相交流制

用两根接触网导线和一根钢轨形成三相电路。电力机车采用三相异步电动机。

（1）优点：牵引变电所和机车设备简单，维修方便。

（2）缺点：异步电动机调速困难，接触网结构复杂且不安全。

（三）低频单相交流制

采用低于工业频率（50 Hz）的单相交流电源供电。

频率和电压：西欧国家为16.67Hz（电网频率50Hz的三分之一）、15 kV；美国为25 Hz、11 kV。

（1）优点：接触网上的电压比直流制高，接触网导线的截面减小，牵引变电所的距离有所增大。

（2）缺点：频率与工业频率不同。牵引变电所需设变频机，或设置专用变频所，从经济效果方面比较，这种制式反而不如直流制。

（3）应用：西欧一些国家（如德国）采用较多。

（四）工频单相交流制

采用工业频率（50 Hz）的单相交流电供电的制式。供电电压一般为25 kV。

1932年，匈牙利首先使用这种电流制建成了世界上第一条工频单相交流制的电气化铁道。1958年，新中国第一条电气化铁路宝成线宝鸡—凤州段，也采用该电流制，后来修建的每条电气化铁路都无一例外地采用了这种制式。

1. 工频单相交流制的优越性

（1）牵引供电系统结构简单。牵引变电所中不需要设置整流和变频设备。

（2）牵引供电系统电压增高，既可保证大功率机车的供电，提高机车的牵引定数和运行速度，又可使牵引变电所之间的距离延长，接触网导线截面面积减小，建设和运营费用显著降低。

（3）交流电力机车的黏着性能和牵引性能良好。通过机车上变压器的调压，牵引电动机可以在全并联的状态下工作。牵引电动机并联工作可以防止轮对空转，提高黏着系数。

（4）与直流制相比，交流制的地中电流对地下金属的腐蚀作用小，一般可不设专门的防护装置。

2. 工频单相交流制的主要问题

（1）单相牵引负荷将会在电力系统中形成负序电流，当电力系统容量较小时，负序电流影响更显得突出。

（2）电力牵引负荷是感性负载，功率因数低，特别是采用相控整流后，牵引电流变为非正弦波，出现较大的谐波电流，使功率因数更低。

（3）牵引网中的单相工频电流将对沿线通信线路造成较大的电磁干扰。

子任务 3　电力系统的基本知识

随着现代工业的发展，电力工业在现代化的建设中扮演着越来越重要的角色。电能是绝大多数工矿企业现代化设备的动力能源，可以既经济又方便地进行输送和分配，可以很方便地与其他形式的能量相互转换，且在使用中易于被操作和控制，因此在自动化生产等各个领域得到普及应用。

（一）电力系统的组成

电能的生产、输送、分配和使用组成了一个系统，称为电力系统，主要由发电厂、电力网、电能用户组成。图 1.2 是电力系统的结构示意图。

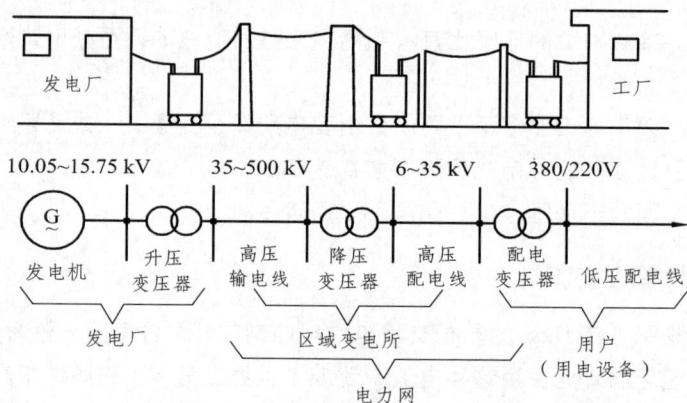

图 1.2　电力系统结构示意图

1. 发电厂

发电厂是把其他形式的能量转变为电能的工厂。根据利用的能源不同，发电厂可以分为火力发电、水力发电、核能发电以及太阳能发电和风力发电等几种。

火力发电厂简称火电厂或火电站，是利用煤、石油、天然气等燃料燃烧来加热水，产生高温高压的蒸汽来推动汽轮机旋转并带动发电机发电；水力发电厂简称水电厂或水电站，是利用水流的动能和势能去推动水轮机旋转并带动发电机发电。这两种发电厂目前在我国占据了主导地位。核能发电厂通常称为核电站，是利用铀、钍等燃料裂变所释放出来的巨大能量来加热水，取代煤、石油、天然气等燃料来发电，在我国也有相当规模。而太阳能发电和风力发电目前还只在局部地区使用，但太阳能和风能是取之不尽、没有污染的绿色能源，是人类理想中的清洁能源。这种新能源的开发，正在世界范围内形成一股热潮，在我国的发展也相当快，其所占的地位已日趋重要。除此之外，新能源的开发还有地热发电、潮汐发电和生物发电等。

2. 电力网

电力网是电力系统的重要组成部分，担负着将发电厂和电能用户连接起来组成系统的任务，它对于电力系统的可靠性和经济性有重要意义。图 1.3 是电力网的组成示意图。

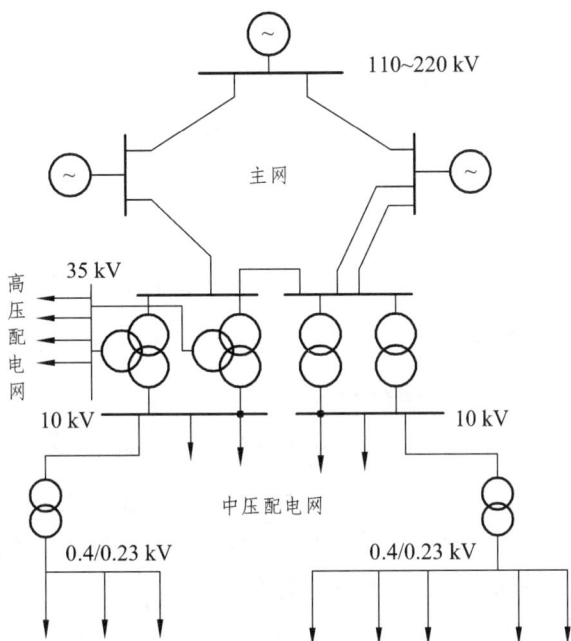

图 1.3　电力网组成示意图

电力网由各种电压等级的输、配电线路和变（配）电站（所）组成。电力网的任务是将电能从发电厂输送和分配到电能用户。电力网按照功能常分为输电网和配电网两大部分。输电网是由 220 kV 及以上的输电线路和与其相连接的变电所组成，是电力系统的主要网络，其作用是将电能输送到各个地区的配电网或直接输送到大型企业用户。配电网是由 110 kV 及以下的配电线路和与其相连接的配电所（或简单的配电变压器）组成，其作用是将电能输送到各类用户。配电网又分为高压配电网（35～110 kV）、中压配电网（6～10 kV）和低压配电网（220/380 V）。为了减少在输电网络上产生的电能损耗，在远距离的输电网中，一般采用超高压（330～750 kV）输电方式。

发电厂的发电机端电压不可能过高（一般为 6～10 kV），电能用户的电压也不可能很高（一般为 10 kV 及以下），因此，电力网还担负着改变电压等级的作用，这就有赖于变、配电所（站）。变电所（站）由电力变压器和配电装置组成，它是改变电压和分配电能的场所。负责将电压升高的变电所（站）又称为升压变电所（站），负责将电压降低的变电所（站）又称为降压变电所（站），而配电所（站）只负担分配电能的任务。

（二）负荷等级

电能用户主要包括工矿企业和居民区等。按用户的重要程度和对供电可靠性的要求，用电负荷可分为三类。

1. 一类负荷

一类负荷突然停电将造成人身伤亡危险或重大设备损坏，给国民经济带来重大损失，如医院、铁道牵引供电、铁道信号、重要军事及政府机关部门等。这类负荷，必须有两路及以上的独立电源供电，保证任何情况下都能连续供电。

2. 二类负荷

二类负荷是指突然停电会引起主要设备损坏，造成重大经济损失，影响群众生活秩序，如炼钢厂、化工厂、重要公共场所等。这类负荷，一般应有两路电源供电，且当失去任何一路电源后，能保证全部或大部分二级负荷的供电。当负荷较小或地区供电条件困难时，才允许由一路 6 kV 及以上的专用架空线供电。

3. 三类负荷

三类负荷是指不属于一类负荷和二类负荷的其他负荷。这类负荷对供电可靠性要求不高，可以允许非连续性供电，这类负荷通常用一路电源供电。

（三）电力系统中性点的运行方式

三相电力系统的发电机和变压器，当采用星形接线时，存在中性点的运行方式问题。电力系统的中性点运行方式主要表现为中性点是否接地及如何接地，一般分为两大类：一类是中性点直接接地或经过低阻抗接地，称为大电流接地系统；另一类是中性点不接地或经消弧线圈接地，称为小电流接地系统。

1. 中性点不接地系统

若发生单相接地故障时，流过接地点的故障电流很小（小于 500 A），称该系统为小电流接地系统，简称小电流系统（35 kV 及以下电网）。这种系统发生单相接地时，三相用电设备依然能正常工作，2 h 之内允许暂时继续运行，因此可靠性高；但该系统发生单相接地时，非故障相的对地电压升高到线电压，是正常运行时电压的 $\sqrt{3}$ 倍，因此绝缘要求高，进而增加绝缘费用。故障相接地电流上升为原对地电容电流的 3 倍。

2. 中性点经消弧线圈接地系统

为了减小接地电流，使其降至允许值范围内，可以用中性点经消弧线圈接地的方法，该系统称为中性点经消弧线圈接地系统。通常采取的补偿方式有全补偿、过补偿和欠补偿三种，由于全补偿和欠补偿电路极易产生过电压而损坏设备，所以一般不采用全补偿和欠补偿，而采用过补偿。

3. 中性点接地系统

当发生单相接地故障时，流过接地点的故障电流很大（大于 500 A），称该系统为大电流接地系统，简称大电流系统（110 kV 及以上电网）。这种系统发生单相接地时，非故障相的对地电压不升高，因此可降低绝缘费用；但该系统发生单相接地时，短路电流大，必须迅速由保护装置切除故障部分，即其供电可靠性较差。

目前，我国电力系统中性点的运行方式为：

（1）对于 6～10 kV 的系统，由于设备绝缘水平按线电压考虑，对于设备造价影响不大，因此为了提高可靠性，一般均采用中性点不接地或经消弧线圈接地的方式。

（2）对于 110 kV 及以上的系统，主要考虑降低设备绝缘水平，简化继电保护装置，一般均采用中性点直接接地的方式，并采用送电线路全线架设避雷线和装设自动重合闸装置等措施，以提高供电可靠性。

（3）20～60 kV 的系统，是一种中间情况，一般一相接地时的电容电流不是很大，网络不是很复杂，设备绝缘水平的提高或降低对于造价影响不是很显著，所以一般均采用中性点经消弧线圈接地的方式。

【任务实施】

（1）学生接受任务，根据给出的相关知识通过学习并查阅相关的资料，自行完成任务的内容。

（2）各小组成员之间、各小组之间互相检查，发现问题，提出意见。

（3）老师检查各小组及个人完成的任务，提出问题，给出成绩。

【课堂训练与测评】

（1）电气化铁路的电流制式有哪些？各有什么特点？

（2）我国电气化铁路牵引供电采用的什么电流制式？

（3）电力负荷分为几类？其供电电源各有什么要求？

（4）电力系统的中性点有哪些运行方式？

（5）供电系统框图设计：参考图 1.4 电气化铁路供电系统图，绘制自己所在城市某牵引变电所的一次供电系统设计框图。

设计要求：该变电所一次电源取自不同类型的发电厂，两个发电厂与所在城市距离有较大差距，该变电所除负责向牵引网送电外，还负责本所车站用电和 10 kV 信号贯通线用电。请查找相关资料并完成设计框图的绘制和说明。

【知识拓展】

（1）扫描二维码 1.1，可查阅学习电气化铁路的优越性。

（2）扫描二维码 1.2，可查阅学习电力系统中性点的运行方式。

二维码 1.1   二维码 1.2

任务 2　牵引供电系统的认知

【任务目标】

（1）掌握电气化铁路的外部电源供电。

（2）掌握电气化铁路供电系统的电流制式。

（3）熟练掌握电气化铁路供电系统的构成。

（4）熟练掌握牵引供电系统的供电方式。

【任务描述】

根据图 1.4 认知电气化铁道供电系统的构成。

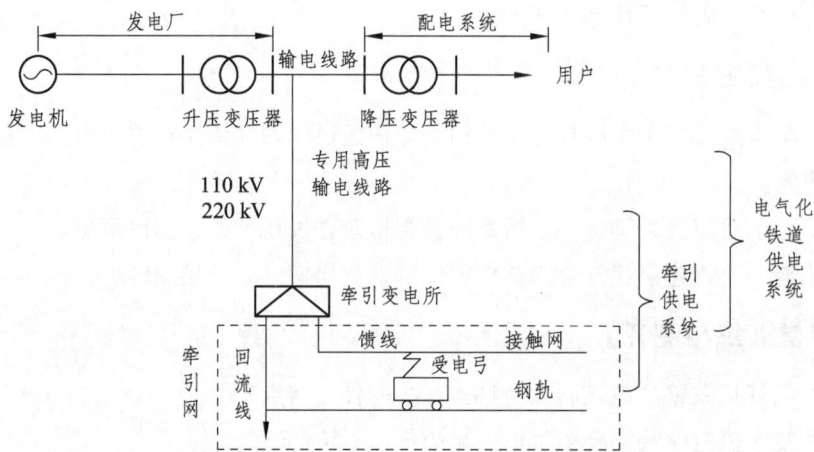

图 1.4　电气化铁道供电系统的构成

【任务分析】

从牵引变电所的外部电源供电方式开始，深入讲解电气化铁路供电系统的供电制式和组成，进而引出对电气化铁道供电系统的基本要求。

【知识链接】

用电能作为铁路运输动力能源的牵引方式叫作电力牵引。由于电力机车本身不带能源装置，因此必须在电气化铁路沿线设置一套完善的能不间断地向电力机车供电的装置，称为牵引供电系统。

牵引供电系统是将电能从电力系统传送给电力机车的电力装置的总称。向电力机车提供电能的沿线供电设施从电能的传输、变换、分配角度构成牵引供电系统。

子任务 1　牵引供电系统的构成

现代电力牵引普遍以公用电网配电，取用经变换的单相电。在我国，电气化铁路都采用工频（50 Hz），额定电压为 27.5 kV 或 55 kV（2×27.5 kV）的单相交流制。

牵引供电系统的构成简化图如图 1.5 所示。相对牵引供电系统而言，通常把为其供电的电力系统称为外部电源或一次系统。牵引供电系统主要由牵引变电所和牵引网构成。

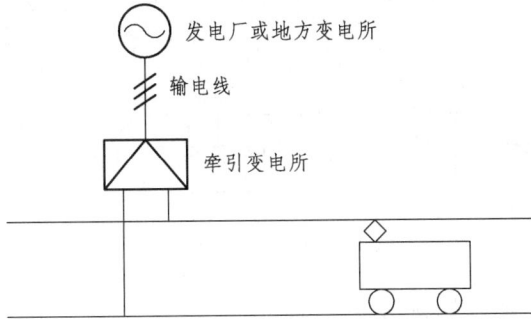

图 1.5 牵引供电系统的构成

（一）牵引供电系统外部电源供电方式

外部电源的供电方式是指电力系统与牵引变电所的连接方式，它取决于牵引负荷的用电等级和电力系统的分布情况。TB/T 10009—2005《铁路电力牵引供电设计规范》规定："电力牵引应为一级负荷，牵引变电所应有两路电源供电，当任一路故障时，另一路仍能正常供电。"其中两路电源可来自不同的地区变电所或同一地区变电所的不同母线。

外部电源的供电方式以保证供电可靠性为原则，同时注意电源容量及经济性。外部电源的供电方式主要有环形供电、双侧供电、单侧供电、放射供电等几种形式。从供电可靠性出发，牵引变电所应尽量采用环形供电或双侧供电。

国内现行电网模式中，有更高一级电网时，往往不再使低一级电网结环运行。因此，在目前 220 kV 及更高电压等级广泛形成的情况下，当采用 110 kV 或 220 kV 系统给铁路牵引供电时，就较少采用环形（双侧）供电方式，而多采用单侧供电方式或带有备用开关的双侧供电方式及放射供电方式等。其中当采用单侧供电方式时，必须设置两回路输电线以保证供电的可靠性。当这两回输电线路连接到同一变电所时，这两回输电线路接至不同的分段母线上。

图 1.6 是陕西电网对三个牵引变电所进行单侧供电的情况；图 1.7 是四川电网与宝成线上两个牵引变电所的供电图。当备用开关合上时便是环形供电，否则就是单路输电线的单边供电方式。

另外，实际电力系统的电源与牵引变电所的布局是各式各样的，相对一条电气化铁路来说，外部电源的供电方式也往往是多样的。

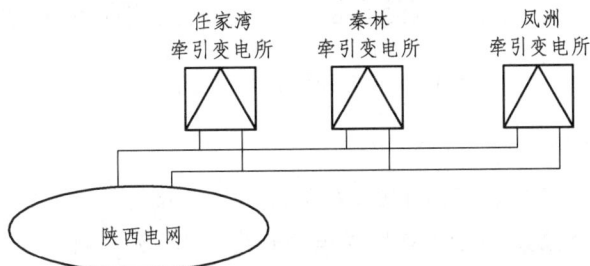

图 1.6 陕西电网供电图

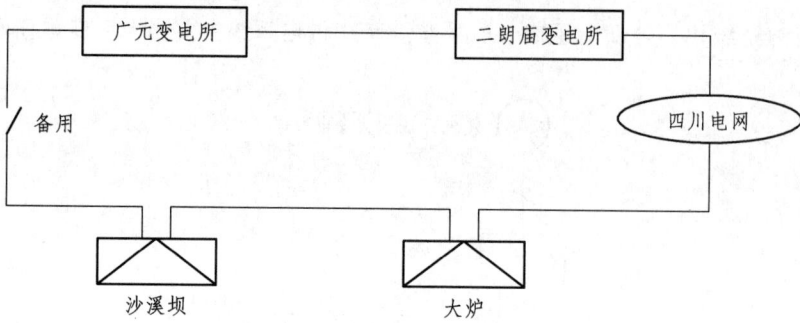

图 1.7 四川电网供电图

（二）牵引供电系统的构成

电力牵引供电系统由发电厂用专用的高压输电线路供电。通常，将这种专用高压输电线和电力牵引供电系统称为电气化铁道供电系统。

电力牵引供电系统主要包括地方变电站、输电线路、牵引变电所、牵引网（馈电线、接触网、轨道、回流线）、电力机车和专用高压供电线路等，如图 1.8 所示。

牵引变电所将电力系统输电线路的电压从 110 kV（或 220 kV）降到 27.5 kV，经馈电线将电能送至接触网；接触网沿铁路上空架设，电力机车升弓后便可从其上取得电能，用以牵引列车。牵引变电所所在地的接触网设有分相绝缘装置，两相邻牵引变电所之间设有分区所（又称分区亭），接触网在此也相应设有分相绝缘装置。牵引变电所至分区所之间的接触网（含馈电线）称供电臂。

牵引供电回路是由牵引变电所、馈电线、接触网、电力机车、钢轨和大地、回流线、牵引变电所接地网组成的闭合回路。习惯上将馈电线、接触网、钢轨回路（包括大地）和回流线组成的输电网络统称为牵引网。

牵引供电设备的检修运行由供电段负责，牵引供电系统的运行调度则由供电调度负责，供电调度通常设在分局和铁路局调度所。

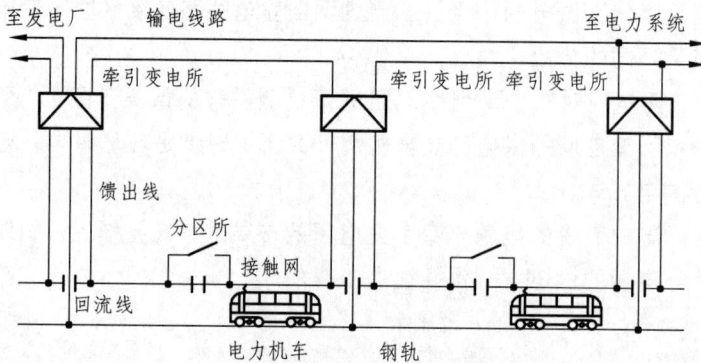

图 1.8 电力牵引供电系统示意图

1. 高压架空输电线路

如图 1.8 所示，电力部门用 110 kV 或 220 kV 的高压输电线将电能送入牵引变电所。这一高压输电线是为牵引变电所供电的专线，其修建和维护均由电力部门负责。铁路供电部门与电力部门的责任分界线是牵引变电所高压进线门型架。

2. 牵引变电所

牵引变电所的作用是从电力系统接受电能，通过变压器将电能从三相 110 kV 或 220 kV 变换成单相 27.5 kV（对 AT 系统为 2×27.5 kV），并向铁路上、下行两个方向的牵引网供电。变电所两侧的牵引网区段被称作供电臂。

牵引变电所一般设有备用电源，采用双回路高压线路送至变电所，以便当一条回路检修或故障时由另一条线路供电。

电压的变换由牵引变压器完成。将电力系统的三相电变为单相方式输出是通过牵引变压器的电气接线实现的。根据牵引变压器类型的不同，牵引变电所可分为单相牵引变电所、三相牵引变电所和三相—两相牵引变电所 3 种类型。

3. 馈电线

馈电线是连接牵引变电所和接触网的导线，也称馈出线。馈电线一般为大截面的钢芯铝绞线，其作用为将牵引变电所的电能输送给接触网。

4. 接触网

接触网是沿铁路线上空架设的向电力机车供电的特殊形式的输电线路，是通过和受电弓的滑动接触把电能输送给电力机车的供电设施。接触网由接触线、承力索以及支持、定位和补偿等装置组成。

正常供电时，由牵引变电所馈线到接触网末端的一段供电线路，称为供电分区或供电臂。由于牵引负荷常处于运动之中，对于接触网的要求除了提供数量足够并符合质量标准的电能外，还应保证牵引负荷受流的稳定性。

5. 轨　道

在非电牵引的情况下，轨道只作为列车的导轨。在电牵引的情况下，轨道还起导通牵引回流的作用，是电路的组成部分。

6. 回流线

连接轨道和牵引变电所中主变压器接地相的导线称为回流线。回流线的作用是将流经电力机车的负荷电流引入牵引变电所。

（三）牵引供电系统的其他供电设备

1. 分区所（SP）

在电气化铁路上，为了增强供电的灵活性，提高运行的可靠性，在相邻两变电所供电的相邻两供电分区的分界处常用分相绝缘器断开。若在断开处设置开关设备和相应的配电装置，则组成分区所，如图 1.9 所示。

在单线单边供电的电气化区段，相邻两供电臂之间设分相绝缘器，并设旁路隔离开关以便实现临时越区供电即可，设置分区所（亭）的意义不大。

在复线电气化区段和单线电气化区段双边供电时，一般设置分区所（亭），在分区所内用断路器将同一供电分区的上、下行接触网或相邻两供电分区的接触网在末端连接起来，相邻两供电臂间设分相绝缘器和与之并联的隔离开关（或断路器）。

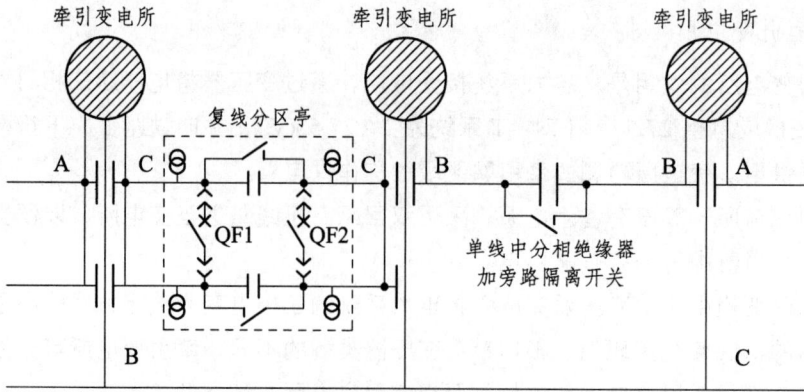

图 1.9 单、复线分区所

复线分区所的作用是：

（1）使同一供电分区的上、下行接触网并联工作或单独工作。并联工作时，分区所内的断路器闭合以提高接触网的末端电压；单独工作时，断路器打开。

（2）单边供电的同一供电分区上、下行接触网并联工作时，若发生短路故障，由牵引变电所中的馈线断路器和分区所中的断路器配合动作，切除故障区段，缩小故障范围。

（3）当某牵引变电所主变压器发生故障，中断供电时，可闭合分区所中与分相绝缘器并联的隔离开关（或断路器），由相邻牵引变电所向故障牵引变电所的供电分区临时越区供电。

2. 开闭所（SSP）

对于某些远离牵引变电所的大宗负荷，如枢纽站、电力机务段等，接触网按作业及运行要求需要分成若干组，由多条供电线路向这些接触网分组供电。若直接从牵引变电所向这些负荷供电，不但会增加变电所的复杂程度，还会大幅增加馈电线的长度，造成一次投资过大。为此，一般采取在大宗负荷附近建立开闭所的办法来解决这一问题。

开闭所即单相开关站，其中只有配电设备而无牵引变压器，仅用于接受和分配电能。为保证开闭所供电的可靠性，一般从相邻两供电分区上引入两路电源，互为备用，如图 1.10 所示。

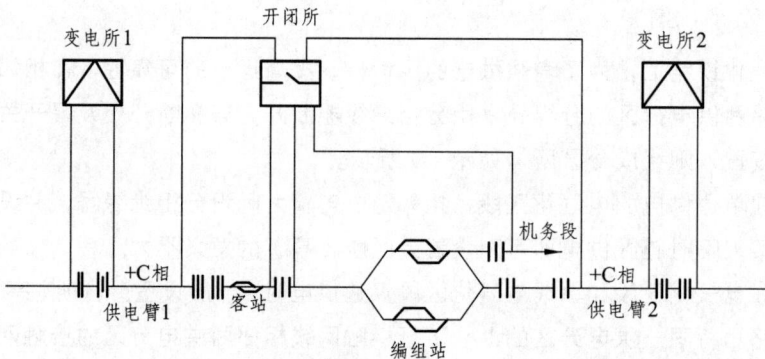

图 1.10 开闭所

开闭所的作用可简述如下：

（1）开闭所不进行电压变换，只起扩大馈线回路数的作用，相当于配电所。

（2）在 AT 供电方式中，将长供电臂分段，事故时缩小事故范围，提高供电的可靠性。

（3）保证枢纽站、场装卸作业和接触网分组检修的灵活性、安全性。

（4）降低牵引变电所的复杂程度。

3. 自耦变压器站（AT 所）

自耦变压器站简称 AT 所，是 AT 牵引网的重要组成部分，其将自耦变压器（AT）按一定间隔距离跨接在 AT 牵引网的接触网、正馈线和钢轨间。工频单相交流电气化铁路采用自耦变压器（AT）供电方式时，在铁路沿线每隔 10～15 km 设置自耦变压器和相应的配电装置，即设置 AT 所。AT 所的作用之一便是将牵引变电所供来的 55 kV 电压经自耦变压器 AT 降为 27.5 kV 电压等级，然后向接触网供电。

自耦变压器容量较小，接线方式简单，变压器可只设立简单的瓦斯和碰壳保护，由远方电源侧进行保护切除。供电分区中间设有分区亭或开闭所时，自耦变压器站（即 AT 所）可与分区亭或开闭所合并。这时，由于分区亭或开闭所设有直流操作电源，自耦变压器可以通过断路器联入牵引网。一旦自耦变压器发生事故，可以由断路器就地切除。

4. 分相绝缘器和分段绝缘器

分相绝缘器又称电分相，串在接触网上，目的是把两相不同的供电区分开，并使机车光滑过渡，主要用在牵引变电所出口处和分区所处。分段绝缘器又称电分段，分为纵向电分段和横向电分段，前者用于线路接触网上，后者用于站场各条接触网之间。通过其上的隔离开关将有关接触网进行电气连通或断开，以保证供电的可靠性、灵活性和缩小停电范围等。

子任务 2　牵引变电所向接触网的供电方式

牵引变电所向接触网的供电方式有两种：单边供电方式和双边供电方式。其中单边供电方式根据接触网是单线还是复线，又可以分为单线单边供电、复线单边末端并联供电、复线单边全并联供电几种供电形式。

（一）单边供电方式

单边供电方式指两牵引变电所之间相邻的两个接触网供电分区采用分相绝缘器相互绝缘，电力机车只从一个牵引变电所取用电流。我国电气化区段牵引网普遍采用单边供电方式，如图 1.11 所示。

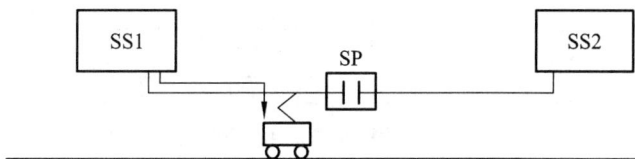

图 1.11　单边供电方式

SS（Traction Substation）—牵引变电所；SP（section post）—分区所。

（二）双边供电方式

双边供电方式指两个牵引变电所之间的供电分区属于同一相，将分区所的断路器闭合，可将相邻供电分区连通，由一个牵引变电所越区供电，或实行两边供电，如图1.12所示。

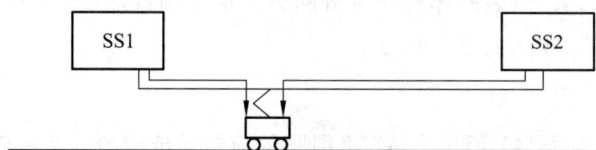

图 1.12　双边供电方式

由于 SS1 与 SS2 两变电所母线电压不相等而在两所之间产生均衡电流，故一般不使用双边供电。

子任务 3　牵引供电系统的供电方式

交流牵引供电系统的供电方式主要有：直接供电方式、BT（吸流变压器）供电方式、带回流线的直接供电方式和 AT（自耦变压器）供电方式。

（一）直接供电方式

直接供电方式如图 1.13 所示，牵引电流通过电力机车后直接从钢轨或大地返回牵引变电所。这种供电方式结构简单，投资最少，维护费用低，但是在负荷电流较大的情况下，钢轨电位高，并且对弱电系统的电磁干扰较大。

图 1.13　直接供电方式

（二）BT（吸流变压器）供电方式

BT 供电方式如图 1.14 所示，在接触网和回流线中串接吸流变压器，让牵引电流通过电力机车后从回流线返回牵引变电所。

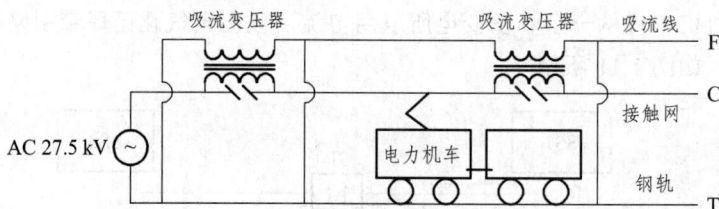

图 1.14　BT 供电方式

BT 供电方式的电磁兼容性能好，对周围环境影响小，但在接触网中串接吸流变压器后，牵引网阻抗增大，供电臂压降增大，使牵引变电所的供电距离缩短。

（三）带回流线的直接供电方式

带回流线的直接供电方式如图 1.15 所示，N 为吸流线，每隔一段距离与钢轨相连。相对于直接供电方式，带回流线的直接供电方式的钢轨电位有所降低，对通信线路等弱电系统的干扰减小。同时，其牵引网阻抗降低，供电距离增长。

相对于 BT 供电方式，带回流线的直接供电方式结构简单，投资少，维护费用低，且牵引网阻抗减小，供电距离增长。

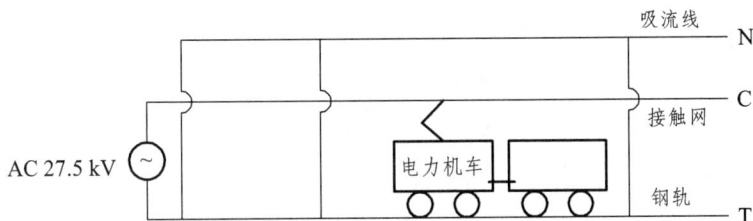

图 1.15　带回流线的直接供电方式

（四）AT（自耦变压器）供电方式

AT 供电方式如图 1.16 所示。AT 供电系统中，牵引变电所牵引侧电压为单相 55 kV 或两相 2×27.5 kV。其中 F 线称为正馈线，是与接触线并行架设的架空导线，电压等级为 27.5 kV，通过自耦变压器形成与接触线等值反向的电流流回变电所。牵引网接触线 C 和正馈线 F 接在自耦变压器的原边，构成 55 kV 供电回路，而钢轨与自耦变压器的中点连接，使接触网与钢轨间的电压仍然保持为 27.5 kV。自耦变压器的容量，视铁路运量及自耦变压器的间距大小而定，通常自耦变压器的间距为 $8 \sim 12$ km，自耦变压器的电磁容量为 $2\,000 \sim 5\,000$ kV·A。

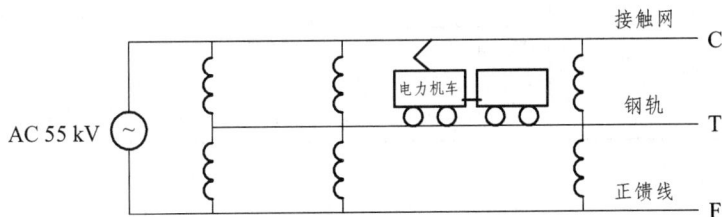

（a）

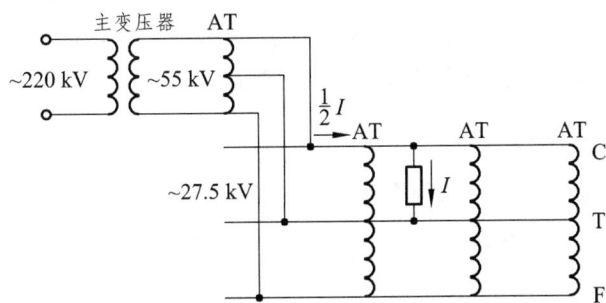

（b）

图 1.16　AT 供电方式

AT 供电方式下的接触网结构复杂，供变电设施较多，运营维护难度较大。但是在牵引网中并联自耦变压器形成 AT 供电方式，不仅可以显著地降低电气化铁路对通信线路的干扰，还具有现行其他供电方式所不具备的技术优势，故被许多国家所采用。

各种供电方式的比较如表 1.1 所示。应用于直接供电方式的牵引变压器的接线方式主要有：单相接线、V/v 接线、YNd11 接线、三相/两相平衡接线（Scott 接线、Wood-Bridge 接线等）、阻抗匹配平衡接线。应用于 AT 供电方式的主变压器接线形式主要有：单相接线、V/X 接线、三相/两相平衡接线（Scott 接线、Wood-Bridge 接线等）、十字交叉接线。

表 1.1　牵引供电系统供电方式的比较

供电方式	直接供电方式	BT 供电方式	带回流线的直接供电方式	AT 供电方式
优点	供电回路结构简单、可靠；电气化投资小；运营维护方便；一次投资费用低	具有良好的防干扰性能	供电回路结构简单、可靠；电气化投资小；运营维护方便；一次投资费用低；电能损失较小，对通信的干扰有所改善	供电回路阻抗低，供电半径大，牵引变电所数量少；外部电源投资省；防干扰性能好
缺点	供电半径较小；外部电源投资略大；对通信干扰大	供电回路结构复杂；阻抗高，网上电压降大，供电距离短；分段间隙多；电能损耗大；运营条件较差	对通信存在干扰	供电回路结构复杂；供变电设施多；跨线建筑物和隧道净空要求高；电气化工程投资大；运营维护费用高
适用范围	低标准线路，目前较少采用	对电气化干扰有特殊要求区段	应用较广，长大干线及高速铁路	应用于重载线路及防干扰要求较高或电力系统供电电源点较少的区段
所对应既有线	站线、专用线、支线	襄渝线、阳安线、北同蒲线及大部分枢纽地区	宝兰二线、西南线、南昆线、广深准高速和秦沈客运专线	京秦线、大秦线、侯月线、神朔线

【任务实施】

（1）学生接受任务，根据给出的相关知识通过学习并查阅相关的资料，自行完成任务的内容。

（2）各小组成员之间、各小组之间互相检查，发现问题，提出意见。

（3）老师检查各小组及个人完成的任务，提出问题，给出成绩。

【课堂训练与测评】

（1）画图并说明电气化铁道的牵引供电系统由哪些部分组成？在图中指出牵引供电回路的组成和牵引网的组成。

（2）牵引变电所的作用是什么？

（3）常用的牵引供电方式有哪几种？查询经过自己所在城市的某条电气化铁路的牵引供电方式，并说明该牵引供电方式的优缺点。

【知识拓展】

（1）扫一扫二维码 1.3，可查阅学习牵引供电系统外部电源供电方式

（2）扫一扫二维码 1.4，可查阅学习牵引变电所向牵引网的供电方式。

（3）扫一扫二维码 1.5，可查阅学习牵引供电方式中的 CC 供电方式。

（4）扫一扫二维码 1.6，可查阅学习高速铁路供电方式的选择。

二维码 1.3　　　　二维码 1.4　　　　二维码 1.5　　　　二维码 1.6

项目二 牵引变电所一次设备

项目导入

牵引变电所一次设备的运行与维护是变电所值班员值班运行时的重要工作内容，我们应该掌握变电所一次设备的作用、结构及工作原理，能够进行一次设备的日常巡视。

学习方法

资讯：接受学习任务，根据引导问题，通过学习查找资料、网络信息等，建立学习任务总体印象。

计划：与小组成员、教师、师傅、讨论任务对象在牵引变电所中的影响和意义。

决策：与教师或师傅进行专业交流、确认本项目的工作步骤和涉及的工具，拟定检查、评价标准。

实施：按照确定的工作步骤完成对应的学习任务，发现问题，共同分析，遇到无法解决的问题时请老师或师傅帮助解决。

检查：

（1）生产文件准备好了吗？

（2）工具准备好了吗？

（3）安全注意事项有哪些？

评价：与同学、老师、师傅进行专业交流，任务完成有改进的建议吗？

任务 1　高压断路器的运行与维护

【任务目标】

（1）明确断路器的作用、结构及工作原理。

（2）明确断路器运行中的要求。

（3）熟悉牵引变电所断路器的巡视内容

（4）了解断路器运行中和检修时的注意事项。

【任务描述】

根据图 2.1 所示，认识高压断路器的结构与类型，并熟悉牵引变电所断路器运行与维护的要求。

LW8-35 罐式断路器   LW8-35 内置 CT 型断路器   LW8-35 外置 CT 型断路器

图 2.1　高压断路器

【任务分析】

通过本任务的学习，能够读懂牵引变电所断路器的铭牌，熟悉牵引变电所断路器的结构、正常巡视内容和特殊巡视内容。

【学习步骤】

（1）认识牵引变电所断路器。

（2）熟悉牵引变电所断路器的结构。

（3）了解牵引变电所断路器的灭弧原理。

（4）读懂牵引变电所断路器的铭牌内容。

（5）熟悉断路器的操动机构。

（6）熟悉牵引变电所断路器的正常巡视内容。

（7）熟悉牵引变电所断路器的特殊巡视内容。

【知识链接】

子任务 1　高压断路器概述

（一）高压断路器的作用

在系统正常运行时，依靠断路器接通或断开负荷电流起控制作用；在故障事故状态时，依靠断路器与继电保护装置配合迅速而准确地切断短路电流而起保护作用；与自动装置配合，能完成自动重合闸任务，提高供电可靠性。断路器具有很强的灭弧能力，性能完善，同时具有控制和保护双重作用。

（二）高压断路器的分类

1. 按灭弧介质分类

1）油断路器

采用变压器油作为灭弧介质和绝缘介质的断路器叫作油断路器。变压器油只作为灭弧介质和触头开断后的弧隙绝缘介质，而带电部分与地之间的绝缘采用瓷介质的断路器，由于油量较少，被称为少油断路器。它可用于各级电压的户内、外变电所。

2）六氟化硫（SF_6）断路器

采用规定压力的、具有优良灭弧性能和绝缘性能的 SF_6 气体作为灭弧介质和弧隙绝缘介质的断路器叫作 SF_6 断路器。它主要用于 110 kV 及以上大容量变电所及频繁操作的场所。

3）压缩空气断路器

以 $9.8 \times 10^5 \sim 4 \times 9.8 \times 10^5$ Pa 的空气作为灭弧介质、弧隙绝缘介质并作为传动介质的断路器叫压缩空气断路器。其带电部分对地主绝缘仍靠瓷介质。它主要用于 110 kV 及以上大容量发电站、变电所及操作频繁的场合，现已大量被 SF_6 断路器所取代。

4）真空断路器

真空断路器是指触头在 $133.3 \times 10^{-8} \sim 133.3 \times 10^{-4}$ Pa 的真空中开闭电路的断路器。目前，它主要用于 35 kV 及以下用户中要求频繁操作的场所。

5）固体产气断路器

固体产气断路器是利用固体绝缘材料在电弧作用下分解并产生气体来灭弧的断路器。其特点是检修方便、检修周期较长、噪声小、适合频繁操作，但其端口电压不宜做得高，结构较复杂，体积、质量较大。该断路器主要用于 20 kV 以下户内频繁操作的场所。

6）磁吹断路器

磁吹断路器是靠电磁力吹弧，利用狭缝原理将电弧吹入细缝中冷却灭弧的断路器。其特点是易于维护、结构简单、质量轻、制造方便，但其额定电流和开断电流不宜做得大，断口电压也不宜做得高，且噪声大。该断路器主要用于 35 kV 以下户外小容量变电站。

2. 按安装地点分类

高压断路器按装设地点的不同分为：户外式断路器和户内式断路器。

3. 按成套配电装置的形式分类

按成套配电装置的形式分为封闭式组合电器（GIS 开关柜）和敞开式断路器。

4. 按操动机构分类

高压断路器按操动机构的不同分为电磁机构断路器、弹簧机构断路器、液压机构断路器、液压弹簧机构断路器和永磁机构断路器等。

（三）高压断路器的结构

高压断路器一般由开断元件（灭弧室）、支持元件（支撑绝缘件）、传动机构、操作机构、基座组成，如图 2.2 所示。

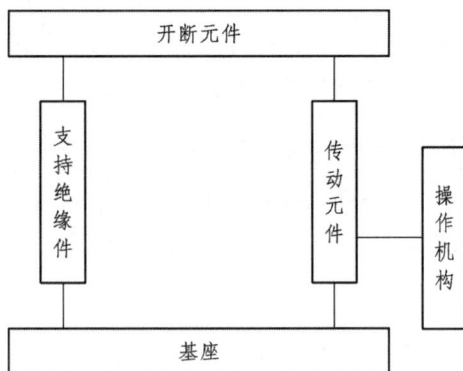

图 2.2　高压断路器的基本结构

断路器的类型很多，但其结构总的来说，主要由五部分组成。

（1）开断元件。开断元件是断路器的核心元件，包括触头、导电杆及灭弧室等。

（2）支撑绝缘件。指绝缘支柱绝缘子，它主要起对地绝缘及支撑的作用。

（3）传动元件。主要由连杆、绝缘杆、绝缘拐臂等组成，可将断路器的操作动力传输到导电杆及触头处，使断路器能进行分合闸。

（4）操动元件。指能提供给断路器分合闸操作动力的装置。它有很多种类型，如电磁式、弹簧储能式、液压式、气动式等。

（5）底座基础。指断路器安装在地面上或墙面上的构架基础。

（四）高压断路器的技术参数

高压断路器的特性和工作性能，可用它的基本参数来表征。断路器的基本参数如下：

1. 额定电压 U_N

断路器正常长期工作的电压称为额定电压，一般指线电压，单位为千伏（kV），标于断路器的铭牌上。U_N 的大小主要决定了断路器的绝缘。

按国家标准，对于额定电压在 220 kV 及以下设备，其最高工作电压为额定电压的 1.15 倍；对于 330 kV 及以上的设备，其最高工作电压为额定电压的 1.1 倍。

2. 额定电流 I_N

在标准环境温度下，断路器长期通过的、发热不超过允许值的最大工作电流，称为额定电流。单位为安（A）。额定电流也决定了断路器触头及导电部分的截面。

3. 额定开断电流 I_{NK}（额定断流量）

额定开断电流是指在额定电压下，高压断路器能正常开断的最大电流。它表征断路器的开断能力，单位为 kA。

4. 额定断流容量 S_{NK}

由于断路器的开断能力和额定电压、开断电流有关，因此，通常用一个综合参数即额定开断容量来表示，单位为兆伏安（MV·A）。在三相系统中，$S_{NK} = \sqrt{3}U_N I_{NK}$。

5. 热稳定电流 I_{Nt}

热稳定电流是指在规定的某一段时间内，允许通过断路器的最大短路电流。热稳定电流表明了断路器承受短路电流热效应的能力。

6. 极限通过电流 INes（动稳定电流）

断路器在闭合状态时，允许通过的短路电流最大瞬时值称为极限通过电流或动稳定电流，单位为千安（kA），它表征断路器承受短路电流电动力效应的能力。

7. 分闸时间 t_0

分闸时间（也称全开断时间）是指在额定操作电压或压力下，从断路器接到分闸命令的瞬间起到各相电弧完全熄灭为止的时间间隔，单位为 ms。分闸时间包括断路器固有分闸时间 t_{gf} 和燃弧时间 t_h，即 $t_0 = t_{gf} + t_h$。

断路器固有分闸时间是指从断路器接到分闸命令的瞬间到各相触头刚刚分离的时间。燃弧时间是指从断路器触头分离瞬间到各相电弧完全熄灭的时间。分闸时间（全开断时间）t_0 是表征断路器灭弧能力、开断过程快慢的主要参数。t_0 越小，越有利于减小短路电流对电气设备的危害，缩小故障范围，保持电力系统的稳定。图 2.3 所示为断路器开断时间示意图。

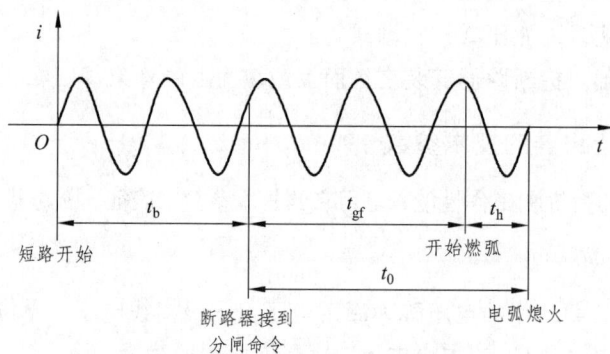

图 2.3 断路器开断时间示意图

8. 合闸时间 tc

合闸时间是指额定电压或压力下，从断路器合闸线圈通电开始至各极触头都接触瞬间为止的时间间隔。合闸时间决定于断路器的操动机构及中间传动机构。

9. 自动重合闸无电流间隔时间

自动重合闸无电流间隔时间是指从断路器第一次分闸、三相电弧完全熄灭起，至重合闸成功线路重新出现电流为止的时间间隔。这段时间为停电时间，对系统而言，该段时间短一些好。但由于制造上的原因，该时间不可能无限制地减少，同时该时间过小不利于弧隙介质强度的恢复，或影响重合闸的成功率，或影响断路器在分闸时的断流能力。其大小一般为 0.3 ~ 0.5 s。

10. 重合闸操作循环

线路故障时，保护装置使断路器跳闸，经零点几秒延时后自动重合。若故障仍然存在，断路器无时限跳闸。若线路比较重要，经一定时间后运行人员再手动合闸一次（即通常所说的"强送电"），若故障仍未消除，断路器再瞬间跳闸。这一过程称断路器的自动重合闸操作循环，即

$$分—t'—合分—t—合分$$

其中　分——分闸动作；

　　　　合分——合闸后立即分闸的动作；

　　　　t'——无电流间隔时间，标准值为 0.3 s 或 0.5 s；

　　　　t——运行人员强送电时间间隔，标准时间为 180 s。

（五）高压断路器的型号

高压断路器型号、规格一般由字符和数字按以下方式组成：

$$\boxed{1}\,\boxed{2}\,\boxed{3}\,\text{-}\,\boxed{4}\,\boxed{5}\,/\,\boxed{6}\,\text{-}\,\boxed{7}\,\boxed{8}$$

各项的意义分别为：

1——断路器分类代号，用汉语拼音字母表示。S 表示少油断路器，D 表示多油断路器，L 表示六氟化硫（SF_6）断路器，K 表示空气断路器，Z 表示真空断路器，ZC 表示敞开式组合电器，ZF 表示封闭式组合电器，ZH 表示复合式组合电器。

2——安装场所代号。N 表示户内，W 表示户外。

3——设计序号，以数字 1、2、3 表示。

4——额定电压（kV）。

5——其他标志。改进型以 G 表示，小车型用 C 表示，一般可省略。

6——额定电流（A）。

7——额定断流容量（MV·A）。

8——特殊环境代号，一般可省略。

例如：SN_{10}-10/3000-750 型即指额定电压为 10 kV，额定电流为 3 000 A，额定容量为 750 MV·A，第 10 次设计改进型的户内式高压少油断路器。

LW7-220/3150-15000 则代表：户外 SF_6 断路器，设计序号为 7，额定电压为 220 kV，额定电流为 3 150 A，额定开断容量为 15 000 MV·A。

牵引变电所中常用的 ZN_{42}-27.5/1250 型断路器，其型号含义为：户内真空断路器，设计序号为 42，额定电压为 27.5 kV，额定电流为 1.25 kA。

子任务 2　SF_6 断路器

（一）SF_6 气体的特性

纯净的 SF_6 气体是一种无色、无味、无毒、不燃亦不助燃，在常温下化学性能稳定的惰性气体，在大气压下，500 ℃ 不分解，几乎不与任何金属材料发生化学反应，具有良好的绝缘性，且不会老化变质。绝缘强度在均匀电场下为空气的 2～3 倍。在一般情况下，与 O_2 之类的各种气体水分以及碱性类的物品不发生化学反应。但在高温电弧和放电的情况下，SF_6 有可能发生化学变化，产生有毒物质，有些高毒性分解物如

SF_4，S_2F_2，SF_2，SOF_2，SO_2F_2，SOF_4 和 HF 等，具有强烈的毒性和腐蚀性，会对人体造成伤害，甚至致人死亡，其分解物遇水后会变成腐蚀性电解质，对设备造成危害。

SF_6 气体具有优良的灭弧性能和较高的绝缘强度，适合作为高压断路器的灭弧介质。

（二）SF_6 断路器的特点

（1）开断能力强。SF_6 断路器是通过 SF_6 气体来灭弧，它的吹弧速度快、燃弧时间短、开断电流大，能有效保护中、高压电路的安全。SF_6 断路器在断开电容或电感电流后，不存在重燃和复燃的危险；其断口电压可以做得较高，无火灾危险。

（2）电气寿命长。SF_6 断路器的使用寿命很长、检修周期长，允许连续开断次数较多，适于短时间内频繁操作，噪声小，有良好的安全性和耐用性。

（3）绝缘水平高。SF_6 断路器是使用 SF_6 气体作为绝缘介质，这种气体的绝缘水平极高，在 0.3 MPa 气压下，能轻松通过各种绝缘试验，并有较大裕度。

（4）密封性能好。SF_6 断路器的结构简单、密封性好，灭弧室、电阻和支柱成独立气隔，且 SF_6 气体本身的含水量较低。SF_6 断路器的安装和检修方便，不需要打开断路器的内部结构，能保持 SF_6 断路器内部良好的密闭性。

SF_6 断路器的不足之处在于：其电气性能受电场均匀程度及水分等杂质影响特别大，故对 SF_6 断路器的密封结构、元件结构及 SF_6 气体本身质量的要求相当严格。

（三）SF_6 断路器的结构类型

常见的 SF_6 断路器结构按照对地绝缘方式不同分为以下两种类型：

（1）落地罐式。这种断路器的总体结构如图 2.4 所示。它把触头和灭弧室装在充有 SF_6 气体并接地的金属罐中，触头与罐壁间的绝缘采用环氧树脂支持绝缘子，引出线靠绝缘瓷套管引出。该结构便于安装电流互感器。落地罐式断路器具有安装重心低，抗震性能好，断路器容量大等特点；但制造高压复杂，消耗金属材料多，造价较高，一般应用在地震多发区。

图 2.4　户外高压落地罐式 SF_6 断路器

（2）瓷柱式。瓷柱式断路器的灭弧室装设在绝缘支柱上，断路器的触头和灭弧室安装在金属筒或绝缘筒内，其对地绝缘由支持绝缘子保证，可以通过串联几个瓷柱式灭弧室和加长支持绝缘子来组成更高电压等级的断路器。瓷柱式 SF_6 断路器具有耐压水平高，结构简单，运动部件少，易制造成系列性产品，充气量少，环保好，造价低廉，维修量少等优点；但断路器重心高，抗震能力差，而且电流互感器不能安装在断路器本体上，需要单独安装，使用场所受到一定限制。瓷柱式断路器外形如图 2.5 所示。

图 2.5　瓷柱式 SF_6 断路器

（四）SF_6 断路器的结构原理

SF_6 断路器是用 SF_6 气体作为灭弧和绝缘介质的断路器。下面以 LW25-126/T 型断路器为例对其结构和工作原理做以介绍。

LW25-126/T 型高压 SF_6 断路器适用于三相交流 50 Hz、110 kV 电压等级户外高压电气设备，主要用于输变电线路和保护，也可作联络断路器使用，在铁路牵引供电系统中广泛应用。

LW25-126/T 型高压 SF_6 断路器采用自能式灭弧结构，单相、单断口，每台断路器的三个相柱安装在一个共同的机座上，由一台 CT20-1XP 型弹簧机构带动三相机械联动操作进行分、合闸，实现远距离电控或就地手控。弹簧机构与电气控制部分共用一个箱体，该箱体固定在机座 B 相下部，如图 3.6 所示。三个相柱的充气室分别由阀门与管路连通。气室中的 SF_6 气体压力由带温度补偿的密度继电器监测并显示。

SF_6 断路器主要由灭弧室单元、支柱瓷瓶和操动机构构成。图 2.6 所示为 LW25-126 瓷柱式 SF_6 断路器的安装结构，图 2.7 所示为 LW25-126 瓷柱式 SF_6 断路器的单极结构图。

断路器的上部瓷套为灭弧室，中间为支柱绝缘子及框架。弹簧操动机构装在框架的中间部位。电气控制、SF_6 气体密度继电器和电机储能系统均置于机构箱内。

支柱瓷套用于支撑灭弧室瓷套，并承担带电部件对地绝缘。绝缘杆用于连接操作杆和活塞，并承担内部带电部件对地绝缘。

吸附剂装于灭弧室帽内，用来保持 SF_6 气体干燥，并吸收由电弧分解所产生劣化气体。在维修断路器灭弧室单元时，吸附剂应予以更换。

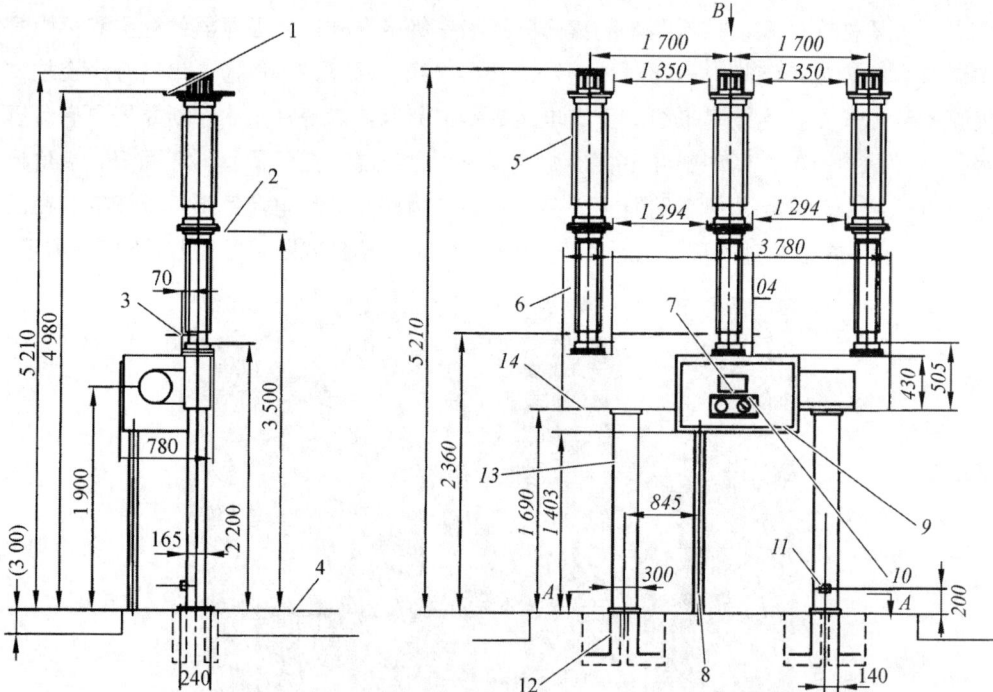

1—上接线端子；2—下接线端子；3、8—重心；4—混凝土平面；5—灭弧室瓷套；6—支持瓷瓶；7—铭牌；
9—机构箱气体压力表；10—操作计时器及位置指示器；11—压线型接地端子；
12—地脚螺栓；13—支柱；14—框架。

图 2.6　断路器的安装结构图

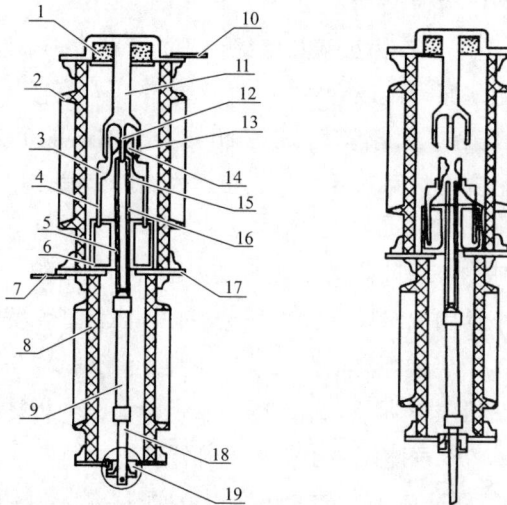

1— 吸附器；2—灭弧室瓷套；3—动触头；4—压气缸；5—活塞；6—中间触指；7—下接线端子；
8—支柱瓷套；9—绝缘杆；10—上接线端子；11—触头架；12—静弧触头；13—静触头；
14—喷口；15—动弧触头；16—活塞杆；17—下法兰盘；18—操作杆；19—直动密封装置。

图 2.7　断路器的单极结构图

　　LW$_{25}$-126/T 型断路器的密封采用了动密封和静密封两种形式。静密封采用 O 形圈加密封胶的办法。动密封只有一处，采用直动密封装置，它安装在支柱瓷套的底部，由弹簧压缩密封片实现动密封。直动密封装置在现场一般不得拆卸，因为它需要特别仔细的装配工艺与检查。

在合闸位置时，电流通过上接线端子、触头架、静触头、动触头、压气缸、中间触指、下法兰盘，再经下接线端子与系统形成回路。

子任务 3　真空断路器

高压真空断路器，因其灭弧介质和灭弧后触头间隙的绝缘介质都是高真空而得名，由于其重量轻、结构简单、使用寿命长等优点，在牵引供电系统中应用广泛。

（一）真空断路器的灭弧原理

真空中的电弧在空气稀薄的"真空"中，仅依靠触头产生的金属蒸汽维持燃烧，因此灭弧的唯一方法是使电弧电流减小到不足以维持燃烧，降低金属蒸气的密度。当电弧电流过零时，由于扩散型或者集聚型电弧的热斑点面积小，时间常数小，使触头周围的金属蒸汽迅速下降，而弧隙的介质强度上升速度恢复得相当快，此时真空电弧立即熄灭，即灭弧。

（二）真空断路器的特点

（1）触头开距小，动作快。
（2）燃弧时间短，触头烧损轻。
（3）寿命长，适于频繁操作。
（4）体积小，结构紧凑，真空灭弧室不需检修，维修工作量小。

（三）真空灭弧室

真空灭弧室是真空断路器中的核心部件，其结构如图 2.8 所示。真空灭弧室的外壳是由绝缘筒、两端的金属盖板和波纹管所组成的密封容器。灭弧室内有一对触头，分别焊接在各自的导电杆上，波纹管的另一端与动端盖的中孔焊接，动导电杆从中孔穿出外壳。由于波纹管可以在轴向上自由伸缩，所以这种结构既能实现在灭弧室外带动触点作分合动作，又能保证真空外壳的密封性。

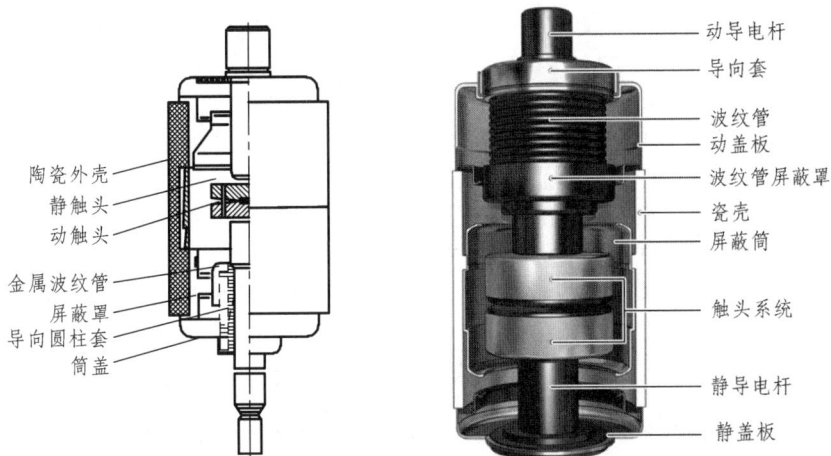

图 2.8　真空灭弧室剖面图

下面简要地介绍灭弧室中主要部件及各部分的作用。

1. 外　壳

外壳是真空灭弧室的密封容器，它不仅要容纳和支持灭弧室内的各种部件，而且当动、静触头在断开位置时起绝缘作用。因此，整个外壳通常由绝缘材料和金属组成。对外壳的要求首先是气密封要好，其次是要有一定的机械强度和绝缘性能。

2. 波纹管

波纹管既要保证灭弧室完全密封，又要在灭弧室外部操动时使触头做分合动作。常用的波纹管有液压成形和膜片焊接两种形式，所用材料以不锈钢为最好。波纹管的侧壁可在轴向上伸缩，其允许伸缩量决定了灭弧室所能获得的触头最大开距。一般情况下，波纹管的疲劳寿命也决定了灭弧室的机械寿命。

3. 屏蔽罩

触头周围的屏蔽罩主要用来吸附燃弧时触头上蒸发的金属蒸气，防止绝缘外壳因金属蒸气的污染而出现绝缘强度降低和绝缘破坏，同时，这也有利于熄弧后弧隙介质强度的迅速恢复。屏蔽罩还能起到使灭弧室内部电压均匀分布的作用。在波纹管外面设屏蔽罩，可使波纹管免遭金属蒸气的烧损。

屏蔽罩的导热性能越好，其表面冷却电弧的能力也就越好。因此，制造屏蔽罩的常用材料为无氧铜。

4. 触　头

触头是真空灭弧室内最为重要的元件。灭弧室的开断能力和电气寿命主要由触头状况来决定。目前真空灭弧室的触头系统，就接触方式而言，都是对接式的。根据触头开断时灭弧的基本原理的不同，触头可分为非磁吹触头和磁吹触头两大类。

非磁吹型圆柱状触头最简单，机械强度好，易加工，但开断电流小。

磁吹触头又分为横向磁吹触头和纵向磁吹触头两类。横向磁吹触头，当断路器分闸时，触头间产生电弧。由于触头的特殊结构，电弧电流产生横向磁场，对电弧进行横向吹弧，提高了灭弧能力。纵向磁吹触头，当开断电流时，由于流过线圈的电流在弧区产生一定的纵向磁场，使电弧电压降低和集聚电流值提高，极大地提高了触头的开断能力和电气寿命。

（四）真空断路器的典型结构

1. ZN_{42}-27.5 kV 型真空断路器

ZN_{42}-27.5 kV 型真空断路器是一种专门为电气化铁路设计的户内、单相、单断口馈线断路器，采用手车式组合电器结构，配用 CT-100 型弹簧操动结构。其外形和结构如图 2.9 所示。

（1）真空灭弧室由一个金属筒与两个瓷管组成，触头被罩在灭弧室的金属壳体内，静导电杆固定在上出线座的法兰盘上，动导电杆通过波纹管、导向套与传动拐臂相连。灭弧室真空度为 1×10^{-6} Pa 以上。

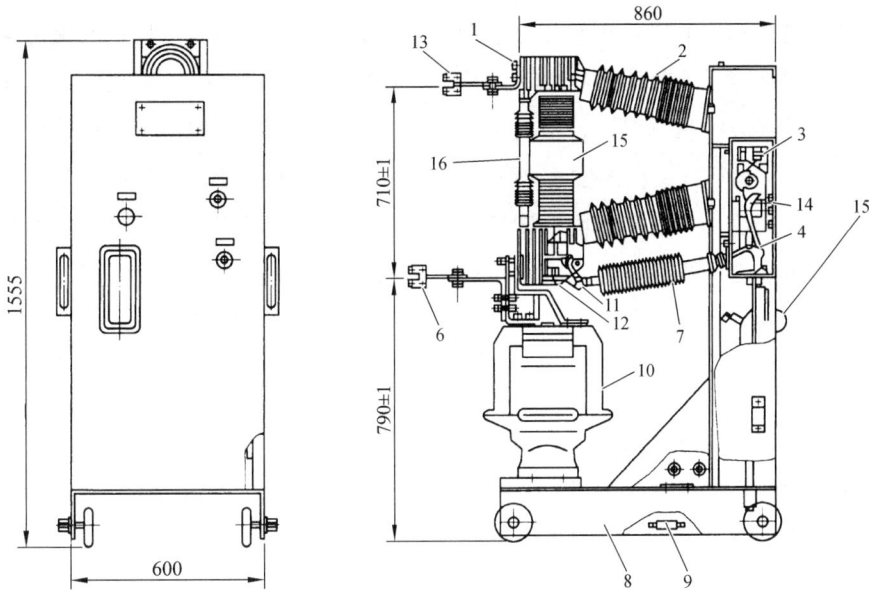

1—上出线座；2—绝缘子；3—结构箱；4—转轴；5—推动联锁装置；6—触头弹簧；
7—绝缘拉杆；8—手车；9—接地装置；10—电流互感器；11—拐臂；12—下出线座；
13—隔离触指；14—传动杆；15—灭弧室；16—绝缘支杆。

图 2.9　ZN$_{42}$-27.5 kV 型真空断路器外形和结构图（单位：mm）

（2）采用铜铬合金触头，截流值小于 5 A，提高了开关的开断能力和抗烧损蚀能力，其额定电流可达 25 kA（16 kA），开断次数在 20 次以上。

（3）动、静触头开距为 26_{-1}^{+2} mm，触头超行程（触头弹簧压缩量）为 3.5～5 mm，真空灭弧室尺寸更小。

（4）动触头采用下拉式（分闸时动触头向下运动）。

（5）传动系统结构简单，由平面四连杆结构和偏置的摇杆滑块结构组成。

（6）上、下出线座是灭弧室通过两根环氧树脂绝缘子和两根绝缘支杆用螺栓和车架连成一个刚体，并与车架绝缘。车架由型钢和钢板弯制焊接组成。

（7）断路器小车与底板（轨道）间装有 CS6-1 型机构，通过一组四连杆与小车底架上的推进转轴相连，如图 2.10 所示。

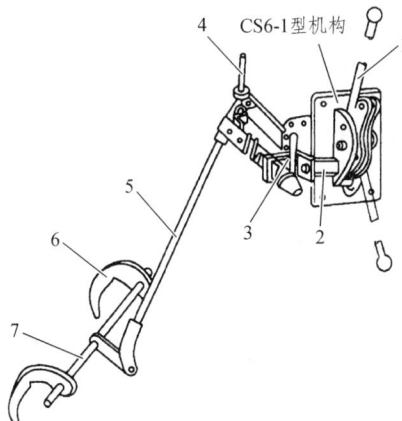

1—手柄；2—定位销；3—联锁杆手柄；4—联锁推杆；5—连杆；6—钩板；7—转轴。

图 2.10　推进联锁装置示意图

如要推进或移出断路器小车，必须使断路器处于分闸状态，然后将联锁杆手柄提至最高位置并锁定。此时拔出 CS6-1 型机构定位销后，扳动 CS6-1 型机构的操作手柄向下运动，经四连杆机构传动，使钩板与小车底板上的柱销脱扣，方能移动小车。小车移动到位后（运行位或检修位），扳动操动手柄向上运动，使钩板与小车底板上的柱销锁定，即断路器小车与底板固定牢靠后，将联锁杆手柄降至最低位置，断路器才能进行正常的分、合闸操作。联锁杆手柄处于最高位与最低位之间任何位置时，断路器不能进行分、合闸操作。

2. VG$_1$-30L-25B 型真空断路器

VG$_1$-30L-25B 型真空断路器是一种从国外引进的电气化铁路馈线断路器，是一种户内单相、单断口手车式组合电器。其额定电压为 27.5 kV，配用 VG$_1$-30L-25FBA 型弹簧操动机构。其外形如图 2.11 所示。

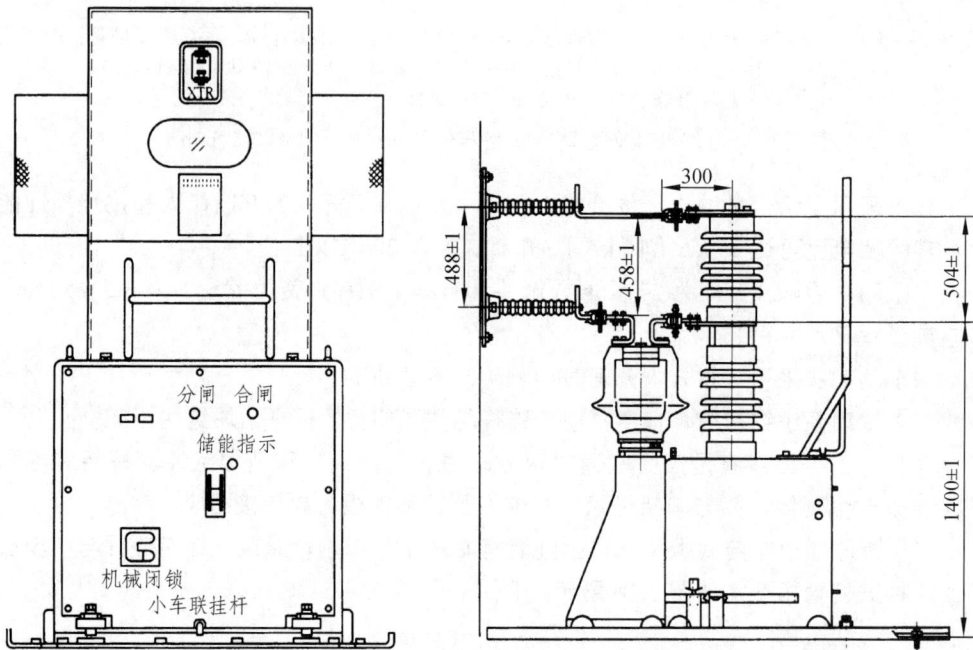

图 2.11　VG1-30L-25B 型真空断路器总体示意图

子任务 4　高压断路器的操动机构

操动机构是用来驱使高压开关进行分合闸，并使高压开关合闸后维持在合闸状态的电气设备，简称机构。由于相同的机构可配用不同型号的高压开关，因此机构一般独立于高压开关本体，有独立的型号。

（一）高压断路器操动机构的基本知识

1. 操动机构的组成

操动机构一般由下列几部分组成：

（1）能量转换装置。其作用是把其他形式的能量转换成机械能，使操动机构按规定目的发生机械运动。这种装置有电磁铁、电动机、液压传动工作缸、压缩空气工作缸等。该装置应能提供足够的操作功，用以克服高压开关的机械静力矩和短时的电动力矩，保证高压开关的分、合闸速度。

（2）传动机构。它是操动机构的执行元件，用以改变操作功的大小、方向、位置，使高压开关改变工作状态。它多由连杆机构、拐臂、拉杆、油气管道等元件组成。对传动机构的要求是机械惯性小，传动速度大，能量损失少，动作准确、可靠。

（3）保持与脱扣机构。既可使高压开关可靠地保持在合闸位置，又可迅速解除合闸位置，使高压开关进入自由分闸状态的装置称为保持与脱扣机构。

保持机构多由动作灵活的机械卡销组成。脱扣机构多由连杆机构组成，如四连杆等。不同的操动机构有不同形式的保持与脱扣装置，但都应稳定可靠、动作灵活。脱扣机构的失灵将使高压开关拒绝分闸或误分闸，并造成严重后果。

脱扣机构的自由脱扣是指不论合闸做功元件处在何种位置（如断路器处在合闸过程中），只要分闸做功元件启动，机构都应使断路器可靠分闸。

（4）控制系统。它有电控、气控、油控等类型，用于实现对高压开关的远距离控制，保持或释放操作功。

（5）缓冲装置。缓冲装置用于吸收做功元件完成分、合闸操作后剩余的操作功，使机构免受机械冲击。缓冲装置应有较短的复位时间，以便为下次动作做好准备。缓冲装置有弹簧缓冲器，橡皮缓冲器，油、气缓冲器等。

（6）闭锁装置。其作用在于防止高压开关的误操作和误动作。闭锁方式有位置闭锁（弹簧储能不合要求时机构拒动）、高压力与低压力闭锁（指油、气压力不合要求时机构拒动）等。

操动机构一般做成独立产品。一种型号的操动机构可以操动几种型号的断路器；而一种型号的断路器也可以装配不同型号的操动机构。但空气断路器的操动机构常与断路器结为一体，不再做成独立产品。

根据能量形式的不同，操动机构可以分为手动操动机构（CS）、电磁操动机构（CD）、弹簧操动机构（CT）、电动机操动机构（CJ）、气动操动机构（CQ）和液压操动机构（CY）等。

2. 操动机构应具有的功能

（1）合闸操作：在正常情况下和有短路故障时，操动机构都能使断路器可靠合闸。

（2）保持合闸：在合闸命令和合闸操作功消失后，操动机构应可靠地将断路器保持在合闸位置，不会因外力等原因引起触头分离。

（3）分闸操作：不仅能接受自动或遥控指令使断路器快速电动分闸，而且在紧急情况下可在操动机构上进行手动分闸。分合闸都应具有快速性。

（4）防跳跃和自由脱扣：在关合过程中，如电路发生故障，操动机构应使断路器自行分闸，即使合闸命令未解除，断路器也不能再度合闸，以避免无谓地多次分合故障电流。

"跳跃"现象是指断路器在关合有预伏短路故障的线路时，继电保护装置会快速动作，指令操动机构立即自动分闸，这时若合闸命令尚未解除，断路器会再次合闸于故障线路，如此反复会造成断路器多次分合短路电流。

自由脱扣是指操动机构在合闸过程中接到分闸命令时，机构将不再执行合闸命令而立即分闸，这样就避免了跳跃。

（5）复位：断路器分闸后，操动机构的各个部件应能自动恢复到准备合闸的位置。

（6）闭锁：为保证断路器操作的安全可靠，操动机构还需具备的闭锁功能有分、合闸位置闭锁，高、低气压（液压）闭锁，弹簧操动机构中合闸弹簧的位置闭锁。

3. 操动机构的类型和特点

目前，常用的操动机构主要有弹簧储能机构、液压机构、永磁机构等。

各种机构由于能量转换装置的不同，分别具有不同的特点，在可靠性、制造难易度、环保等方面有不同的表现。具有不同适用范围，常见操动机构的类型及特点如表2.1 所示。

表 2.1 常见操动机构的类型及特点

类型	基本特点	使用场合
手动机构	用人力合闸，用已储能的弹簧分闸，不能遥控合闸操作及自动重合闸；结构简单，须有自由脱扣机构；关合能力决定于操作者，不易保证	可用于电压在 10 kV、开断电流在 6 kA 以下的断路器或负荷开关
弹簧机构	用合闸弹簧（用电动机或手力储能）合闸，靠已储能的分闸弹簧分闸；动作快，能快速自动重合闸；对操作电源要求低，纯机械构件，无泄漏之忧，故障率低	可用于交流操作，适用于 110 kV 及以下的断路器，是 35 kV 及以下断路器配用的操动机构的主要品种
液压机构	以高压油推动活塞实现合闸与分闸；动作快，能快速自动重合闸；结构较复杂，密封要求高、工艺要求高；操作力大、冲击力小、动作平稳；因泄漏易引起故障	适用于 110 kV 及以上的断路器，是超高压断路器配用的操动机构的主要品种
永磁智能操动机构	永磁智能操动机构主要由永磁机构、控制器和辅助开关组成。在机构中设置有分闸弹簧，合闸状态靠磁力保持，分闸状态靠分闸弹簧保持，通过给线圈不同方向的电流来实现分合闸操作。合闸时，机构线圈通入正向电流，产生磁场推动永磁机构运动完成合闸。分闸时，机构线圈通入反向电流，产生反向磁场消弱磁保持，利用分闸簧推动永磁机构运动完成分闸。特点：采用直动式的传动方式，结构简单，可靠性高	可使用交、直流电源操作，适用于 27.5 kV 及以下的断路器
气动机构	以压缩空气推动活塞往复运动，使断路器分、合闸，或仅用压缩空气推动活塞合闸（或分闸），而以已储能的弹簧分闸（或合闸）；动作快，能快速自动重合闸；合闸力容易调整；制造工艺要求较高；需压缩空气源，操作噪声大	适用于有压缩空气源的开关站
电动机机构	通过二级齿轮变速和蜗轮蜗杆减速，将电动机的连续旋转变换为主传动轴的一定角度的偏转	一般用来驱动隔离开关

（二）液压操动机构

利用高压压缩气体（氮气）作为能源，以液压油（10#航空油）作为传递能量的介质，经特定的油路和阀门将液压油注入带有活塞的工作缸中，推动活塞往复运动，驱使断路器分、合闸的机构，称为液压操动机构。

（三）弹簧操动机构

以前，牵引变电所中的高压开关主要采用电磁操动机构和液压操动机构。现在，牵引变电所 110 kV 侧采用的 SF_6 气体断路器和 27.5 kV 侧采用的真空断路器，大都配用的是弹簧储能操动机构。弹簧储能操动机构的类型较多，但其结构和工作原理基本相同，都是通过电动机对合闸弹簧储能，并由合闸楔子保持。当断路器合闸时，利用合闸弹簧释放的能量操作断路器合闸，与此同时分闸弹簧储能，并由分闸楔子保持，断路器分闸时利用分闸弹簧释放能量操作断路器分闸。

1. 弹簧储能操动机构的主要优缺点

（1）因为对合闸弹簧储能的电动机功率很小，令分、合闸弹簧释放能量的分、合闸电磁铁的功率极小，故对新建变电所来说，直流电源容量可减小，投资减少；对已建变电所而言，可大大延长直流电源的使用寿命。

（2）分、合闸操作不受交流电源电压波动的影响，因此，既能获得恒定的分、合闸速度，又能实现快速重合闸操作，动作稳定、可靠，提高了供电的可靠性。

（3）分、合闸速度在保证整机动作性能要求的情况下，由快变慢的自然转换过程设计合理，减少了不必要的冲击，延长了整机各可动部件的工作寿命。

（4）弹簧储能操动机构均为机械部件，技术成熟，不存在工艺难题，无泄漏之忧，是诸机构中可靠性最高的，因而在高压开关中得以广泛应用。

2. CT-100 型弹簧（储能）操动机构

1）结　构

弹簧储能操动机构一般由储能系统、电磁系统和机械系统组成。如图 2.12 所示，CT-100 型弹簧（储能）操动机构主要由储能机构、锁扣机构、分闸弹簧、传动主轴、缓冲器及控制装置组成。

减速箱外壳由铸铝制成，减速箱内装有两级蜗轮、蜗杆。减速箱上部有储能轴横于减速箱中，与蜗轮、蜗杆无机械连接。储能轴上装一轴套，此轴套用键连在大蜗轮上。轴套上有一轴销，上面装一棘爪。在储能轴的右端装有一凸轮，凸轮上有一缺口，棘爪通过此缺口带动凸轮转动。在储能轴的左端（减速箱壳体外）装有一曲柄，合闸弹簧一端挂在此曲柄上。

减速箱的另一轴销上，装有一个三角拐臂。三角拐臂中的一臂与连杆和开关主传动轴上的拐臂组成一组四连杆机构。凸轮将合闸弹簧的能量通过该四连杆机构传递给开关主传动轴，通过主传动轴上另一组四连杆机构，偏置的摇杆滑块机构将合闸能量传递给断路器动导电杆，驱使断路器合闸。三角拐臂的另一臂轴销上还装有一滚针轴承，可锁住合闸掣子，使合闸弹簧维持在储能状态。

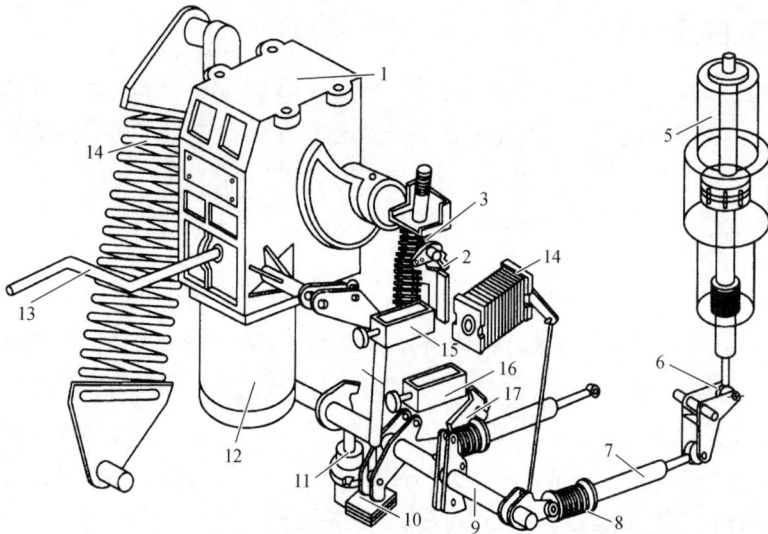

1—变速箱；2—合闸掣子；3—分闸弹簧；4—合闸弹簧；5—真空灭弧室；6—杆端关节轴承；
7—绝缘拉杆；8—触头弹簧；9—主轴；10—橡皮缓冲；11—油缓冲；12—电机；
13—摇把；14—辅助开关；15—合闸电磁铁；16—分闸电磁铁；17—分闸掣子。

图 2.12　CT-100 型操动机构示意图

开关主传动轴的另一端通过拐臂连有分闸弹簧。开关主传动轴上还装有两对拐臂，一对拐臂作用在油缓冲器上，起分闸缓冲作用；另一对拐臂上装有滚针轴承，与分闸掣子配合，令分闸弹簧保持在储能状态。

2）工作过程

（1）储能过程：

将断路器小车拉至检修位，并令推进联锁装置锁扣。电动机通电后转动，或将摇把插入变速箱手动储能轴上，操作摇把顺时针转动，经二级蜗轮、蜗杆减速，将动能传至第二级蜗轮上，再通过轴销、棘爪来驱动储能轴转动，从而使合闸弹簧被拉伸而储能。当储能轴右端的拐臂过了最高点后，减速箱外的合闸掣子将凸轮定位件锁住，保证合闸弹簧储能，以备合闸。同时通过装在储能轴上的拉杆将行程开关接点切换，电机断电，储能过程结束。

（2）合闸过程：

按合闸按钮，令合闸电磁铁受电动作，合闸铁芯将撞击合闸掣子，合闸掣子与凸轮定位件解锁，合闸弹簧通过凸轮和两组四连杆机构将动能传至动导电杆上，动导电杆从而向上运动，断路器合闸。

同时，主传动轴上的拐臂带动分闸弹簧拉伸储能；主传动轴上的拐臂转到合闸位后，拐臂上的滚子被与之对应的合闸掣子锁扣，合闸弹簧处于储能状态；与储能轴相连的拉杆将行程开关接点转换，接通电动机回路，电动机转动，再令合闸弹簧储能。

（3）分闸过程：

按分闸按钮，令分闸电磁铁受电动作，其铁芯撞击分闸掣子，使其脱扣，分闸弹簧释放能量，通过拐臂使主传动轴反向转动，经传动四连杆令动电杆向下运动，断路器分闸。同时主传动轴上的拐臂撞击油缓冲器和橡皮缓冲器，起分闸缓冲和分定位作用。

（三）永磁操动机构

永磁操动机构是近年来发展起来的一-种新型操动机构，它将电磁机构和永久磁铁特殊地结合在一起，利用永久磁铁产生的磁力将真空断路器保持在分/合闸位置，而无需任何传统的机械脱扣和锁扣装置，主要用于真空断路器。是一种永磁保持、电子控制的高可靠性的操动机构。该机构的输力特性可以设计到很接近真空断路器的负载特性，因此可以直接和灭弧室相连，使零部件减到最少，较弹簧机构减少了 80% 以上，提高了产品的机构刚性，有助于减少触头弹跳、提高刚分速度。简单的结构和零部件的大幅减少使开关机械系统可靠性大大提高，从而实现免维护运行。

1. 永磁操动机构的优点

与电磁操动机构和弹簧操动机构相比，永磁操动机构具有如下优点：

（1）结构简单，运动部件少，机械可靠性大大提高。（国际大电网会议组织的国际调查表明，机械故障高达总故障的 70.3%，如果包括辅助电器和控制回路的故障，则为 89.4%）

（2）采用永磁作为保持力，不会产生传统机构的操作失误，方便实现免维护运行。

（3）输出特性和真空断路器的开关机械特性相匹配，能够达到良好的速度特性。

（4）传动机构十分简单，由分合闸线圈的励磁电流产生的磁场直接驱动动铁芯，动铁芯又直接和主轴相连。由于动作部件少，具有更好的可控性，为断路器实现智能控制打下了基础。

2. 永磁操动机构的结构及特点

永磁操动机构是一种新型操动机构，如图 2.13 和图 2.14 所示，该机构主要有：动铁芯、永久磁铁、合闸线圈、分闸线圈、静铁芯等部分组成。

图 2.13　永磁操动机构外形示意图　　图 2.14　永磁机构的结构示意

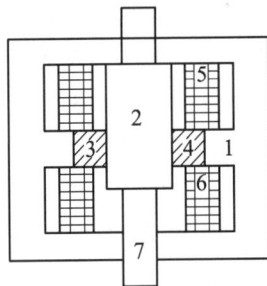

（1）静铁心，为机构提供磁路通道，对于方形结构一般采用硅钢片叠形结构，圆形结构则采用电工纯铁或低碳钢；

（2）动铁心，是整个机构中最主要的运动部件，一般采用电工纯铁或低碳钢结构；

（3、4）为永久磁体，为机构提供保持时所需要的动力；

（5、6）为分闸线圈和合闸线圈；

（7）为驱动杆，是操动机构与断路器传动机构之间的连接纽带。

目前，双稳态永磁操动机构以其具有结构简单，体积小；具有良好的负载特性、吸力特性、机械特性；控制回路简单且对直流电源要求低，无冲击等特点，在电气化铁道牵引供电系统中得到广泛的重视和应用。

子任务 5 高压断路器的运行与维护

（一）高压断路器的巡视检查方法

巡视高压断路器时，一般用目测、耳听、鼻嗅等方法进行巡视检查。

1. 目测法

运营值班人员观察断路器的各个部位是否有异常现象，如变色、变形、破裂、松动、打火冒烟、闪络、渗漏油、油位过高或过低以及气压过低等，都可通过目测检查出来。

2. 耳听法

高压断路器正常运行时是无声音的，如果巡视时听到断路器内有异常声音，则应立即报告值班负责人，并做出相应的处理。

3. 鼻嗅法

巡视检查时，如果闻到焦臭味，应查找焦臭味来自何处，观察断路器本体过热部位，查看断路器端子箱，直至查明原因，并作出相应的处理。

（二）常用断路器的正常巡视

1. SF_6 断路器的正常巡视内容

（1）检查确认 SF_6 气体压力表或密度表在正常范围内。

（2）检查确认绝缘套管无裂纹、破损，无放电痕迹和脏污现象。

（3）检查确认各接头处接触良好，无过热、变色、断股现象。

（4）检查确认分、合闸位置指示与实际运行方式相符。

（5）检查断路器运行声音是否正常，断路器内无噪声和放电声。

（6）检查确认各部分通道有无异常（漏气声、振动声）。

（7）检查确认端子箱电源完好，封堵良好，箱门关闭严密。

（8）检查确认各连杆、传动机构完好。

（9）检查确认弹簧操动机构完好，弹簧应在储能状态。

（10）检查确认控制、信号电源正常投入，控制开关应在"远方"位置。

（11）检查确认基础无下沉、倾斜。

2. 真空断路器的正常巡视内容

（1）检查确认灭弧室无放电、异声、破损、变色。

（2）检查确认绝缘子无断裂、裂纹、损伤、放电闪络痕迹和脏污现象。

（3）检查确认拉杆、转轴、拐臂无变形、裂纹，轴销无脱落。

（4）检查确认各引线连接部位接触良好，无过热、变色、断股现象。

（5）检查确认分、合闸位置指示与运行工况相符。

（6）检查确认端子箱电源开关完好，封堵良好，箱门关闭严密。

（7）检查确认控制、信号电源正常投入，控制开关应在"远方"位置。

（8）检查确认断路器弹簧操动机构正常储能。

（9）检查确认基础无下沉、倾斜。

（三）操动机构的正常巡视内容

1. 液压操动机构的正常巡视内容

（1）检查确认机构箱开启灵活无变形，密封良好，无锈蚀、异味、凝露等，二次接线及端子排应无松动或其他异常现象。

（2）检查确认断路器计数器动作正确。

（3）检查确认储能电源开关位置正确。

（4）检查确认机构压力表指示正常。

（5）检查确认油箱油位在上下限之间，无渗漏油。

（6）检查确认油管及触头无渗油。

（7）检查确认油泵正常，无渗漏。

（8）检查确认行程开关无卡涩、变形。

（9）检查确认活塞杆、工作缸无渗漏。

（10）检查确认加热器正常完好，投（停）运正确。

2. 弹簧操动机构的正常巡视内容

（1）检查确认机构箱开启灵活无变形，密封良好，无锈蚀、异味、凝露等，二次接线及端子排应无松动和异常现象。

（2）检查确认储能电源开关位置正确。

（3）检查确认储能电动机运转正确。

（4）检查确认分、合闸线圈无冒烟、异味、变色。

（5）检查确认弹簧完好、正常。

（6）检查确认二次接线压接良好，无过热、变色、断股现象。

（7）检查确认加热器正常完好，投（停）运正确。

（8）检查确认行程开关无卡涩、变形。

（9）检查确认储能指示器指示正确。

（四）断路器的特殊巡视

1. 操作断路器时应重点巡视的内容

（1）根据电流、信号及现场机械指示检查断路器的位置。

（2）有表计（实时监控）的断路器应逐相检查负荷和电流情况。

（3）检查操动机构是否正常。

（4）发现异常情况后，应立即通知检修人员进行有关的处理。

2. 断路器切断故障电流跳闸后（包括重合闸）应重点巡视的内容

（1）各引线及节点有无过热、烧伤或短路现象。

（2）断路器本体各部件应完好，无松动、损坏，瓷套无破损、裂纹或闪络。

（3）SF$_6$气体压力是否正常，有无明显漏气。

（4）液压机构各连接处有无渗漏油现象。

（5）现场检查分合闸电气和机械指示装置三相是否一致，是否符合当时实际工况。

（6）操动机构压力是否正常，有无渗漏油等异常情况。

（7）检查重合闸装置动作的方式，如果不正确，应查明原因。

（8）断路器操作计数器动作是否正确。

（9）检查油断路器油位是否正常，断口无验证的喷油现象，油色是否变黑。

3. 天气突变时户外断路器的检查

（1）大风天气：引线摆动情况及有无搭挂杂物。

（2）雷雨天气：瓷质绝缘套管有无放电闪络现象。

（3）大雾天气：瓷质绝缘套管有无放电、打火现象，重点巡视污秽瓷质部分。

（4）大雪天气：根据积雪融化情况，检查接头发热部位，及时处理悬冰。

（5）温度骤变：检查注油设备油位变化及设备有无渗漏油等情况。

子任务 6 高压断路器的操作

1. 断路器的遥控操作

在控制室、控制柜上将开关转换到"远方"位置，由供电调度人员远距离对断路器进行的操作称为遥控操作，一般情况下，对断路器进行的操作均为遥控操作。

2. 断路器的远控操作

在控制室、控制柜上将开关转换到"当地"位置，通过断路器控制开关对断路器进行的操作称为远控操作。

用控制开关进行合闸操作时，先将控制开关顺时针方向扭转45°至"合闸"位置，当红灯亮、绿灯灭时，松开控制开关，控制开关自动反时针方向旋转返回 45°，合闸操作完成。当用控制开关进行分闸操作时，先将控制开关逆时针方向扭转 45°至"分闸"位置，当绿灯亮、红灯灭时，松开控制开关，控制开关自动顺时针方向旋转返回45°，分闸操作完成。

应指出的是，操作控制开关时，操作应到位，停留时间适当，以信号灯亮、灭为准，同时监视电流表，待红（绿）灯亮后再松开，不要过快松开控制开关，以防止分、合闸操作失灵。操作控制开关时，不要用力过猛，以免损坏控制开关。

3. 断路器的近控操作

在断路器现场控制箱内对断路器进行分合闸控制的操作称为近控操作，断路器的近控操作主要用于断路器检修中的调试操作。

操作时，应先将操作方式选择开关置于"就地"位置，然后操作控制开关或控制按钮对断路器进行操作。当完成操作后应将选择开关复位到"远方"位置。近控操作方式下，断路器的自动跳闸回路被切断，一旦线路或元件故障将无法切除。因此，只有在远控操作失灵且系统急需操作的情况下方可采取近控操作断路器分闸，而不得用此方式对线路或设备进行送电操作。断路器远控失灵，现场规定允许进行近控操作时，必须三相同时操作，不得进行单相操作。

4. 断路器操作后的位置检查

断路器操作后的位置检查，应通过断路器红绿灯指示变化、电流表（电压表、功率表）指示变化、断路器三相位置指示变化等方面判断。远控操作的断路器，至少应有两个指示已发生对应变化，才能判断该断路器已操作到位。装有三相表计的断路器应检查三相表计。现场检查断路器机械位置指示时，应根据断路器三相分合闸机械位置指示器的指示，确认断路器分、合闸位置状态，同时还应检查分、合闸弹簧的状态及断路器传动机构水平拉杆或外拐臂的位置变化，以确认断路器分、合闸实际位置。

【任务实施】

（1）学生接受任务，根据给出的相关知识通过学习并查阅相关的资料，自行完成任务的内容。

（2）各小组成员之间、各小组之间互相检查，发现问题，提出意见。

（3）老师检查各小组及个人完成的任务，提出问题，给出成绩。

【课堂训练与测评】

（1）断路器有哪几种类型？

（2）断路器的结构认知：小组成员共同探讨"SF_6断路器"/"真空断路器"的结构和作用，并完成小组汇报展示。

（3）SF_6断路器的巡视。

（4）真空断路器的巡视。

【知识拓展】

（1）扫一扫二维码 2.1，可查阅学习电弧的基础知识。

（2）扫一扫二维码 2.2，可查阅学习电磁操动机构。

（3）扫一扫二维码 2.3，可查阅学习 CY3 型液压操动机构。

（4）扫一扫二维码 2.4，可查阅学习 VG1-30L-25B 型弹簧储能操动机构。

（5）扫一扫二维码 2.5，可查阅学习永磁操动机构的分类及工作原理。

（6）扫一扫二维码 2.6，可查阅学习 SF_6 断路器的巡视要求和评分标准。

（7）扫一扫二维码 2.7，可查阅学习真空断路器的巡视要求和评分标准。

二维码 2.1   二维码 2.2   二维码 2.3   二维码 2.4

二维码 2.5　　　　　二维码 2.6　　　　　二维码 2.7

任务 2　高压隔离开关的运行与维护

【任务目标】

（1）明确高压隔离开关的作用、结构及工作原理。

（2）明确高压隔离开关运行中的要求。

（3）熟悉牵引变电所高压隔离开关的巡视内容

（4）了解高压隔离开关运行中和检修时的注意事项。

【任务描述】

根据图 2.15 所示，认知高压隔离开关结构，并熟悉牵引变电所高压隔离开关运行与维护的要求。

图 2.15　高压隔离开关

【任务分析】

通过本任务的学习，能够读懂牵引变电所隔离开关的铭牌，熟悉牵引变电所隔离开关的结构、正常巡视内容和特殊巡视内容。

【学习步骤】

（1）认识牵引变电所隔离开关。

（2）熟悉牵引变电所隔离开关的结构。

（3）了解牵引变电所隔离开关的工作原理。

（4）读懂牵引变电所隔离开关的铭牌内容。

（5）熟悉隔离开关的操动机构。

（6）熟悉牵引变电所隔离开关的正常巡视内容。

（7）熟悉牵引变电所隔离开关的运行方式。

【知识链接】

一、高压隔离开关

隔离开关又称刀闸，是一种没有专门灭弧装置的开关设备，结构简单，造价低廉。其动静触头、导电杆均暴露在外，闭合或分断的状态一目了然。

（一）隔离开关的用途及种类

1. 隔离开关的用途

（1）隔离电源

利用隔离开关断口的可靠绝缘能力，可使需要检修或分段的线路与带电线路相互隔离，以确保检修工作的安全。

（2）隔离开关与断路器配合进行倒闸操作

操作隔离开关时必须注意：绝不允许带负荷电流分闸，否则，断口间产生的电弧将烧毁触头或形成三相弧光短路，造成供电中断。因此，当隔离开关与断路器串联于电路中运行时，操作隔离开关必须遵守"先合后分"的原则；在并联时，必须遵守"先分后合"的原则。

（3）通断小电流电路

用隔离开关可以通断电压互感器和避雷器电路，通断励磁电流不超过 2 A 的空载变压器电路，通断电容电流不超过 5 A 的空载线路，通断母线和直接接在母线上的电气设备的电容电流，通、断变压器中性点的接地线。

2. 隔离开关的分类

隔离开关可按安装地点的不同分为：户内式和户外式；按绝缘支柱数目分为：单柱式、双柱式和三柱式；按动触头运动方式分为：水平旋转式、垂直旋转式、摆动式和插入式；按有无接地闸刀分为：无接地闸刀式、一侧有接地闸刀式、两侧有接地闸刀式；按操动机构的不同分为：手动式、电动式、气动式和液压式等；按极数分为：单极式、双极式、三极式；按安装方式分为：平装式和套管式。

3. 隔离开关的技术要求

（1）有明显的断开点。

（2）断口应有足够可靠的绝缘强度。

（3）具有足够的动、热稳定性

（4）结构简单，分、合闸动作灵活可靠。

（5）主闸刀和接地刀，隔离开关和断路器间应有可靠的联锁装置，以防止误操作。

（6）隔离开关应能承受一定的操作次数。

4. 隔离开关的型号

隔离开关的型号的格式如下：

$$\boxed{1}\ \boxed{2}\ \boxed{3}\ \text{-}\ \boxed{4}\ \boxed{5}\ \text{-}\ \boxed{6}$$

1——代表产品名称：G 表示隔离开关，J 表示接地开关。

2——代表安装场所（装置种类）：N 表示户内式，W 表示户外式。

3——代表设计系列序号，用数字表示。

4——代表额定电压（kV）。

5——代表补充工作：D 表示带接地开关，G 表示改进型，K 表示快分型，T 表示统一设计，W 表示防污型。

6——代表额定电流（A）。

例如：GN10-10/400 型是指额定电压为 10 kV，额定电流为 400 A，第 10 次设计的户内高压隔离开关。

（二）高压隔离开关的结构

1. GW4-110D 型户外式隔离开关

1）结　构

图 2.16 所示为 GW4-110D 型户外式隔离开关在合闸位置时的外形。GW4-110D 型户外式隔离开关主要由底架、支柱绝缘子、导电部分、接地刀闸（不接地除外）、传动系统和操动机构组成，双柱式水平旋转，断口为水平开距。

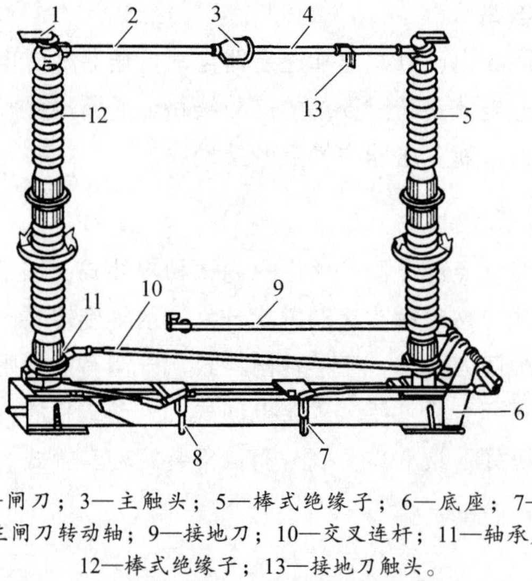

1—接线端；2，4—闸刀；3—主触头；5—棒式绝缘子；6—底座；7—接地闸刀转动轴；
8—主闸刀转动轴；9—接地刀；10—交叉连杆；11—轴承座；
12—棒式绝缘子；13—接地刀触头。

图 2.16　GW4-110D 型隔离开关

（1）底架。

GW4-110D 型的底架为一根槽钢，两端各安装有轴承座，轴承座内有一对推力滚动轴承，保证物水座上的转动板灵活。底架的一端或两端焊有接地开关支座，装有接地开关。

（2）支柱绝缘子。

GW4-110D 型每极有两柱，每柱是一节实心棒形支柱绝缘子，支柱上端安装有固定导电部分，下端固定在轴承座上端的转动板上。

（3）导电系统。

导电部分固定在支柱绝缘子上端，主闸刀分成两半，接触部分在中间。合闸时，接触部分圆柱形触头嵌入两排触指内。

（4）接地开关。

接地开关装于底座传动轴上，静触头装于主导电系统导电杆上。接地开关与隔离开关之间在第一相接地开关转轴上设有扇形板，与紧固于瓷柱法兰上的弧形板组成机械联锁，保证主开关与接地开关的互相闭锁。

（5）操动机构。

GW4-110D 型隔离开关可配用的操动机构较多，有手动操动机构（如 CS14-G、CS17-G 等）和电动操动机构（如 CJ2、CJ6 等）。

2）工作原理

隔离开关操作由操动机构带动底座中部的传动轴旋转 $180° + 1°$，通过水平连杆带动一侧的支柱绝缘子旋转 $90°$，并通过交叉连杆使另一侧支柱绝缘子反向旋转 $90°$，于是两闸刀便向一侧分开或闭合。分闸后，两闸刀平行，合闸后两闸刀成一条直线。

接地开关操作：操动机构分合时，借助传动轴及水平连杆使接地开关转动轴旋转一角度，达到分合的目的。由于接地开关转轴上有扇形板与紧固于瓷柱法兰上的弧形板组成联锁，所以能确保按主分—地合—地分—主合的顺序动作。

2. GN2-35T 型户内式单极隔离开关

这种开关用于 25 kV 高压室内，其结构如图 2.17 所示。

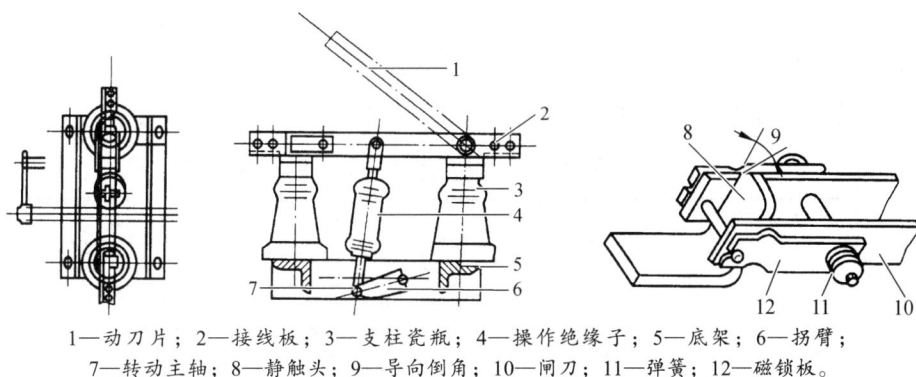

1—动刀片；2—接线板；3—支柱瓷瓶；4—操作绝缘子；5—底架；6—拐臂；
7—转动主轴；8—静触头；9—导向倒角；10—闸刀；11—弹簧；12—磁锁板。

图 2.17　GN_2-35T 型户内单极隔离开关

这种开关由底架、支柱瓷瓶、导电部分（包括闸刀与触头）及操作绝缘子组成，采用 CS6 型手动操动机构。操作绝缘子做支起或下落运动，使闸刀垂直旋转，完成分、合闸。

隔离开关的触头采用指形线接触，其动触头由两片相互平行的紫铜闸刀片组成。两闸刀片间互相隔离并由弹簧压紧。固定静触头是以紫铜板条弯成直角而成。在合闸位置时，两个刀片因受弹簧的压力而紧紧夹在静触头两侧，形成线接触。这样的线接触在分、合闸过程中，易于擦掉接触表面的氧化物，降低接触电阻。当短路电流通过开关的闸刀片时，两平行刀片中的电流互相作用，产生较大的、互相吸引的电磁力，使接触压力增大。为了增大这种接触压力，常在平行刀片的两侧加上磁锁，即在平行刀片的外侧（GN2-35T 型开关在闸刀的一端加磁锁）加装两块钢片，以增强磁场，加大电动吸力。这样可提高开关的动稳定性，且散热效果好。

（三）高压隔离开关的操动机构

1. 手动操动机构

手动操动机构是以人力为操作动力，由凸轮、连杆等组成的一种简单操动机构。按操作杆动作方向的不同，手动操动机构又分为垂直操作和水平操作两种方式。垂直操作方式多用于 10 kV 及以下户内断路器柜内的隔离开关，水平操作方式多用于 20～110 kV 隔离开关的主刀闸和接地刀闸，以及 220 kV 隔离开关的接地刀闸。通常三相式隔离开关的主刀闸和接地刀闸分别采用一个手动操动机构，且三相共用。一般将手动操动机构安装在中间相隔离开关的下方，利用连杆与其他两相隔离开关相连。隔离开关的主刀闸和接地刀闸均为三相联动。220 kV 隔离开关的主刀闸一般不采用手动操作，而其接地刀闸仍采用三相联动水平操作的手动操动机构。

2. 电动操动机构

当隔离开关采用远动控制操作时，常采用电动操动机构。电动操动机构是以电动机为操作动力，具有结构简单、操作灵活、没有漏油问题等优点，应用广泛。CJ2 型电动操动机构是目前牵引变电所中应用最广泛的隔离开关操动机构。

二、隔离开关的运行与维护

（一）隔离开关的巡视

1. 正常巡视项目

隔离开关的巡视检查项目和标准见表 2.2

表 2.2　隔离开关的巡视检查项目和标准

序号	检查内容	标准
1	标识牌	名称、编号齐全、完好
2	绝缘子	清洁，无裂纹，无破损、无电晕和放电现象
3	导电部分	触头接触良好，无过热、变色及移位等异常现象；动触头的偏斜不大于规定数值。接点压接良好，无过热现象，引线弛度适中
4	传动连杆、拐臂	连杆无弯曲、连接无松动、无锈蚀，开口销齐全；轴销无变位脱落、无锈蚀、润滑良好；金属部件无锈蚀、无鸟巢
5	法兰连接	无裂痕，连接螺钉无松动、锈蚀、变形
6	接地刀闸	位置正确，弹簧无断股、闭锁良好，接地杆的高度不高于规定数值；接地引下线完整可靠接地
7	闭锁装置	机械闭锁装置完好、齐全，无锈蚀变形
8	操动机构	密封良好，无受潮
9	接地	应有明显的接地点，且标志色醒目；螺栓压接良好，无锈蚀

2. 特殊巡视项目

（1）大风天气：引线摆动情况及有无搭挂杂物。

（2）雷雨天气：绝缘套管有无放电闪络现象。

（3）大雾天气：绝缘套管有无放电、打火现象，重点监视污秽瓷质部分。

（4）大雪天气：根据积雪融化情况，检查接头发热部位，及时处理悬冰。

（5）短路故障跳闸后：检查隔离开关的位置是否正确，各附件有无变形，触头、引线接头有无过热、松动现象。

（二）隔离开关的操作要求

1. 隔离开关的操作方式

1）电动操作

隔离开关必须配备有电动操动机构才能进行电动操作，它分为两种方式。

（1）远方遥控操作：是指在监控计算机主接线图（或间隔接线图）上用鼠标或键盘选定相应的隔离开关图标进行的操作。

（2）就地电动操作：是指在现场通过隔离开关操动机构箱内的分、合闸按钮来对隔离开关进行的操作。正常操作时，必须先远方遥控操作，只有在远方遥控操作失灵时，才能进行就地电动操作。

2）手动操作

（1）手动操作的隔离开关必须通过人力对隔离开关进行拉、合操作，操作时必须在现场才能进行。

（2）电动式操作的隔离开关由于电动机失灵或其他原因不能进行电动操作时，必须通过人力并使用摇柄转动机构来带动隔离开关进行分、合闸操作。在操作前，必须将电动机电源断开后才能进行。

2. 隔离开关操作注意事项

隔离开关是一种没有灭弧装置的控制电器，因此严禁带负荷进行分、合闸操作。

（1）操作隔离开关前，应检查与隔离开关连接的断路器确实处于断开位置，以防带负荷拉、合隔离开关。

（2）在正常情况下，隔离开关的操作方式应优先采用远控、近控的顺序，并尽量避免手动操作方式。

（3）装有电气闭锁装置的隔离开关，禁止随意解除闭锁进行操作。如果闭锁有问题，首先应检查操作条件并核对设备，严禁使用万能钥匙或强行操作。远控操作的隔离开关，一般不得带电就地手动操作，以免失去电气闭锁。近控操作的隔离开关，操作前应检查方式选择开关是否在近控位置，操作结束应拉开操作电源开关。

（4）隔离开关操作完毕，应检查其开、合位置，三相同期情况及触头接触深度均应正常，以免因传动机构或控制回路（指远方操作隔离开关）有故障，出现隔离开关拒合或拒分。合闸后，工作触头应接触良好；拉闸后，断口张开的角度或拉开的距离应符合要求。

（5）在现场对隔离开关进行操作时，操作人员和监护人要选择正确的站位，防止瓷柱断裂伤人。若发现瓷柱断裂、倒塌或放电时，应迅速远离危险区域。

（6）在电动操动机构失灵、操作电源失压等情况下进行手动操作时，防误闭锁回路有可能自动解除，一旦发生事故，可能造成人身伤害。因此应认真检查操作条件，严格核对设备，防止误操作，并注意以下事项：

① 手动合隔离开关时，开始要缓慢，当刀片接近刀嘴时，要迅速合上，以防产生弧光。在合到终了时，不得用力过猛，防止冲击力过大而损坏绝缘子。

② 手动拉闸时，应按慢、快、慢的过程进行。开始时，将动触头从固定触头中缓慢拉出，使之有一小间隙。拉至接近终了时，应缓慢，防止冲击力过大，损坏隔离开关绝缘子和操动机构。在切断空负荷变压器、空负荷线路、空负荷母线时，应快而果断，使电弧迅速熄灭。

③ 单相隔离开关和跌落式熔断器的操作顺序：垂直排列时，停电拉闸应先拉中相，后拉两边相，送电合闸操作顺序与之相反；水平排列时，停电拉闸应从上到下依次拉开各相，送电合闸操作顺序与之相反。

（7）在合隔离开关时如发生弧光或误合，则应将隔离开关迅速合上。隔离开关一经合上，不得再行拉开，因为带负荷拉开隔离开关会使弧光扩大，使设备损坏更加严重。误合后只能用断路器切断该回路，才允许将隔离开关拉开。

（三）隔离开关常见故障及处理

隔离开关常见故障及处理如表 2.3 所示。

表 2.3　隔离开关常见故障及处理

故障现象	故障原因及处理
接触部分过热	原因： ① 导流部分的压紧零件松动，导致接触压力下降； ② 闸刀未合到位，造成接触面积偏小； ③ 触头表面氧化或烧伤，引起接地电阻增大； ④ 超负荷运行。 处理：向电调汇报，做好记录，加强监视；发热剧烈时，申请退出运行，派人按工艺检修，紧固螺栓，调整接触面接触压力
拒合、拒分及分合闸不到位	原因： ① 操动机构故障； ② 传动装置卡滞，调整不到位，造成拒动； ③ 分合闸止钉间隙调整不到位，造成分合闸不到位； ④ 刀口油泥过多，刀口熔焊，可造成拒分； ⑤ 传动装置轴销脱落。 处理：向电调汇报，做好记录，申请退出运行，派人检修
支持瓷瓶破损、掉釉、有裂纹、有放电痕迹	处理：向电调汇报，做好记录，申请退出运行，派人检修，清扫脏物；用环氧树脂修补，试验不合格时更换
误动作	原因：值班人员违章操作。 处理： ① 带负荷分隔离开关，当触头刚刚分离就已被发现时，应立即合上闸刀，若闸刀已全部拉开，则不准再重新合上； ② 带负荷合隔离开关时，将有弧光产生，此时应迅速果断地将闸刀合到位，绝不允许将闸刀重新拉开

【任务实施】

（1）学生接受任务，根据给出的相关知识通过学习并查阅相关的资料，自行完成任务的内容。

（2）各小组成员之间、各小组之间互相检查，发现问题，提出意见。

（3）老师检查各小组及个人完成的任务，提出问题，给出成绩。

【课堂训练与测评】

（1）高压隔离开关的结构认知：小组成员共同探讨高压隔离开关的结构和作用，并完成小组汇报展示。

（2）隔离开关的巡视。

【知识拓展】

（1）扫描二维码 2.8，可查阅学习隔离开关 CJ2 型电动操动机构

（2）扫描二维码 2.9，可查阅学习隔离开关巡视的要求和标准。

二维码 2.8   二维码 2.9

任务 3　牵引变压器的运行与维护

【任务目标】

（1）明确牵引变压器的作用、结构及工作原理。

（2）明确牵引变压器运行中的要求。

（3）熟悉牵引变压器的巡视内容

（4）了解牵引变压器运行中和检修时的注意事项。

【任务描述】

根据图 2.18 所示，认知牵引变压器结构，读懂牵引变压器的铭牌，并熟悉牵引变压器的运行与维护的要求。

【任务分析】

通过本任务的学习，能够读懂牵引变电所主变压器的铭牌，熟悉牵引变电所主变压器的结构、正常巡视内容和特殊巡视内容。

图 2.18　牵引变压器

【学习步骤】

（1）认识牵引变电所主变压器。

（2）熟悉牵引变电所主变压器的结构。

（3）了解牵引变电所主变压器的工作原理。

（4）读懂牵引变电所主变压器的铭牌内容。

（5）熟悉牵引变电所主变压器的正常巡视内容。

（6）熟悉牵引变电所主变压器的运行方式。

【知识链接】

一、变压器的基本概念

（一）变压器的分类

变压器是利用电磁感应原理将某一电压（电流）等级的电能转换为相同频率另一电压（电流）等级的电能的静止电器，因其主要作用是变换电压，故称为变压器。为了适应不同的使用目的和工作条件，其类型很多，结构和使用原理也不尽相同，一般可按结构、电源相数、冷却方式、绕组形式、用途等进行分类。

1. 按结构分类

变压器按铁芯类型可分为芯式和壳式。

芯式变压器：绕组包围铁芯，用于高压的电力变压器。

壳式变压器：铁芯包围绕组，用于大电流的特殊变压器。

2. 按电源相数分类

单相变压器：一、二次绕组均为单相，用于单相负荷或三相变压器组。

三相变压器：一、二次绕组均为三相，用于三相系统的升、降电压。

多相变压器：一次绕组为三相，二次绕组为多相。

3. 按冷却方式分类

油浸自冷式变压器：通过油自然对流冷却。

油浸风冷、水冷式变压器：用空气或水作冷却介质进行冷却。

空气自冷式变压器：依靠空气对流进行冷却，主要是干式变压器，一般用于小容量变压器。

强迫油循环冷却变压器：用油泵进行循环冷却。

充气式变压器：变压器身放在一个封闭的铁箱内，箱内充满特殊气体。

4. 按绕组形式分类

双绕组变压器：同一铁芯上有两个绕组，用于连接电力系统中的两个电压等级。

三绕组变压器：同一铁芯上有高、中、低压三个绕组，一般用于连接三个电压等级。

多绕组变压器：同一铁芯上有三个以上绕组的变压器。

自耦变压器：输出和输入共用一组绕组的特殊变压器，用于连接不同电压的电力系统，也可作为普通的升压或降压变压器用。

5. 按用途分类

电力变压器：用于电力系统中输配电系统的升、降电压。

特殊变压器：调压器、电炉变压器、整流变压器、工频实验变压器、矿用变压器、仪用变压器、电抗器、互感器等。

6. 电气化铁路所使用的变压器分类

根据用途不同，电气化铁路所使用的变压器分为主变压器（牵引变压器）、动力变压器、自耦变压器（AT）、所用变压器几种。

（1）牵引变压器是牵引变电所中的主变压器，为牵引负荷提供电能，容量大，电压高。高压侧电压一般为 110 kV 或 220 kV，低压侧电压为 27.5 kV，AT 供电方式时为 55 kV。

（2）动力变压器。动力变压器一般是给本所以外的非牵引负荷供电，电压等级一般为 27.5/10 kV，容量从几百至几千千伏安不等。

（3）自耦变压器。自耦变压器（AT）是 AT 供电的专用变压器，自身阻抗很小，一般沿牵引网每 10~20 km 设一台，用以降低线路阻抗，提高网压水平及减少通信干扰。

（4）自用电变压器又称所用变压器，是给本所的二次设备、检修设备以及日常生活、照明负荷供电的设备，电压等级一般为 27.5/0.4 kV 或 27.5/0.23 kV，容量从几十至几百千伏安不等。

（二）变压器的主要技术参数

（1）额定容量 S_N：额定状态下变压器输出的单相或三相总视在功率，单位为千伏安（kV·A）。

（2）额定电压 U_N：变压器长时间运行时，设计条件所规定的电压值（线电压），单位为千伏（kV）。

（3）额定电流 I_N：变压器在额定电压和额定环境温度下各部分温升不超过允许值的情况下长期运行时，所允许通过的电流值，单位为安（A）。

（4）空载损耗 P_O：又称铁损，是指变压器一个绕组加上额定电压，其余绕组开路时，变压器所消耗的功率。变压器的空载电流很小，它所产生的铜损可忽略不计，所以空载损耗可认为是变压器的铁损。

（5）负载损耗 P_L：又称短路损耗或铜损，指变压器一侧加电压而另一侧短接，使电流为额定电流时，变压器从电源吸取的有功功率。

（6）额定温升：变压器绕组或上层油面的温度与变压器外围空气的温度之差。

（7）空载电流 I_O：变压器一次侧施加额定电压，二次侧断开运行时，一次绕组中通过的电流称为空载电流或励磁电流，通常以额定电流的百分数表示。

（三）变压器的型号说明

变压器的型号通常由表示绕组耦合方式、相数、冷却方式、调压方式、绕组数量以及容量、额定电压、绕组连接方式的符号与数字组成。表示方法为：

1	2	3	4	5	6	7	8	-	9	/	10

1——绕组耦合方式：O 表示自耦，F 表示非自耦。

2——相数：S 表示三相，D 表示单相。

3——绕组外绝缘介质：不标表示变压器油，C 表示成型固体绝缘，K 表示空气绝缘。

4——冷却方式：J 表示油浸自冷（可不标），F 表示油浸风冷，S 表示油浸水冷。

5——油循环方式：N 表示自然循环，P 表示强迫循环，D 表示强油导向。

6——绕组数：不标表示双绕组，S 表示三绕组，F 表示双分裂绕组。

7——调压方式：不标表示无励磁调压，Z 表示有载调压。

8——设计序号。

9——额定容量（kV·A）。

10——额定电压（kV）。

通常变压器型号只标出相数、冷却方式、设计序号、容量和高压侧电压等级。例如：SF7-20000/110 表示额定容量为 20 000 kV·A、高压侧额定电压为 110 kV 的油浸风冷三相双绕组电力变压器。

二、牵引变压器的结构

变压器的种类很多，但其基本结构相同，主要由铁芯和绕组两个部分组成。铁芯是变压器的磁路部分，绕组是变压器的电路部分。此外，电力变压器还有油箱油枕、气体继电器、防爆管分接头开关、绝缘套管等附件。附件的作用是对铁芯与绕组进行散热、保护与绝缘等，它能保证变压器安全可靠地运行。图 2.19 是三相油浸式电力变压器的结构示意图。

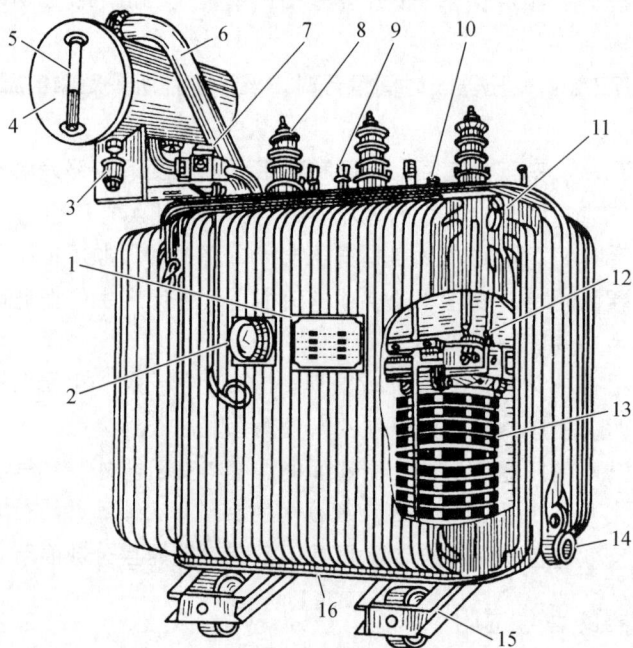

1—铭牌；2—温度计；3—吸湿器；4—油枕；5—油位指示器；6—防爆管；
7—气体继电器；8—高压套管；9—低压套管；10—分接开关；11—油箱；
12—铁芯；13—绕组；14—放油阀；15—小车；16—接地端子。

图 2.19　三相油浸式电力变压器的结构

（一）变压器的铁芯

铁芯是变压器重要的组成部件之一，它由高导磁的硅钢片叠积和钢夹件夹紧而成，它主要有两个方面的功能：

（1）铁芯构成了变压器的磁路部分，是电能转换的媒介。

（2）在结构上，它是构成变压器的骨架，套装着绕组，支撑着引线、木夹件、分接开关和其他组件。

变压器在运行时或在进行高压试验中，铁芯及其金属部件处于强电场的不同位置，由静电感应的电位也各不相同，使得铁芯和各金属部件之间或对接地体产生电位差，在电位不同的金属部件之间形成断续的火花放电，这种放电将使变压器油分解，并损坏固体绝缘。因此对铁芯及其金属部件都必须进行可靠接地。由于铁芯硅钢片之间的绝缘电阻很小，只需一片接地即可认为铁芯全部叠片都接地。

铁芯的接地点一般应设在低压侧，只允许一点接地。需要接地的各部件之间只允许单线连接。铁芯中如有两点或两点以上的接地，接地点之间可能形成闭合回路，当有较大的磁通穿过时就会在回路中感应出电动势并引起电流，当电流较大时，会引起局部过热故障甚至烧坏铁芯。

（二）变压器绕组及绝缘

1. 变压器的绕组

绕组是变压器输入和输出电能的电气回路，是变压器的基本部件，也是变压器检修的主要部件。它是由铜、铝的圆、扁导线绕制，再配置各种绝缘件组成的。绕组必须具有足够的电气强度、耐热强度和机械强度。

2. 变压器绝缘性质

根据变压器绝缘性质可将变压器绝缘分为外绝缘和内绝缘两大类。

通常将变压器油箱以外的空气绝缘称为外绝缘，外绝缘直接受到外界气候条件的影响。

通常将变压器油箱以内的绝缘，包括绝缘油以及浸在油里的纸及纸板等称为变压器的内绝缘，内绝缘不受外界气候条件的影响。内绝缘又分为主绝缘和纵绝缘。主绝缘可分为绕组间或绕组对铁芯柱间的绝缘、绕组对铁轭绝缘和引线绝缘三种。纵绝缘是指变压器绕组的匝间和层间绝缘。

3. 变压器的绝缘水平

变压器绝缘水平是指变压器能够承受的运行中各种过电压与长期最高工作电压作用的水平，是在保护用避雷器配合下的耐受电压水平，取决于设备所能承受的最高电压。根据变压器绕组线端与中性点的绝缘水平是否相同，变压器绝缘可分为全绝缘和分级绝缘两种绝缘结构。

（1）全绝缘。

变压器的全绝缘是指各绕组的所有出线端都具有相同的对地工频耐受电压的绕组绝缘水平（绕组线端的绝缘水平与中性点的绝缘水平相同）。中性点不接地系统安装的变压器必须是全绝缘的变压器。

（2）分级绝缘。

变压器的分级绝缘是指绕组接地端或绕组中性点的绝缘水平比出线端低的绕组绝缘水平（绕组中性点的绝缘水平低于线端的绝缘水平）。分级绝缘的变压器由于中性点的绝缘水平相对较低，因此只允许在 110 kV 及以上的中性点直接接地系统中使用。

（三）变压器油箱

油箱是油浸式变压器的外壳，具有容纳器身、充注变压器油及散热冷却的作用。变压器油有两种作用：一是作为绝缘介质，二是作为散热的媒介，即通过变压器油的循环，将绕组和铁芯中散发出来的热量带给箱壁或散热器进行冷却。油箱都是用钢板焊接成的，其结构随变压器容量的大小以及附件的种类的多少、大小而不同。

（四）冷却装置

变压器在运行过程中由于铜损、铁损的存在而发热，它的温升直接影响到变压器绝缘材料的寿命、机械强度、负荷能力及使用年限。

变压器的冷却装置是将变压器运行中由损耗所产生的热量散发出去，以保证变压安全运行的装置。冷却装置一般是可拆卸的，不强迫油循环的称为散热器，强迫油循环的称为冷却器。

（五）绝缘套管

绝缘套管是将变压器内部的高、低压绕组引线引到油箱外部的出线装置。它不但作为引出线对地的外绝缘，而且担负着固定引线的作用。

套管由带电部分与绝缘部分组成。变压器的电压等级决定了套管的绝缘结构，套管的通过电流决定了其导电部分的截面和接头的结构。其材料一般是陶瓷。常用的绝缘套管有瓷质绝缘套管、充油绝缘套管、电容式绝缘套管等。1 kV 以下采用实心瓷套管，10 ~ 35 kV 采用空心充气或充油式套管，110 kV 及以上采用电容式套管。为了增大外表面放电距离，套管外形做成多级伞形裙边，电压等级越高，级数越多。

我国统一规定变压器套管的排列次序是从高压侧看，自左向右排列。

对于三相变压器，其排列次序为：

高压：O-A-B-C；

低压：o-a-b-c；

中压：Om-Am-Bm-Cm。

对于单相变压器，其排列次序为：

高压：A-X；

低压：a-x；

中压：Am-Xm。

（六）变压器调压装置

由于电网电压的变动以及负载的变化，将导致运行中的变压器输出电压的波动。

为保证电气设备及变压器自身的正常工作，需对变压器输出电压进行调整，变压器输出电压的调整范围一般不超过额定电压的±5%。

变压器绕制绕组时留出了若干个抽头，在器身装配后将这些抽头引到了调压装置，这些抽头叫分接头。采用分接开关对分接头进行切换，以接入不同的绕组匝数，从而改变变压器的输出电压，这是调压的主要方式。

由于高压绕组的电流比低压绕组的电流小，其导线截面也小，绕组绕制时抽头比较容易，同时额定电流小的分接开关结构简单，容易制造和安装。而变压器的高压绕组又在外面，抽头引线引出很方便，对于降压变压器当电网电压变动时，在高压绕组进行调压就可以适应电网电压的变动,因此变压器的调压一般都改变高压绕组的匝数。

调压分为无载调压（又叫无励磁调压）和有载调压两种。在二次侧不带负载，一次绕组也与电网断开的情况下调压，称为无载调压，所使用的开关称为无载（无励磁）分接开关；在二次侧带负载，一次侧也与电网连接的情况调压，称为有载调压，所使用的开关称为有载分接开关。

（七）变压器油枕及保护装置

1. 油 枕

油枕又称储油柜，是位于变压器油箱盖上部的圆筒形的储油容器，是一种油保护装置。其作用有：

（1）调节油量，保证变压器油箱内经常充满油。

（2）减少油和空气的接触面，防止油过快老化和受潮。

（3）保证套管内的油位。当储油柜最低油位时，由于比油箱顶的直接充油式套管要高，因而可以经常使套管内充满油，保证套管的绝缘强度。

油枕容量通常为变压器油箱总容量的8%~10%。大型变压器常采用隔膜密封式油枕。

2. 防爆装置

（1）防爆筒。

防爆筒又称安全气道，安装在变压器油箱盖上（钟罩式油箱安装在油箱的顶部）作为油箱内部的过压保护。

（2）压力释放阀。

由于防爆管中防爆薄膜的厚度、质量有一定差异，对爆破压力随机影响很大，另外防爆管中变压器油和大气接触，不能满足全密封式变压器的要求，近年来已逐渐被压力释放阀所代替。压力释放阀有一金属膜盘，平时受弹簧弹力的作用紧贴在阀座上，当油箱内压力增至规定值(大于弹簧弹力)时，腹盘被顶起.将油箱中的压力释放出来，从而保护油箱。

压力释放阀可直接安装在变压器油箱的平盖、斜盖、升高座或箱壁上，但最大倾斜角度不应大于45°，以15°~20°为好，为防止喷出的油四处飞溅，可经导流罩向指定方向喷流。

3. 吸湿器

吸湿器又称呼吸器，是油浸式变压器储油柜的重要附件，其作用是吸收进入油枕内的空气的水分。

吸湿器的主体为玻璃筒，其内部盛有氯化钴、浸渍过的硅胶（变色硅胶）作为吸湿剂。硅胶的作用是在变压器温度下降时对吸进的气体除潮，在干燥情况下一般呈蓝色，吸潮后渐渐变为粉红色。当硅胶变色部分达 2/3 时，值班人员应通知检修人员更换。在吸湿器底部呼吸通道口处设有油封，用于过滤大气中的各种颗粒状粉尘，防止其进入储油柜的变压器油中。

4. 气体继电器

气体继电器又叫瓦斯继电器，是变压器的重要保护元件，当变压器内部出现故障（如绝缘击穿、线匝短路及铁芯烧毁等故障等）时，气体继电器能够迅速动作，发出信号或使开关跳闸，以达到保护变压器的目的。

气体继电器是利用变压器内部故障时产生的热油流和热气流推动继电器动作的元件，安装在油箱和储油柜的连接管道中，分为轻瓦斯和重瓦斯保护。轻瓦斯保护动作于信号；重瓦斯保护动作于跳闸。

5. 温度计

温度计是用来测量变压器上层油温的。安装在变压器油箱盖上的测温筒内。

6. 油位计

油位计（油标）一般装于油枕的一端，用来指示油枕中的油面，便于运行人员了解油面的高度。油位计上画有三条刻度线，分别是环境温度为 $-30\ ℃$、$20\ ℃$、$40\ ℃$ 时的正常油面高度。

7. 净油器

净油器是用来改善变压器油的性能，延缓油老化的装置，其结构如图 2.20 所示。运行中的变压器，由于上下层油温存在温度差，使油在净油器中循环。净油器的金属容器内充有吸附剂，变压器油流经吸附剂时，其中的水分、游离碳和各种氧化物被吸附剂所吸收，使油得到连续再生，从而使油质能长时间保持在合格状态。

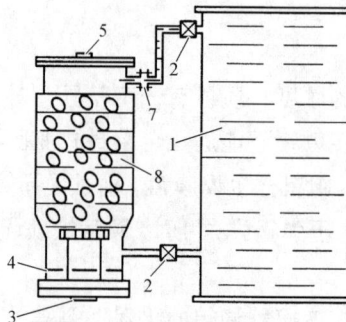

1—油箱；2—油阀门；3—放油塞；4—集污器；5—放气塞；
6—连管；7—连接法兰盘；8—净油罐。

图 2.20　净油器的结构

三、牵引变压器的连接方式

（一）纯单相接线

图 2.21 所示为变压器纯单相接线图。单相接线变压器原边绕组跨接于三相高压输电线的两线之间，取用线电压。二次侧绕组一端连于牵引变电所的牵引母线上，另一端连至钢轨。

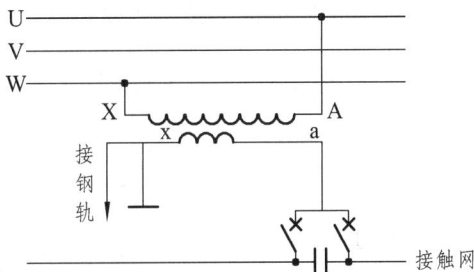

图 2.21　纯单相接线

牵引端口的电压相别取决于原边绕组接入的电压相别，对于单相牵引变压器左右两个供电臂采用同一个端口电压，因此变电所出口可以取消电分相，相对于采用其他接线牵引变压器的牵引变电所，分相数量可以减少一半。

用于牵引变电所中的单相牵引变压器与一般的单相牵引变压器是不同的。一般变压器的 X 总是接中性点，因而绝缘是按半绝缘结构设计的；而牵引变压器的 X 端是接三相系统的相线，故末端 X 的绝缘等级与首端 A 的绝缘等级是一样的，变压器绕组是按全绝缘结构要求设计的。

单相牵引变压器的负序电流比较严重，为了减小单相牵引负荷产生的负序电流对电力系统的影响，我们国家牵引变电所无一例外进行相位轮换，也就是轮换接入三相电力系统。

纯单相接线的主要优点是设备和布置都比较简单，运营维修比较方便，变压器的造价和运营费用也相对比较低，变压器容量利用率可达到 100%。

其缺点主要是存在两个问题：一是相同牵引负荷条件下，单相负荷在三相系统中形成的负序电流较大，虽经换相连接在主体上可减少对三相系统的影响，但在局部的影响是较大的，故只能用于电力系统容量较大、地方电网较发达地区，这样铁路的负荷电流对它们来说所占比例可忽略不计。哈（尔滨）大（连）线便是全线采用纯单相接线，接入电力系统 220 kV 的电网中。二是不能实现双边供电，且牵引变电所中无变电所自用三相电源，所需电源只能从附近电网引入或由劈相机、单相-三相变压器等方式供给。

（二）单相 Vv 接线

图 2.22 所示为变压器单相 Vv 接线图。两台单相变压器高压侧的首端分别接在不同的两个相线 U、V 上，而末端接于剩下的一个相线 W 上，成为公共端。低压侧两个末端为公共端，接于接地网和钢轨及架空回流线上，两个首端分别接于两条牵引母线

上，向牵引变电所两侧牵引网供电。此时两个供电区段电压相位差为 60°，相邻接触网相对电压为 27.5 kV，必须采用分相绝缘。

单相 Vv 接线变电所的优点是变压器容量利用率可达 100%，可以供给变电所三相电源，可对牵引网实现双边供电。与纯单相接线相比，单相 Vv 接线负序电流小，对系统的影响较小。我国的阳（平关）安（康）线即采用这种接线。其缺点是在正常工作时，两台变压器均投入运行；为了保证可靠性，只能采用移动备用的方式；当一台变压器出现故障时，备用变压器的调运和投入时间较长，备用变压器投入倒闸作业复杂。

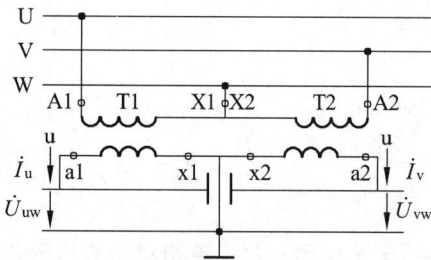

图 2.22 单相 V/V 接线

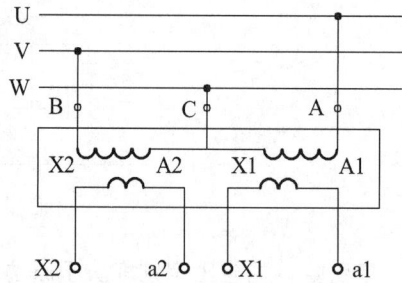

图 2.23 三相 V/V 接线

（三）三相 Vv 接线

三相 V/v 接线牵引变压器接线方式类同单相 V/v 接线，将两台单相变压器放到同一油箱内，如图 2.23 所示。将一个高压绕组的 X1 端和另一个高压绕组的 A2 端连接在一起，构成公共端，另两端 A1 和 X2 引出到高压接线端子。低压绕组的四个端子分别引出到四个接线端子。

三相 Vv 接线是在单相 Vv 接线的基础上发展起来的新型结构。其电气性能类似于单相 Vv 接线，但在结构上较单相 Vv 结构紧凑，接线简单方便，易于设立固定备用变压器。

（四）V/X 接线

V/X 牵引变压器用于 AT 供电方式。V/X 接线由 2 台二次侧有中点抽头的单相变压器构成，如图 2.24 所示。两台变压器的原边绕组分别接三相电力系统的 AB 相和 BC 相。两台变压器的副边出线端 A_1、X_1、A_2、X_2 分别接到两组 2×27.5 kV 母线上，可省去变电所 AT，两组牵引母线分别通过馈电线分别向变电所的两侧供电分区供电，两台变压器的副边中心抽头 O_1、O_2 分别与轨道连接。

由于 V/X 接线变压器是两个单相 V/v 接线变压器组合，因此保留了 Vv 接线变压器结构相对简单、容量利用率高、投资较省等优点，对电力系统负序的影响通 Vv 接线变压器相当，均较纯单相接线变压器减少了一半。另外，这种接线方式供电能力强、投资成本低，可节省变电所出口处的自耦变压器。且其安装容量更小，所以目前在高速铁路上牵引变压器普遍采用 V/X 接线。V/X 接线牵引变压器 2 个绕组的容量根据需要选择，标称容量可以是不相等的，因此容量利用率高。

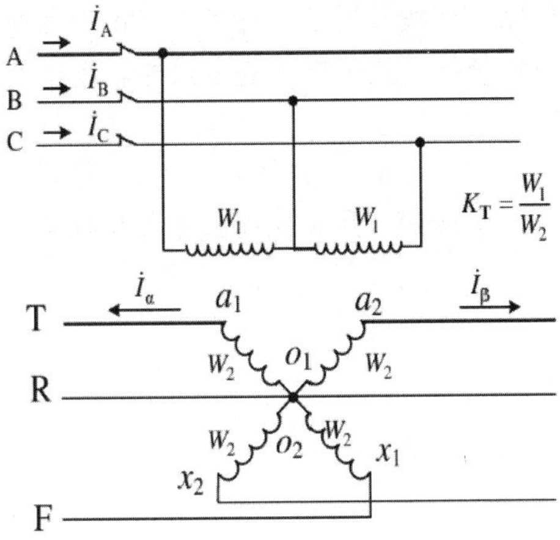

图 2.24　V/X 接线

AT 方式下的 V/X 接线牵引变压器首次于 2005 年 4 月在准（准格尔）东（东胜）线地方铁路周家湾至西营子段铁路电气化工程福兴城牵引变电所投入运行。2007 年 3 月，第二个采用 V/X 接线牵引变压器的朔黄铁路龙宫牵引变电所也投入了运行，京沪高铁也是采用的这种方式。

（五）三相 Yd 接线

三相牵引变电所中，一般采用双绕组油浸式变压器作为主变压器，变压器的连接绕组为 YNd11 标准接线组，如图 2.25 所示。三相牵引变压器的高压侧接成 YN 接线方式，三相绕组端子 A、B、C 分别接 110 kV 电网的 U、V、W 相，也可根据换相的要求接其他相，端子标号有可能与系统相别不符。中性点 N 通过隔离开关 QS 接地。变压器的低压侧（牵引侧）绕组接成三角形，W 相端子总是接接地网和钢轨或回流线，a 端子和 b 端子总是分别接至牵引侧两相母线上，分别向牵引变电所两侧的牵引网供电。

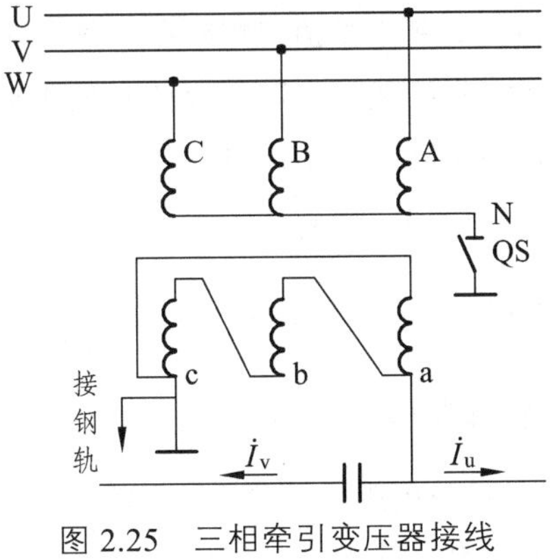

图 2.25　三相牵引变压器接线

采用三相 YNd11 接线的三相牵引变电所的优点是变压器结构简单，原边采用 YN 接线，中性点引出接线方式与电力系统 110 kV 高压电网相适应，原边绕组可采用半绝缘结构，造价降低，所内有三相电源，还可以向地方负荷供电。其缺点是变压器容量不能充分利用，输出容量只能达到其额定容量的 75.6%，引入温度系数后，也只能达到 84%；与单相变电所相比，接线较复杂。设备多，占地面积大，投资大，而且维护检修的工作量和费用也相应增加。三相牵引变电所在我国铁路电气化区段应用广泛。

（五）斯科特接线

三相-两相牵引变电所中，一般采用斯科特接线的变压器作为主变压器，如图 2.26 所示。

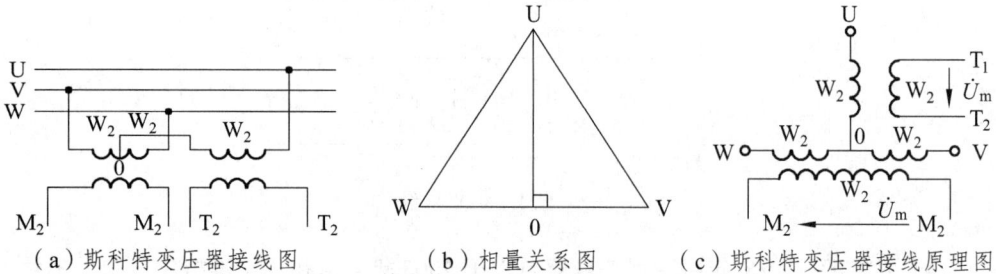

（a）斯科特变压器接线图　　　　（b）相量关系图　　　　（c）斯科特变压器接线原理图

图 2.26　斯科特接线

Scott 变压器可看作两个单相变压器组合。一台单相变压器的原边绕组两端引出，分别接到三相系统的 B 和 C 相，称为 M 座变压器。另一单相变压器的一次侧绕组一端引出，接到三相系统 A 相，另一端到 M 座变压器一次侧绕组的中点 O，称为 T 座变压器。

变压器高压侧绕组连成倒 T 形，接入三相电力系统 U、V、W 中，低压侧绕组连成 V 形，公共端接接地网和钢轨或回流线，开口两端分别接入相邻的接触网区段，两侧电压相位差为 90°，额定电压为 55 kV，故相邻接触网区段须采用分相绝缘器。若两个低压侧绕组分别与两台自耦变压器并联后再接入接触网，自耦变压器绕组的中间抽头接钢轨，就构成了 AT 变电所。

采用斯科特接线的三相-两相牵引变电所的优点是，将三相对称电压变换成两相对称电压，又将副边两个单相负载变成原边三相对称负载，大大降低了牵引负荷对系统的负序影响，同时利用逆斯科特接线变压器可以使变电所获得三相对称自用电源。其缺点是变压器制造难度大，绝缘要求全绝缘设计，成本高。我国（北）京秦（皇岛）线、郑（州）武（汉）线即采用这种接线。

四、牵引变压器的运行

（一）变压器运行的基本条件

（1）变压器本体、内部铁芯及绕组经过检查应正常，所有电气试验结果应符合要求。

（2）冷却器、风扇、潜油泵、旋转泵旋转方向应正确、无杂声，油流继电器动作灵活、指示正常。

（3）调压装置、无励磁分接头开关位置应符合调度规定档位，且三相一致。运行档经复测直流电阻合格；有载调压开关装置远方及就地操作可靠，指示位置正确。

（4）套管无破损，油位指示正确，套管的电气、油化分析试验结果合格。

（5）变压器各放气部位应放尽残留空气，所有紧固件完好、齐全并紧固。

（6）保护装置与测量仪表全部符合要求，储油柜油位指示正常，吸湿器装置正确，呼吸畅通。

（7）新投运或大修后的变压器，其竣工或大修资料应齐全。

（8）变压器和电抗器送电前必须试验合格，各项检查项目合格，保护按整定配置要求投入，并经验收合格，方可投运。

（二）变压器运行的相关规定

1. 有关温度的规定

（1）变压器使用寿命与温度有密切关系，绝缘温度经常保持在 95℃ 时，使用年限为 20 年。

（2）运行中设备温度与环境温度高出的数值称为温升。变压器绕组的温升规定不超过 65℃，变压器上层油温不宜经常超过 85 ℃。

2. 有关电压、电流的规定

（1）变压器的运行电压一般不应高于该运行分接额定电压的 105%，超过 105% 应有相关规定。

（2）无励磁调压变压器在额定电压（1＋5%）范围内改换分接头位置运行时，其额定容量不变。

（3）新装、大修、事故检修或换油后的变压器，在施加电压前的静止时间不应小于以下规定：110 kV 及以下静止 24 h，110～220 kV 静止 48 h。

（4）变压器三相负荷不平衡时，应监视负荷最大的一相的电流。

3. 中性点接地方式的规定

（1）自耦变压器的中性点必须直接接地或经小电抗接地。

（2）110 kV 及以上的中性点有效地接地系统中，投运或停运变压器的操作，中性点必须先接地。

（3）变压器高压侧与系统断开时，由中压侧向低压侧（或相反方向）送电，变压器高压侧的中性点必须可靠接地。

4. 冷却器的运行规定

定期切换冷却器电源及冷却器的运行方式，当运行电流达到规定值时，自动投入风扇；当油温降低至 45 ℃，且运行电流降到规定值时，风扇退出运行。

5. 变压器瓦斯保护的有关规定

（1）在新装、吊芯、调换气体继电器、更换变压器的散热器或套管后，投运时必须将空气排尽，变压器送电时瓦斯保护只投信号，跳闸连接片必须断开，在带负荷运行 24 h 无异常后投入。

（2）运行中的变压器进行下述工作时，重瓦斯保护应由跳闸位置改为信号位置运行：

① 带电进行注油和滤油时。

② 进行吸湿器畅通工作或更换硅胶时。

③ 除采油样和气体继电器上部放气阀放气外,在其他所有地方打开放气、放油和走油阀门时。

④ 气体继电器二次回路上有工作时。

6. 变压器过负荷的规定

(1)正常过负荷一般允许最高不超过额定容量的 20%。

(2)事故过负荷只考虑变压器的冷却方式和当时的环境温度。

(3)事故过负荷允许过负荷倍数及持续时间参照规定数据执行。

(三)变压器的并列运行

变压器的并列运行是指将两台或以上变压器的一次绕组并联在同一电压的母线上,二次绕组并联在另一电压的母线上运行。其意义是:当一台变压器发生故障时,并列运行的其他变压器仍可以继续运行,以保证重要用户的用电;或当变压器需要检修时,可以先并联上备用变压器,再将要检修的变压器停电检修,既能保证变压器的计划检修,又能保证不中断供电,提高供电质量。并列运行变压器必须满足以下条件:

(1)电压比(变比)应相同。

(2)阻抗电压(短路电压)应相等。

(3)连接组别应相同。

除满足以上三个条件外,并列运行的变压器的容量比一般不超过 3∶1。

五、牵引变压器的巡视

牵引变压器是变电所各类电气设备中最重要的设备之一,其一旦发生损坏事故,需要检查分析和处理的时间较长,损失和影响较大。所以,平时周密的巡视检查,对于防止变压器发生事故或尽快找出事故原因和部位,都是十分必要的。

(一)日常正常巡视

每天应至少两次,巡视内容为:

(1)变压器的运行声响均匀、正常,无异味。

(2)变压器的油位、油色应正常,各部位无渗油、漏油现象;储油柜油位应与温度相对应,现场指示与远方记录(或监控系统显示)一致。

(3)变压器温度计正常、温升正常。

(4)变压器套管油位正常,套管外部应清洁、无破损裂纹、无严重油污、无放电痕迹及其他异常现象。

(5)引线接头、电缆、母线应无发热迹象,接触应良好,各引线接头应无变色、过热、发红现象,接头接触处的示温蜡片应无融化现象。

(6)吸湿器应完好、畅通,硅胶无变色(变色不超过 2/3),油封呼吸器的油位正常。

(7)压力释放阀或安全气道及防爆膜应完好无损,无渗油、漏油现象。

（8）散热片（管）、进出口油管法兰和阀门无渗油、漏油现象，冷却器循环油阀门开启正确。

（9）变压器铁芯接地线和外壳接地线接触良好，必要时用钳形电流表测量铁芯接地电流值应不大于 0.5 A。

（10）气体继电器应充满油，无气体。

（11）调压分接头位置指示应正确，各调压分接头位置应一致。

（12）各控制箱和二次端子箱内的各种电器装置应完好，位置和状态正确，箱壳密封良好，无受潮现象。

（13）变压器外壳及各部件应保持清洁。

（二）定期检查

（1）外壳及箱沿应无异常发热。

（2）各部位的接地应完好，必要时应测量铁芯和夹件的接地电流。

（3）强油循环冷却的变压器应做冷却装置的自动切换试验。

（4）有载调压装置的动作情况应正常。

（5）各种标志应齐全、明显。

（6）各种保护装置应齐全、良好。

（7）各种温度计应在检定周期内，超温信号应正确可靠。

（8）消防设施应齐全、完好。

（三）特殊巡视

（1）大风、雷雨、冰雹后的检查。检查引线摆动情况及有无断股，引线和变压器上有无搭挂落物，瓷套管有无放电闪络痕迹及破裂现象。

（2）浓雾、毛毛雨、下雪时的检查。检查瓷套管有无沿面放电，各引线接头发热部位在小雨中或落雪后应无水蒸气上升或落雪融化现象，导电部分应无冰柱，如有应及时清理。

（3）气温骤变时的检查。气温骤冷或骤热时，应检查储油柜油位和瓷套管油位是否正常，油温和温升是否正常，各侧连接引线有无变形、断股或接头发热等现象。

（4）夜巡时，应注意引线接头处，线卡应无过热、发红及严重放电等。

（5）过负荷运行时的检查。检查并记录负荷电流；检查油温和油位的变化；检查变压器的声音是否正常；检查接头发热是否正常，示温蜡片应无融化现象；检查冷却器投入的数量应足够，且运行正常；检查防爆膜、压力释放器是否完好。

（6）变压器在系统发生短路故障后的检查。检查变压器有无爆裂、移位、变形、焦味、烧伤、闪络及喷油；检查油色是否正常；检查电气连接部分有无发热、熔断、瓷质外绝缘有无破裂，接地引下线有无烧断。

（7）气体保护及差动保护动作后应立即检查。

（8）新投入或经大修的变压器投入运行后的检查。在 4 h 内，应每小时巡视检查一次，对以下项目要重点检查：变压器的声音是否正常，如发现响声特大、不均匀或有放电声，则断内部有故障；油位变化应正常，随温度的提高应略有上升；用手触及每一组冷却器，温度应正常，以证实冷却器的阀门已打开；油温变化应正常，变压器带负荷后，油温应缓慢上升。

【任务实施】

（1）学生接受任务，根据给出的相关知识通过学习并查阅相关的资料，自行完成任务的内容。

（2）各小组成员之间、各小组之间互相检查，发现问题，提出意见。

（3）老师检查各小组及个人完成的任务，提出问题，给出成绩。

【课堂训练与测评】

（1）牵引变压器各部分的作用是什么？

（2）正常情况下牵引变压器在运行时的声音是什么？

（3）牵引变压器的结构认知：小组成员共同探讨牵引变压器的结构和作用，并完成小组汇报展示。

（4）牵引变压器的巡视。

【知识拓展】

扫描二维码 2.10，可查阅学习牵引变压器巡视的要求和标准。

二维码 2.10

任务 4 互感器的运行与维护

【任务目标】

（1）明确电压互感器和电流互感器的作用、结构及工作原理。

（2）明确电压互感器和电流互感器运行中的要求。

（3）对电压互感器和电流互感器的日常巡视做出规划，选择所要涉及的内容、仪表、工具等。

（4）了解电压互感器和电流互感器运行中和检修时的注意事项。

【任务描述】

根据图 2.27 所示，认知电压互感器和电流互感器结构、接线方式、铭牌，并熟悉牵引变压器的运行与维护的要求。

图 2.27　互感器

【任务分析】

通过本任务的学习，能够读懂电压互感器和电流互感器的铭牌，熟悉电压互感器和电流互感器的结构、正常巡视内容和特殊巡视内容。

【学习步骤】

（1）认识电压互感器和电流互感器。

（2）熟悉电压互感器和电流互感器的结构。

（3）了解电压互感器和电流互感器的工作原理。

（4）读懂电压互感器和电流互感器的铭牌内容。

（5）熟悉电压互感器和电流互感器的接线方式。

（6）熟悉电压互感器和电流互感器的正常巡视内容。

（7）熟悉电压互感器和电流互感器的运行要求。

【知识链接】

互感器是一种特殊的变压器，是电流互感器与电压互感器的统称。它将一次回路中的高电压或大电流按比例变换成标准低电压或小电流，以便向测量仪表、保护设备及自动控制设备提供信号。

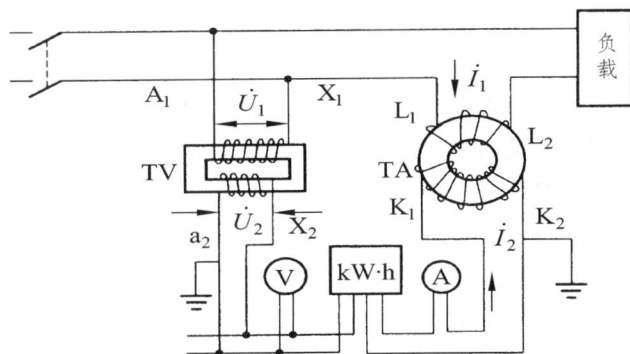

图 2.28　互感器与系统连接图

互感器是测量电器，它是电力系统中一次电路与二次电路间的联络元件。电压互感器一次侧跨接在电网线间或线与地间，二次侧接电压表或功率表、电度表的电压线圈以及继电器或自动装置的电压线圈，用以测量电压。电流互感器一次侧串接在线路中，二次侧串接电流表或有关仪表、继电器或自动装置的电流线圈，用以测量线路中的电流。

图 2.28 中，TV、TA 分别为电压互感器和电流互感器，V、A、kW·h 分别为电压表、电流表和电度表。

互感器的作用有如下三个方面：

（1）扩大二次设备的量程。电网电压很高，工作电流经常很大，而电气仪表和继电器只有在低电压和较小电流下才有好的技术经济性能，因此常用互感器将高压、大电流统一变换成标准的低压、小电流，作为二次设备的交流电源。

（2）使电气仪表和继电器标准化。电压互感器的二次侧额定电压为 100 V、$100/\sqrt{3}$ V。电流互感器的二次侧额定电流大多为 5 A（少数为 0.5 A 或 1 A）。因此，虽然电网电压及电流多种多样，但仪表和继电器大多数可以做成 100 V 或 5 A，从而使产品标准化和小型化，这样就给产品生产带来了很大的经济性。

（3）隔离高电压。电流互感器和电压互感器的一次侧和二次侧在电气上相互绝缘，二次侧的电压很低，可以较好地保证二次系统设备和操作人员的安全，并使二次设备的检修维护不受一次系统的限制。

目前，我国电力系统中采用的互感器多数还是根据电磁感应原理制成的电磁式互感器，但在 220 kV 以上变电所中电压互感器大多采用电容式电压互感器。

一、电流互感器

（一）电流互感器的基本知识

电流互感器在工程上常用 TA 或 CT 表示。

1. 电流互感器的工作原理

电流互感器是利用变压器一、二次电流成比例制成的，其工作原理、等效电路也与一般变压器相同，只是其一次绕组串联在被测电路中，且匝数很少，二次绕组接电流表、继电器电流线圈等低阻抗负荷，近似短路。一次电流（即被测电流）和二次电流取决于被测线路的负荷，与电流互感器二次侧的负荷无关。由于二次侧接近于短路，所以一、二次电压都很小，励磁电流也很小。

当运行中的电流互感器二次侧开路时，此时一次电流不变，二次电流等于零，则二次电流产生的去磁磁通也消失了。这时，一次电流全部变成励磁电流，使互感器铁芯饱和，磁通也很高，将产生以下后果：

（1）由于磁通饱和，二次侧将产生数千伏高压，且波形改变，会对人身和设备造成严重危害。

（2）由于铁芯磁通饱和，使铁芯损耗增加，产生高热，会损坏绝缘。

（3）会在铁芯中产生剩磁，使互感器电流误差（也称比误差）和角误差增大，失去准确性。

所以，电流互感器二次侧不允许开路。电流互感器二次回路中不允许接熔断器，也不允许在运行时未经旁路就拆下电流表、继电器等设备。

2. 电流互感器的分类

（1）按用途可分为测量用电流互感器、保护用电流互感器。

（2）按绝缘介质可分为干式电流互感器、浇注式电流互感器、油浸式电流互感器和 SF_6 电流互感器。

（3）按电流变换原理可分为电磁式电流互感器、光电式电流互感器。

（4）按安装方式可分为贯穿式电流互感器、支柱式电流互感器、套管式电流互感器、母线式电流互感器。

（5）按一次绕组匝数可分为单匝式电流互感器、多匝式电流互感器。

（6）按变比种类可分为单电流比电流互感器、多电流比电流互感器、多个铁芯电流互感器。

（7）按技术性能可分为稳定型电流互感器、暂态型电流互感器。

（8）按使用条件可分为户内电流互感器、户外电流互感器。

3. 电流互感器的型号

电流互感器的型号由字母符号和数字组成，通常表示电流互感器的绕组类型、绝缘种类、使用场所及电压等级等，按以下方式组成：

L 1 2 3 4 - 5 / 6

各项的意义分别为：

L——字母，代表电流互感器。

1——字母，M 表示母线式（穿心式）；Q 代表线圈式；Y 代表低压式；D 代表单匝式；F 代表多匝式；A 代表穿墙式；R 代表装入式；C 代表瓷箱式；Z 代表支柱式；V 代表结构倒置式；J 代表零序。

2——字母，K 代表塑料外壳式；Z 代表浇筑式；W 代表户外式；G 代表改进型；C 代表瓷绝缘；P 代表中频。

3——字母，B 代表过电流保护；D 代表差动保护；J 代表接地保护或加大容量；S 代表速饱和；Q 代表加强型。

4——数字，一般表示设计序号。

5——数字，表示额定电流，单位为 A。

6——数字，表示特殊环境代号。

4. 电流互感器的技术参数

（1）额定电压。

电流互感器的额定电压是表征原边绕组对地之间的绝缘等级的。值得注意的是它绝不是原边绕组两端的电压，正常运行时，原边绕组两端的电压是很小的。

（2）额定电流。

电流互感器的额定电流是指原边绕组的额定电流。在环境温度下，容许电流互感器通过 120% 的额定电流。技术手册中是通过给出变流比来表示额定电流的，其分子为原边额定电流，分母为副边额定电流。如 600/5，即一次侧额定电流为 600 A，二次侧为 5 A。

（3）动稳定电流。

电流互感器的动稳定电流是指在二次线圈短路的条件下，一次侧发生短路，互感器所能承受而无机械损伤的最大一次电流峰值。这个电流与一次额定电流的比值称为动稳定倍数。技术手册通常是用动稳定倍数来表示动稳定电流的。

（4）热稳定电流。

电流互感器的热稳定电流是指二次线圈短路的条件下，互感器在 1 s 内承受一次侧短路电流的热作用而无损伤的一次电流有效值。这个电流与一次额定电流之比，称为热稳定倍数。技术手册通常是用热稳定倍数来表示的。

（5）准确度级及二次额定负载。

电流互感器的准确级数是互感器变比误差的百分值。电流互感器在一次额定电流下，二次负荷越大，则比误差和角误差就越大；当一次电流低于电流互感器额定电流时，互感器的比误差和角误差也会随之增大。在某一准确级工作时的标称负荷，就是互感器二次侧在这个负荷下。其比误差不超过这准确等级所规定的数值。

常用电流互感器的准确等级为 0.1、0.2、0.5、1、3、5、5P、10P 共 8 个级别。

不同的准确度具有不同的应用范围，一般 0.1 级、0.2 级电流互感器是用作标准电流互感器或用于实验室的精密测量；0.5 级的用于计量；1 级用于指示性测量；3 级、5 级用于非精密测量；P 级为保护用。

（6）电流互感器的极性。

电流互感器的极性是指电流互感器原副边电流之间的相位关系。

电流互感器原边绕组有两个端口，其一称之为首端，记为 P_1，另一称为末端，记为 P_2。副边绕组也有两个端口，其一称之为首端，记为 S_1，另称为末端，记为 S_2，由于原副边绕组是因为磁耦合而产生相互电流变换关系的，故二者有共同的磁通。共同磁通链接的两个绕组中电流存在一定的相位关系，如图 2.29 和图 2.30 所示。

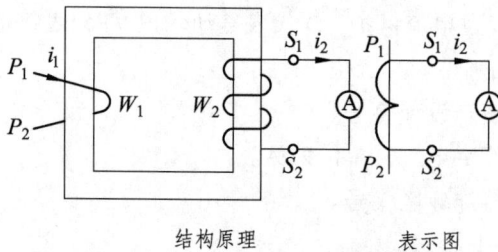

结构原理   表示图

图 2.29　电流互感器极性（减极性）

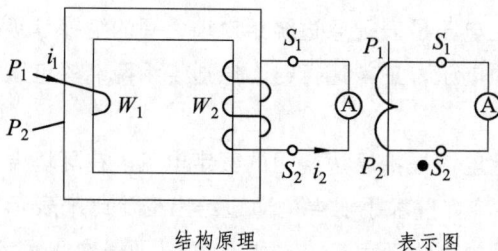

结构原理   表示图

图 2.30　电流互感器极性（加极性）

当原边线圈电流 i_1 瞬时由首端流向末端时，副边线圈电流 i_2 流出的那端为其同名端。

在图 2.29 中，当原边绕组有电流 i_1 从 P_1 流向 P_2 时，由于共同磁通的作用，在副边绕组中感应一个电流 i_2，从 S_1 流出 S_2 流入，显然，两个首端 P_1 与 S_1 是一对同名端（两个末端 P_2 与 S_2 是另一对同名端），我们称这种极性关系为减极性。

在图 2.30 中，当原边绕组有电流 i_1 从 P_1 流向 P_2 时，在共同磁通的作用下，副边绕组中感应一个电流 i_2 从 S_2 流出，S_1 流入。显然原边首端 P_1 与副边末端 S_2 是一对同名端，或换言之两个绕组首端是异名端，当然末端也是异名端。这种相位关系称为加极性。

在电路图中我们通常在一对同名端旁表上黑点"·"，这样就可以明确表示电流互感器的极性。在工程实用中，一般情况下电流互感器均采用减极性接线，故实用中这种接线省去画同名端符号。

（7）10% 误差曲线。

继电保护装置对供保护用的电流互感器提出了一个最大允许误差值的要求，即比差不超过 10%（角差不超过 7%）。在 10% 误差曲线以下时，才能保证角误差小于 7%。

（二）电流互感器的结构

电流互感器种类很多，按一次绕组匝数可分为：① 单匝式，其中又包括贯穿式（一次绕组为一根银杆或铜管）、母线式（以线路母线作为一次绕组）、套管式（以套管导杆作一次绕组）；② 多匝式，如"8"字式、串级式等。按绝缘结构可分为干式、浇注式、油浸式等。按安装条件又可分为室外和室内两种。还可以按照用途和准确度等级等其他方法进行分类。

在电路中往往需要多个电流互感器，而且要求的准确级各不相同。实际应用中一个电流互感器往往有两个或两个以上铁芯，每一个铁芯只有一个二次绕组。

1. 单匝式电流互感器

单匝式电流互感器的构造简单、尺寸较小，短路电流通过时的电动力稳定度较高，适当选择载流铁芯柱的截面容易获得所需要的热稳定度。它的另一优点是当一次绕组（铁芯柱）有很大的短路电流通过时，不会像多匝互感器那样，产生很高的匝间过电压。其主要缺点是：当被测量的电流很小时，准确度很低。从上面的误差分析可以看出，一次侧励磁力不足将使误差增加，而在保证准确度的情形下带负载的能力则较低。因此，仅在电流较大的回路中，才考虑安装单匝电流互感器。

图 2.31 是 LDZ-10 型电流互感器（单匝贯穿式浇注绝缘电流互感器）的原理图，其二次绕组均匀地绕在环形铁芯上，一次绕组采用母线式导体从铁芯中心穿过，并用树脂浇注成为整体。

在 10 kV 和低压配电装置中还广泛使用母线式互感器。这种互感器是中空的，利用配电装置的载流母线作为一次绕组，如图 2.32 所示。

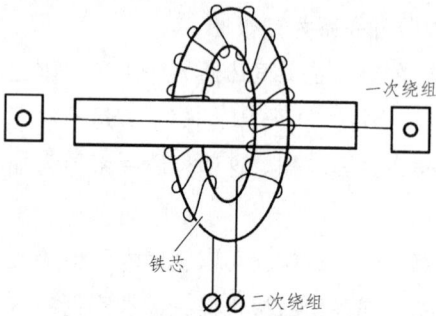

图 2.31　LDZ-10 型电流互感器

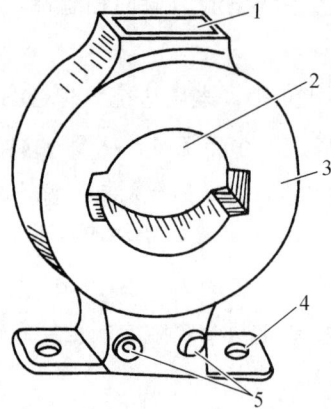

1—铭牌；2—一次母线穿孔；3—铁芯（外绕二次绕组）；
4—安装板，5—二次接线端子。

图 2.32　LMZJ1-0.5 型电流互感器

额定电压在 35 kV 以上时，还广泛采用套管式电流互感器。它的环形铁芯套在油断路器的绝缘套管上，利用套管中的载流体作为一次绕组。该形式又名装入式，优点是简单、经济，不另占空间；缺点是误差较大，因为磁路长度取决于套管直径，而套管直径一般较大，故使磁阻、误差增大。

2. 多匝式电流互感器

由于单匝式电流互感器的二次绕组功率不大，为满足负荷要求，势必增加互感器的安装数目，因此，制造多匝互感器是经济的。图 2.33 是 LFZ-10 型（复匝浇注绝缘）电流互感器的原理图和外形图，该型用于室内配电装置。

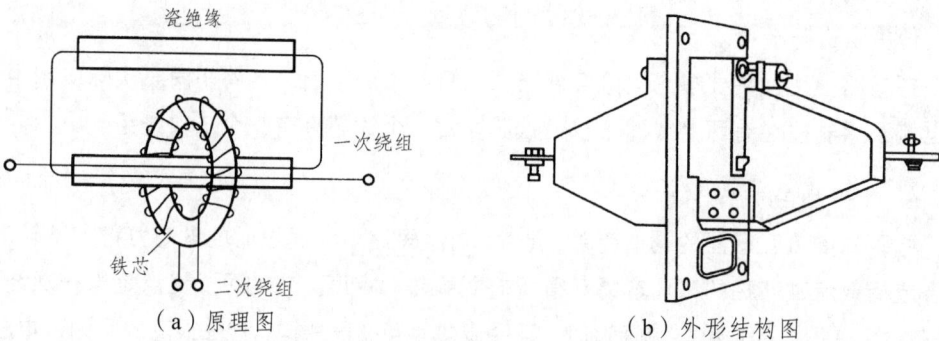

（a）原理图　　　　　（b）外形结构图

图 2.33　LFZ-10 型电流互感器原理图

电压在 35 kV 以上时常采用"8"字形结构，如图 2.34（a）所示，一次绕组 2 与绕有二次绕组 3 的铁芯 1 像两个环相套，构成"8"字形。铁芯和绕组装于瓷外壳中，内部充满变压器油。LCW-35 型属于该种结构，其外形及内部绕组布置如图 2.34（b）所示。

电压等级为 110 kV 或更高时，常采用串级式结构的电流互感器，如图 2.35 所示。例如 L-110 型电流互感器，它由两个独立变换的单元组成，第一级互感器二次侧电流为 20 A，用它来作为第二级电流互感器的一次侧，然后由第二级电流互感器变为 5 A 电流输出。第二级电流互感器有三个带有二次绕组的环形铁芯，以满足不同用途需要。

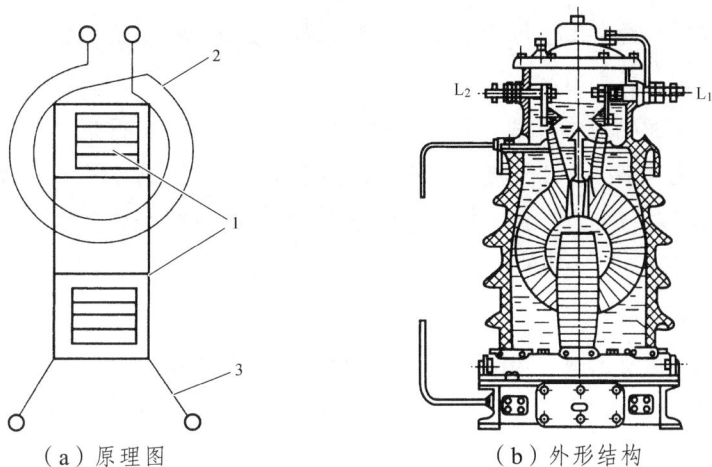

（a）原理图　　　　　（b）外形结构

1—铁芯；2—一次绕组；3—二次绕组。

图 2.34　"8" 字形电流互感器原理图

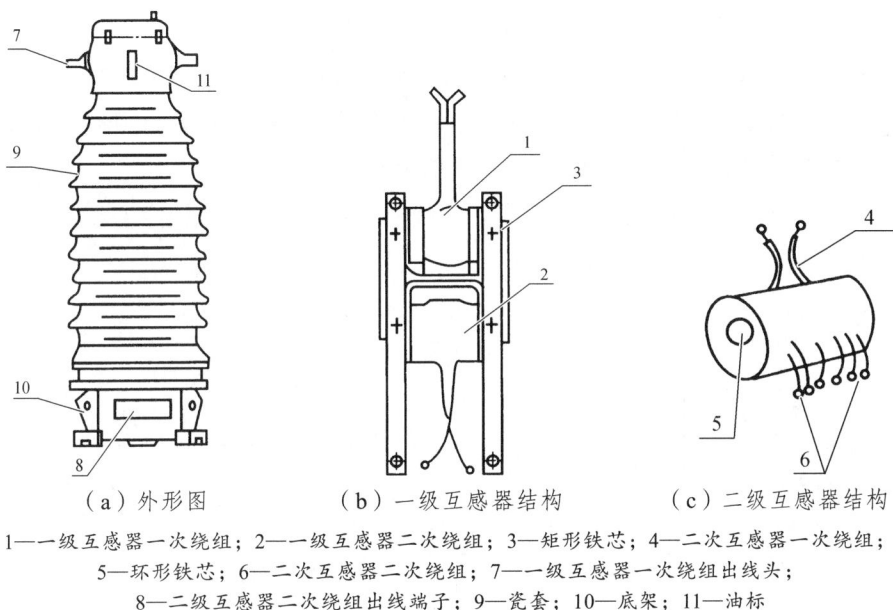

（a）外形图　　　（b）一级互感器结构　　　（c）二级互感器结构

1—一级互感器一次绕组；2—一级互感器二次绕组；3—矩形铁芯；4—二次互感器一次绕组；
5—环形铁芯；6—二次互感器二次绕组；7—一级互感器一次绕组出线头；
8—二级互感器二次绕组出线端子；9—瓷套；10—底架；11—油标

图 2.35　串级式电流互感器

牵引变电所 27.5 kV 设备直接套用电力系统 35 kV 设备的绝缘水平是不合理的。就电流互感器来说，目前主要套用的是 LCZ-35 型电流互感器，对地承受的相电压是 $35/\sqrt{3}=20.2$ kV，而牵引变电所对地所承受的电压是 27.5 kV，比 20.2 kV 高出 36.1%。为此，各厂家也先后开发了多种型号的电气化铁路专用电流互感器，主要型号有 JDT-27.5 型、LQZT-27.5 型、LZZB1-27.5 型及 LZBJ1-27.5 型等。

（三）电流互感器的接线方式

电流互感器在三相电路中有如图 2.36 所示 6 种常见的接线方案。

（1）单相接线，如图 2.36（a）所示。电流线圈中通过的电流反映一次电路相应相的电流。这种接线通常用于负荷平衡的三相电路，如在低压动力线路中，供测量电流或接过负荷保护装置之用。

（2）两相不完全星形接线，如图 2.36（b）所示。在继电保护装置中，这种接线称为两相两继电器接线。此种接线方式广泛用于中性点不接地的三相三线制高压（如 6～10 kV）电路中的三相电流、电能的测量及过电流继电保护。由图 2.37 示的相量图可知，两相不完全星形接线的公共线上的电流 $\dot{i}_u + \dot{i}_v = -\dot{i}_v$，反映的是未接电流互感器的那一相（V 相）的电流。

（3）两相电流差接线，如图 2.36（c）所示。由图 2.38 所示的相量图可知，二次侧公共线上的电流为 $\dot{i}_u - \dot{i}_v$，其量值为相电流的 $\sqrt{3}$ 倍。这种接线适用于中性点不接地的三相三线制高压（如 6～10 kV）电路中的过电流继电保护，也称为两相一继电器式接线。

（4）三相完全星形接线，如图 2.36（d）所示。这种接线中的 3 个电流线圈正好反映各相电流，广泛应用在负荷一般为不平衡的三相四线制系统中，也用在负荷可能不平衡的三相三线制系统中，用作三相电流、电能测量及过电流继电保护等。

（5）三角形接线，如图 2.36（e）所示，用于继电保护装置中，每相输出电流相对于二次绕组电流在相位上移动了 30°，在数值上是原来的 $\sqrt{3}$ 倍。

（6）零序接线，如图 2.36（f）所示，用于测量系统中三相电流相量和，在继电保护装置中作为零序电流过滤器。

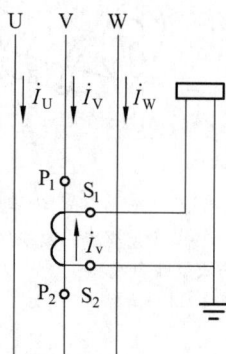

（a）单相接线

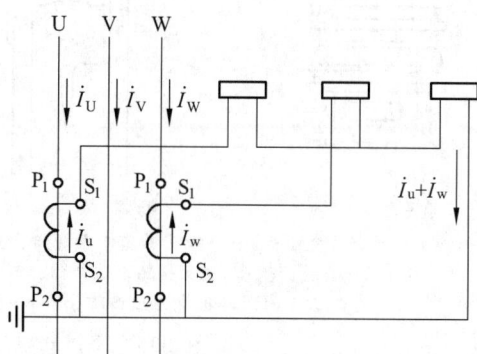

（b）两相不完全星形接线

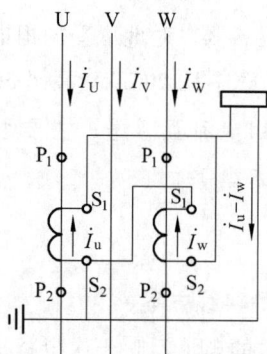

（c）两相电流差接线

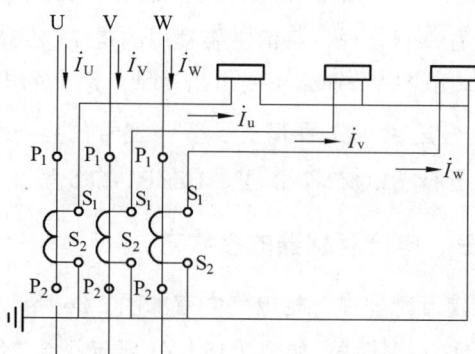

（d）星形（Y 形）接线

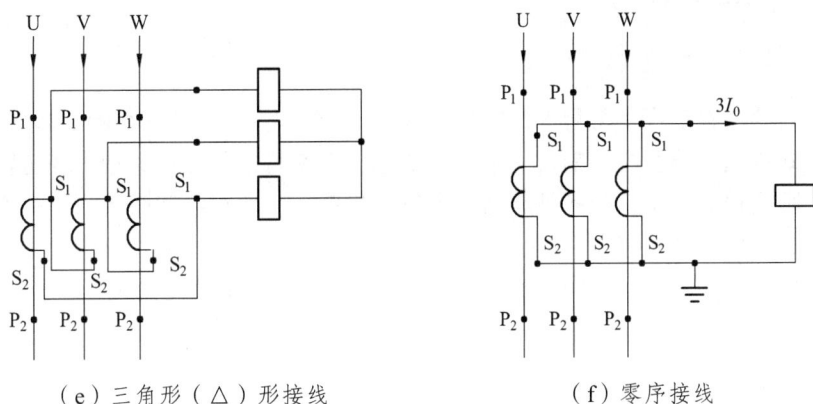

（e）三角形（△）形接线　　　　　　（f）零序接线

图 2.36　电流互感器的接线方案

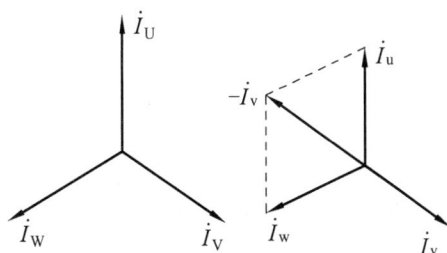

图 2.37　两相不完全星形接线电流互感器的一、二次侧电流相量图

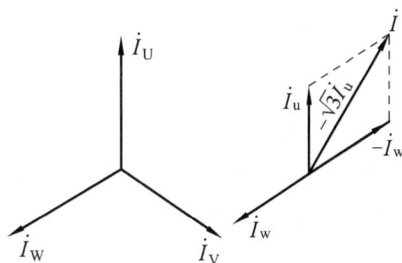

图 2.38　两相电流差接线电流互感器的一、二次侧电流相量图

（四）电流互感器的使用注意事项

（1）极性连接要正确。电流互感器一般按减极性标注，如果极性连接不正确，就会影响计量，甚至在同一线路有多台电流互感器并联时，会造成短路事故。

（2）二次回路应设保护性接地点，并可靠连接。为防止一、二次绕组之间绝缘击穿后高电压窜入低压侧危及人身和仪表安全，电流互感器二次侧应设保护性接地点。接地点只允许接一个，一般将靠近电流互感器的箱体端子接地。

（3）运行中二次绕组不允许开路，否则会导致以下严重后果：二次侧出现高电压，危及人身和仪表安全；出现过热，可能烧坏绕组；增大计量误差。

（4）用于电能计量的电流互感器二次回路，不应再接继电保护装置和自动装置等，以防互相影响。

二、电压互感器

（一）电压互感器的工作特性

电压互感器在工程上常用 PT 或 TV 表示，其基本结构和接线如图 2.39 所示。

电磁式电压互感器是目前应用最广泛的电压互感器，其工作原理与变压器相同。由于负载阻抗很大，其运行条件相当于变压器空载。二次绕组匝数远小于一次绕组匝数，所以二次侧不能短路，否则将产生危险的过电流。为保证人在接触测量仪表和继电器时的安全，互感器的二次绕组应接地。这样，当互感器绝缘损坏时，可以防止在仪表上产生危险的高电压。

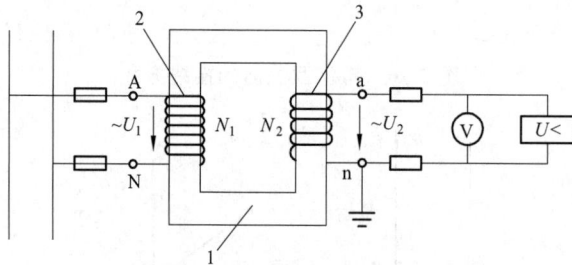

1—铁芯；2——一次绕组；3—二次绕组。

图 2.39　电压互感器的基本结构和接线

（二）电压互感器的技术参数

1. 型号：电压互感器全型号的表示和含义

| 1 | 2 | 3 | 4 | 5 | - | 6 |

1——产品名称：J 表示电压互感器。

2——相数：D 表示单相，S 表示三相。

3——绝缘形式：J 表示油浸式，G 表示干式，Z 表示树脂浇注式。

4——结构形式：B 表示带补偿绕组，W 表示五铁芯柱三绕组，J 表示接地保护。

5——设计序号。

6——额定电压，单位为千伏（kV）。

2. 额定电压

电压互感器的额定电压标示有两种方法，一种是直接标示一次侧、二次侧的额定电压；另一种是标示出电压互感器的变压比，则分子为一次侧额定电压，分母为二次侧额定电压，额定电压的单位为 kV。

3. 准确度级及副边额定容量

电压互感器的准确度级是按一次侧电压在（0.8～1.2）U_{1n}，二次负载功率因数保持 $\cos\phi = 0.8$，负载额为（0.25～1.0）S_n 情况下，误差最大限值划分的：测量用电压互感器的准确级有 0.1、0.2、0.5、1、3 五个等级。0.2 级用作变电所一次计量，保护用电压互感器的准确度级有 3P～15P 多种。

对应于某一准确度级，电压互感器有个对应的容量为额定容量，二次负载超过额定容量时，误差加大，准确度级不能保证。显见，电压互感器额定容量的确定是以保证准确度级为依据，而不是依据发热温升安全考虑的。

（三）电压互感器的分类和结构

1. 电磁式电压互感器

电磁式电压互感器有多种分类方法：根据绕组数目来分有双绕组式和三绕组式，按相数来分有单相式和三相式，按冷却方式与绝缘方式来分有干式、油浸式、浇注式、瓷箱式，按结构来分有普通结构和串级结构，按安装环境来分有室内式和室外式等。

35 kV 电压等级以下的电压互感器的结构与普通变压器基本相同。图 2.40 所示的是 JDZJ-10 型电压互感器。

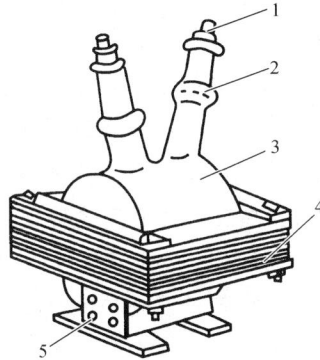

1——一次接线端子；2——高压绝缘套管；3——一、二次绕组（环氧树脂浇注）；
4——铁芯（壳式）；5——二次接线端子。

图 2.40　JDZJ-10 型电压互感器

在变电所中还常用三相五柱式电压互感器。图 2.41 所示的是 JSJW-10 型的原理接线图。它由五个铁芯柱和两个铁轭组成磁路系统，中间三个芯柱上各有三个绕组，其中一次绕组接成 Y0，两个二次绕组中一个接成 Y0、一个接成开口三角形。由于这种互感器有两个辅助芯柱，故可构成零序磁通的通路。铁芯和绕组放在装有变压器油的钢箱内，绕组端子通过固定在顶盖上的瓷套管引出。该种互感器用于户内 3～10 kV 电压级，测量线电压、相电压、监视电网对地绝缘，测量零序电压以供接地保护使用。

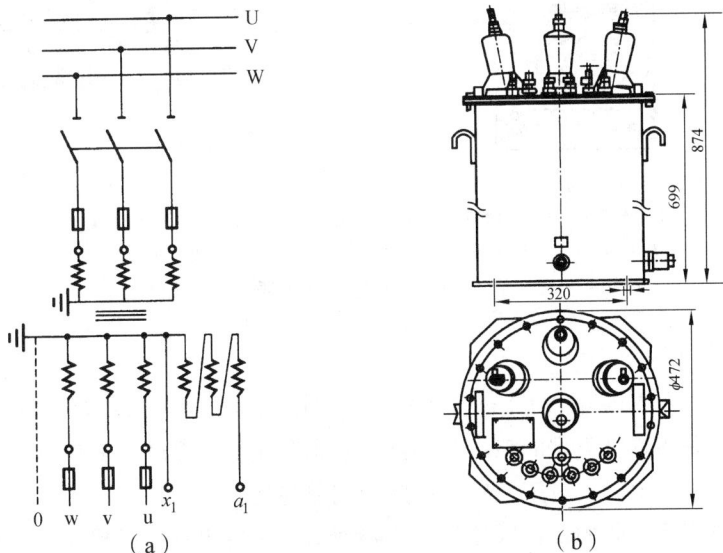

（a）　　　（b）

图 2.41　JSJW-10 型电压互感器原理接线及外形图

当电压在 110 kV 及以上时，一般不采用钢箱瓷套管式结构，因为这种结构使互感器显得笨重，且造价昂贵。此时采用单相串级式结构，并以瓷箱代替钢箱，可以使体积减小、质量减轻，并使造价降低。

串级式电压互感器的原理接线和外形如图 2.42（a）、（b）所示。这种互感器的铁芯为"口"字形，由条形硅钢片叠成。铁芯的上下边柱上套有一次绕组和平衡绕组。一次绕组为串联绝缘，分成两段，每段为一绝缘分级，由上而下，绕组对地电位逐渐降低，A 端全绝缘，下端（x 端）为接地端。下边芯柱还套有二次绕组与辅助绕组以供测量和保护等用。当互感器空载时，上下芯柱磁通相等，上下绕组的空载电流相同，每一绕组承受网压的一半，由于铁芯接于绕组的两个分段之间，故使每一段绕组对铁芯间只需承受网压之半，因而降低了绝缘水平。当互感器带负荷运行时，二次绕组将有电流 I_2 流过，由它产生的磁通将引起铁芯磁通的变化，使之交链一、二次绕组的全磁通不再相等，因此，一次绕组两段承受的电压不再相等，下段一次绕组承受电压较 1/2 网压要低些，引起互感器误差增加。为避免这种现象，上下两段安装有匝数相同的平衡绕组彼此对接。负荷时平衡绕组将有平衡电流产生，使上段铁芯磁通减小，下段铁芯磁通增加，从而使电压分布均匀，误差减小。

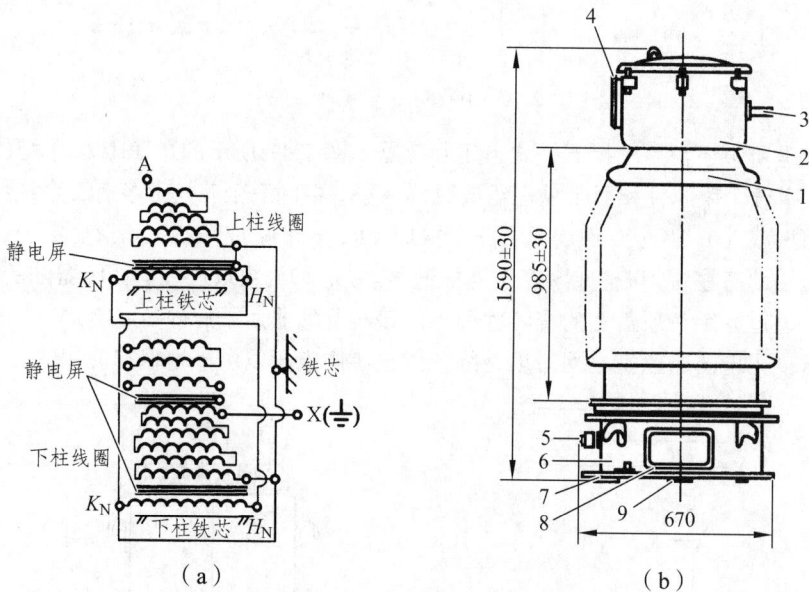

（a）　　　　　　（b）

1—瓷套；2—储油柜；3—高压出线端；4—油表；5—放油阀；
6—底座；7—接地螺栓；8—出线盒（二次线）；9—出线管。

图 2.42　JCC1 型电压互感器的原理和外形图

2. 电容式电压互感器

电容式电压互感器（CVT）在技术和经济方面具有优势，国外 66～765 kV 电力系统中绝大多数采用这种类型的电压互感器，我国在 110～220 kV 变电所设备更新或新建工程中优先采用电容式电压互感器已成为明显趋势。

电容式电压互感器的工作原理如图 2.43 所示。它由电容分压器和电磁单元两部分组成。由一级或多级耦合电容器组成的电容分压器从输电线路的高电压抽取一个中间电压（通常为 $10 \sim 20$ kV）送入电磁单元，再降为 $100/\sqrt{3}$ V 和 100 V 低压分别供计量和继电保护装置使用。为了补偿电容分压器的容性阻抗，使二次电压不因负载的变化而变化，在中压回路中接入了补偿电抗器 K。阻尼器 Z 的作用是防止电容式互感器内部电感和电容发生谐振过电压。

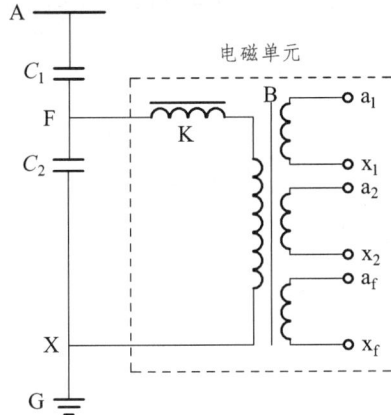

A、X—一次端子；a_1、x_1—主二次 1 号绕组端子；a_2、x_2—主二次 2 号绕组端子；
a_f、x_f—辅助二次绕组端子；K—补偿电抗器；B—中压变压器；
C_1—高压电容；C_2—中压电容；Z—阻尼器。

图 2.43　电容式电压互感器原理图

若电抗器 K 的电感参数 L 按其与 $(C_1 + C_2)$ 在工频下谐振选择，即 $L = 1/[4n^2 f^2 (C_1 + C_2)]$，则等值电路中内阻抗为 R，将使输出电压受负载变化的影响大为减小，这是电容式电压互感器内部接线的一个显著特点。

电力系统的频率会在 50 Hz 上下波动，这时 L 与 $(C_1 + C_2)$ 不能完全谐振，相当于增加了等值电路中的内阻抗，将造成误差，该误差称为频率误差。为保证准确度，$(C_1 + C_2)$ 不能太小。由于电容器的价格与其容量有直接关系，因此，高压电容器 C_1 的价格在互感器成本中占相当比重。

电容式电压互感器中电容器的介质，普遍采用聚丙烯膜与电容纸复合浸渍烷基苯绝缘油，产品结构向单柱式方向发展，即将电容分压器叠装在电磁单元的油箱上成为一个整体。二次输出容量在 0.5 级准确度下最大可达 500 V·A，在 0.2 级准确度下最大可达 300 V·A。

（四）电压互感器的接线方式

电压互感器在三相电路中有如图 2.44 所示四种常见的接线方案。

一个单相电压互感器的接线，如图 2.44（a）所示，可供仪表、继电器接于线电压。

两个单相电压互感器接成 V/V 形，如图 2.44（b）所示，可供仪表、继电器接于三相三线制电路中的各个线电压。它广泛应用在工厂变配电所的 $6 \sim 10$ kV 高压配电装置中。

三个单相电压互感器接成 Y_0/Y_0 形，如图 2.44（c）所示，供电给需线电压的仪表、继电器和需接于相电压的绝缘监视电压表。由于小接地系统在一次侧发生单相接地时，另两相电压要升高到线电压，所以绝缘监视电压表的量程不能按相电压选择，而应按线电压选择，否则在发生单相接地时，电压表可能被烧毁。

    三个单相三绕组电压互感器与一个三相五芯柱式绕组电压互感器接成 $Y_0/Y_0-\triangle$（开口三角形），如图 2.44（d）所示。其接成 Y_0 的二次绕组，供电给需线电压的仪表、继电器及绝缘监视用电压表，与图 2.44（c）所示的二次接线相同。接成开口三角形的辅助二次绕组，接电压继电器。当一次电压正常时，由于 3 个相电压对称，因此开口三角形两端的电压接近于零。当一次电路有一相发生接地故障时，开口三角形两端将出现近 100 V 的零序电压，使电压继电器动作，发出故障信号。

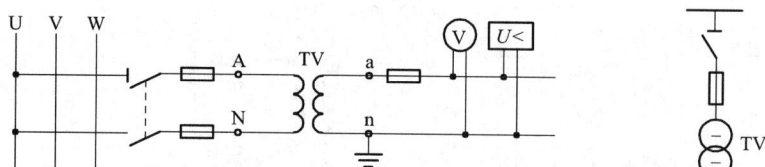

（a）一个单相电压互感器

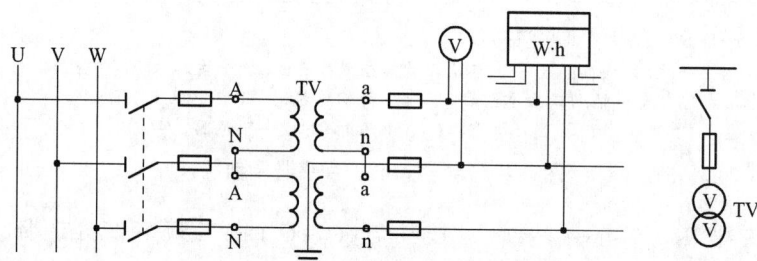

（b）两个单相接成 V/V 形

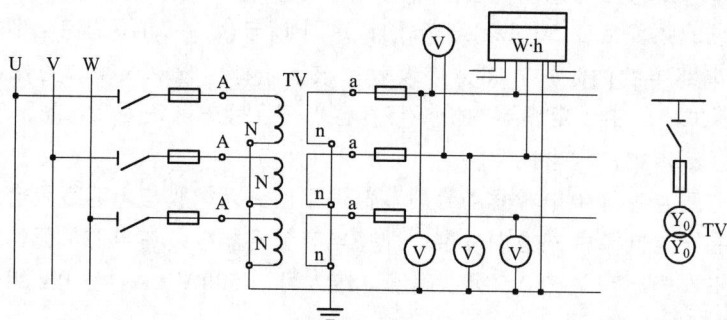

（c）3 个单相接成 Y_0/Y_0 形

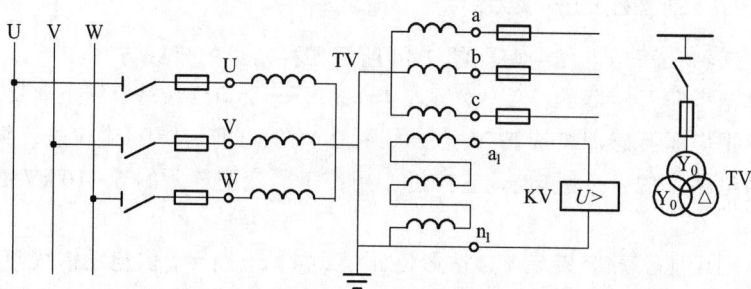

（d）3 个单相三绕组或一个三相五芯柱式三绕组电压互感器接成 $Y_0/Y_0-\triangle$ 形

图 2.44　电压互感器的接线方案

（五）电压互感器的使用注意事项

（1）应根据用电设备的需要，选择电压互感器型号、容量、变比、额定电压和准确度等参数。

（2）接入电路之前，应校验电压互感器的极性。

（3）接入电路之后，应将二次线圈可靠接地，以防一、二次侧的绝缘击穿时，高压危及人身和设备的安全。

（4）运行中的电压互感器在任何情况下都不得短路。由于电压互感器的内阻抗很小，二次回路短路时会出现很大的短路电流，将损坏二次设备甚至威胁人身安全，因此其一、二次侧都应安装熔断器，并在一次侧装设隔离开关。

（5）在电源检修期间，为防止二次侧电源向一次侧送电，应将一次侧的刀闸和一、二次侧的熔断器都断开。

四、互感器的巡视

1. 外观检查

（1）外观检查确定油位、油色（气压）正常，无渗漏油（气）现象。

（2）绝缘部件工作正常，无放电、裂纹、瓷釉剥落等现象。

（3）引线连接紧密，无松股、断股及散股等现象，线夹无变形，连接螺栓基本无锈蚀。

2. 端子箱检查

（1）检查端子箱内无凝露、无受潮现象。必要时，要开启门通风。

（2）检查端子箱内元件正常，安装单位标示正确。

（3）检查二次接线端子紧固，无锈蚀、无氧化现象，重点检查流互二次接线紧固，工作接地正常。

（4）端子箱启、闭灵活可靠。

（5）对于电压互感器端子箱，要重点检查熔断器或空气开关容量符合图纸要求。

3. 电量参数检查

（1）110 kV（220 kV）电压互感器，对应测量 A、B、C 三相熔断器后端对地电压值。

（2）27.5 kV 母线电压互感器应逐一断开二次熔断器（或空气开关），测量其两端的电压值。

【任务实施】

（1）学生接受任务，根据给出的相关知识通过学习并查阅相关的资料，自行完成任务的内容。

（2）各小组成员之间、各小组之间互相检查，发现问题，提出意见。

（3）老师检查各小组及个人完成的任务，提出问题，给出成绩。

【课堂训练与测评】

（1）画出电流互感器在电路中的接线方式。

（2）画出电压互感器在电路中的接线方式。

（3）前两项任务完成后抽查同学展示互感器在电路中的接线形式，并讲解互感器的使用注意事项。

（4）电压互感器/电流互感器的日常巡视检查。

【知识拓展】

扫一扫二维码 2.11，可查阅学习电压互感器/电流互感器的日常巡视检查的要求和标准。

二维码 2.11

任务 5　防雷设施的运行与维护

【任务目标】

（1）明确避雷器、避雷针和接地装置的作用、结构及工作原理。

（2）明确避雷器、避雷针和接地装置运行中的要求。

（3）熟悉避雷器、避雷针和接地装置的巡视内容

（4）了解避雷器、避雷针和接地装置运行中和检修时的注意事项。

【任务描述】

根据图 2.45 所示，认知避雷器、避雷针、抗雷线圈的结构、作用，从而达到提高职业能力的目的。

图 2.45　牵引变电所防雷设施

【任务分析】

通过本任务的学习，能够认识牵引变电所防雷设施及接地装置，熟悉牵引变电所防雷设施的结构、工作原理，熟悉牵引变电所接地网，熟悉牵引变电所防雷设施的正常巡视内容和运行要求。

【学习步骤】

（1）认识牵引变电所的避雷器、避雷针和接地装置。

（2）熟悉牵引变电所避雷器、避雷针和接地装置的结构。

（3）了解牵引变电所避雷器、避雷针和接地装置的工作原理。

（4）读懂牵引变电所避雷器、避雷针的铭牌内容。

（5）了解牵引变电所的接地网。

（6）熟悉牵引变电所避雷器、避雷针的正常巡视内容。

（7）熟悉牵引变电所避雷器、避雷针和接地装置的运行方式。

【知识链接】

一、避雷器的运行与维护

（一）避雷器的基本知识

避雷器是一种能释放过电压能量、限制过电压幅值的设备，是架空线路或变电所电气设备的防雷保护设备之一。避雷器通常接在带电导线与地之间，与被保护设备并联。当过电压值达到规定的动作电压时，避雷器立即动作，流过电荷，限制过电压幅值，保护设备的绝缘；电压值正常后，避雷器又迅速恢复原状，以保证系统正常供电。避雷器能释放雷电和电力系统操作产生的过电压能量，保证电气设备免受瞬时过电压危害，同时又能截断续流，不致引起系统接地短路。

避雷器的常用类型主要有保护间隙、管式避雷器、阀式避雷器和氧化锌避雷器。

（二）常用避雷器

1. 保护间隙

保护间隙是最简单的避雷器，如图 2.46 所示。其结构上有两个间隙，一个为主放电间隙，另一个为辅助间隙。辅助间隙的存在可以防止正常时主间隙被其他外物短接而造成错误动作。辅助间隙的存在并不影响雷电过电压保护时保护间隙的动作。

当雷电侵入波要危及保护间隙所保护的电气设备的绝缘时，间隙首先击穿，工作母线接地，避免了被保护设备的电压升高，从而保护了设备。这种避雷器的优点是结构简单、制造方便；缺点是伏-秒特性曲线比较陡，绝缘配合不理想，间隙动作后会形成截波，吸弧能力低。

2. 管式避雷器

管式避雷器又称排气式避雷器，也是一个保护间隙，但它在放电后能自动灭弧，如图 2.47 所示。当排气式避雷器受到雷电波入侵时，内外间隙同时击穿，雷电流经间隙流入大地，限制了过电压；过电压消失后，在工作电压作用下，流经间隙的工频续流电弧的高温使管内产气材料分解出大量气体，管内压力升高，气体从环形电极处管口喷出，从而形成强烈的纵吹作用，使电弧熄灭。

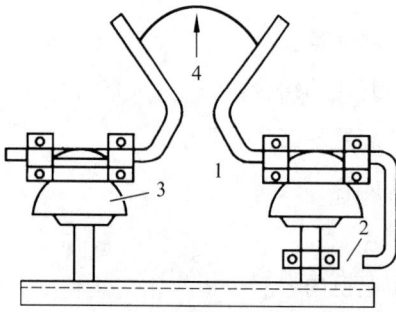

1—主间隙；2—辅助间隙；3—绝缘子；
4—工频续流电弧运动方向。

图 2.46　角形保护间隙的结构

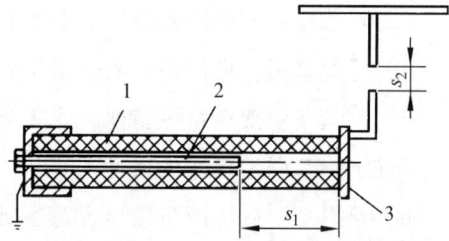

1—产气管；2—内部电极；3—端部环形电极；
s_1—内部间隙；s_2—外部间隙。

图 2.47　管型避雷器的结构

该避雷器的特点是熄弧能力与工频续流大小有关：续流太大，产气过多，易使管子炸裂；续流太小，产气太少，又不足以熄弧。因此，该避雷器对工频续流的上下限有规定。

3. 阀式避雷器

阀式避雷器是为了进一步改善避雷器的放电特性和保护效果，将原来的单个放电间隙分成许多短的串联间隙，同时增加了非线性电阻发展而来的。

当系统中出现过电压且其幅值超过间隙放电电压时，间隙击穿，冲击电流通过阀片流入大地，从而使设备得到保护。由于阀片的非线性特性，其电阻在流过大的冲击电流时变得很小，因此阀片上产生的残压将得到限制，使其低于被保护设备的冲击耐压，从而使设备得到保护；当过电压消失后，间隙能在工频续流第一次过零时就将电弧切断，从而保护了设备。

阀式避雷器可分为普通阀式避雷器和磁吹阀式避雷器。

普通阀式避雷器的结构如图 2.48 所示。

磁吹避雷器的基本原理和结构与普通阀式避雷器相同，主要区别在于采用了磁吹式火花间隙。它也是由许多单个间隙串联而成的，单个间隙如图 2.49 所示。火花间隙是一对羊角形电极，在磁场对电弧的作用下会产生电动力，将电弧拉长（电弧最终进入灭弧栅中，可达起始长度的数十倍）。灭弧栅由陶瓷或云母玻璃制成，电弧在其中受到强烈的去游离作用而熄灭，使间隙绝缘强度迅速恢复。

由于电弧被拉长，电弧电阻明显增大，可以起到限制工频续流的作用，因而这种间隙又称限流间隙。计入电弧电阻的限流作用就可以适当减少阀片电阻的数目，这样又能降低避雷器的残压。

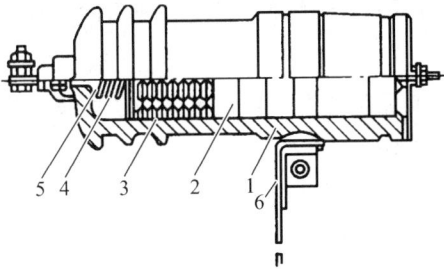

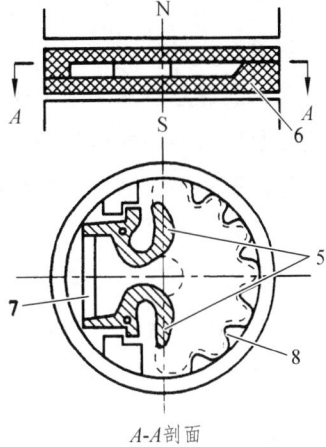

1— 瓷套；2—阀片；3—间隙；4—压紧弹簧；
　　5—密封橡皮；6—安装卡子。

图 2.48　阀式避雷器的构造

1—间隙电极；2—灭弧盒；3—并联电阻；
　　4—灭弧栅。

图 2.49 磁吹火花间隙

　　磁吹避雷器的原理如图 2.50 所示。间隙串联回路中增加磁吹线圈 3 以后，在等值频率很高的冲击电流作用下，线圈感抗上会出现较大的电压，从而增大避雷器的残压。为了避免这种情况，将磁吹线圈 3 并以辅助间隙 2，当冲击电流流过时，线圈两端的电压会使辅助间隙击穿，磁吹线圈被短路，于是放电电流流过辅助间隙 2、主间隙 1 和阀片电阻 4 流入大地，使避雷器仍然保持较低的残压。而当工频续流流过时，磁吹线圈的压降较低，不足以维持辅助间隙放电，电流仍自线圈中流过并发挥磁吹作用。

　　4. 氧化锌避雷器

　　氧化锌避雷器的阀片以氧化锌（ZnO）为主要材料，加入少量金属氧化物，在高温下烧结而成。其结构及外形如图 2.51 所示。氧化锌阀片具有很优异的非线性伏安特性。通常以 1 mA 时的电压作为起始动作电压，其值约为其最大允许工作电压峰值的 105% ~ 115%。

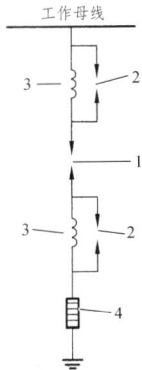

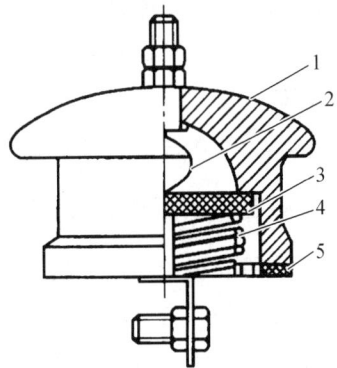

1—主间隙；2—辅助间隙；3—磁吹线圈；
　　4—阀片电阻。

图 2.50　磁吹避雷器的结构原理

1—瓷套；2—熔丝；3—氧化锌阀片；
　　4—弹簧；5—密封垫。

图 2.51　氧化锌避雷器外形图

在正常工作电压下，氧化锌避雷器具有极高的电阻而呈绝缘状态，流经电流仅有微安级；当遭受过电压时，由于氧化锌压敏电阻片的非线性，避雷器呈现低电阻状态泄放雷电流，流过避雷器的电流瞬间达数千安培，避雷器处于导通状态，释放过电压能量，使与避雷器并联的电气设备的残压被抑制在设备绝缘安全值以下，待有害的过电压消失后，迅速恢复高电阻而呈绝缘状态，从而有效地保护了电气设备的绝缘免受电压的损害。

氧化锌避雷器的优点：无间隙、无续流；通流容量大；可使电气设备所受过电压降低；体积小、质量轻、结构简单、运行维护方便。

目前，氧化锌避雷器已经取代了阀式避雷器，在电力系统中得到广泛应用。

（四）避雷器的巡视

1. 外观检查

（1）检查避雷器与母线的连接紧固，接地线连接可靠，无氧化、无锈蚀现象。

（2）避雷器绝缘部件清洁、无放电烧蚀现象。

（3）各节连接应正直，整体无倾斜，均压环安装应水平。

2. 避雷器元件检查

（1）检查避雷器计数器接线正确，连接点无氧化、无锈蚀等现象。

（2）检查避雷器动作次数，与变电所记录动作次数对应。

（3）检查记录运行避雷器泄漏电流，确认在安全值以内，一般不超过 0.5 mA。

二、避雷针

（一）避雷针的作用

避雷针是由接闪器、引下线和接地装置组成的防雷保护装置。接闪器安装在构架上并高于被保护物，用于拦截雷击，使之不落在避雷针保护范围内的物体上，通过引下线和接地装置将雷电流释放到大地中。避雷针能使雷云电场发生突变，使雷电先导的发展沿着避雷针的方向发展并直击于其上。雷电流通过避雷针及接地装置泄入大地，防止避雷针周围的设备受到雷击。

避雷针按安装地点可分为独立式避雷针、组合式避雷针。

（二）避雷针的工作原理

在雷云先导发展的初始阶段，因其离地面较高，其发展方向会受一些偶然因素的影响而不固定。但当它离地面达到一定高度时，地面上高耸的避雷针因静电感应聚集了雷云先导性的大量电荷，使雷电场畸变，因而将雷云放电的通路由原来可能向其他物体发展的方向，吸引到避雷针本身，通过引下线和接地装置将雷电流放入大地，从而使被保护物体免受直接雷击。因此，避雷针实质上是引雷针，它把雷引入大地，有效地防止了直击雷。

（三）避雷针的结构

避雷针由避雷针针头、引流体和接地体三部分组成，如图 2.52 所示。

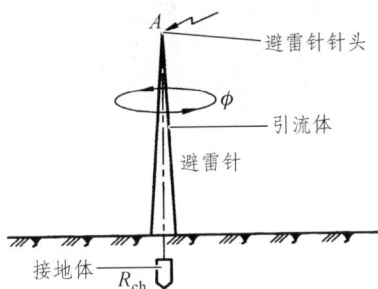

图 2.52　避雷针的结构

避雷针一般明显高于被保护物。当雷云放电临近地面时首先击中避雷针，避雷针的引流体将雷电流安全引入地中，从而保护了这一范围内的设备。

（四）避雷针的巡视

（1）避雷针针尖应无熔化现象。
（2）避雷针的设备安装应牢固、无倾斜、无弯曲。
（3）避雷针的基础应牢固，底座无锈蚀，整体无倾斜。
（4）避雷针的接地装置应良好，外露接地线无烧损痕迹。
（5）检查避雷针本体无锈蚀。

三、抗雷线圈和放电保护器

（一）抗雷线圈

牵引变电所进线侧架设有避雷线和避雷器，而且绝缘等级高，对雷电入侵波的耐受能力强，不易损坏。而牵引变电所馈线侧只有 27.5 kV，电压等级低，而且馈线侧均无避雷线保护，容易受到雷击。

为了防止雷电波沿接触线、馈电线袭击牵引变电所内的电气设备，常在冲击耐压绝缘水平较低的 27.5 kV 馈电线首端（27.5 kV 馈线隔离开关外侧）装设与避雷器相配合的抗雷线圈。当陡波头雷电波通过抗雷线圈后，抗雷线圈的电感产生的感抗使雷电流不能突变（依据换路定律），从而将雷电的电流波、电压波的波头拉平，使过电压（波）上升陡度减缓，并在避雷器配合下降低入侵波的幅值，因而可减小对所内电气设备绝缘的危害。

图 2.53 所示是 KLQ-1000A 型抗雷线圈的结构与外形、尺寸。抗雷线圈实际上是一个具有一定电感量的空心线圈。图中吊架 1 上的吊板是供安装抗雷线圈时吊挂用，装固后的抗雷线圈通过上、下两接线板 2 与外线连接。

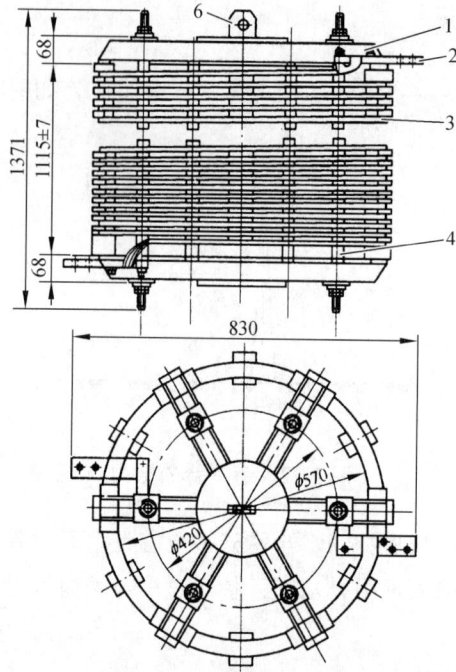

1—吊架；2—接线板；3—线圈；
4—绝缘拉杆；5—铭牌；6—吊板。

图 2.53　KLQ-1000A 型抗雷线圈结构外形图

（二）放电保护器

在牵引网中每隔一定距离设置自耦变压器 AT 向列车供电。AT 的中点与轨道连接（实际是与牵引网中和轨道并联的保护线 PW 连接），并通过放电器（SD）接地，如图 2.54 所示。设置保护线的目的主要是避免将接触网支柱的接地部分直接与轨道相连，以提高信号轨道电路的工作可靠性；当牵引网发生短路故障时，又可为短路电流提供一条良好的金属通路，便于继电保护动作。放电保护器的作用是当由于某种原因造成 AT 高压侧的套管闪络或避雷器短路时，放电器因电压升高使电极间隙击穿而放电，从而使接地回路通过轨道形成金属性通路，有利于变电所馈线的继电保护的动作。当牵引网的正馈线或接触悬挂发生接地故障时，轨道和非故障导线的电位显著

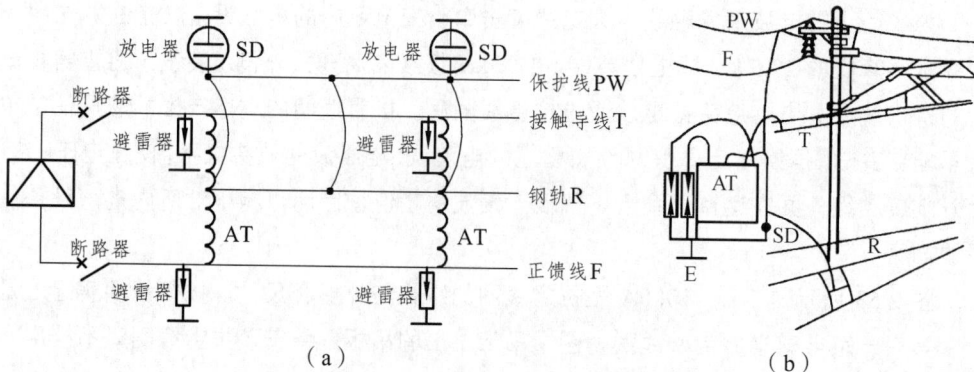

（a）　　　　　　　　　　　　　　（b）

图 2.54　放电保护器在 AT 供电系统中的位置

升高。设置放电保护器，可使轨道和非故障导线的电位因电极间隙放电而得到抑制。在正常运行情况下，放电保护器还可避免 AT 中点直接与大地相连，以减少地中和接地网中的回流，提高对邻近通信线的防护效果，并提高信号轨道电路的工作可靠性。

图 2.55 是 JFl-10 型接地放电保护装置原理电路图。高压端子 N 与 N 母线或 N 线连接，接地端子 E 与地连接。P 为放电间隙的电极，LM 为放电间隙的磁吹线圈。因 AT 一次侧套管闪络等短路接地导致接地端子与高压端子间的电位差达到 3 kV 左右时，将击穿放电间隙而放电，使 N 母线经高压端子、P 及接地端子直接接地。L1、L2 和 K 分别为旁路开关的合闸兼保持线圈、合闸线圈和主触头。P 放电时，有大电流经高压端子 L1、L2、P、LM 接地端子流过，于是 L1、L2 两线圈使主触头 K 闭合，并由 L1 保持 K 于闭合状态，使大电流安全可靠地由 K 通过，并且 P 被旁路而避免烧损。当短路故障被切除后，流过 L1 的电流骤减，不能再保持 K 于闭合状态，K 断开。C 为电容器，作用是可吸收侵入的过电压波或使波头陡度降低。这样，若因大气过电压使接地网电位升高时，由于其能量被 C 吸收且作用时间短，P 仅短暂放电，K 合不上，并且 P 的放电较易被 LM 的磁吹作用而灭弧。该装置用于 AT 供电方式牵引变电所的 N 母线上。

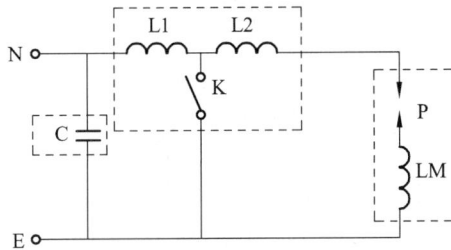

图 2.55　放电保护器原理

四、牵引变电所的接地装置

（一）接地装置的基本概念

1. 接地的概念

将电力系统或建筑物电气装置、设施过电压保护装置用接地线与接地体连接，称为接地。埋入地中并直接与大地接触的金属导体称为接地体，或称接地极，接地体可分为水平接地体和垂直接地体。可以兼作接地体的直接与大地接触的各种金属构件、金属井管、钢筋混凝土建筑的基础、金属管道和设备等称为自然接地体。专门为接地而装设的接地体，称为人工接地体。

凡从接地体流入地下的电流即属于接地电流。接地电流有正常接地电流和故障接地电流之分。正常接地电流指设备正常工作时，通过接地装置流入地下，借大地形成回路的电流；故障接地电流指系统发生故障时出现的接地电流。

接地电流流入地下之后，就通过接地体向大地呈半球状散开，如图 2.56 所示，这一接地电流叫流散电流。

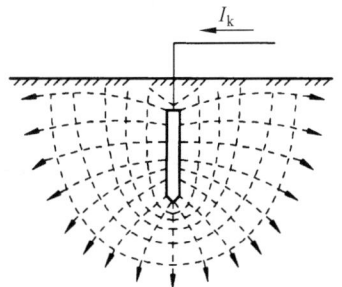

图 2.56　流散电流

流散电流在土壤中遇到的全部电阻称流散电阻。流散电阻与接地线的电阻之和称为接地电阻。由于接地线的电阻一般很小，故可以认为接地电阻就是流散电阻。

2. 接触电压和跨步电压

接地电流通过接地体向大地作半球状流散，大地表面形成分布电位，距接地体越远，地导体的横截面即半球面越大，故电位越低。

当工作人员进入如图 2.57 所示的接地电流扩散区域时，两足会在不同的电位点上，两足之间会产生电位差。所谓跨步电压是指在地面上沿电流方向水平距离为 0.8 m 的两点间的电位差，如图中的 U_{b1}、U_{b2}。显而易见，跨步电压的值的大小随着接地体或者接地处间的距离而变化。当人的一脚踏在接地体（或碰地）处跨出一步时，跨步电压 U_{b2} 最大。当人的两脚站在距接地体越远处时，跨步电压越小。一般认为距接地体 20 m 处土壤电阻就小至可忽略不计。也就是说在距接地体 20 m 及以上接地电流不会产生电压降了，即认为 20 m 及远处电位为零，跨步电压接近于零。

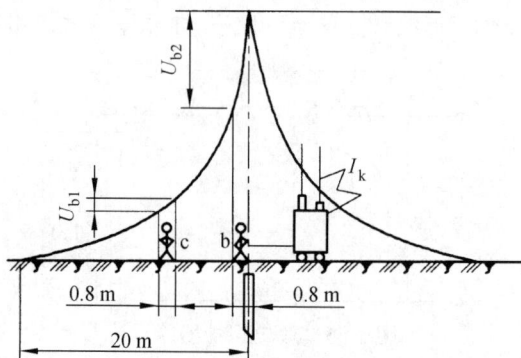

图 2.57　跨步电压

在如图 2.58 所示的电位分布区域内，在地面上距离设备水平距离为 0.8 m 处，与沿设备外壳、架构或墙壁离地面 1.8 m 处两点间的电位差称为接触电势，人触及两点所承受的电压为接触电压。接触电压在越接近接地处越小，越远离接地处越大。在距离接地体处约 20 m 以外的地方，接触电压最大，其值可达到相电压。图中 U_{C1} 为电气设备就近接地时产生的接触电压，而 U_{C2} 是电气设备在较远处接地时产生的接触电压。很显然，为了减小接触电压，电气设备应就近接地。

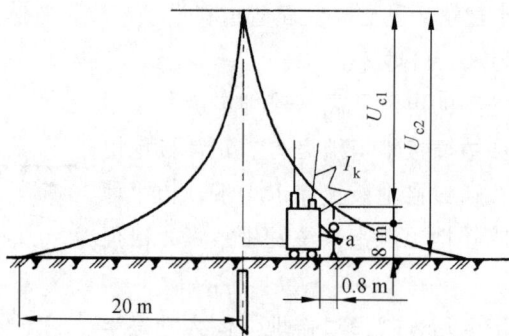

图 2.58　接触电压

3. 接地的分类

（1）工作接地。

为了保证电力系统及电气设备正常且可靠运行，将电力系统中某点与地作金属性连接，称为工作接地。如 110 kV 电网中将变压器中性点或发电机中性点接地即为工作接地，又如牵引供电系统中，将牵引变压器牵引侧 W 相端子接地也属于工作接地。

（2）保护接地。

各种电气设备的外壳、线路的金属管、电缆的金属保护层、安装电气设备的金属支架等在正常运行时不带电，但当导体的绝缘损坏时可能带电，人们一旦接触到这种外壳时，就有触电的危险。为了防止这些正常时不带电的金属部分发生过大的对地电压危及人身安全而设置的接地称为保护接地。

（3）防雷接地。

为了使雷电流安全地向大地泄放，以保护建筑物或电气设备免受雷击而采取的接地，称为防雷接地。牵引变电所中的防雷接地装置（指避雷针）设单独的接地体组，此接地体组泄放时不对其他设备产生影响。

（二）牵引变电所接地装置

1. 接地装置的敷设

（1）自然接地体的利用。

在设计和装设接地装置时，首先应充分利用自然接地体，以节约投资，节省钢材。可作为自然接地体的有：与大地有可靠连接的建筑物的钢结构、钢筋，行车的钢轨，埋地的输送非可燃材料的金属管道及埋地敷设的不少于两根导体电缆金属外皮等。对于变配电所来说，可利用其建筑物混凝土基础中的钢筋作为自然接地体。利用自然接地体时，一定要保证良好的金属连接。如果自然接地电阻及动、热稳定条件不能满足要求时，则应装设人工接地体。

（2）人工接地体的装设。

人工接地体有垂直埋设和水平埋设两种基本结构形式，如图 2.59 所示。

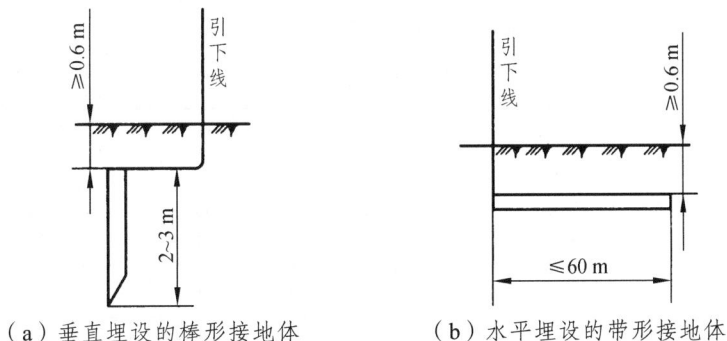

（a）垂直埋设的棒形接地体　　　（b）水平埋设的带形接地体

图 2.59　人工接地体示意图

经验表明，采用垂直接地体为直径 50 mm、长 2.5 m 的钢管，是最为经济合理的。但为了减少外界的温度变化对流散电阻的影响，埋入地下的接地体，其顶面埋设深度不宜小于 0.6 m，如图 2.59 所示。

土壤电阻率如表 2.4 所示。当土壤电阻率偏高时，例如土壤电阻率 $\rho \geqslant 300\ \Omega \cdot m$ 时，为降低接地装置的接地电阻，可采取以下措施：

表 2.4　地壤电阻率参考值

地壤名称	电阻率/$\Omega \cdot m$	地壤名称	电阻率/$\Omega \cdot m$
陶黏土	10	砂质黏土、可耕地	100
泥灰、泥灰岩、沼泽地	20	黄土	200
捣碎的木炭	40	含砂黏土、砂土	300
黑土、陶土	50	多石土壤	400
黏土	60	砂、砂砾	1 000

（1）采用多支线外引接地装置。

（2）采用深埋式接地体。

（3）局部地进行土壤置换处理，换以 ρ 较低的黏土或黑土，或者进行土壤化学处理，填充以降阻剂，如图 2.60 所示。

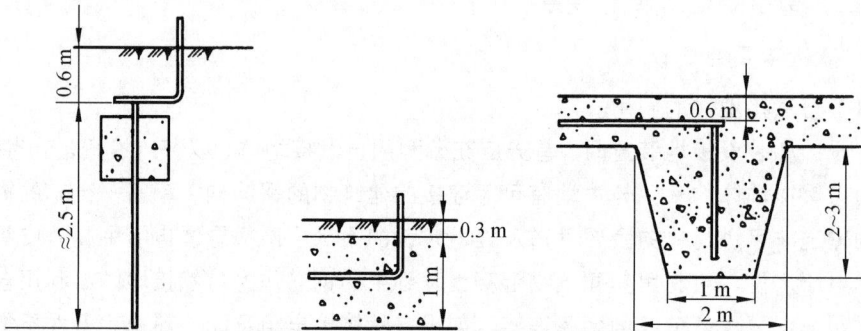

图 2.60　土壤置换处理与化学处理

按国标 GB 50192《电气装置安装工程及接地装置施工及验收规范》规定，钢接地体和接地线的截面不应小于表 2.5 所列规格。对 110 kV 及以上的变电所或腐蚀性较强场所的接地装置，应采用热镀锌钢材，或适当加大截面。

表 2.5　钢接地体和接地线的最小规格

种类、规格及单位		地面		地下	
		室内	室外	交流回路	直流回路
圆钢直径/mm		6	8	10	12
扁钢	截面/mm²	60	140	100	100
	厚度/mm	3	4	4	6
角钢厚度/mm		2	2.5	4	6
钢管管壁厚度/mm		2.5	2.5	3.5	4.5

注：① 电力线路杆塔的接地体引出线截面不应小于 50 mm²。
　　② 引出线应热镀锌。

按国标 GB 50057—2000《建筑物防雷设计规范》规定：防雷接地装置，圆钢直径不应小于 10 mm，扁钢截面不应小于 100 mm²，厚度不应小于 4 mm；角钢厚度不应小于 4 mm；钢管管壁厚不应小于 3.5 mm。作为引下线，圆钢直径不应小于 8 mm；扁钢截面不应小于 48 mm²，其厚度不应小于 4 mm。

当多根接地体相互接近时，入地电流的流散将相互排挤，其电流分布如图 2.61 所示。这种影响入地电流的流散作用，称为屏蔽效应。这种屏蔽效应会使接地装置的利用率下降，所以垂直接地体的间距一般不宜小于接地体长度的两倍，水平接地体的间距一般不宜小于 5 m。

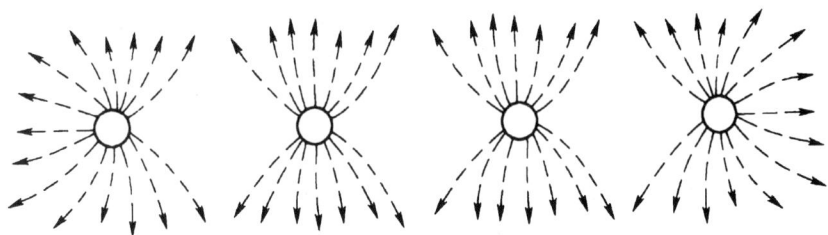

图 2.61　接地体间电流屏蔽效应

接地网的布置，应尽量使地面的电位分布均匀，以降低接触电压和跨步电压。人工地网外缘应闭合，外圆各角应做成圆弧形。变电所的接地网内应敷设水平均压带，如图 2.62 所示。为保障人身安全，应在经常有人出入的走道处，采用高绝缘路面（如沥青碎石路面），或加装帽檐式均压带。

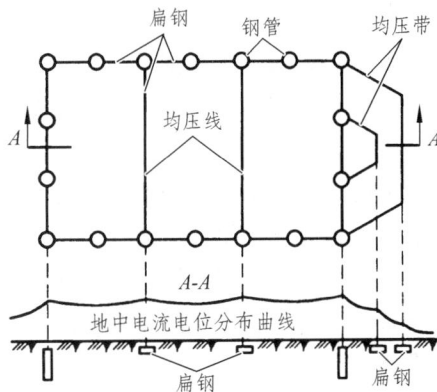

图 2.62　加装均压带的接地网

为了减小建筑物的接触电压，接地体与建筑物的基础间应保持不小于 1.5 m 的水平距离，通常取 2～3 m。

（3）防雷装置的接地装置要求。

避雷针应装设独立的接地装置。防雷接地装置（包括接地体和接地线及避雷针）引下线的结构尺寸，应符合前面表 2.5.2 的要求。

为了避免雷击时雷电流在接地装置上产生高电位，造成被保护的设备发生闪络，危及建筑物和配电装置安全，避雷针与被保护设备之间，应有一定的安全距离。此距离与建筑物的防雷等级有关，但空气中安全距离 $S_O \geq 5$ m，地下接地体之间的安全距离 $S_E \geq 3$ m，如图 2.63 所示。

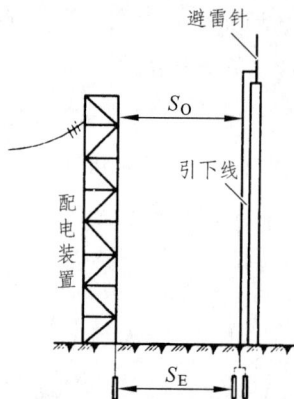

图 2.63　防直接雷的安全距离

　　为了降低跨步电压，保障人身安全，按照 GB 50057—2000 规定，防直接雷人工接地体距建筑物的出入口或人行道的距离不应小于 3 m。当小于 3 m 时，应采取以下措施之一：

　　（1）水平接地体局部深埋不应小于 1 m。

　　（2）水平接地体局部应包绝缘物，可采取 50~80 mm 厚的沥青层。

　　（3）采用沥青碎石路面或在接地体上面敷设 50~80 mm 厚的沥青层，其宽度应超过接地体 2 m。

　　2. 降低接地装置接地电阻的措施

　　当接地体附近土壤电阻率过高，或接地体附近为崖石、沙石，因施工条件限制，在一般条件下不能满足接地装置对接地电阻的要求时，采用以下些措施来降低接地电阻。

　　（1）填充电阻率低的物质。

　　用低电阻率的材料转换接地体附近小范围内的高电阻率的土壤，以降低接地电阻值。最简单的是用电阻率低的好土回填水平接地体埋设沟。一般常用的转换材料有：钙镁盐、电石渣。用此方法必须注意不能用对接地体有强烈腐蚀作用和污染当地水源的物质，这种方法不受地质条件限制，施工中应用广泛。

　　（2）使用降阻剂（浸渍法）。

　　用高压泵将低电阻率的化学溶剂（降阻剂）压入高电阻率的地层中，用以大面积减小土壤电阻率，它特别适用于砂层和砾石地区。浸渍降阻剂法应用效果较明显，方法简单。

　　（3）接地装置外引法。

　　若电气装置附近 1 000 m 以内有电阻率较低的场地时，可在变电所场地内适当布置接地装置的同时，将一部分接地装置外引布置在电阻率低的场地。采用此法时的外引接地装置与牵引变电所内接地装置的连接干线不得少于 2 条。

　　（4）接地装置深埋法。

　　若地下较深处的土壤电阻率较低时，可采用井式或深钻式接地体。

采用降低接地电阻的任一方法，施工完毕均应进行实际测量，检查接地电阻是否满足要求，若未达到要求，必须继续采取措施，直至达到要求为止。

3. 牵引变电所接地装置举例

某牵引变电所的接地平面布置图，如图 2.64 所示。

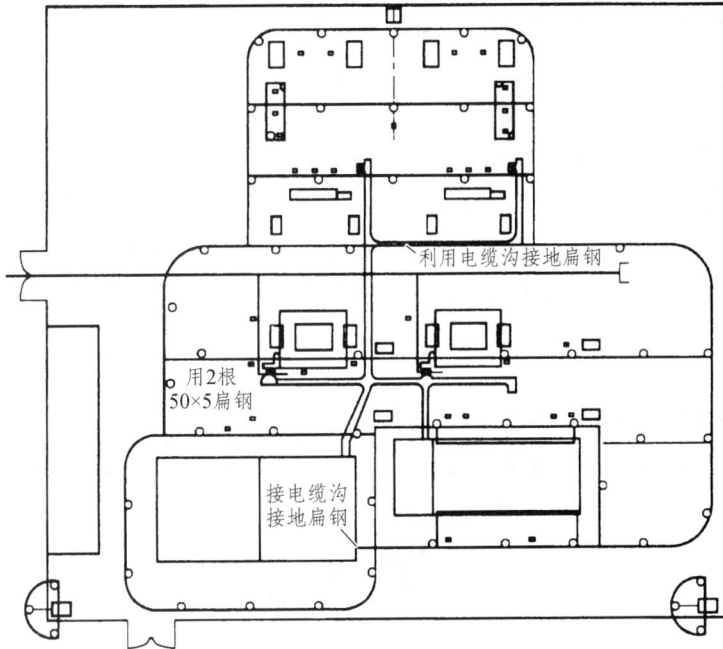

图 2.64　变电所接地平面布置图

牵引变电所复合接地网的接地电阻值，在一年中任何季节不得超过 0.5 Ω。

图中垂直接地体采用 50 mm × 50 mm × 5 mm 的角钢，长 2.5 m，埋设深度 0.5 m。水平接地体采用 50 mm × 5 mm 扁钢，埋设深度 0.5 m，与垂直接地焊接连接。

主变压器回流处（接地相入地处）采用两条扁钢并联，以提高回流效果。110 kV 电气设备和 27.5 kV 室外设备分别采用 $\phi10$ mm 和 $\phi8$ mm 的圆钢作接地线，与复合接地网相连。在主变压器接线端子箱中，装有轨回、地回两台电流互感器，主变压器接地相分别经两台流互与地网和钢轨相连。

110 kV 线路引入牵引变电所的架空避雷线，在进线杆塔（或门形架构）处与接地网间用螺栓连接，以供定期测试接地电阻值之用。

电缆沟中单设 40 mm × 4 mm 扁钢水平接地体，专供电缆金属外皮接地，其他电气设备的接地线不能接到此扁钢上。

避雷针设独立的接地装置，其接地电阻值不得大于 10 Ω。在高土壤电阻率地区，当要求做到规定的 10 Ω 确有困难时，允许采取较高的接地电阻值，并可与主接地网连接，但从避雷针与主接地网的地下连接点至 27.5 kV 及以下设备的接地线与主接地网的地下连接点，沿接地体的长度不得小于 15 m，且避雷针至被保护设施的空气中距离和地中距离，还应符合防止被保护设备遭受反击的要求。

4. 牵引负荷电流回输牵引变电所方式

在牵引供电系统中，牵引负荷电流一般是经接触网送给电力机车，通过电力机车经钢轨、回流线（与钢轨并联）流回牵引变电所的。由于钢轨对地存在泄漏，因此，由电力机车所在位置起，牵引负荷电流大部分经钢轨流回牵引变电所，简称轨回流。小部分由钢轨入地，经大地流回牵引变电所，简称地回流。地回流在单线区段约占牵引负荷电流的50%，在复线区段约占35%，如图 2.65 所示。

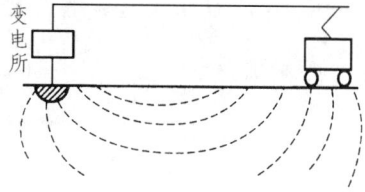

图 2.65　牵引负荷电流回输示意图

目前，绝大部分电力牵引区段钢轨的接头处一般都有良好的电连接，以保证牵引负荷电流沿轨道回输牵引变电所。轨回流一般是沿两条钢轨回输的。为了能绕过信号轨道电路的轨端绝缘，在钢轨接头处装有扼流线圈，如图 2.66 所示。

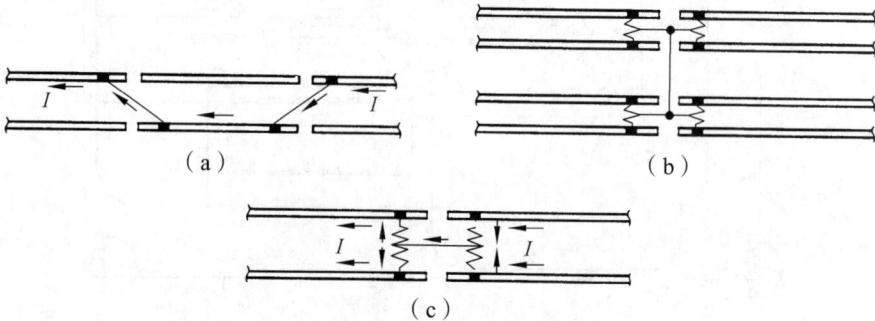

（a）　　　　　　　　　　　（b）

（c）

图 2.66　牵引负荷电流钢轨回输方式原理图

扼流线圈是绕在铁芯上的匝数相等的两个线圈，两线圈串联后，其两端分别接至两侧钢轨上，串联接头作为扼流线圈的中心抽头与相邻扼流线圈的中心抽头相连接。扼流线圈的作用是隔断轨道中的信号电流而仅让轨道中的牵引负荷电流顺利通过，在两轨端绝缘处为牵引负荷电流提供通路，保证轨道的导电性能。

为减少泄漏电流（地电流），增大轨回流及提高轨回流的效果，在牵引变电所设有铁路专用线。在 BT 供电区段和直供加回流线供电区段，通常是采用吸上线，将轨道中的牵引负荷电流引入架空回流线回输牵引变电所的。回流线中的电流在牵引变电所处通常经过电缆或架空线接至牵引变压器接地相，并经接地保护放电装置与接地网相连。

吸上线一端接架空回流线，另一端接扼流线圈中心抽头。相邻两吸上线间的距离在 BT 供电方式的自动闭塞区段应大于一个闭塞分区，在直供加回流线的供电方式的自动闭塞区段不应小于两个闭塞分区。

在 AT 供电区段，牵引负荷电流由电力机车所在位置经钢轨、保护线用连接线（CPW 线）、保护线（PW 线），流向 AT（自耦变压器）的中心抽头，通过 AT 的作用，牵引负荷电流沿正馈线（AF 线）回输到牵引变电所。如图 2.67 所示，在牵引变电所处，接触线、正馈线经架空线（供电线）接至牵引变压器 55 kV 母线上（T 座或 M 座），PW 线经供电线（N 线）接至牵引变电所内 AT 的中间抽头上，并经接地保护放电装置与接地网相连。相邻两 AT 的间距通常为 15～20 km。

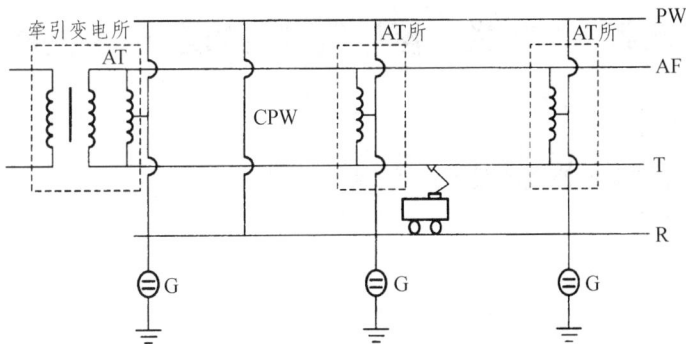

AT—自耦变压器；PW—保护线；AF—正馈线；T—接触网；R—钢轨；
CPW—保护线用连接线；G—接地保护放电装置。

图 2.67　AT 供电方式的牵引负荷电流回输方式原理图

　　某些 BT 和直供加回流线电化区段，牵引变电所内设有铁路岔线。若岔线轨与正线牵引轨有电连接，则牵引变压器牵引侧接地相端子必须同时与岔线轨和接地网相连接，使接地网与岔线轨等电位。若岔线轨与正线牵引轨间互相绝缘，则岔线轨必须与接地网相连，使两者电位相等，正线牵引轨中的牵引负荷电流须经架空线或电缆接至牵引变压器牵引侧接地相端子。正常运行时，牵引变电所中的接地网仅作保护接地之用，平时接地网中无负荷电流。

【任务实施】

　　（1）学生接受任务，根据给出的相关知识通过学习并查阅相关的资料，自行完成任务的内容。

　　（2）各小组成员之间、各小组之间互相检查，发现问题，提出意见。

　　（3）老师检查各小组及个人完成的任务，提出问题，给出成绩。

【课堂训练与测评】

　　（1）什么叫跨步电压？什么叫接触电压？

　　（2）小组成员共同探讨避雷器的机构和作用。

　　（3）小组成员共同探讨避雷针的机构和作用。

　　（4）避雷器、避雷针的日常巡视检查。

【知识拓展】

　　扫一扫二维码 2.12，可查阅学习避雷器、避雷针的日常巡视检查的要求和标准。

二维码 2.12

任务 6　并联电容补偿装置的运行与维护

【任务目标】

（1）明确并联电容补偿装置的作用、结构及工作原理。

（2）明确并联电容补偿装置运行中的要求。

（3）熟悉并联电容补偿装置的巡视内容

（4）了解并联电容补偿装置运行中和检修时的注意事项。

【任务描述】

根据图 2.68 所示，认知并联电容补偿装置的结构、作用，从而达到提高职业能力的目的。

图 2.68　并联电容补偿装置

【任务分析】

通过本任务的学习，能够认识牵引变电所并联电容补偿装置，了解牵引变电所并联电容补偿装置的工作原理，熟悉牵引变电所并联电容补偿装置的结构及设备，熟悉牵引变电所并联电容补偿装置的正常巡视内容和运行要求。

【学习步骤】

（1）认识牵引变电所的并联电容补偿装置。

（2）熟悉牵引变电所并联电容补偿装置的结构和工作原理。

（3）熟悉牵引变电所并联电容补偿装置的正常巡视内容。

（4）熟悉牵引变电所并联电容补偿装置的运行要求。

【知识链接】

一、电力牵引存在的问题及提高功率因数的措施

（一）电力牵引存在的问题

我国电气化铁道的牵引方式是单相工频整流型电力牵引。这种牵引方式存在以下问题：

（1）由于是单相负荷，在电力系统中易产生负序电流分量，影响电力系统的容量。

（2）电力牵引负荷主要是感性负荷，功率因数低，有较大的谐波电流存在。

又因为电力牵引负荷的功率因数低，不但使牵引变压器等牵引供电系统设备的能力不能充分利用，而且降低了发电机组的输出能力和输变电设备的供电能力，使电气设备的效率降低，发电和输变电的成本提高；同时增加了输电网络中的电能损失以及电压损失，引起电力用户的供电不足。

按照全国《供用电规则》关于"无功电力应就地平衡"的原则，用户应在提高用电自然功因数的基础上，设计和安装无功补偿设备，并做到随其负荷和电压变动及时投入或切除，防止无功电力倒送。按电业部门的要求，电气化铁路执行功率因数 0.90 标准。

（二）提高功率因数的措施

（1）提高用电自然功率因数。例如，提高电力机车的功率因数；改善牵引网的阻抗特性，包括减小牵引网的单位阻抗和阻抗角，限制供电臂的长度；合理选择牵引变压器容量，提高容量利用率。

（2）设置并联电容补偿装置。由于牵引网阻抗的影响，牵引变压器在牵引侧母线处功率因数为 0.8 ~ 0.85，所以在牵引变压所牵引侧采用并联电容补偿装置，既能提高牵引负荷功率因数，又能减少牵引负荷谐波电流。

二、变电所常用补偿装置

（一）高压电容器

目前，牵引变电所中采用的高压电容器主要有三种。

1. 并联电容器

在牵引变电所内通常采用并联电容器进行补偿，以提高功率因数，同时并联电容器可滤除三次谐波。

并联电容器用于并联电容补偿装置中，补偿牵引供电系统中感性负荷的无功功率，以提高功率因数，降低负序，提高电压，改善电能质量。

牵引变电所的并联电容补偿装置，一般采用在 27.5 kV 母线 A、B 两相上同时补偿的方式。根据补偿装置容量的不同，每相可采用由一组电容器—电抗器组成或两组电容器、电抗器组成。

2. 串联电容器

串联电容器用于串联电容补偿装置中，补偿牵引网感抗，起提高和稳定供电臂末端电压的作用，此外还有使电压对称及补偿部分无功功率的作用。它可接在牵引供电系统的任何一点，牵引侧一般接在滞后相、分区所或回流线上。

3. 耦合电容器

利用耦合电容器与高压进线耦合及其电容的分压作用，抽取电压，用于测量（如连同其他设备组成电容式电压互感器测量电压）、控制（如抽取电压供重合闸检压继电器用）与保护（如抽压供 110 kV 进线线路保护装置用）。还可兼用于电力线路载波通讯。

并联电容器的型号中的第一个字母 B 表示并联电容器，其他字母的含义参见相关手册。例如：BWF10.5-100-1 表示烷基苯浸负荷介质（BW），额定电压为 10.5 kV（10.5），额定容量为 100 kvar（100）的单相（1）户内并联（B）电容器。

电容器是一个封闭的箱体，主要由箱壳和器身组成，其中充满液体介质作浸渍剂。器身由一个或多个电容芯子组成。电容芯子是以膜纸复合或全膜作介质，以铝箔作极板卷绕而成。箱体则由钢板密封焊接而成。

（二）电抗器

牵引变电所中，电抗器与电容器一般串联连接。

电抗器的作用是：在电容器组投入电网运行时，限制合闸涌流对电容器的袭击；防止切除电容器时，断路器触头间电弧的重燃。为防止电容补偿装置与电力系统发生高次谐波并联谐振，抑制、吸收牵引负荷的高次谐波。

为此，在并联电容器上串接电抗器，其感抗值约为电容器容抗值的 12%，使其对 3 次及以上的高次谐波的合成电抗为感性，并兼滤 3 次谐波，防止电压波形畸变扩大，使牵引母线上的电压为较为严格的正弦波。

电气化铁路常用的电抗器有铁芯油浸式电抗器和干式空心电抗器。

铁芯油浸式电抗器与单相电力变压器相似。铁芯、线圈均装在一个充有变压器油的钢箱中，靠变压器油进行散热和绝缘。不同之处在于：电抗器是一个具有多间隙铁芯的电感线圈，即铁芯具有可调间隙，避免磁路饱和，以得到某一稳定的电抗值；铁芯上只有一组线圈，线圈上有三个抽头，可得到三个电抗值。其缺点是噪声大，损耗大，感抗的线性差，且易渗漏油，目前正逐渐被干式空心电抗器所取代。

干式空心电抗器其实就是一个空心的电感线圈。线圈用一种专用的树脂喷涂处理。

三、并联电容补偿装置的工作原理

电力牵引供电系统未安装补偿装置时的等效电路如图 2.69（a）所示。

牵引负荷为感性负荷 ZL，加上牵引网阻抗 Z1，功率因数为 cosϕ1。当在牵引侧母线上接入并联电容 C 后，等效电路如图 2.69（b）所示，相当于在线路中并联了一个电容支路，如图 2.69（c）所示，此时经牵引变压器而影响电力系统的电流不再是 IL，而是 I = IL + IC。通过分析可知，此时的 cosϕ2 比 cosϕ1 大，在输出负荷功率不变的情况下，I < IL。

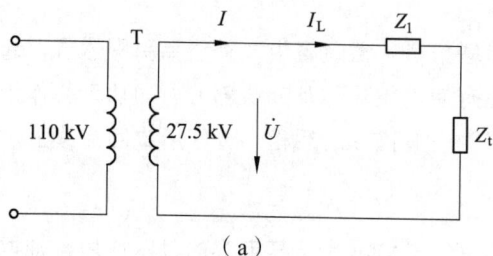

（a）

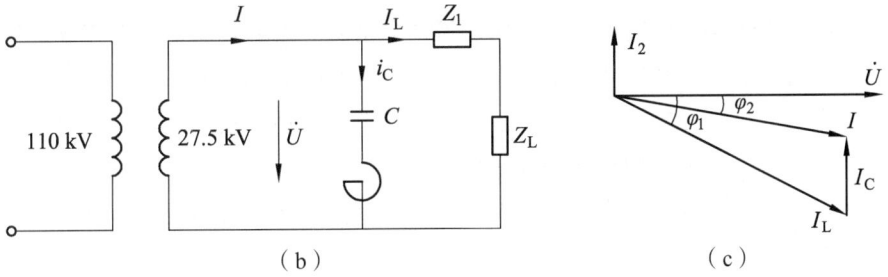

图 2.69　牵引侧并联电容原理图

四、常见并联电容补偿装置

（一）固定并联电容补偿装置

图 2.70 所示为直接供电方式、带回流线的直接供电方式和 BT 供电方式下的牵引变电所并联电容补偿装置接线图。

图 2.71 所示为 AT 供电方式下的牵引变电所并联电容补偿装置接线图。

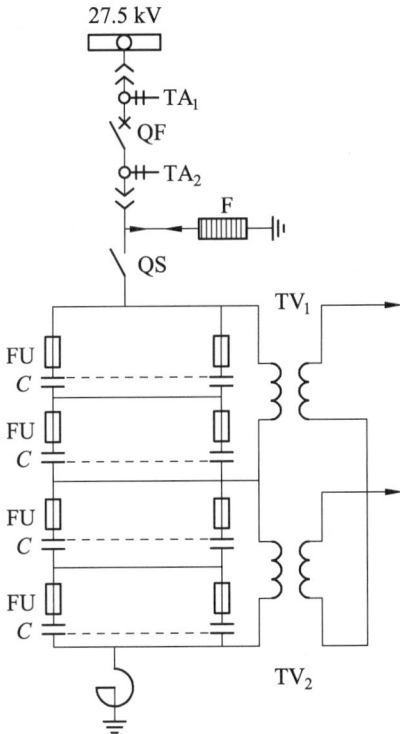

图 2.70　非 AT 供电方式并联电容补偿装置接线图

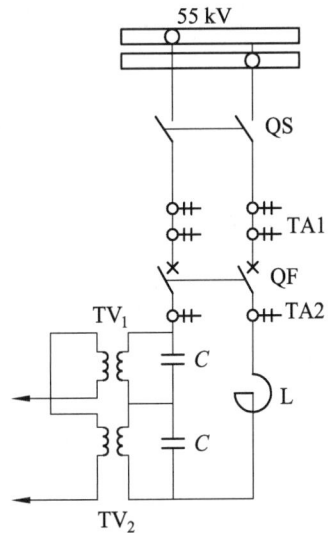

图 2.71　AT 供电方式并联电容补偿装置接线图

主接线图上主要的设备及作用是：

（1）并联电容器组，用于无功补偿，并与串联电抗器匹配，滤掉一部分谐波电流。

（2）串联电抗器，限制断路器合闸涌流和分闸时的重燃电流，与电容器匹配滤掉部分谐波电流；防止并联电容补偿装置与供电系统发生高次谐波并联谐振；发生短路故障时，避免电容器组向短路点直接放电，保护电容器不受损坏。

（3）断路器，用于投切和保护并联电容器补偿装置。

（4）隔离开关，保证在维护和检查并联电容补偿装置时有明显的断口。

（5）电压互感器，实现电容器组的继电保护，并在电容器组退出运行时放电。

（6）电流互感器，实现并联电容补偿装置的电流测量和继电保护。

（7）避雷器，作过电压保护。

（8）熔断器作为单台电容器的过电流保护。

并联电容补偿装置是由多台电容器串并联组成的，该设备多安装在屋外，且并联在牵引侧，会有高次谐波通过电容器，所以还应考虑多方面因素对电容器组的影响。应合理选择电容补偿装置的容量，还要考虑供电臂带电概率等因素以保证电容器的正常工作。

（二）可调并联补偿装置

由于牵引负荷波动较大，采用固定不可调并联电容补偿装置已不能满足运行要求，在牵引变电所设可调并联电容补偿装置，可以完善并及时解决功率因数和谐波问题。目前在技术上较成熟且成本相对低廉的是 TSC（晶闸管投切电容器装置）。

1. TSC 的结构

图 2.72 所示是 TSC 装置的主电路。TSC 由进线隔离开关 QS、真空断路器 QF、降压变压器 T、低压母线、低压真空断路器 QF、低压隔离开关 QS、晶闸管交流开关、滤波电容器组 C、串联电抗器及相应的测控、保护装置等部件组成。

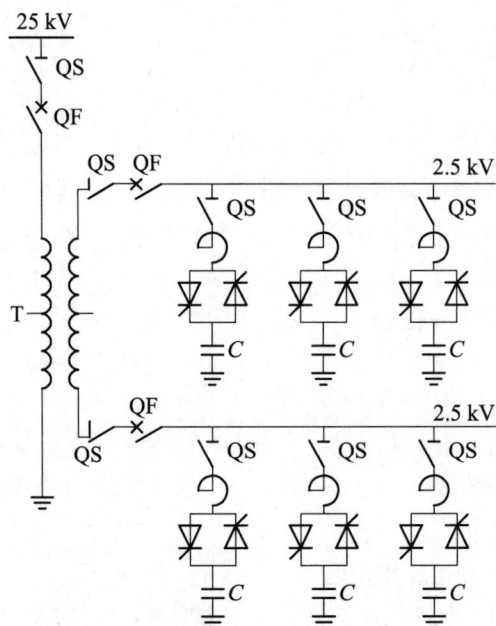

图 2.72 TSC 装置主电路

2. 补偿电容器组支路数选择原则

TSC 采用投切方式进行补偿，分组越多调节越平滑，跟随负载变化能力越强，但投资也越大，所以不能无限制地增加分组数。综合考虑母线开关能力、晶闸管交流开关能力、晶闸管交流开关额定电流、电容器串并联数、投资成本等因素，通常采用两大组。每组再设几个支路，根据运行需要灵活投切电容器组。

TSC 装置具有数据检测功能及远动接口，可以实现整套装置的遥测、遥调及遥控。可根据牵引网电压的变化自动确定电容器组的投切组数，也有人工手动功能。

TSC 装置多装于分区所或靠近供电臂末端的车站，用于补偿牵引网电压。晶闸管开关还可带谐波滤波器，以综合解决功率因数和谐波问题。对谐波问题要求不严时，可只装设 3 次谐波滤波器。这也是防止谐波放大，保证设备安全所需要的。

五、并联电容补偿装置的运行与维护

牵引变电所并联电容补偿装置中的电容器有两类：一类是分立式，由若干独立的高压电容器按照串联及并联的方式连接起来再与电抗器串联并接于牵引母线上；另一类是集中式，在厂家制造时将许多单个电容芯部连接好，置于一个共同的壳体中，引出端只有两个极，从壳外看是一个设备。这两种设备前者安装麻烦，占地面积大，维护工作量大；后者安装简单，占地面积小，维护方便。牵引变电所通常对高压电容不进行检修，只进行巡视维护，当确认电容器存在故障时，一般是将其撤除。轻者送交电容器厂进行检修，重者直接报废。

（一）电容器的运行与维护

1. 新装电容器在投入前的检查

（1）电容器完好，试验合格。

（2）电容器布线正确，安装合格。

（3）各部件连接严密可靠，电容器外壳和架构均应可靠接地。

（4）电容器的各部件及电缆试验合格。

（5）电容器组的保护和监视回路完整并全部投入。

（6）绝缘电阻测试符合标准。

2. 正常情况下的投入和退出

电容器正常情况下的投入和退出应听从电力调度指挥。并联电容装置周期检测为 2 年一次，更新时间为 10～15 年。

3. 事故情况下的退出

当发生下列情况之一时，应立即将电容器退出并报告电力调度。

（1）电容器爆炸。

（2）接头严重过热或熔化。

（3）套管发生严重放电闪络。

（4）电容器喷火或起火。

4. 电容器运行中的维护和检查

为了保证电力电容器的正常运行以及延长有效使用寿命，在日常运行工作中，应注意对电容器的维护和检查。

（1）电容器运行时内部外壳有无渗油现象。

（2）套管有无渗油、裂纹及放电现象。

（3）有无鼓肚，焊缝是否裂开。

（4）运行时内部有无杂音。

（5）接头有无过热发红现象。

（6）检查温度。在周围温度为 40 ℃ 时，电力电容器外壳温度不应超过 55 ℃，以防止电力电容器在运行中发生外壳膨胀及漏油故障。监视外壳温度，是靠粘贴在电容器外壳上的示温片实现的。严重时，应将电容器退出运行。当发现示温片熔化时，则说明外壳温度过高，应及时启动排气风扇。

（7）检查电流值和电压值。当母线电压超过电容器额定电压的 1.1 倍，或电流超过额定电流的 1.3 倍时，应将电容器退出运行。

（8）定期清扫电容器的套管表面、外壳、构架及其他附属设备上的灰尘或其他不洁物。

（9）检查接触部位。仔细检查电容器组电气线路所有接触处的可靠性。检查螺母有无松动，引出端铜杆、瓷套管有无松动，瓷套管应无裂纹和漏油，瓷釉应无脱落现象等。

（10）保护装置检查。定期检查电容器组的熔断器有无熔断，检查继电保护装置有无动作。若保护启动，电容器组的断路器跳闸时，在未查出原因前，不允许重新合闸。

（11）检修电容装置或必须进入电容分间时，应将装置停电。特别注意将电容器逐个放电，除按规定地点设好接地线外，在电容器组两端均应装设地线，尤其是因故障退出运行的电容器定要仔细放电后，方可作业。

（12）检修或试验必须拆卸电容器引线时，应先用扳手将接线卡住，然后再拧螺帽，以防损坏绝缘子及金具。电容器组严禁带负荷合闸，变压器严禁带电容器组空载投入。

（13）电容器组撤出后再投入，应在上次分闸 3 min 后进行。误操作造成错分电容器组开关时，不得随手马上合闸，一定要经供电调度员批准后方可合闸。

（14）全所停电后送电时，合断路器前，必须确认两组电容器组、断路器均在分闸位置，方可进行送电操作。

（二）电容器、电抗器的巡视内容

1. 外观检查

（1）电容器外壳无膨胀、变形，接缝无开裂、无渗漏油。

（2）检查有无放电、裂纹、瓷釉剥落及其固定是否良好，引线连接紧密，连接螺栓无锈蚀。

2. 元件检查

（1）熔断器、互感器及附属装置应完好。

（2）电抗器无异声异味，空心电抗器线圈本体及附近铁磁件无过热现象；油浸式电抗器油位正常符合要求，无渗油现象。

（3）检查测量差压互感器在端子箱内的二次引出线电压值。

（4）通过模拟量检查确认差流互感器二次接线正确。

（5）室内温度符合要求，门窗完好、通风、防潮设施正常，房屋无渗漏水现象，防小动物设施齐全。

【任务实施】

（1）学生接受任务，根据给出的相关知识通过学习并查阅相关的资料，自行完成任务的内容。

（2）各小组成员之间、各小组之间互相检查，发现问题，提出意见。

（3）老师检查各小组及个人完成的任务，提出问题，给出成绩。

【课堂训练与测评】

（1）在牵引变电所中为什么要装并联电容补偿装置？

（2）并联电容补偿装置有哪几种类型？

（3）小组成员共同探讨并联电容补偿装置的结构和作用

（4）并联电容补偿装置的日常巡视检查

【知识拓展】

扫一扫二维码 2.13，可查阅学习并联电容补偿装置的日常巡视检查的要求和标准。

二维码 2.13

任务 7　其他装置的运行与维护

【任务目标】

（1）明确其他装置如熔断器、母线、绝缘子等的作用、结构及工作原理。

（2）明确其他装置如熔断器、母线、绝缘子等运行中的要求。

（3）熟悉其他装置如熔断器、母线、绝缘子等的巡视内容

（4）了解其他装置如熔断器、母线、绝缘子等在运行中和检修时的注意事项。

【任务描述】

根据图 2.73 所示，认知其他装置如熔断器、母线、绝缘子等的结构、作用，从而达到提高职业能力的目的。

图 2.73　牵引变电所熔断器与母线

【任务分析】

通过本任务的学习，能够认识牵引变电所其他装置如熔断器、母线、绝缘子，熟悉牵引变电所其他装置如熔断器、母线、绝缘子的结构、工作原理，熟悉熔断器的正常巡视内容和运行要求。

【学习步骤】

（1）认识牵引变电所的其他装置如熔断器、母线、绝缘子等。

（2）熟悉牵引变电所其他装置如熔断器、母线、绝缘子等的结构。

（3）了解牵引变电所熔断器的工作原理。

（4）读懂牵引变电所熔断器的铭牌内容。

（5）熟悉牵引变电所其他装置如熔断器、母线、绝缘子等的正常巡视内容。

（6）熟悉牵引变电所其他装置如熔断器、母线、绝缘子等的运行方式。

【知识链接】

一、熔断器的运行及维护

（一）熔断器的基本知识

1. 熔断器的作用及分类

熔断器是最简单和最早采用的一种保护电器，并兼有开关作用，常和被保护的电气设备串联使用。它主要是在电路中流过短路电流时，利用熔件产生的热量使本身熔断，从而切断电路，起到保护电气设备、缩小事故范围的作用。在牵引变电所中，熔断器主要是作为电压互感器和所用变压器的保护电器。

熔断器可分为限流和不限流两大类。在熔件熔化后，其电流在达到最大值之前就立即减小到零（熔断）的熔断器称为限流熔断器。这种熔断器中装有特种灭弧物质（如一定粒度的石英砂）或熔件熔断时产生特种灭弧介质（如产气纤维管在电弧高温下分解出氢气等），故具有很强的灭弧能力。在熔件熔化后，电流几乎不减小，继续增至最大值，而在电流经一次或几次过零后，电弧才熄灭（熔件熔断），从而切断电路的熔断器称为不限流熔断器。这种熔断器中无特殊的灭弧介质或熔件熔断时不产生特种灭弧介质，仅靠熔断时产生电弧使熔件熔化，从而拉长电弧，最后使电弧熄灭，故灭弧能力较弱，熔断时间较长。

2. 熔断器的结构及工作原理

（1）外壳（又称熔件管）。

熔断器的熔件管有瓷、胶木、产气纤维等几种。瓷熔件管内一般充有石英砂，用于限流熔断器。胶木熔件管一般用于不限流熔断器。

（2）熔体、熔件（又称保险丝）。

熔体用不同材质的金属（如铜、铅、锡、锌等）制成不同形状、不同截面，以通过不同的额定电流，如丝状、片状、栅状等。

（3）金属触头及触头座。

熔件管两端装有金属触头（两触头间用熔件电连接），并与触头座相配合，一般由铜材料制成。它们允许通过的最大工作电流称为熔断器的额定电流。在使用熔断器时，应使熔件的额定电流小于或等于熔断器的额定电流。

（4）支持绝缘子及底座。

支持绝缘子固定在底座上，用于安装固定金属静触头座及熔件管。低压熔断器一般无支持绝缘子，触头座直接安装在底板上。

3. 熔断器的保护特性

熔件熔断的时间与通过熔件的电流的关系称为熔断器的保护特性。此特性用 $t=f(I)$ 曲线表示时，曲线 $t=f(I)$ 称为熔断器的保护特性曲线，如图 2.74 所示。此曲线一般由制造厂给出。从图 2.74 所示的保护特性曲线中可以看出：同一电流通过额定电流不同的熔件时，额定电流小的熔件先熔断。

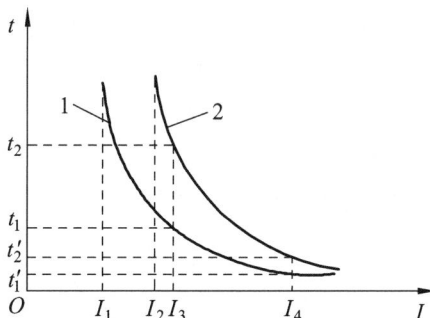
图 2.74 熔断器的保护特性曲线

熔件熔断时间的长短主要与下列两个因素有关：

（1）通过熔件的电流大小。

当通过熔件的电流小于或等于其额定电流时，熔件熔断的时间无限长。对于同一材质的熔件，通过熔件的电流与其额定电流相比越大，熔件的熔断时间越短。

（2）熔件的材质。

一般条件下（熔件的长度、截面积相等），熔件的熔点越低，熔断时间越短。一般在高压熔断器中采用铜锡合金作为熔件的主要材料。

采用铜锡合金的主要优点是既利用了铜的良好导电能力，又利用了锡的熔点较低的特点，使铜丝能在较低的温度下熔断。若单纯采用铜丝作为熔件，因其熔点太高（1 080 ℃），熔件不能迅速熔断，不能尽快切除故障。在铜丝上焊上小锡球后，通过大电流时小锡球因发热先融化，和铜丝作用后形成铜锡合金，其熔点较纯铜低，因此能迅速熔断。利用锡的作用来降低铜的熔化温度，这种作用称为"冶金效应"。

当熔断器多级串联使用时，应注意保护特性的配合，合理选择各级熔断器熔件的额定电流，以使熔断器有选择性地动作，缩小事故范围。为此，一般应使前一级（靠近电源）熔件的额定电流大于后一级（靠近负载）熔件的额定电流 2 ~ 3 个等级。

4. 熔断器的参数和型号

（1）熔断器的主要技术参数。

① 额定电压：指熔断器能够长期承受的正常工作电压，即其安装处电网的额定电压。

② 额定电流：指熔断器壳体部分和载流部分允许通过的长期最大工作电流。

③ 熔件额定电流：指熔件允许长期通过而不熔断的最大电流。熔件的额定电流可以和熔断器的额定电流不同，同一熔断器可装入不同额定电流的熔件，但熔件的最大额定电流不应超过熔断器的额定电流。

④ 极限断路电流：是指熔断器所能断开的最大电流。若被断开的电流大于此电流时，有可能使熔断器损坏，或由于电弧不能熄灭引起相间短路。

（2）高压熔断器的型号。

$$\boxed{1}\ \boxed{2}\ \boxed{3}\ \text{-}\ \boxed{4}\ \boxed{5}$$

1——用 R 表示熔断器；

2——用 N 表示户内，用 W 表示户外；

3——设计序号；

4——用 T 表示带热脱扣器，用 Z 表示带自动重合闸；

5——表示额定电压（kV）。

例如，RW2-35 型熔断器，表示 35 kV 户外熔断器，设计序号为 2。

5. 熔断器的主要优缺点

熔断器结构简单，安装、维修方便，故在功率较小和对保护特性要求不高的配电装置中得到广泛的应用。在 1 kV 以下低压系统中，熔断器常与闸刀开关配合，代替自动空气开关；在 10 kV 系统中，熔断器常与高压负荷开关配合，代替高压断路器。

熔断器不能用于正常地分、合电路。因熔断器动作后必须更换熔件，势必造成局部停电。另外，其保护特性易受外界因素的影响。故在 1 kV 以上高压系统中仅用于保护电压互感器和功率较小的电力变压器。

（二）高压熔断器

1. 户内高压熔断器

3～35 kV 户内高压熔断器通常有 RN_1（DS）型和 RN_2（DSH）型两种。RN_1 型主要用于电力线路和变压器的过载和短路保护。RN_2 型主要用于保护电压互感器。这两种熔断器的外形相同，基本结构相同，如图 2.75 所示。二者的不同之处仅在于熔件结构不同，如图 2.76 所示。

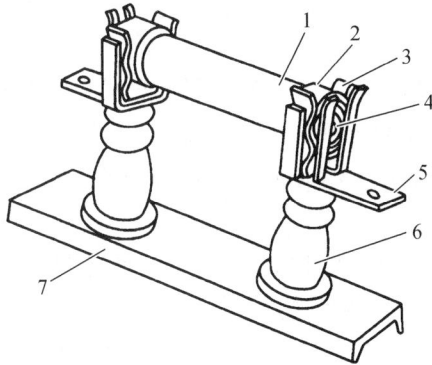

1—熔件管；2—铜管帽；3—弹性触座；4—熔断指示器；
5—接线端子；6—绝缘子；7—底座

图 2.75　RN 系列高压熔断器外形

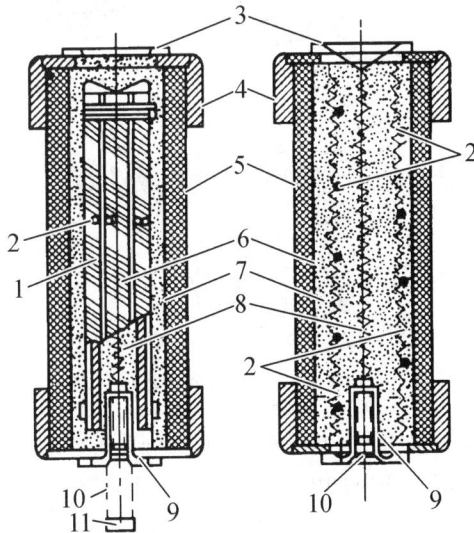

（a）额定电流 7.5 A 及以下　（b）额定电流 10 A 及以上
1—瓷质芯棒；2—小锡球；3—端盖；4—端帽；5—瓷质熔管；6—熔体；
7—石英砂；8—拉丝；9—弹簧；10—动作指示装置；
10—动作指示装置动作后小铜帽；11—掉出；12—铜帽。

图 2.76　RN_1 型熔件管结构图

RN_2 型熔断器的熔件是由全长有三种不同截面的一根康铜丝绕在瓷芯上组成，交接处焊有小锡球；无动作指示器，可根据接于电压互感器二次回路内的电压表读数是否为零来判断熔件是否熔断。

这类熔断器的灭弧能力与熔件的截面、长度和材料有关。因为熔件熔断时，电弧产生在熔件蒸发后，填料中间形成的熔件断口里。熔件截面较大时，小洞的直径也大，熔件产生的金属蒸气就多，灭弧较困难。所以在 RN_1、RN_2 型熔断器中，熔件是用铜制成的一根或几根并联的细丝。当短路电流通过熔件时，细铜丝几乎立即沿全长熔化，小洞内压力剧增，金属蒸气向四周剧烈地喷溅，渗入石英砂中冷却、凝结，去游离强烈，使电弧迅速熄灭。这种熔断器灭弧迅速，通常在最大短路冲击电流出现之前（0.01 s 内）就能熄灭，因此属于"限流式"熔断器。

2. 户外高压熔断器

RW 系列熔断器主要用于户外 10 kV 的配电线路和电力变压器进线侧，作为短路及过载保护，在一定条件下可通断空载架空线路、空载变压器和小负荷电流。RW 系列熔断器一般不能带负荷操作，但 RW10-10（F）型因属于负荷型熔断器，所以可以带负荷进行操作。

RW 系列熔断器大多做成跌落式、纤维管产气熄弧的熔断器。图 2.77 所示为 RW4-10（G）型跌落式熔断器的外形。

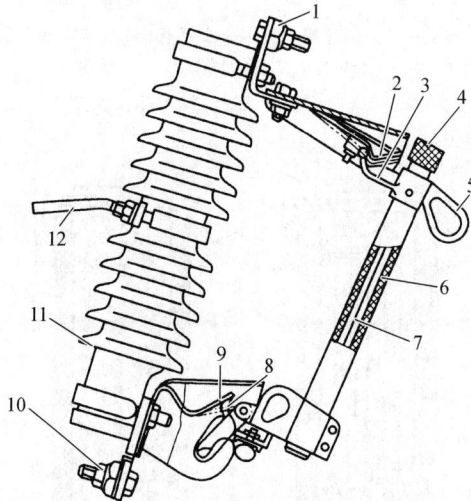

1—上接线端；2—上静触头；3—上动触头；4—管帽；5—操作环；
6—熔管；7—铜熔丝；8—下动触头；9—下静触头；
10—下接线端；11—绝缘瓷瓶；12—固定安装版。

图 2.77 RW4-10（G）型跌落式熔断器的外形

这种熔断器由绝缘子、接触导电系统及熔管组成。熔管由层卷纸板制成，内壁衬以石棉套管，防止电弧与熔管接触。同时，石棉具有吸湿性，所含水分在电弧高温下蒸发并分解出氢气，有助于灭弧。熔件焊在编织导线上，并穿过熔管用螺丝固定在上、下部的触头上。此编织导线处于拉紧状态，使熔管上的活动关节锁紧。当熔件熔断时，编织导线失去拉力，使熔管的活动关节释放，熔管由于本身重量自动绕轴跌落。同时，管内受热膨胀的空气和水分解出来的氢气从管的两端喷出，电弧被拉长而熄灭。故跌落式熔断器在安装时，熔管轴线与垂直轴线成 15°～30°倾斜角。该熔断器用绝缘钩棒进行合、分闸。

RW 系列熔断器虽然有灭弧装置，但其灭弧速度较慢，短路电流通常会达到最大值，不像 RN 系列熔断器那样在最大冲击电流出现之前就能灭弧，所以 RW 系列熔断器属于"非限流式"熔断器。

（三）熔断器的巡视检查

（1）检查熔断器的母线连接有无断裂、脱漆现象。
（2）检查熔断器的接触是否良好。
（3）检查熔断器的支架是否完好，有无锈蚀现象。
（4）检查熔断器的接地是否良好。

二、母线的运行及维护

（一）母线的基本知识

在牵引变电所中，各种电气设备之间的连接以及电气设备与相应的配电装置的连接，大都采用矩形或圆形截面的裸导线、管形裸导线或绞线，这些连接导线统称为母线。

母线的作用是汇集、分配和传送电能。母线在运行中有大电流通过，出现短路时将承受短路电流产生的热效应和电动力的机械效应，因而必须合理选择母线的材料、截面形状和截面积。

母线着色有两个作用：增强散热和作为相别标识。钢母线着色还可以防锈。

母线着以不同颜色，作为母线的相别标识。

《客货共线铁路电力牵引供电工程施工技术指南》（TZ 10208—2008）中 规定母线和相色标志涂漆的颜色为：

（1）三相交流母线：A 相为黄色，B 相为绿色，C 相为红色，单相交流母线与引出相的颜色相同。
（2）牵引变压器二次侧母线：A 相或 M 座为黄色，B 相或 T 座为绿色，Nxg 为紫色。
（3）交流接地母线为黑色。
（4）直流母线：正极为赭色，负极为蓝色。

（二）母线的巡视检查

为了保证各电压等级配电装置中母线的安全运行，运行值班人员应定期巡视检查母线及相关金具、绝缘子。

1. 软母线的巡视检查

（1）软母线的表面及引线应无断股、散股现象，表面光滑、整洁，无悬挂杂物。
（2）母线的表面颜色应正常，无过热、变色、变红、锈蚀、磨损、变形、腐蚀、损伤或闪络烧伤等现象，运行中无重的放电声和成串的荧光。
（3）母线的连接部位接触应紧固，无松动、锈蚀、断裂、过热现象。
（4）母线无过紧或过松现象，无剧烈振动现象。
（5）母线构架接地良好，接地引下排（线）无断裂及锈蚀现象。
（6）周围环境无杂草堆、塑料袋等受风易飘的杂物。

2. 硬母线的巡视检查

（1）表面着色漆应清晰，无开裂、起层和变色现象，各触点示温蜡片齐全，无过热熔化现象，伸缩节应完好，无断裂过热现象。

（2）母线排夹头不松动，运行中不过负荷，母线排无异常放电声，无较大的振动。

（3）母线排及至回路设备的引排应平整无弯曲变形，各连接部分的螺钉应紧固，接触良好，无松动、振动、过热现象。

（4）母线各连接部分的螺钉应紧固，接触良好，无松动、振动、过热现象。

（5）各部位发热的判断：检查示温蜡片有无变色和熔化现象；检查色漆变色情况；检查雨后局部干燥和蒸汽情况；对导线接头变色与相邻设备比较鉴别；检查霜雪融化情况；用绝缘棒、蜡杆带电测试有无过热；用远红外测温仪或半导体测温计进行测试。

3. 金具的巡视检查

（1）检查导线、铜铝排和连接用金具的连接部分接触是否良好，应无断股、散股现象。

（2）耐张绝缘子串连接金具应完整良好，并且无磨损、锈蚀、断裂。

（3）检查线夹有无发热现象。各接头温度不超过允许值，一般接头不超过 70℃，当其接触面处有锡的可靠覆盖层时，不超过 85℃；当其接触面处有银的可靠覆盖层时，不超过 95 ℃；闪光焊接时，不超过 100 ℃。

4. 绝缘子的巡视检查

（1）检查绝缘子本体应完好、清洁，无裂纹、破损现象。

（2）检查绝缘子瓷质部分不应被尘土或其他污染物污秽，金属部分无严重锈蚀和严重磨损，油式瓷套管应无渗漏油现象，充膏式瓷套管应无流膏现象。

（3）检查绝缘子应无闪络放电声和放电痕迹。

5. 母线的特殊巡视检查

（1）雨、雾、雪天气检查瓷绝缘有无放电、污闪现象，接头有无发热、冒汽现象。

（2）大雪天应检查母线的积雪及融化情况。

（3）雷电后检查瓷绝缘有无裂纹、破损、放电现象，母线的避雷器计数器是否动作。

（4）大风时检查母线及引线的摆动情况是否符合安全距离要求，有无异物飘落或悬挂。

（5）气温骤变时检查母线及引线有无过紧或过松，瓷绝缘有无裂纹、破损或倾斜。

三、绝缘子的运行及维护

绝缘子广泛应用在牵引变电所的配电装置和输送电线路中，它主要用来支持和固定裸载流导体，并使裸导体与地绝缘，或使装置中不同电位的载流导体之间绝缘。

（一）绝缘子的基本知识

绝缘子按外形可分为支柱式绝缘子、针式绝缘子、悬式绝缘子和套管绝缘子。

支柱式绝缘子在牵引变电所中主要用来支持和固定屋内外配电装置的硬母线，并使硬母线与地绝缘。

针式和悬式绝缘子主要用来固定架空输电线的导线以及各屋外配电装置的软母线，并使之与接地部分绝缘。

套管绝缘子主要用来使母线穿过墙壁或天花板。

绝缘子按安装地点可分为屋外式绝缘子和屋内式绝缘子。屋外式绝缘子有较大的伞裙，以增大沿面放电距离，并能在雨天阻断水流，使绝缘子能在恶劣的气候环境中可靠地工作。

高压绝缘子主要由电瓷作绝缘体，其优点是结构紧密、表面光滑、不吸水分、具有良好的绝缘性能和足够的机械强度。绝缘子还可用钢化玻璃制成，其具有尺寸小、质量轻、机电工作强度高、制造工艺简单等优点。同级而额定电压不同的绝缘子，具有不同的有效高度，不同级而额定电压相同的绝缘子，具有不同的瓷件直径。

（二）绝缘子的巡视检查

（1）检查绝缘子是否清洁，有无破损、裂纹和放电痕迹。

（2）检查绝缘子引线连接接触是否良好，张力是否适当。

（3）检查绝缘子支架是否完好。

【任务实施】

（1）学生接受任务，根据给出的相关知识通过学习并查阅相关的资料，自行完成任务的内容。

（2）各小组成员之间、各小组之间互相检查，发现问题，提出意见。

（3）老师检查各小组及个人完成的任务，提出问题，给出成绩。

【课堂训练与测评】

（1）熔断器、母线、绝缘子等在牵引变电所中的作用是什么？

（2）熔断器分哪几种类型？分布在牵引变电所中的哪些地方？

（3）绝缘子分哪几种类型？分布在牵引变电所中的哪些地方？

（4）母线着色的目的是什么？其不同的颜色表示什么？

（5）小组成员共同探讨熔断器的结构和作用

（6）列表填写母线的日常巡视和特殊巡视内容。

【知识拓展】

扫一扫二维码 2.14，可查阅学习电缆的运行及维护。

二维码 2.14

项目三 电气主接线及高压配电装置

项目导入

牵引变电所电气主接线是变配电所值班员值班运行时的重要依据，我们应该掌握变电所电气主接线的类型、工作特点等，能够进行牵引变电所电气主接线的认知、绘制和分析，判断变电所的运行方式及改变运行方式。

学习方法

资讯：接受学习任务，根据引导问题，通过学习查找资料、网络信息等，建立学习任务总体印象。

计划：与小组成员、教师、师傅、讨论电气主接线在变电所中的影响和意义。

决策：与教师或师傅进行专业交流、确认本项目的工作步骤和涉及的工具，拟定检查、评价标准。

实施：按照确定的工作步骤完成对应的学习任务，发现问题，共同分析，遇到无法解决的问题时请老师或师傅帮助解决。

检查：

（1）生产文件准备好了吗？

（2）工具准备好了吗？

（3）安全注意事项有哪些？

评价：与同学、老师、师傅进行专业交流，任务完成有改进的建议吗？

任务 1 电气主接线概述

【任务目标】

（1）掌握电气主接线的一般概念。

（2）掌握常用电气设备的图形符号和文字符号。

（3）掌握倒闸操作的步骤。

【任务描述】

根据图 3.1 认知牵引变电所主接线中各种电气设备的电气符号，清楚电气主接线的基本要求。

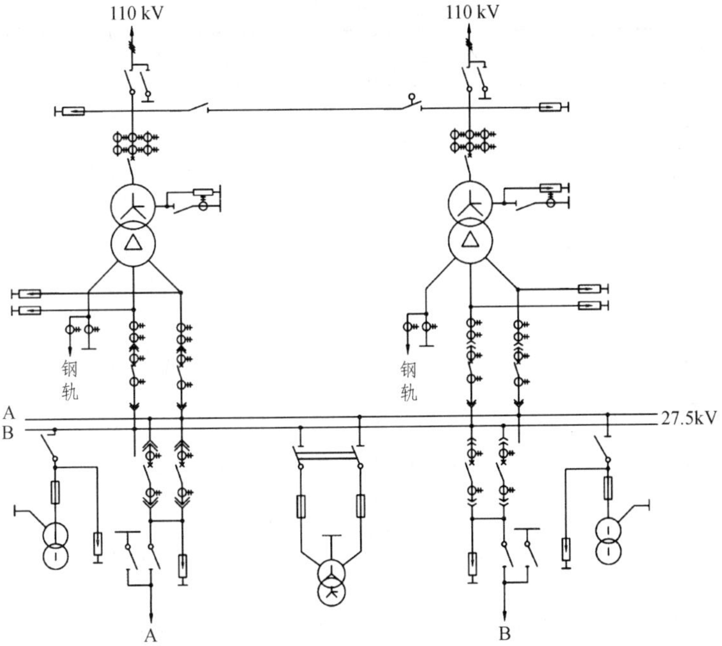

图 3.1　某牵引变电所电气主接线图

【任务分析】

了解主接线基本概念，掌握电气主接线的基本要求与倒闸操作步骤。

【知识链接】

一、电气主接线的概念

变电所（含开闭所、分区所）的电气主接线是指由断路器、隔离开关、避雷器、主变压器、电压互感器、电流互感器、母线和电缆等高压一次设备，按一定的顺序连接起来用以接受和分配电能的电路。电气主接线反映变电所的基本结构和性能，在运行中表明电能的输送和分配关系、一次设备的运行方式，是实际运行操作的依据。

表明一次电气设备相互连接关系和工作原理的电气接线图，称为主接线图。在主接线图上，各种设备以规定的文字符号、图形符号和设备之间的连线来表示，并标明各主要设备的规格、数量和型号。

为了交流和信息传递的方便，在画主接线图时有以下几点约定。

（1）主接线图一般用单线图表示。单线图是表示三相相同的交流电气装置中一相连接顺序的图，当三相不完全相同时，则用三相图表示。

（2）在主接线图中使用的图形符号和文字符号均采用国际标准符号。

（3）电气设备的状态按正常状态画出。所谓正常状态就是指电气设备所有电路无电压及无任何外力作用时的状态。例如，隔离开关都是以断开状态画出，如果是特殊情况则应注明。

变电所中常见电气设备的图形符号和文字符号如表 3.1 所示。

表 3.1　电气设备标准图形和符号

文字符号	图形符号	电气元件名称	文字符号	图形符号	电气元件名称
G	(G)	发电机、电力系统	W	///	汇流母线（三相）
T	—⊙⊙—	单相变压器	F	—▭▶—	避雷器
	⌇⊙⊙⌇	三相变压器	FV	→　←	放电器
FU	—▭—	熔断器	TV	⊢⊙⊙	电压互感器（双绕组）
QF	—✗—	断路器		⊢⊙⊙⊙	电压互感器（三绕组）
	«—»»	小车式断路器	TA	⊙⊙	电流互感器（两个铁芯，两个副绕组）
QS	—╱—	隔离开关		⊙⊙	电流互感器（一个铁芯，两个副绕组）
	—╱—	电动隔离开关	W	◁///	电缆密封终端头
	带接地刀闸	带接地刀闸的隔离开关	LF	⌒⌒	抗雷线圈
			LC	⌒	电抗器

二、电气主接线的基本要求

为了保证牵引供电的安全可靠，电气主接线应符合以下基本要求。

1. 可靠性

牵引变电所电气主接线的设计应当能保证对牵引负荷和地区负荷的供电和电能质量。

牵引负荷和部分地区负荷均为一级负荷，必须保证供电的安全性和可靠性。要保证牵引变电所电源引入可靠，选择主接线时要考虑在电路的转换、设备的检修和事故的处理时供电的可靠性和连续性。为了满足电能质量的要求，主接线应在变压器接线方式、谐波补偿和调压方面注意改善电能质量。

2. 操作方便

电气主接线应力求简单、清晰且操作方便。

由于接触网事故较多，检修频繁，故牵引变电所倒闸作业较多。主接线越简单清晰，操作程序越少，操作越方便。

3. 灵活性

电气主接线应能适应多种运行方式，使检修、维护安全方便。

主接线中的任一元件检修、试验时，能灵活快捷退出运行，经倒换运行方式不影响其他元件的正常工作，恢复正常供电，并留出安全距离，保证检修、试验工作人员的正常工作和安全。

4. 经济性

主接线决定了电气设备的数量和运行方式，从而影响到基本的投资和运行费用。在满足供电可靠性和运行灵活性的基础上，尽量使投资和运行费用最省。

5. 发展扩建的可能性

牵引变电所主接线应在设备检修和事故处理等情况下，能保证向牵引负荷安全、可靠、灵活、经济地供电。而且在设计时应考虑将来的发展和扩建的方便。设计主接线要考虑到远景规划，在需要的时候可以很方便地改造和扩建。

三、电气主接线分类

母线是接受和分配电能的装置，是电气主接线和配电装置的重要环节。电气主接线一般按有无母线分类，即分为有母线和无母线两大类。

有母线的主接线形式包括单母线和双母线。单母线又分为单母线无分段、单母线有分段、单母线带旁路母线、单母线分段带旁路母线等形式；双母线又分为普通双母线、双母线分段、3/2 断路器、双母线及带旁路母线的双母线等多种形式。

无母线的主接线形式主要有单元接线、分支接线、桥形接线、和角形接线等。

四、电气主接线中开关电器的配置原则

当线路或高压配电装置检修时，需要有明显可见的断口，以保证检修人员及设备的安全。故在电气回路中，在断路器可能出现电源的一侧或两侧均应配置隔离开关。若馈线的用户侧没有电源时，断路器通往用户的那一侧，可以不装设隔离开关。若电源是发电机，则发电机与出口断路器之间可以不装隔离开关。但有时为了便于对发电机单独进行调整和试验，也可以装设隔离开关或设置可拆卸点。

当电压在 110 kV 及以上时，断路器两侧的隔离开关和线路隔离开关的线路侧均应配置接地开关。对 35 kV 及以上的母线，在每段母线上亦应设置 1~2 组接地开关，以保证电器和母线检修时的安全。

【任务实施】

（1）学生接受任务，根据给出的相关知识通过学习并查阅相关的资料，自行完成任务的内容。

（2）各小组成员之间、各小组之间互相检查，发现问题，提出意见。

（3）老师检查各小组及个人完成的任务，提出问题，给出成绩。

【课堂训练与测评】

（1）什么是变电所的电气主接线？

（2）电气主接线常用电气设备符号认知。

要求：认知图 3.1 中各种电气设备的电气符号，清楚电气主接线的基本要求，能说出各种电气设备在变电所中的作用。

【知识拓展】

（1）扫一扫二维码 3.1，可查阅学习电气设备的运行状态。

（2）扫一扫二维码 3.2，可查阅学习倒闸操作注意事项。

二维码 3.1　　　　　　　　　　二维码 3.2

任务 2　牵引变电所电源侧电气主接线认知

【任务目标】

（1）熟练掌握电气主接线的概念。

（2）熟练掌握桥式接线的接线形式、特点。

（3）熟练掌握分支接线的接线形式、特点。

（4）熟练掌握单母线接线的接线形式、特点。

（5）了解双母线接线、单元接线的接线形式、特点。

【任务描述】

根据图 3.2 所示，认知牵引变电所电源侧接线形式的用途、基本形式，并熟悉电源侧接线的倒闸操作流程。

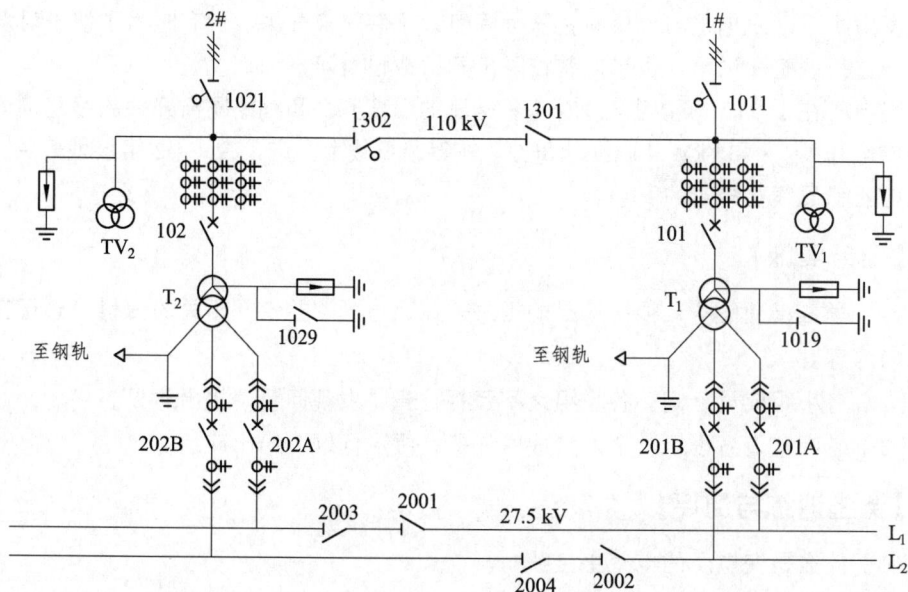

图 3.2　某牵引变电所电源侧主接线

【任务分析】

了解变电所类型，掌握牵引变电所电源侧主接线类型、特点，为牵引变电所实际运行操作奠定理论基础。

【学习步骤】

（1）知道主接线的用途。

（2）熟悉电气设备的电气符号。

（3）会识别变电所电源侧主接线的形式。

（4）能根据主接线图进行简单的模拟倒闸。

【知识链接】

牵引变电所是从电力系统高压电网获取电能，经变电所变压后输送给牵引网。通常把接电力系统高压电网一侧称为一次侧、电源侧或高压侧，将接牵引网的一侧称为二次侧或牵引侧。我国常用的牵引变电所电源侧电压等级多为 110 kV 和 220 kV。

电气化铁道牵引供电属于一级负荷，中断供电将会造成重大经济损失和严重的社会影响，对一次供电的可靠性要求很高。《铁路电力牵引供电设计规范》规定：牵引变电所应有两路供电，当任一路故障时，另一路仍应正常供电。牵引变电所的主变压器一般为两台（组）。

牵引变电所根据在电网中的位置、重要程度和从电力系统取得电源的方式不同，可分为下列几种形式：

（1）中心牵引变电所，有 4 路及以上电源进线并有系统功率穿过，除了完成一般牵引变电所的功能，还向其他牵引变电所供电。

（2）通过式牵引变电所，有两路进线并有系统功率穿越。

（3）分接式牵引变电所，具有两路进线，无系统功率穿越。

系统功率穿越是指该变电所的汇流母线上有其他变电所的负荷电流通过。

图 3.3 中 SS1、SS7 为中心牵引变电所，SS2、SS4、SS6 为分接式牵引变电所，SS3、SS5 为通过式牵引变电所。

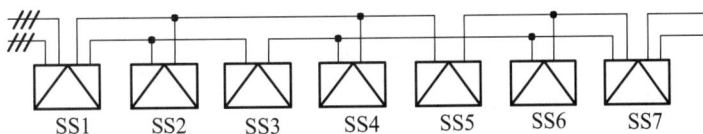

图 3.3　牵引变电所高压输电线的引入方式

不同类型的牵引变电所采用不同形式的电气主接线。

子任务 1　桥形接线

当牵引变电所只有两条电源线路和两台变压器，且有系统功率穿越时采用桥形接线。通过式牵引变电所一次侧常采用桥形接线。

两回路电源引入线分别经过断路器接至两台主变压器，在两条电源引入线之间用带断路器的横向母线将它们连接起来，这就是桥形接线。带断路器的横向母线通常称为接线桥，连接桥可以使系统功率穿越变电所。

桥形接线根据连接桥设置的位置不同，又可分为外桥接线和内桥接线两种形式，如图 3.4 所示。

1. 内桥接线

如图 3.4（a）所示，这种接线的连接桥设在两电源线进线断路器的内侧，断路器 QF1、QF2 属于电源进线回路，而变压器回路只设隔离开关控制。为了提高内桥接线的供电可靠性和运行灵活性，一般在进线断路器的外侧再设置一条带隔离开关的横向母线（称为外跨条）。外跨条上安装两组隔离开关的目的是便于它们轮流停电检修。

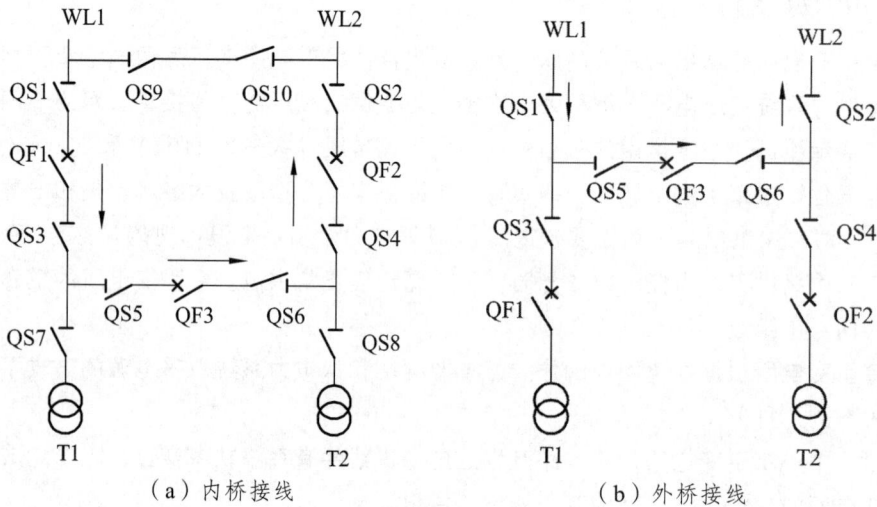

（a）内桥接线　　　　　（b）外桥接线

图 3.4　桥形接线

下面我们通过实例分析一下这种接线方式的特点。

变电所正常运行时，连接桥是接通的，系统功率从连接桥穿越变电所，外跨条的隔离开关断开。

例如，正常运行时 WL1 方向电源供电，WL2 方向电源备用，系统功率由 WL1 高压输电线经过变电所连接桥供给 WL2 方向上的其他负荷。牵引变电所内 T1 运行，T2 备用。也就是图中除了 QS8、QS9 和 QS10 断开其他开关闭合。

下面分析故障情况下的倒闸作业步骤：

（1）若 WL2 线路故障，断开 QF2，再断开 QS4、QS2，即可检修线路。

（2）若需检修 QF1，则闭合外跨条隔离开关 QS9、QS10，断开 QF1，再断开 QS3、QS1，即可检修 QF1。由于外跨条的作用，这样既不影响系统功率穿越，也不会造成主变压器停电。

（4）若需要倒换主变压器，即 T1 退出运行、T2 投入运行，操作步骤是：

① 闭合 QS9、QS10，以利于系统功率穿越；

② 断开 QF3，QF2；

③ 闭合 QS8，再闭合 T2 低压侧隔离开关（图中未画出）；

④ 闭合 QF3、QF2，再闭合 T2 低压断路器（图中未画出）；

⑤ 断开 T1 低压侧断路器（图中未画出），断开 QF1、QF3；

⑥ 断开 T1 低压侧隔离开关（图中未画出），再断开 QS7；

⑦ 闭合 QF1、QF3；

⑧ 断开 QS9、QS10。

在此倒闸作业过程中，牵引负荷侧不会停电。

从上述例子可以看出：一路电源故障时，该电源进线断路器断开故障电源，另一路电源通过桥路向两台变压器供电，不影响低压侧供电。需进行变压器故障检测或改变运行方式，高压侧要断开电源进线和桥路两个断路器，才能使变压器退出（或投入）运行。此时桥路上的穿越功率通过外跨条，由于外跨条上无断路器，所以它适合于电源线路长、电源侧故障检修机会较多、牵引变压器不需要经常切换的牵引变电所。

2. 外桥接线

当我们在内桥接线的基础上去掉外跨条，将连接桥的位置移至断路器 QF1、QF2 外侧，这就是外桥接线，如图 3.4（b）所示。此时 QF1、QF2 属于变压器回路，而电源进线回路只设隔离开关。我们仍按内桥接线的假设条件来分别进行线路停电和变压器切换的倒闸作业，会发现外桥接线与内桥接线的特点相反，因主变压器回路都有断路器，变压器故障检修或改变运行方式时，操作简单、方便，不影响电源线路正常供电；但当电源线路故障检修时，由于电源进线上无断路器，高压侧要断开对应的变压器回路和桥路两个断路器，才能切除故障电源，这将影响对变压器回路的供电。所以，它适合于电源线路不长、故障检修停电的机会少、变压器需经常切换的牵引变电所。

总之，桥形接线中，两回路电源、两台主变压器只用 3 套断路器，断路器数量较少，配电装置简单、清晰，且便于发展成单母线或双母线。因此，桥形接线广泛用于 35 kV 至 220 kV 的环形供电网络的电力系统中。

3. 双断路器桥形接线

桥形接线属于无母线的接线形式，简单清晰，设备少，造价低，也易于发展过渡为单母线分段或双母线接线。但因内桥接线中变压器的投入与切除会影响到线路的正常运行，外桥接线中线路的投入与切除会影响到变压器的运行，而且更改运行方式时需利用隔离开关作为操作电器，故桥式接线的工作可靠性和灵活性较差。

为了提高供电可靠性，克服内桥、外桥接线的不足，使运行方式的调度操作更为方便，确保安全可靠供电，可在高压母线与主变压器进线之间增设断路器，如图 3.5 所示。这种接线方式在 35/10 kV 的变电站中大量采用。

桥形接线在牵引变电所中应用很少。

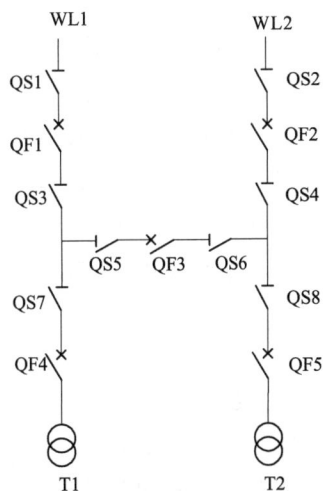

图 3.5　双断路器桥形接线

子任务 2　分支接线（双 T 接线）

当牵引变电所只有两条电源线路和两台变压器，且电源进线较短，无系统功率穿越时，普遍采用分支接线。分接式牵引变电所采用分支接线。

分支接线的电源进线是从电力系统区域变电站高压母线上分支接入（T 形连接）变电所，因为无系统功率穿越，故两电源进线之间不需要连接桥，考虑到运行的灵活性，保留只有隔离开关的跨条，如图 3.6 所示。

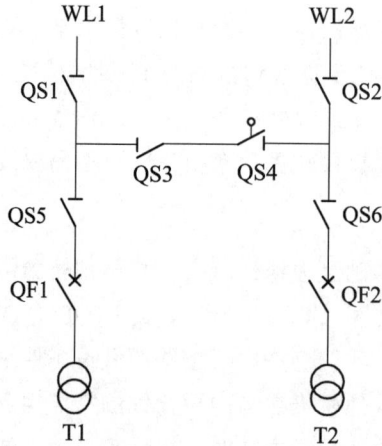

图 3.6　分支接线

目前采用分支接线的牵引变电所一般采用一回路电源线路主供（通常是电气化铁路专用线路），另一回路电源线路备用；两台主变压器采用一台投入运行，另一台备用的运行方式。这样就可以再分成两种直列供电和两种交叉供电的运行方式。直列供电是指电源线路给直接相连变压器供电，如 WL1 向 T1 供电；交叉供电是指电源线路通过跨条给变压器供电，如 WL1 向 T2 供电。

下面来看一下分支接线的运行方式的转换情况。

1. 电源线路的转换

电源线路正常转换方式受电源参数影响，在电源引入时应与电力部门协商确定好。它可以分成下列两种方式：

（1）两路电源允许在 25 kV 牵引侧并联。

在这种条件下，如果先采用 WL1 向 T1 的直列供电方式，此时 QS1、QS5、QS3、QS6、QF1 闭合，QS2、QS4、QF2 断开；要转换成 WL2 向 T2 供电，倒闸步骤是：

① 确认 2# 电源 WL2 电压正常；

② 闭合 QS2；

③ 再闭合 QF2，此时 25 kV 牵引侧并联；

④ 断开 QF1；

⑤ 再断开 QS1。

QS5、QS6 是手动隔离开关，正常运行时一般处于闭合状态，只有检修设备或试验需要时才断开。在这次倒闸作业过程中没有中断向牵引负荷供电。

（2）两路电源不允许在 25 kV 牵引侧并联。

当电源参数变化时，我们再看一下上述运行方式转换的倒闸步骤：

① 确认 2^# 电源电压正常；

② 闭合 QS2；

③ 断开 QF1（中断向牵引负荷供电）；

④ 再闭合 QF2（牵引负荷恢复供电）；

⑤ 断开 QS1。

电源线路故障时，线路继电保护及自动装置会自动完成电源转换。假如正常运行时还是采用上面所述运行方式，当 WL1 线路故障时，反应该故障的继电保护装置动作，使 QF3 自动分闸，WL1 失压后，QF1 在失压保护作用下自动分闸，T1 将自动退出。电力系统的备用电源自动投入装置将使 QF4 自动合闸。在与电力系统联系后，断开 QS1，闭合 QS2，再闭合 QF2。这样就从 1^# 电源直列供电转换成 2^# 电源直列供电。在这个过程中会出现全所失压，牵引负荷断电。

2. 主变压器的转换

先看主变压器正常转换。正常运行还是采用 1^# 电源直列供电，将 T1 退出，投入 T2，倒闸步骤如下：

① 闭合 QS4；

② 闭合 QF2（两台主变压器并联运行）；

③ 断开 QF1。

这样倒闸不会中断对牵引负荷供电。变压器故障时转换时，采用同前所述运行方式时，T1 故障，则反应该故障的继电保护装置动作，使 QF1 自动分闸，切除主变压器，同时备用电源自投装置动作，使 QS4、QF2 自动合闸，T2 投入运行，转换成 WL1 向 T2 供电的交叉供电方式。

分支接线中，两回路电源、两台主变压器只用两套断路器，主接线简单。牵引变电所电源线路不需要设置继电保护装置，使所内二次接线装置相对简单，节省了投资。

分支接线在牵引变电所 110 kV（220 kV）侧得到广泛地应用。

子任务 3　单母线接线

1. 单母线接线

前面所介绍的一次侧主接线回路数少，不需要汇流母线。对于中心牵引变电所，电源引入回路数较多，主变压器一般为两台，为使每一台主变压器能从任一电源回路获得电能，这就需要设置汇流母线，以便将各电源回路电能汇集起来，再分配到各个用电回路，以提高供电的可靠性和经济性。

如果电源回路和用电回路都通过断路器、隔离开关接在同一套母线上，则构成单母线接线，如图 3.7 所示。

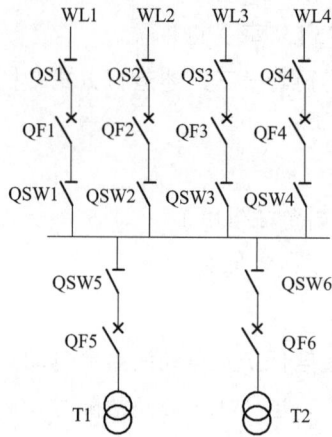

图 3.7　单母线接线

这种接线的特点是：

（1）断路器的套数等于母线回路数，没有备用。

（2）结构简单、清晰，配电装置较少，经济性好，并能满足一定的可靠性。

（3）每回路都有断路器可切断负荷电流或故障电流。检修断路器时，可用两侧隔离开关将断路器与电源隔离，以保证检修人员安全。

（4）检修任一回路断路器时，仅该回路停电，其他回路不受影响。

（5）任一用电回路可从任一电源回路获得电能。

这种接线方式的缺点是任一断电器及其隔离开关故障和检修将造成该回路停电，母线或母线隔离开关故障和检修时造成全所停电，供电可靠性不高。这种接线只适用于对可靠性不高的 3～35 kV 的地区负荷。

为了克服单母线接线的缺点，可以用断路器或隔离开关将母线分段，以提高供电的可靠性和运行的灵活性；或增设旁路母线和相应的设备，使检修断路器时该回路不停电。

2. 单母线分段的接线

图 3.8 所示是断路器分段的单母线接线。这种接线的特点是用分段的断路器 QFB 将母线分成负荷大致相等的 2～3 段，电源回路和同一负荷的双回路馈电线应分别连在不同的分母线上。

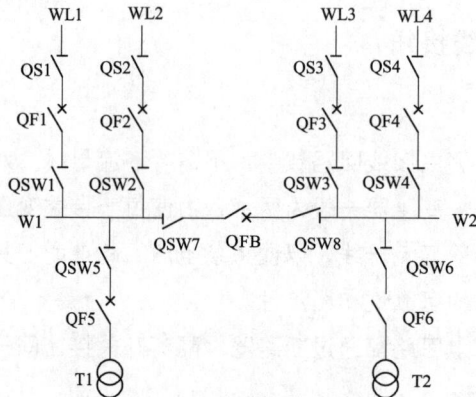

图 3.8　断路器分段的单母线接线

正常运行时，分段断路器 QFB 闭合，使系统功率穿越。这样，当检修母线或与母线相连的隔离开关时，停电范围会缩小一半；母线发生故障时，分段断路器在继电保护装置的作用下自动分闸，将故障段母线隔开，保证非故障母线继续运行。

如果仅将图 3.8 中的母线分段断路器去掉，其余接线不变，这样的接线称为隔离开关分段的单母线接线，如图 3.9 所示。当分段隔离开关 QS_d 投入，两段母线同时运行期间，若任一段母线发生故障，因隔离开关不能带负荷分断，故与不分段单母线接线一样，仍将造成全所短时停电。只有与母线相连的所有断路器跳闸后，才可以用分段隔离开关 QS_d 将故障段母线隔开，方能恢复非故障段母线的运行。所以，牵引变电所 110 kV 侧母线不采用隔离开关分段的单母线接线，其主要应用在牵引变电所 27.5 kV（55 kV）侧。

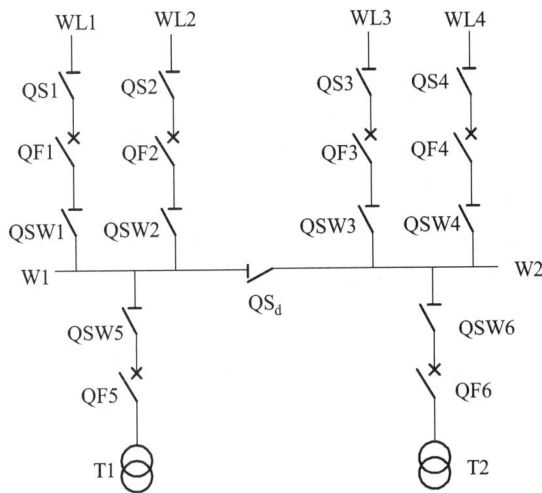

图 3.9　隔离开关分段的单母线接线

采用这种接线时，各段母线可以轮流检修，供电可靠性有所提高。它适用于功率不大的 3～35 kV 地区负荷和 110 kV 电源进线较少的变电所中。

3. 带旁路母线的单母线接线

（1）单母线带旁路母线接线。

如图 3.10 所示，在工作母线外侧增设一组旁路母线，并经旁路隔离开关引领到各引出线的外侧。另设一组旁路断路器 QFP（两侧带隔离开关），跨接于工作母线与旁路母线之间。

当任一回路的断路器需要停电检修时，例如 WL1 回路，该回路可经旁路隔离开关 QSR1 绕道旁路母线，再经旁路断路器 QFP 和其两侧的旁路隔离开关 QSR 和 QSW 从工作母线取得电源。此途径即为"旁路回路"，或简称"旁路"。

平时旁路断路器和隔离开关均处于分闸位置，旁路母线不带电。当需要检修某线路断路器时，首先合上旁路断路器两侧的隔离开关，然后合上旁路断路器 QFP 向旁路母线空载升压，检查旁路母线无故障后，再合上该线路的旁路隔离开关。此后，断开该出线断路器及其两侧的隔离开关，这样就由旁路断路器代替了该出线断路器工作。

124

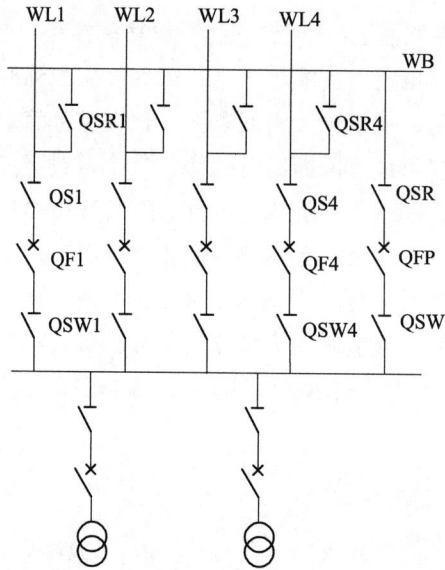

图 3.10 单母线带旁路母线接线

　　单母线带旁路母线接线方式的最大优点是供电可靠性高。对线路断路器进行故障检修时，该回线路可不停电进行检修，供电可靠，运行灵活，故该接线方式适用于向重要用户供电，尤其适合出线回路较多的变电所。该接线方式适用于 110 kV 及以下电压等级的母线。

　　旁路断路器在同一时间只能代替一个线路断路器工作。但母线出现故障或检修时，仍会造成整个主母线停止工作。为了解决这个问题，可以采用带旁路母线的单母线分段接线。

　　（2）带专用旁路断路器的单母线接线。

　　为了提高单母线分段接线的供电可靠性，解决断路器检修时没有备用的问题，再设置一套备用母线 WB，称为旁路母线，每段工作母线设置一套旁路断路器 QFR 与旁路母线相连，每一回路均装设一台旁路隔离开关 QSR 与旁路母线相连，这就是单母线分段带旁路母线的接线，如图 3.11 所示。

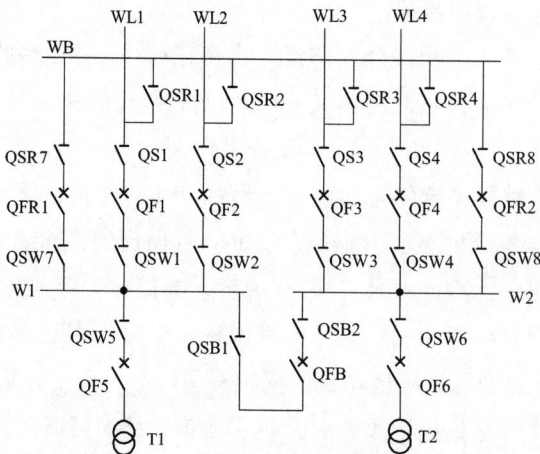

图 3.11　单母线分段带旁路母线的接线

正常运行时，旁路断路器和旁路隔离开关都是断开的，其他开关则闭合，旁路母线不带电。当任一回路断路器需要检修时，可用旁路断路器代替其工作。旁路母线的作用是通过旁路隔离开关将要检修断路器的回路接到备用的旁路断路器上。例如，QF1需要检修，倒闸步骤是：

① 闭合 QSR7 和 QSW7；

② 闭合 QFR1，试验 WB 是否完好（如果 WB 有故障，QFR1 上的继电保护装置会作用于 QFR1 分闸）；

③ 断开 QFR1，将 QF1 的继电保护装置转换至 QFR1 或接入备用的继电保护装置；

④ 闭合 QFR1；

⑤ 闭合 QFR1，使 QFR1 与 QF1 并联；

⑥ 断开 QF1；

⑦ 断开 QSW1 和 QS1。

这种接线提供了公共备用的断路器，在检修、调试、更换断路器和继电保护装置时都可不必停电。它广泛应用于牵引负荷和 35 kV 以上线路中，特别是负荷较重要，线路断路器较多，检修断路器不允许停电的场合。其主要缺点是设备较多，接线较复杂，倒闸作业较复杂，配电装置的占地面积大。

（3）分段断路器兼作旁路断路器的接线。

为了减少变电所投资，根据变电所在电力系统中的重要程度，以及对供电可靠性的具体要求，可在图 3.11 的基础上进一步简化，将分段断路器和旁路断路器合并为一套断路器，这就是分段断路器兼作旁路断路器的单母线接线。

分段断路器兼作旁路断路器的接线如图 3.12 所示。该接线可以减少设备，节省投资。在正常工作时，这种接线按照单母线分段运行，即工作母线侧的隔离开关 QS1和 QS2 接通，分段断路器 QFD 接通，Ⅰ段母线 W1 和Ⅱ段母线 W2 并联工作；而分段断路器 QFD 的旁路母线侧的隔离开关 QS3 和 QS4 断开，旁路母线 WP 不带电。当Ⅰ段母线 W1 上的出线断路器需要检修时，为了使两个分段母线 W1 和 W2 能保持联系，先合上分段隔离开关 QSD，然后断开断路器 QFD 和隔离开关 QS2，再合上隔离开关 QS4，然后合上 QFD。如果旁路母线是完好的，QFD 不会跳开，则可合上待检修出线的旁路隔离开关，最后断开要检修的出线断路器及其两侧的隔离开关，就可对该出线断路器进行检修。检修完毕后，使该出线断路器投入运行的操作顺序与上述的相反。

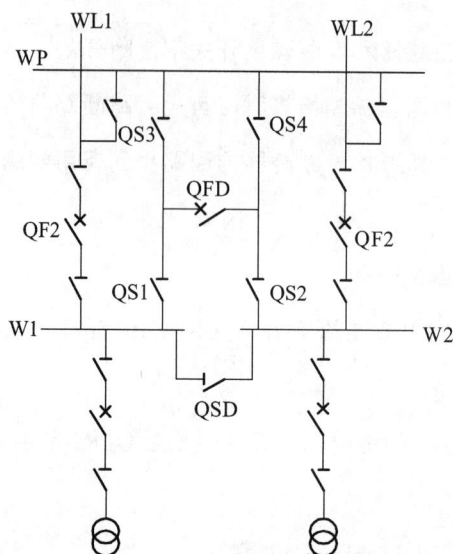

图 3.12　分段断路器兼作旁路断路器的接线

子任务 4　双母线接线

双母线接线中有两套母线，两套母线通过母联断路器 QFB 连接起来，每条电源回路和馈电线经断路器后通过两台隔离开关分别与两条母线连接，如图 3.13 所示。

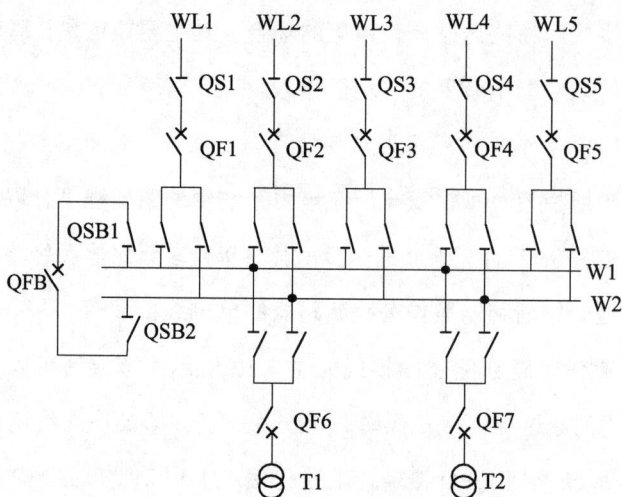

图 3.13　双母线接线

一般情况下，正常运行时，一套母线 W1 工作，一套母线 W2 备用，所有与工作母线连接的隔离开关闭合，与备用母线连接的隔离开关断开，母联断路器 QFB 断开，QFB 两侧隔离开关 QSB1 和 QSB2 闭合。

这种接线的特点：

（1）轮流检修母线时不中断装置工作和正常供电。

（2）在工作母线发生故障时，可将全部回路迅速转移到备用母线上，缩短停电时间。

（3）检修任一母线隔离开关只使本回路停电。

（4）检修任一回路断路器，可以用母联断路器代替被检修的断路器，停电时间短。

（5）在运行中的任一回路断路器，如果因故拒动或不允许操作，可利用母联断路器来断开该回路。

这种接线有较高的可靠性和运行灵活性，将来扩展增加回路也比较方便。

这种接线适用于变电所电源回路较多（4回路以上），且需要给其他变电所输送大功率的枢纽变电所。

【任务实施】

（1）学生接受任务，根据给出的相关知识通过学习并查阅相关的资料，自行完成任务的内容。

（2）各小组成员之间、各小组之间互相检查，发现问题，提出意见。

（3）老师检查各小组及个人完成的任务，提出问题，给出成绩。

【课堂训练与测评】

（1）各种主接线的优缺点是什么？

（2）如何识别外桥、内桥接线？

（3）电源侧常用电气主接线认知：列表说明牵引变电所一次侧常用的电气主接线形式的特点和使用范围，可以采用的运行方式。

【知识拓展】

扫描二维码 3.3，可查阅学习单元接线（线路变压器组接线）相关知识。

二维码 3.3

任务 3　牵引侧电气主接线认知

【任务目标】

（1）熟练掌握牵引变电所牵引侧的接线形式。

（2）掌握开闭所的接线形式。

（3）掌握分区所的接线形式。

（4）掌握 AT 所的接线形式。

【任务描述】

根据图 3.14 所示，认知牵引变电所牵引侧接线形式的用途、基本形式，并熟悉牵引侧接线的倒闸操作流程。

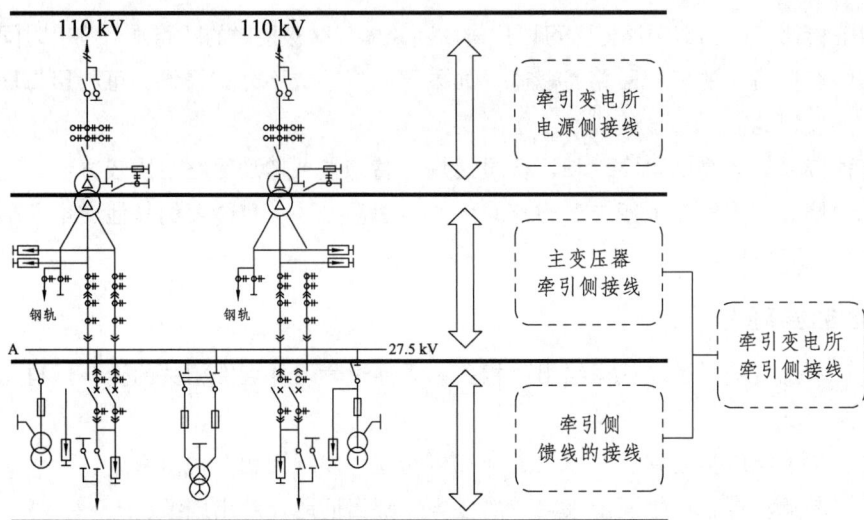

图 3.14 某牵引变电所电气主接线

【任务分析】

了解变电所类型，掌握牵引变电所牵引侧主接线类型、特点，熟悉开闭所、分区所、AT 所的主接线形式，为牵引变电所实际运行操作奠定理论基础。

【学习步骤】

（1）熟悉电气设备的电气符号。

（2）会识别主变压器牵引侧的接线形式。

（3）会识别牵引变电所牵引侧馈线的接线形式

（4）能根据主接线图进行简单的模拟倒闸。

（5）会识别开闭所、分区所、AT 所的接线形式。

【知识链接】

国内用的牵引侧的电压等级是 27.5 kV 和 55 kV 两种电压等级。由于牵引负荷是单相供电，三相电气装置不尽相同，所以牵引侧的主接线是用三线图表示的。牵引侧主接线包括牵引变电所牵引侧（负荷侧）、开闭所、分区所、自耦变压器所的主接线。

子任务 1　牵引变电所牵引侧电气主接线

（一）主变压器牵引侧接线

主变压器牵引侧包括从主变压器牵引侧出线端子 a、b、c（或 a、x）开始至回流母线的接线，其主要任务是连接变压器出线端子至回流的母线。由于变压器运行方式相对稳定，母线故障率较低，所以该处断路器不设备用，主变差动保护和测量电流互感器接线也较简单。

1. 主变压器采用三相 YNd11 接线

牵引侧只设 A、B 两相单母线，变压器副边 a、b 两相端子通过两套电流互感器和断路器分别与对应相单母线连接，变压器 c 相端子经电流互感器接至地和钢轨，如图 3.15 所示。

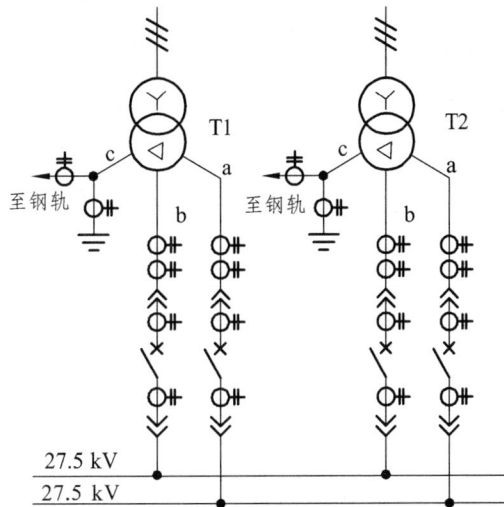

图 3.15　YNd11 接线主变压器 27.5 kV 侧接线

2. 主变压器采用单相 V/V 接线

主变压器采用单相接线，两个端子 a、b 分别经断路器接至对应相母线，两变压器牵引侧公共相（x）经电流互感器接地和钢轨。如图 3.16 所示。

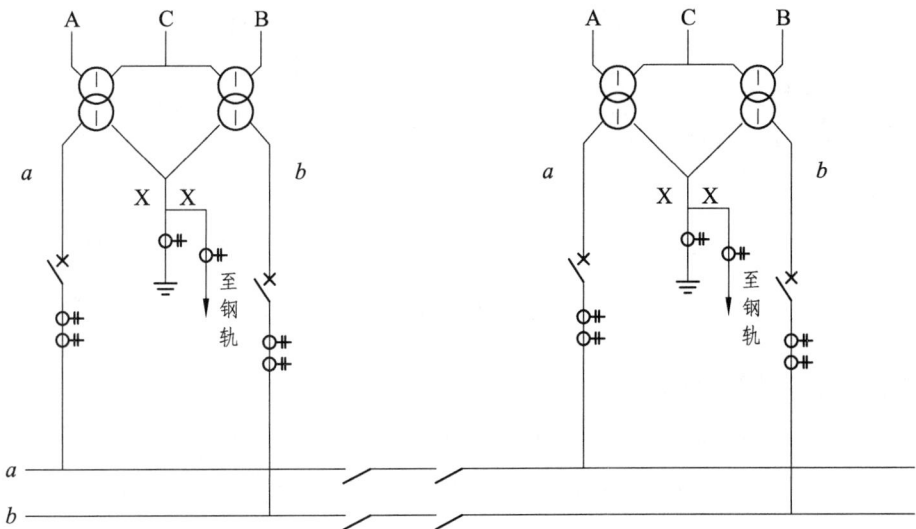

图 3.16　单相 V/V 接线主变压器 27.5 kV 侧接线

3. 主变压器采用 V/X 接线

如图 3.17 所示，由两台二次侧带中心抽头的单相牵引变压器组合连接构成，经断路器、电流互感器和电动隔离开关送至对应母线，母线采用两组隔离开关分段。主变压器副边电压为 55 kV，为户外配电装置，在变压器出线处安装有避雷器。

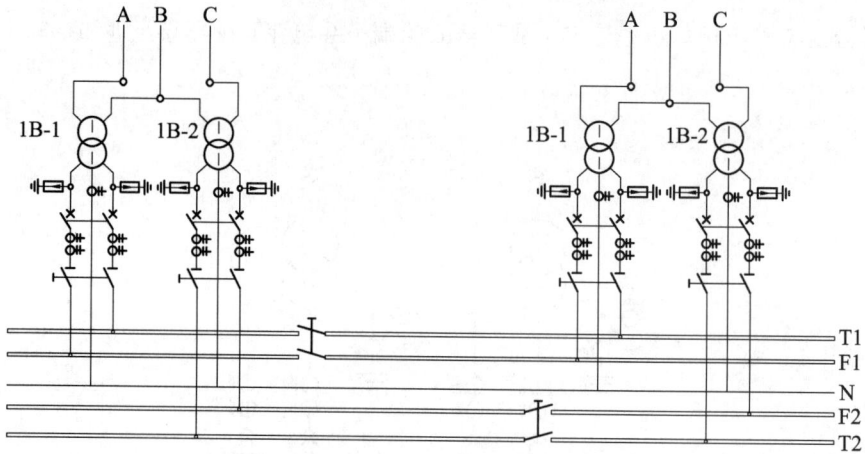

图 3.17　V/X 接线变压器 55 kV 侧接线

4. 主变压器采用三相-两相斯科特接线

主变压器 M 座和 T 座分别引出两根线,经电流互感器和电动隔离开关送至对应母线, 母线采用两组隔离开关分段。主变压器二次侧电压为 55 kV,为配合户外配电装置,在变压器出线处安装有避雷器,并且每台主变压器负荷侧接反斯科特接线变压器,为牵引变电所提供所内用电,如图 3.18 所示。

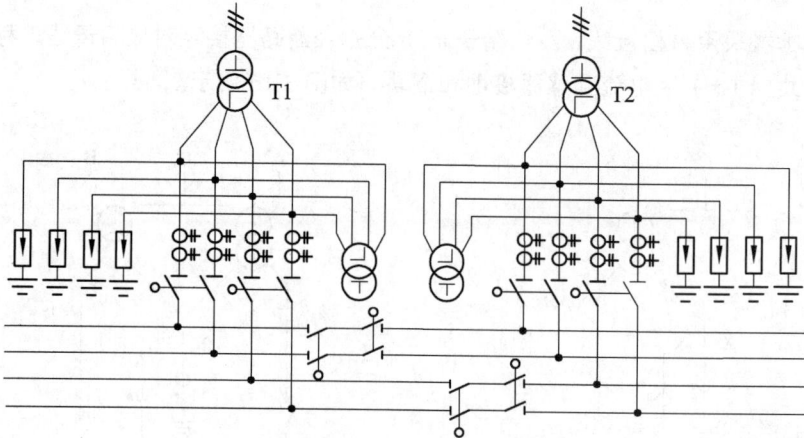

图 3.18　斯科特接线变压器 55 kV 侧接线

(二) 牵引侧馈线的接线

牵引侧馈线的接线是指从牵引侧母线至接触网馈线间的接线。由于接触网的工作条件差且无备用,接触网比一般架空线路的故障概率高,所以牵引侧馈线断路器操作频繁、要求高。对牵引侧馈线的接线往往采用馈线断路器的备用工作方式。

按馈线断路器的备用方式不同,牵引侧馈线分为以下几种:

1. 馈线断路器 100%备用的接线

如图 3.19 所示,这种接线在工作断路器需检修时,即备用断路器代替,备用率100%,断路器转换操作简便,供电可靠性高,但一次投资较大。适合于单线电气化区段。因为单线区段两供电臂不同相,不宜公共备用。

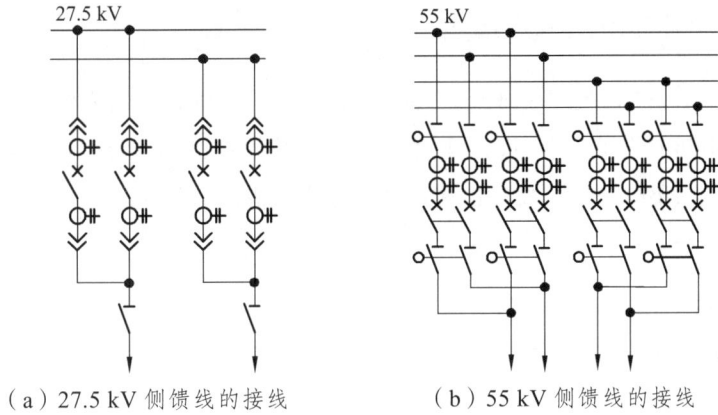

（a）27.5 kV 侧馈线的接线　　　　（b）55 kV 侧馈线的接线

图 3.19　馈线断路器 100%备用的接线

2. 馈线断路器 50%备用的接线

馈线断路器 50%备用的接线如图 3.20 所示，这种接线每两条馈线设一台备用断路器，通过隔离开关的转换，备用断路器可代替任一台断路器工作。这种接线方式适合于同相牵引母线上有两条馈线的场合。与 100%备用方式相比经济性好。

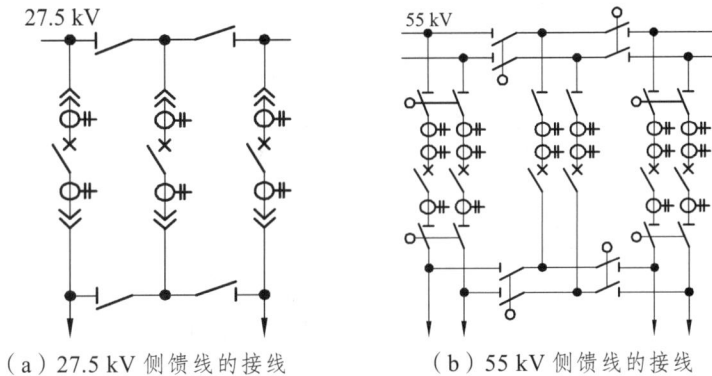

（a）27.5 kV 侧馈线的接线　　　　（b）55 kV 侧馈线的接线

图 3.20　馈线断路器 50%备用的接线

3. 带有旁路断路器和旁路母线的接线

带有旁路断路器和旁路母线的接线如图 3.21 所示，这种接线方式适用于每相牵引母线的馈线数目较多（如变电所设在枢纽地区或大的区段站处）的场合，以减少备用断路器的数量，节省投资。通过旁路母线，旁路断路器可代替任一馈线断路器工作。

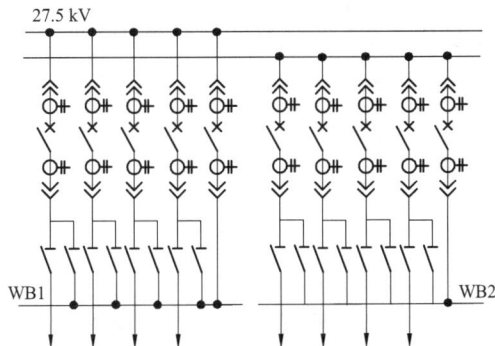

图 3.21　带有旁路母线的接线

子任务 2　开闭所电气主接线

开闭所实际上是起配电作用的开关站，一般在下面两种情况或系统中设置。开闭所在不同系统中起的作用也不同，一种作用是扩大馈线数目，起到配电所的作用，另一种作用是将长供电臂分段，发生故障时缩小停电范围。

1. 直供和 BT 供电方式下的开闭所

一种情况是在离牵引变电所较远的铁路枢纽地区，由于站线多，接触网相应复杂，客货运交会、编组和机车整备作业繁忙，致使该地区故障几率增多。为了保证枢纽供电可靠性，缩小事故范围，一般将接触网横向分组及分区供电，由开闭所的多路馈线向接触网各分组和分区供电。

开闭所一般设两路电源进线。由于开闭所多设在枢纽站，故单线区段开闭所由相邻两供电分区的接触网供电，复线区段可由同一供电分区上的上、下行接触网供电或由相邻两供电分区上的接触网供电。开闭所的馈线在 3 回路以上，所以一般采用单母线带旁路母线主接线形式，旁路断路器作为备用，如图 3.22 所示。

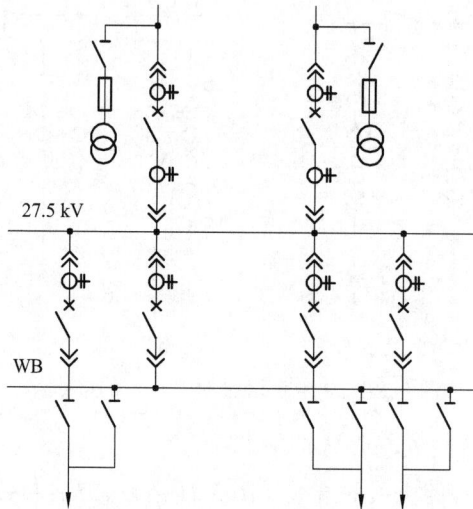

图 3.22　开闭所主接线（非 AT 供电方式）

2. AT 供电方式下的开闭所

另一种情况是在 AT 供电方式的复线牵引网供电臂中间设置开闭所。

由于 AT 供电系统的供电距离长，两变电所间可达近 100 km，供电区运行的列车数量相应增多（一般为大运量和繁忙干线），在正常运行中为了增加接触网检修作业的灵活性和减小停电范围，牵引网发生故障后缩小事故停电距离，往往在牵引变电所与分区所之间设开闭所（Sub-Section Post，简称 SSP），将长供电分区分段，可实行上、下行牵引网并联供电，如图 3.23 所示。

图中设有三组真空断路器和多组隔离开关，正常工作时 QF1、QF2 合闸，其两侧的 QS1～QS4 均闭合，断路器 QF3 及其两侧用作电路转换的 QS6、QS7 均合闸，而

QS5、QS8 断开，上、下行牵引网任一线路故障，例如上行线变电所至开闭所区段发生故障，则 QF1、QF3 在继电保护作用下自动跳闸，非故障牵引网和开闭所至分区所间上、下行牵引网继续工作，使事故停电范围得以减小。QF3 合闸时也可通过由 QS5、QS8 合闸，QS6、QS7 断开，转换为另一种跨接方式。图中电压互感器 TV 供继电保护和测量仪表用。自用变 T 按需要可采用单相或单相-三相变压器，中性线 N 通过放电间隙接地，以降低故障时的地电位。

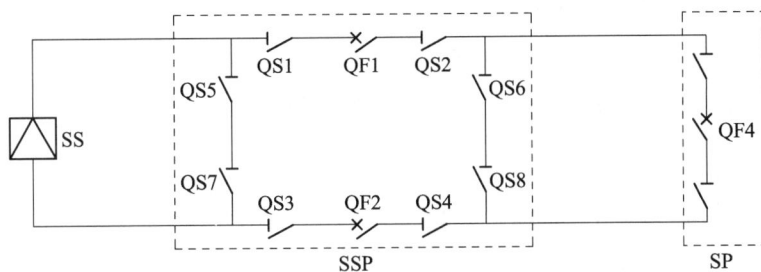

（a）示意图

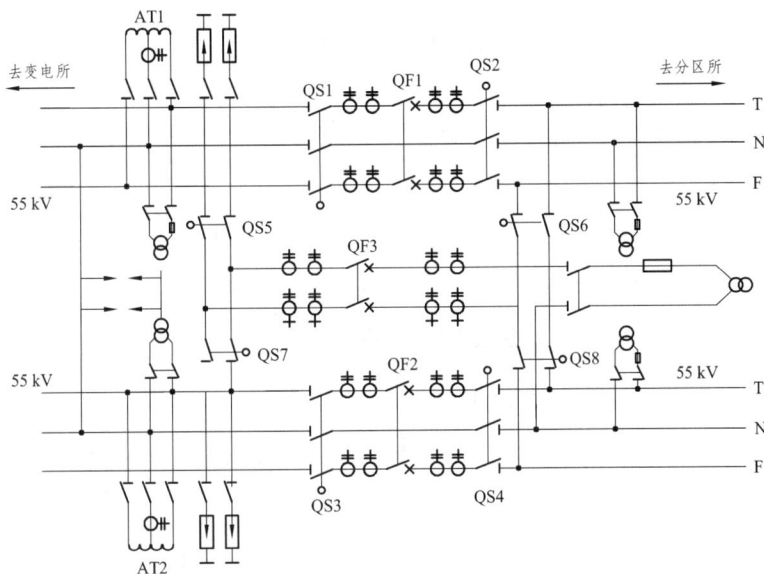

（b）三线接线图

图 3.23　AT 供电系统开闭所主接线

子任务 3　分区所电气主接线

分区所的主要作用是便于运行方式的灵活改变，提高供电可靠性和供电质量。

1. 单线区段的分区所接线

如图 3.24 所示，正常运行时，分区所内断路器及两侧隔离开关断开；当闭合隔离开关和断路器时可实现双边供电，提高末端电压；当一侧变电所出现故障无法送电时，可以由另一侧变电所越区供电，提高供电可靠性。

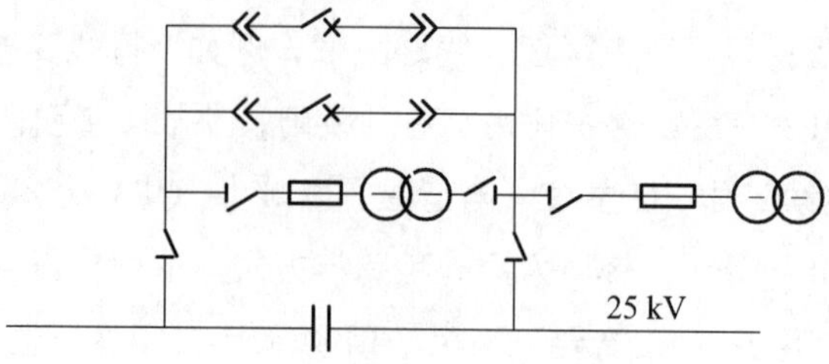

图 3.24　单线区段的分区所主接线

2. 直接供电方式下的分区所主接线

直供或 BT 供电方式下，复线区段分区所主接线如图 3.25 所示。图中设与分相绝缘器并联的隔离开关（或断路器）供需要时越区供电。

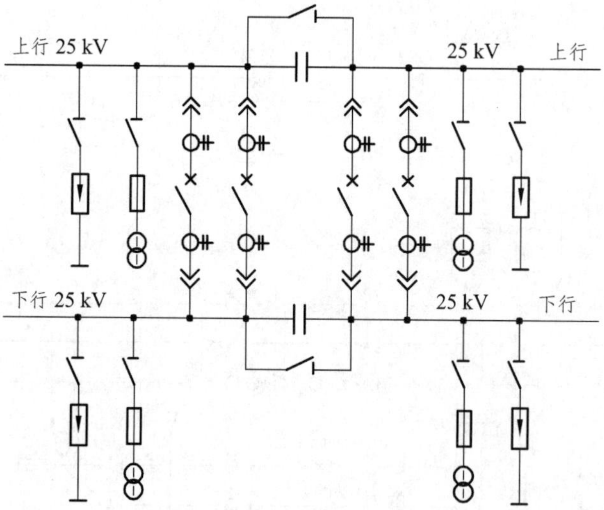

图 3.25　复线区段（非 AT 供电方式）分区所主接线

3. 复线区段 AT 供电方式下的分区所主接线

复线电气化区段用 AT 供电方式时，分区所主接线如图 3.26 所示。该分区所同侧

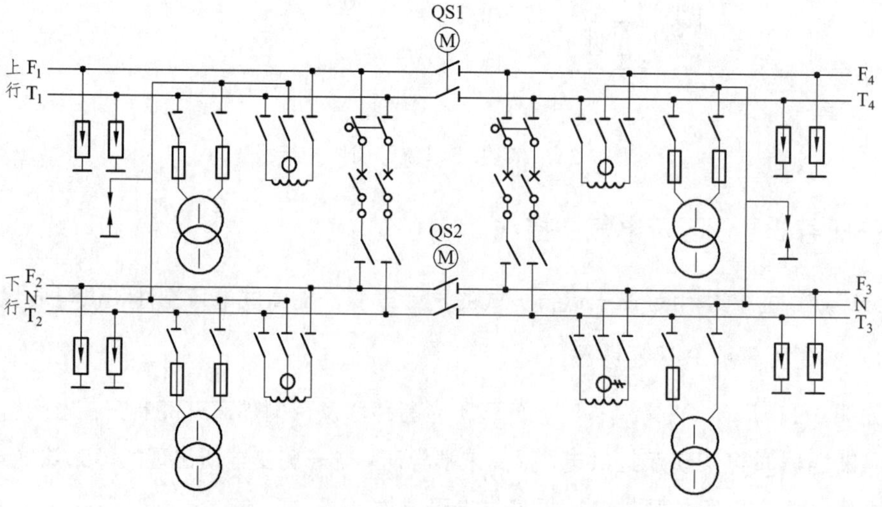

图 3.26　复线区段（AT 供电方式）分区所主接线

的上、下行接触网并联供电。由相邻两牵引变电所供电的接触网分区在网上用分相绝缘器断开后，在分区所内用电动隔离开关 QS1、QS2 将两侧接触网上行与下行、下行与下行间隔离。平时 QS1、QS2 断开，只有在越区供电时，QS1、QS2 闭合。左侧上行进线及右侧下行进线上各接一台单相所用电变压器。其余两回进线上各接一台单相电压互感器供测量、保护及重合闸时检查电压所用。相邻两牵引网上、下行 T、F 线上各接一台避雷器和自耦变压器。同一侧两台自耦变压中心抽头引出的 N 线经一台接地放电保护装置接地。

子任务 4　AT 所（自耦变压器站）电气主接线

AT 所中自耦变压器的两个出线端子（电压为 55 kV）分别经隔离开关（或断路器）跨接于接触网和正馈线间。其中点经中性线、电流互感器、隔离开关与钢轨、接触网保护线相连。接触网与钢轨间的电压仍为 27.5 kV，如图 3.27 所示。

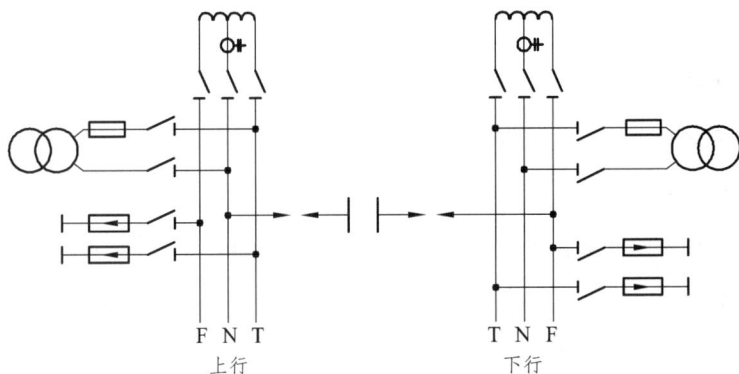

图 3.27　复线区段 AT 所主接线

【任务实施】

（1）学生接受任务，根据给出的相关知识通过学习并查阅相关的资料，自行完成任务的内容。

（2）各小组成员之间、各小组之间互相检查，发现问题，提出意见。

（3）老师检查各小组及个人完成的任务，提出问题，给出成绩。

【课堂训练与测评】

（1）牵引侧主接线包含哪几方面？

（2）主变压器牵引侧接线有哪几种？

（3）分区所在直供方式和 AT 方式下主接线有什么区别？

（4）牵引侧常用电气主接线认知：列表说明牵引变电所牵引侧常用的电气主接线形式的特点和使用范围，可以采用的运行方式。

【知识拓展】

请自行查阅资料，了解目前牵引变电所牵引侧采用的接线方式。

任务 4　牵引变电所主接线实例

【任务目标】

（1）会识别变电所主接线的形式。

（2）能根据主接线图进行简单的模拟倒闸。

（3）能识读不同变电所的电气主接线。

（4）会搜集主接线上设备运行、故障、缺陷情况等试验方面的资料。

【任务描述】

根据图 3.28 ~ 3.33 所示，针对不同牵引变电所的电气主接线进行识图训练，能够对牵引变电所主接线进行相关分析。

【任务分析】

了解不同变电所电气主接线的特点、运行方式等。

【学习步骤】

（1）识读单线带回流线的直接供电方式下的三相牵引变电所电气主接线。

（2）识读复线带回流线的直接供电方式下的三相牵引变电所电气主接线。

（3）识读带回流线的直接供电方式下的 V/V 接线牵引变电所电气主接线。

（4）识读带回流线的直接供电方式下的单相牵引变电所电气主接线。

（5）AT 供电方式下的三相-两相牵引变电所电气主接线。

（6）AT 供电方式下的 V/X 接线牵引变电所电气主接线图。

【知识链接】

牵引变电所电气主接线结构形式，取决于牵引供电系统供电方式、牵引变压器的类型、馈线回路数的多少等因素。目前，牵引供电系统常见的供电方式包括直接供电（TR）、带流线的直接供电（TRNF）、AT（自耦变压器）供电等；牵引变压器的类型包括三相变压器、单相变压器、三相-两相变压器等；馈线回路数依据牵引变电所在铁路线路中的位置确定，复线区段区间变电所一般设置四条馈线，靠近车站、编组站设置的变电所一般有 6 条以上馈线。

下面介绍几种我国牵引变电所中常见的电气主接线的形式。

子任务 1　单线带回流线的直接供电方式下的三相牵引变电所电气主接线

图 3.28 所示为 110 kV 侧采用线路分支接线，牵引侧采用单母线接线的单线三相牵引变电所电气主接线。变电所内设两台 YNd11 接线的三相双绕组变压器，固定全备

用。因电力系统不要求在 110 kV 侧计费，故 110 kV 侧可不设电压互感器。牵引侧每相母线上均装有单相电压互感器、避雷器，以满足测量和继电保护的需要。因是单线区段，变电所仅有两路馈线，分别向相邻两接触网区段供电，馈线断路器采用 100% 备用。

该牵引变电所内设一台 27.5 kV/0.4 kV 的三相所用电变压器，向所内提供 380 V/220 V 交流电源。

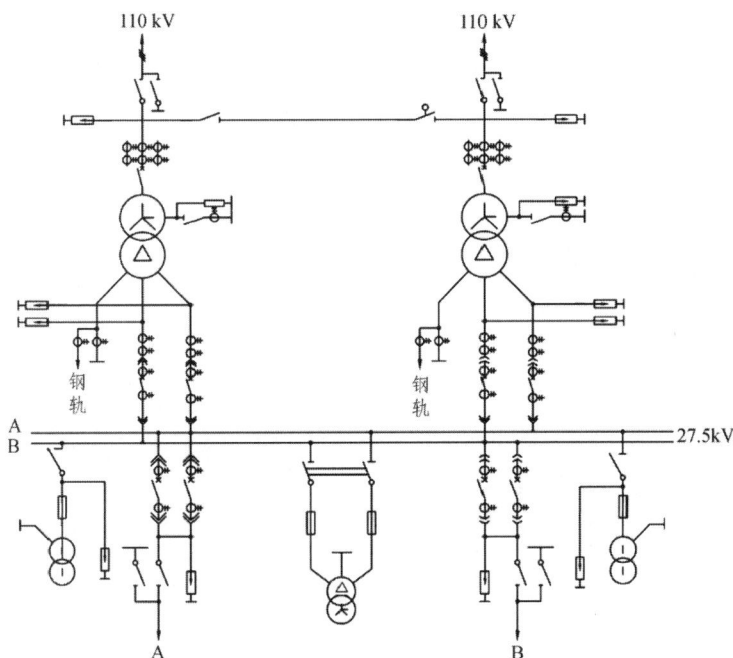

图 3.28　单线带回流线的直接供电方式下的三相牵引变电所电气主接线

子任务 2　复线带回流线的直接供电方式下的三相牵引变电所电气主接线

图 3.29 为高压侧采用分支接线（双 T）的三相牵引变电所主接线。该牵引变电所是"双 T"接线型，两路电源互为备用，主变压器采用固定备用方式，满足《铁路技术管理规程》对牵引变电所的双电源、双回路受电的要求。正常情况下由一路电源带一台主变压器运行，2001、2002 隔离开关在合闸位置，四条馈线同时供电。一路电源带一台主变压器运行有四种方式：1 号电源带 1 号主变压器运行，或 1 号电源带 2 号主变压器运行；2 号电源带 2 号主变压器运行，或 2 号电源带 1 号主变压器运行。110 kV 进线至 27.5 kV 母线之间的电气设备具有 100% 的备用，27.5 kV 侧馈线具有 50% 的备用。

牵引变压器与普通电力变压器有所不同：牵引变压器多数是三相变两相的，且二次侧接触网的两相相间相差并不是 120°。目前在牵引变电所使用得较多的是阻抗匹配型平衡变压器。该变压器一般具有变压和换相功能，27.5 kV 侧 u、v 相位差为 90°。电气上的互锁关系：1011、1001、1021 三台隔离开关互锁，当其中两台投入运行时，第三台在电气控制回路上实行闭锁，其目的是防止将两路进线电源短路造成故障。许多牵引变电所还对 101、102 两台 110 kV 断路器进行互锁，但在该牵引变电所 101、102 断路器是不存在控制互锁关系的。

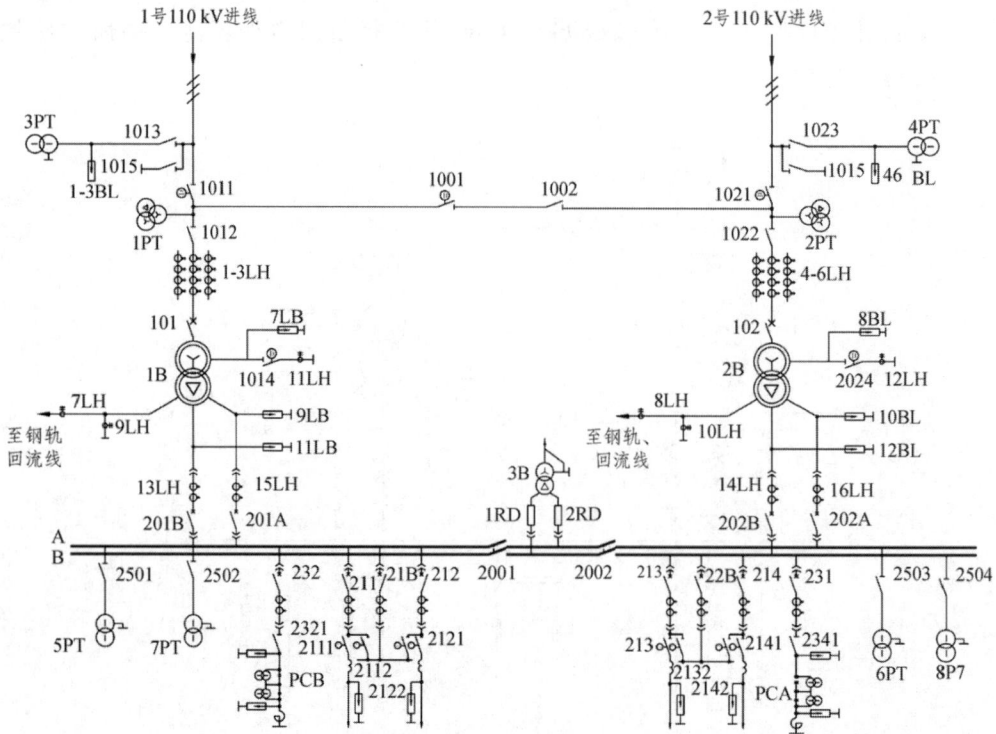

图 3.29　复线带回流线的直接供电方式下的三相牵引变电所电气主接线

自动投入装置：为提高供电可靠性，牵引变电所一般设置了 4 种（有些牵引变电所设置了 8 种）自动投入方式，自动投入运行情况如下：

1 号电源带 101 断路器在运行（习惯上叫直供）。1 号电源失压而 2 号电源电压正常时，2 号电源将自动通过 1021、1001 隔离开关投入运行，这时运行方式为 2 号电源带 101 断路器运行（习惯上叫桥供）。个别牵引变电所还设置了 1 号电源失压而 2 号电源电压正常时，2 号电源自动通过 1021 隔离开关、102 断路器投入运行，这时运行方式为 2 号电源带 102 断路器运行。1 号电源电压正常，1 号主变压器故障时，2 号主变压器将自动通过 1001 隔离开关和 102 断路器投入运行，这时运行方式为 1 号电源带 102 断路器运行；还有一种自动投入方式为 2 号系统正常时由 2 号电源带 102 断路器运行。

2 号电源带 102 断路器运行的自动投入情况与上述相同。

当产生故障而无法使用主接线的四种正常运行方式时，可使用一路电源带两台主变压器同时运行，或 1 号电源带 1 号主变压器运行和 2 号电源带 2 号主变压器运行的方式进行供电。

每相牵引母线上还接有并联电容补偿装置（由电容器组、电抗器、电压互感器组成），以提高接触网的功率因数。

牵引变电所的所有进线和出线、补偿电容装置以及主变压器的中性点均装有抗雷线圈，并与避雷器配合使用，以防止接触网上落雷时，雷电波袭击牵引变电所内的设备。

子任务 3　带回流线的直接供电方式下的 V/V 接线牵引变电所电气主接线

图 3.30 所示为 110 kV 侧采用线路分支接线的三相牵引变电所电气主接线。该变电所采用两台三相 V/V 接线的主变压器，固定全备用 。高压（一次）侧安装电压互感器，可以满足高压侧计费和自动装置的需要。

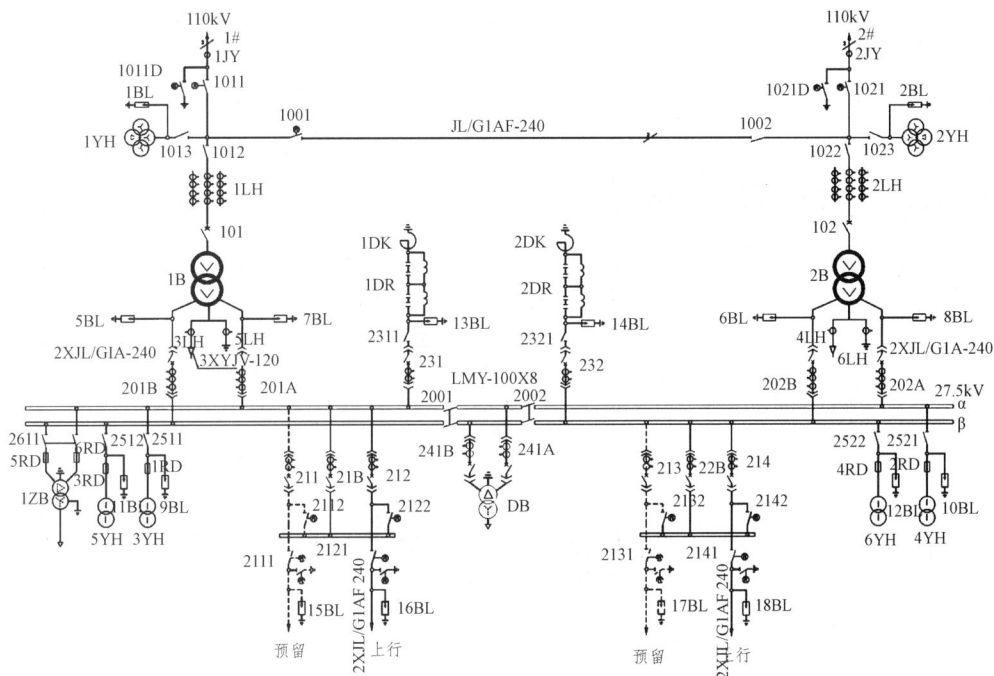

图 3.30　采用 V/V 接线的牵引变电所主接线

牵引负荷侧目前为单线供电，但根据设计需要预留馈线，故按复线供电进行设计。牵引负荷侧主母线采用单母线用隔离开关分段带旁路母线的接线方式。所用电变压器和地区供电的动力变压器接于牵引负荷侧母线上。

为了提高功率因数和接触网末端电压，目前牵引变电所中在 27.5 kV 侧一般还设置电容补偿装置。本变电所采用的是串联电容补偿装置。

子任务 4　带回流线的直接供电方式下的单相牵引变电所电气主接线

如图 3.31 所示，该变电所为某客运专线（复线）区间牵引变电所，该区段线路牵引供电系统采用带回流线的直接供电方式，牵引变压器采用单相接线。

140

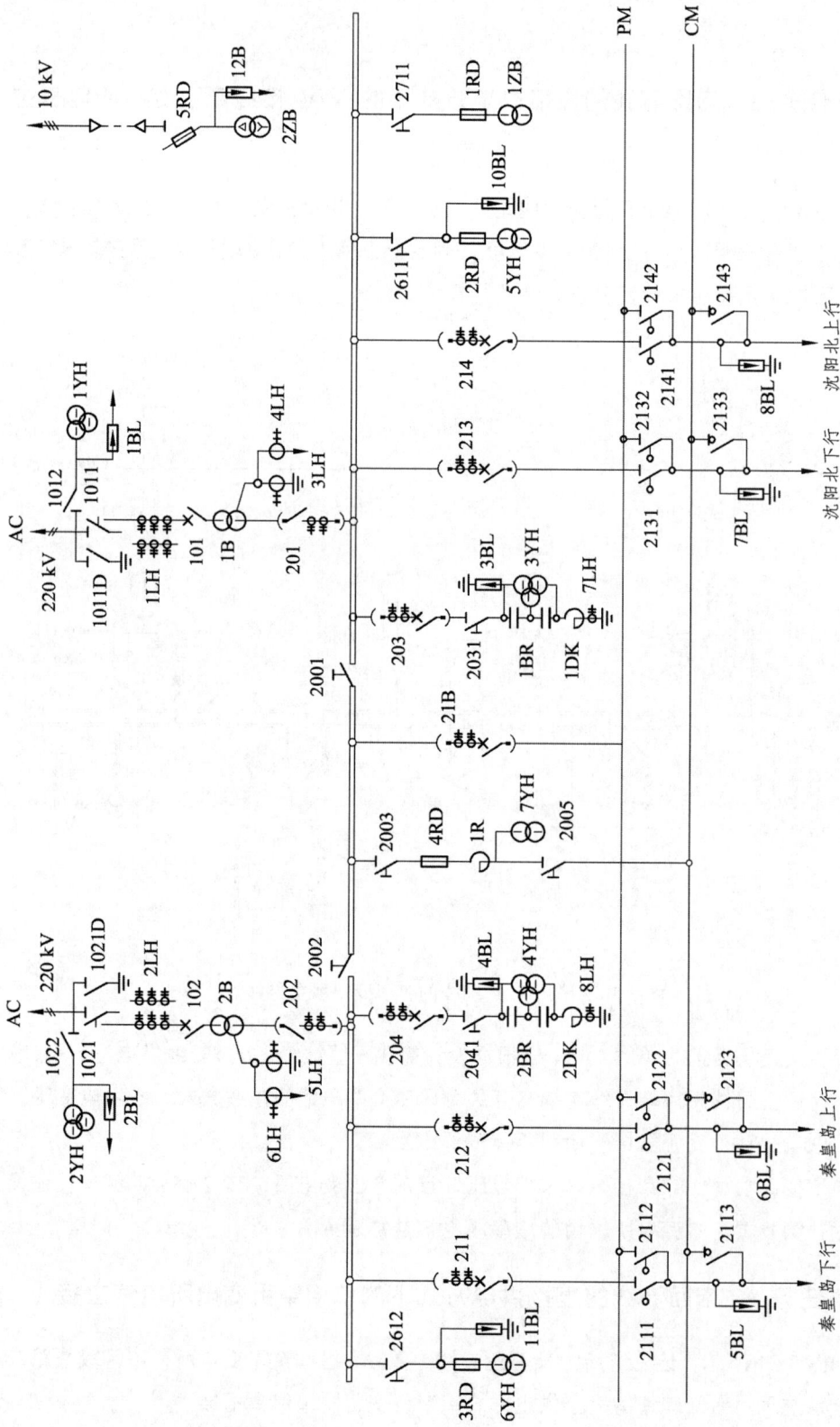

图 3.31 带回流线的直接供电方式下的单相牵引变电所电气主接线

（1）进线电源电压的选择。

全线牵引变电所采用超高压送电，即以 220 kV 电压 2 路电源向牵引变电所送电。各变电所对 220 kV 三相电网仍换相接线，以减少电力电网的相间功率不平衡问题。

（2）牵引变压器类型的选择。

全线变电所均采用单相变压器。其优势为便于实现同相供电；容量利用率高、能耗低，变电所及变压器结构简单，因而可靠性高，工程投资及运营维护费用低。

（3）牵引变压器高压侧接线。

该牵引变电所 220 kV 侧采用线路变压器组接线，这是中国高速客运专线牵引变电所高压侧最常见的接线形式。根据换相连接的要求，本变电所引入 A、C 两相电源。1#系统侧有进线隔离开关 1011、断路器 101、牵引变压器 1B 等高压电气设备，2#系统侧有进线隔离开关 1021、断路器 102、牵引变压器 2B 等高压电气设备，两路系统之间不设连接跨条和连接桥，相互独立。

根据电力系统的要求，两路进线电源不能并联运行，两台牵引变压器高、低压侧也不能并联运行，因此在高压侧线路变压器组接线情况下，其运行方式仅有两种。其一，"1 号电源 1 号变"运行方式：高压侧开关 1011、101 闭合，而 1021、102 开关打开。其二，"2 号电源 12 号变"运行方式：高压侧开关 1021、102 闭合，而 1011、101 开关打开。

与前述牵引变电所高压侧采用双 T（分支）接线相比较，线路变压器组接线的优点在于：结构简单，设备投资减少，运行模式少，倒闸作业简单，备用电源自投和备用主变自投逻辑简单。但由于任意路电源或者一台主变故障（检修）时，将造成本侧系统不能投入，使运行可靠性下降。鉴于客运专线采用夜间停运检修模式，这种缺陷将不再重要。

（4）牵引变压器接线形式及低压侧接线。

该变电所牵引变压器采用单相接线，220 kV 高压侧 A、C 两相接于绕组两个端点，牵引变压器 27.5 kV 低压侧绕组两个端点分别引出 A、C 两相，其中，C 相作为接地相，通过电流互感器分别接变电所地网和线路钢轨，电流互感器用于监测地中回流和轨中回流的大小。A 相作为牵引相，通过断路器 201（202）接牵引母线。

（5）牵引侧与馈线侧接线。

该变电所牵引侧电压等级 27.5 kV，采用单母线隔离开关分段带旁路母线的接线，由单极隔离开关 2001、2002 将牵引母线分为 I 段、II 段。27.5 kV 侧设备均设置在高压室内，共设置三根硬母线：A 相工作母线、旁路母线 PM、测试母线 CM。

A 相工作母线 I 段设置避雷器 10BL 和电压互感器 5YH，A 相工作母线 II 段设置避雷器 11BL 和电压互感器 6YH，进行过电压防护与电压监视测量。设置并联电容补偿装置 1BR 和 2BR，1DK 和 2DK 为电抗器。设置两台自用电变压器，即 1ZB、2ZB。

该变电所目前共有 4 条馈线，即秦皇岛上行、秦皇岛下行、沈阳上行、沈阳下行。馈线断路器 25%备用，211、212、213、214 为馈线断路器，21B 为备用断路器。正常情况下，211、2111 和 212、2121 以及 213、2131 和 214、2141 闭合供电，21B、2112、2122、2132、2142 处于分闸状态，旁路母线 PM 不带电。若 211 需要退出检修，则需进行以下操作。

① 闭合 21B，对旁路母线试送电，确定旁路母线绝缘良好后再打开 21B。

② 按照先后顺序打开 211、2111，使 211 断路器先退出，"秦皇岛下行"方向短暂停电。

③ 按照先后顺序闭合 21B、2112，实现 21B 替代 211 工作。

④ 对 21B 和 211 的二次回路作相应切换。

为实现接触网绝缘状况测试，设置故障判别高压熔断器 4RD、高阻抗电阻 1R、故障判别电压互感器 7YH，并设置测试母线 CM，正常情况下，测试母线 CM 与各条馈线的联络负荷开关 2113、2123、2133、2143 打开。在馈线断路器合闸送电之前，要首先进行接触网绝缘状况测试。例如，"秦皇岛上行"方向送电前，需先闭合负荷开关 2123，牵引母线通过 4RD、1R 向测试母线 CM 送电，测试母线 CM 通过 2123 向接触网实施高阻试送电，此时读取 7YH 的电压值，若超过接触网空载电压，则可确认接触网绝缘状况良好，允许 212 合闸送电，若低于接触网空载电压，则可确认接触网绝像状况不好，闭锁 212。若接触网有预伏短路，则会引起高压熔断器 4RD 的动作。

子任务 5 AT 供电方式下的三相-两相牵引变电所电气主接线

如图 3.32 所示，该变电所电源侧采用线路分支接线。牵引变压器 1T 和 2T 采用两台 Scott 接线的三相-二相变压器，固定全备用。Scott 接线的三相-两相变压器高压侧绕组为"倒 T"形绕组，三个端点接 A、B、C 三相，低压侧绕组为"L"形绕组，输出电压 55 kV，其中高边绕组（T 座）接牵引母线 F_T、T_T，低边绕组（M 座）接母线 F_M、T_M，两组牵引母线（F_T、T_T 和 F_M、T_M）分别采用两台双极联动隔离开关分段。每相母线上均接有电压互感器，供测量、保护用。

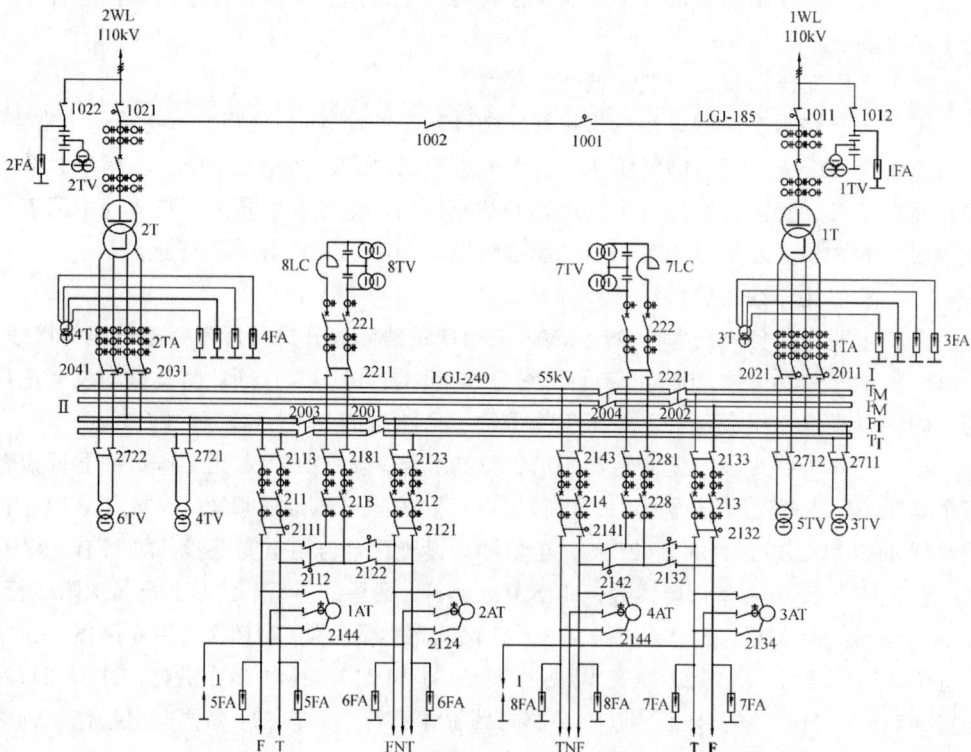

图 3.32 AT 供电方式下的三相-两相牵引变电所电气主接线

由于 Scott 接线变压器副边绕组间（F_T 和 T_T 之间、F_M 和 T_M 之间）电压为 55 kV，又无法引出与地电位连接的中性点，需要设自耦变压器 AT，自耦变压器绕组两端接 F（F_T 或 F_M）和 T（T_T 或 T_M），绕组中心抽头经 N 线接钢轨并经接地放电保护装置 FD 接地，T 和 F 架空输出到接触网后分别与接触导线、正馈线相连，这样接触导线与钢轨间的首端电压才能是 27.5 kV。各自耦变压器的中性点处都装有电流互感器，以供故障点标定装置用。

该变电所目前共有 4 条馈线，馈线侧接线采用了 50%备用的接线形式。为提高 AT 牵引网功率因数，设有并联电容补偿装置。由于牵引侧电压为 55 kV，主接线中的电气设备均采用户外型，布置在露天场所，55 kV 隔离开关、断路器均为双极联动。

两台自用电变压器 3T、4T 固定全备用，变比为 55/0.4 kV，采用反逆斯科特接线（"L"形/"倒 T"形接线），变压器原绕组接于互成 90°角的两个单相牵引母线上，副绕组输出互成 120°角的三相电压，供牵引变电所三相负荷用电。由于反斯科特变压器副绕组没有中性点抽头，故只可供应三相三线动力负荷用电，用此种变压器作为所用变压器时，需再增设一台变比为 1：1 的 Y，y_n 接线，容量为 100 kV·A 的变压器，将三相三线换为三相四线，向单相负荷供电。

子任务 6　AT 供电方式下的 V/X 接线牵引变电所电气主接线图

如图 3.33 所示为某客运专线牵引变电所电气主接线图。与前述变电所相比，该牵引变电所采用电力系统两回独立可靠的 220 kV 电源，互为热备用；高速正线采用全并联 $2×25$ kV（AT）供电方式；牵引变电所采用 4 台单相变压器，2 台运行、2 台备用；牵引变电所不设置自耦变压器，不设置并联电容补偿装置。

（1）V/X 接线的牵引变压器。

牵引变电所中的 4 台单相变压器，每 2 台构成 1 组，分别称为 Ⅰ座、Ⅱ座。变压器的接线形式如图 3.34 所示，每台变压器的高压侧有一个绕组，工作在 220 kV 电压下；低压侧有两个参数相同的串联绕组，每个绕组输出额定电压 27.5 kV，N 端（N_1、N_2）架空输出到线路后接钢轨，T（T_1、T_2）和 F（F_1、F_2）架空输出到接触网后分别与接触导线、正馈线相连，由此形成了 $2×25$ kV（AT）供电方式；牵引所不需要自耦变压器（AT）。

（2）无备用馈线断路器的馈线侧接线形式。

该变电所共有 6 条馈线，其中 2 条为预留馈线，1~4 号馈线为工作馈线。仅有馈线断路器 211、212、213、214，未专设备用馈线断路器，211 和 212、213 和 214 互为备用。馈线断路器正常时，1、2 号馈线的并联隔离开关 2113 以及 3、4 号馈线的并联隔离开关 2133 处于分闸状态。若一台馈线断路器（如 211）需退出检修时，则闭合并联隔离开关（如 2113）由一台馈线断路器（如 212）对两条馈线实施供电。在断路器质量稳定可靠以及客运专线夜间停电检修模式的前提下，该接线形式使馈线侧接线简单，操作方便。

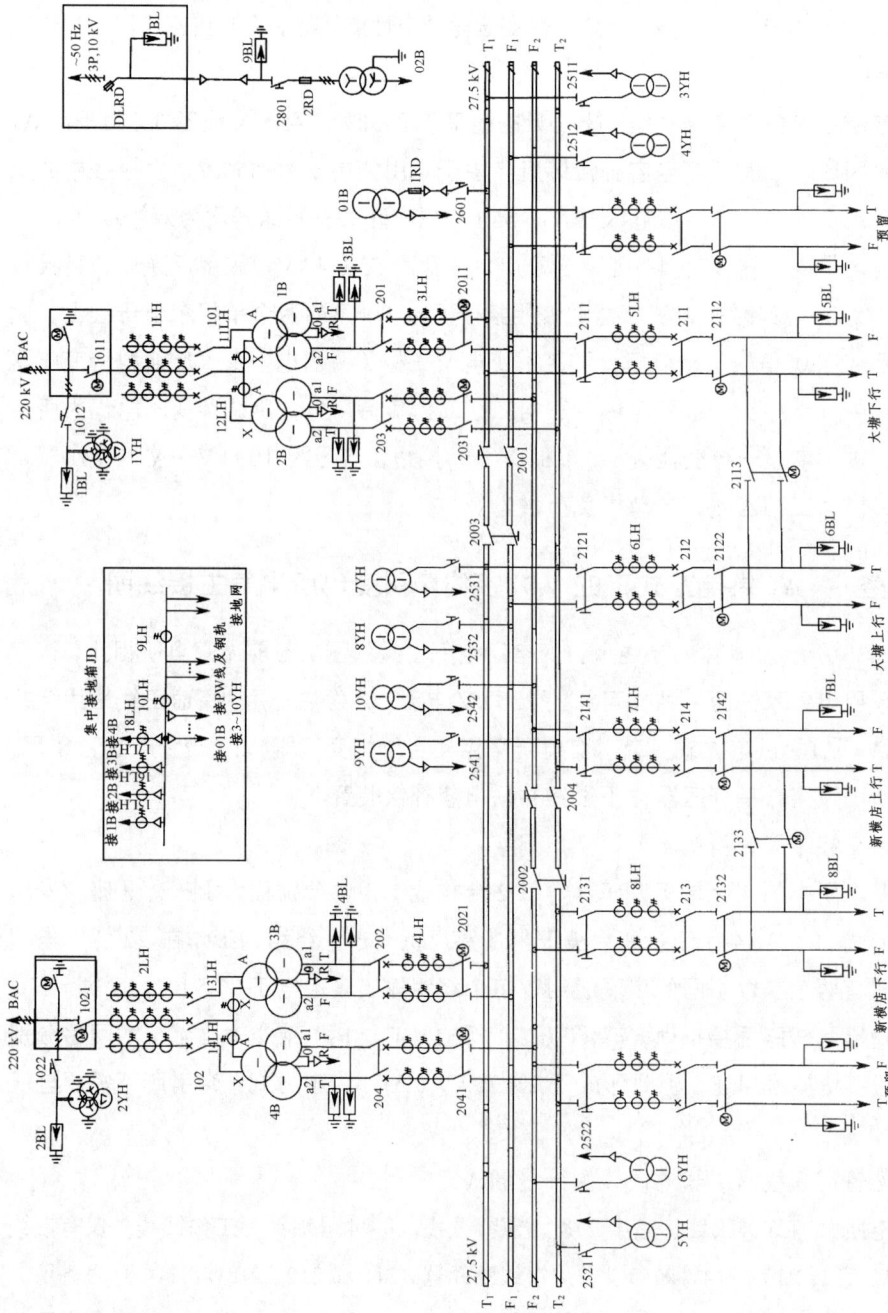

图 3.33 AT 供电方式下的单相 V/X 客运专线牵引变电所电气主接线

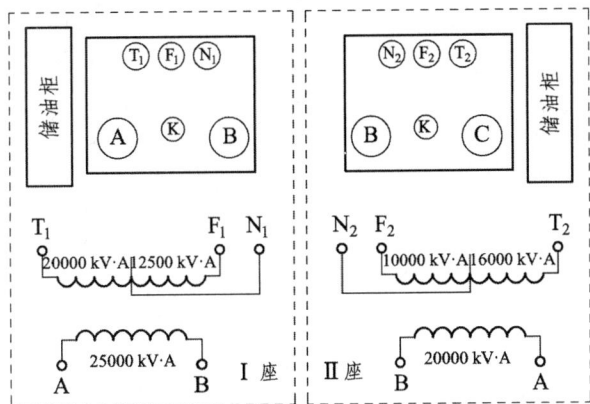

图 3.34　V/X 接线的牵引变压器示意图

（3）集中接地。

客运专线铁路短路电流大，牵引变电所采用"独立接地"已无法满足故障时人身及设备安全要求。牵引变电所接地必须纳入综合接地系统，并对短路故障时地电位进行校核。设置集中接地箱，将牵引变压器的 N 端、电压互感器的接地端、接触网上的 PW 线、钢轨等汇流接地网。

【任务实施】

（1）学生接受任务，根据给出的相关知识通过学习并查阅相关的资料，自行完成任务的内容。

（2）各小组成员之间、各小组之间互相检查，发现问题，提出意见。

（3）老师检查各小组及个人完成的任务，提出问题，给出成绩。

【课堂训练与测评】

主接线识读训练：

如图 3.35 所示，为某客运专线牵引变电所电气主接线图。该牵引侧电气设备采用了 GIS 组合电器。

（1）该变电所高压侧的电气主接线采用的什么接线形式？

（2）该变电所牵引侧的电气主接线采用的什么接线形式？

（3）该变电所中有无补偿装置？

（4）该变电所有多少台电压互感器？

（5）当 1#进线带 1B、3B 工作，且四条馈线均有电时，请说明各断路器和隔离开关的位置状态。

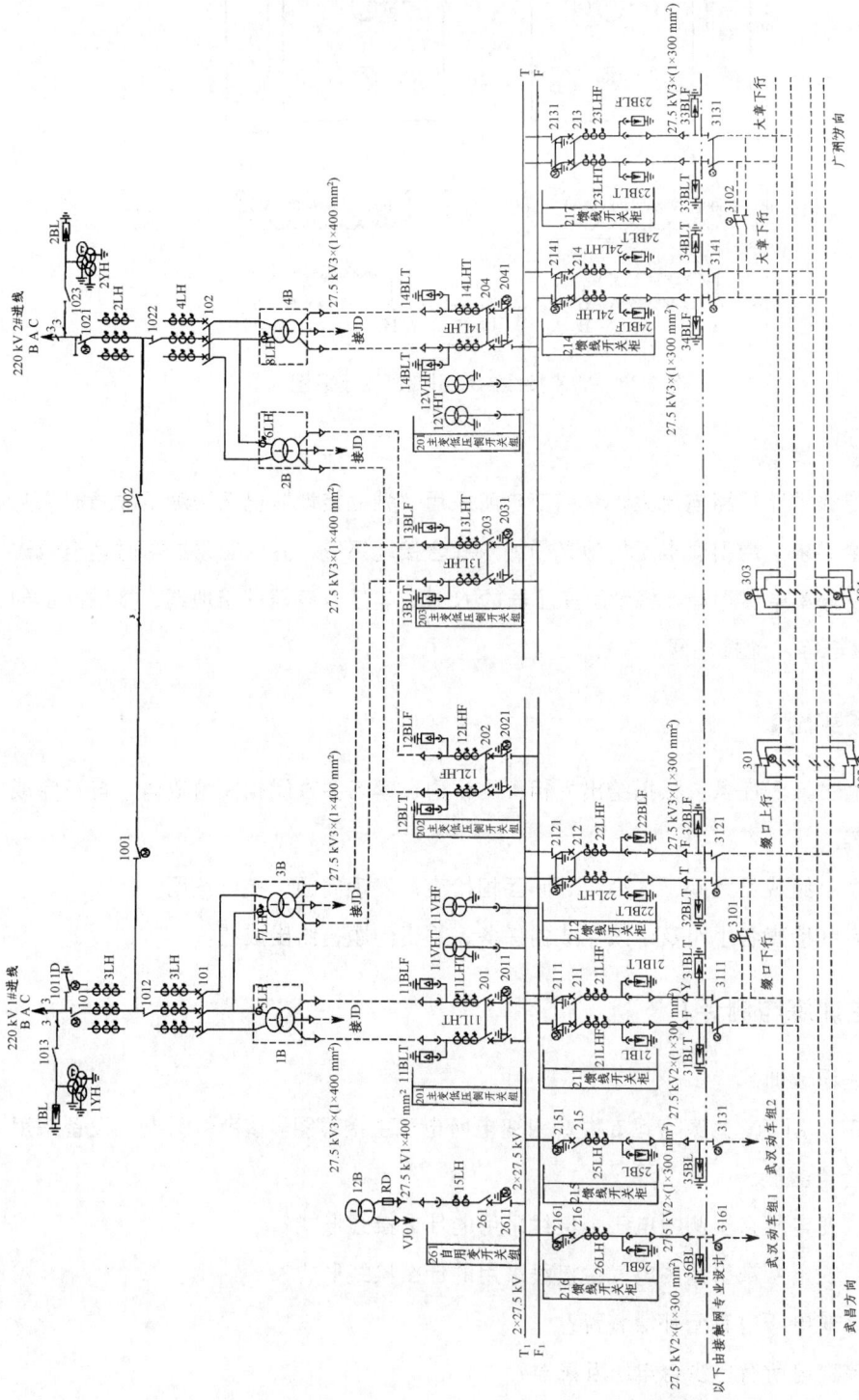

图 3.35 AT 供电方式下的单相 V/X 客运专线牵引变电所电气主接线

任务 5　高压配电装置

【任务目标】

（1）掌握对高压配电装置的基本要求。

（2）理解并掌握配电装置的类型及其特点。

（3）了解 SF_6 组合电器（GIS）的基本结构、使用与维护。

【任务描述】

根据图 3.36、3.37 所示，认知牵引变电所高压配电装置要求及特点。

图 3.36　某牵引变电所高压配电装置

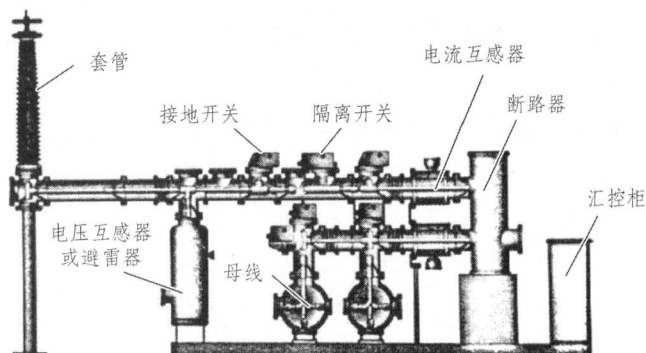

图 3.37　GIS 出线间隔剖面示意图

【任务分析】

配电装置是按主接线的要求，由开关和电气设备、母线保护器、测量电器和必要的辅助设备组装在一起的接受和分配电能的装置。

【学习步骤】

（1）熟悉配电装置的形式及特点。

（2）熟悉 GIS 组合电器的结构及运行。

【知识链接】

一、配电装置概述

配电装置的基本要求是：设备选择合理、故障率低，保证运行可靠；便于操作、巡视和检修；保证工作人员的人身安全；力求提高经济性，减少造价；节约用地，具有扩建的可能。

（一）高压配电装置的形式及其特点

（1）按设备安装地点分：屋内配电装置和屋外配电装置。

安装建筑物内的电气装置即为屋内配电装置。

安装在露天场地的电气装置即为屋外配电装置。

配电装置形式的选择，应考虑所在地区的地理情况及环境条件，通过技术经济比较，优先选用占地少的配电装置形式，并应符合下列规定。

① 市区或污秽地区的 35~110 kV 配电装置宜采用屋内配电装置。

② 大城市中心地区或其他环境特别恶劣地区，110 kV 配电装置可采用 SFe 全封闭组合电器（简称 GIS），GIS 宜采用屋内布置。当 GIS 采用屋外布置时，应考虑气温、日温差、日照、冰雹及腐蚀等环境条件的影响。

牵引变电所一般处在郊区野外，高压侧通常采用屋外配电装置，而 27.5 kV 和 10 kV 设备采用屋内配电装置。

（2）按组装方式分：装配式配电装置和成套配电装置。

装配式配电装置是在配电装置的土建工程建筑基本完成后，将各种电气设备在现场组装构成配电装置。

成套配电装备是由工厂定型生产装配的，将开关电器、互感器、继电保护装置、测量仪表和辅助设备等安装在柜内组成成套供应的配电装置，属于屋内配电装置。

（二）配电装置的最小安全净距

配电装置各部分之间，为了满足配电装置运行和检修的需要，确保人身和设备安全所必须的最小电气距离，称为安全净距。

我国《高压配电装置设计技术规程》规定的屋内、屋外配电装置各有关部分之间的最小安全净距，可分为 A、B、C、D、E 五类，如表 3.2 和表 3.3 所示。最基本的最小安全净距是带电部分至接地部分之间以及不同相的带电部分之间的最小安全净距，即 A 值。在这一距离下，无论在正常最高工作电压或出现内、外过电压时，都不致使空气间隙被击穿。其他最小安全净距 B、C、D、E 是在 A 值的基础上考虑运行维护、设备移动、检修工具活动范围、施工误差等具体情况而确定的，其意义如图 3.38 和图 3.39 所示。

表 3.2 屋内配电安全净距（mm）

符号	适应范围	额定电压（kV）								
		3	6	10	15	20	35	63	110J	110
A1	带电部分至接地部分之间 网状和板状遮栏向上延伸线距地 2.3 m 处与遮栏上方带电部分之间	75	100	125	150	180	300	550	850	950
A2	不同相带电部分之间 断路器和隔离开关的断口两侧引线带电部分之间	75	100	125	150	180	300	550	900	1 000
B1	栅状遮栏至带电部分之间 交叉的不同时停电检修的无遮栏带电部分之间	825	850	875	900	930	1 050	1 300	1 600	1 700
B2	网状遮栏至带电部分之间	175	200	225	250	280	400	650	950	1 050
C	无遮栏裸导体至楼面之间	2 500	2 500	2 500	2 500	2 500	2 600	2 850	3 150	3 250
D	平行的不同时停电检修的无遮栏导体之间	1 875	1 900	1 925	1 950	1 980	2 100	2 350	2 650	2 750
E	通向屋外的出线套管至屋外通道的路面	4 000	4 000	4 000	4 000	4 000	4 000	4 000	5 000	5 000

注：① 110J 指中性点有效接地电网。
② 当为板状遮拦时，其 B2 值可取为 A1 + 30 mm。
③ 海拔超过 1000 m 时，A 值应进行修正。

表 3.3 屋外配电安全净距（mm）

符号	适应范围	额定电压（kV）					
		3～10	15～20	35（27.5）	63（55）	110J	110
A1	带电部分至接地部分之间 网状遮拦向上延伸线距地 2.5 m 处与遮拦上方带电部分之间	200	300	400	650	900	1 000
A2	不同相带电部分之间 断路器和隔离开关的断口两侧引线带电部分之间	200	300	400	650	1 000	1 100
B2	设备运输时，其外廓至无遮拦带电部分之间 交叉的不同时停电检修的无遮拦带电部分之间 栅状遮拦至绝缘体和带电部分之间	950	1 050	1 150	1 400	1 650	1 750
B2	网状遮拦至带电部分之间	300	400	500	750	1 000	1 100
C	无遮拦裸导体至楼面之间 无遮拦裸导体至建筑物、构筑物顶部之间	2 700	2 800	2 900	3 100	3 400	3 500
D	平行的不同时停电检修的无遮拦导体之间 带电部分与建筑物、构筑物的边沿部分之间	2 200	2 300	2 400	2 600	2 900	3 000

注：① 110J 指中性点有效接地电网。
② 海拔超过 1000 m 时，A 值应进行修正。
③ 本表所列各值不适用于制造厂的产品设计。

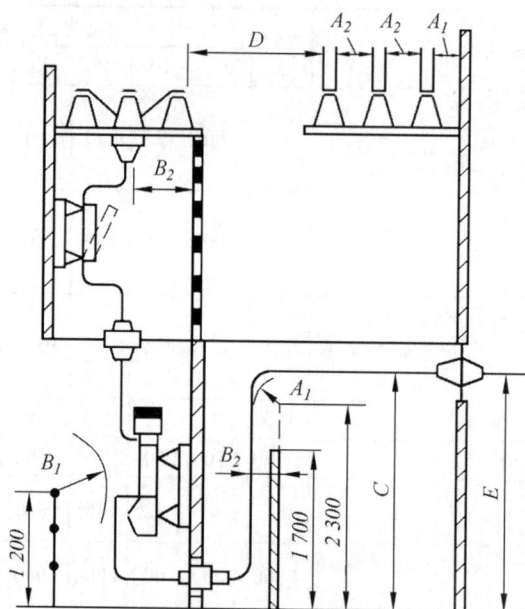

图 3.38　屋内配电装置最小安全净距校验图

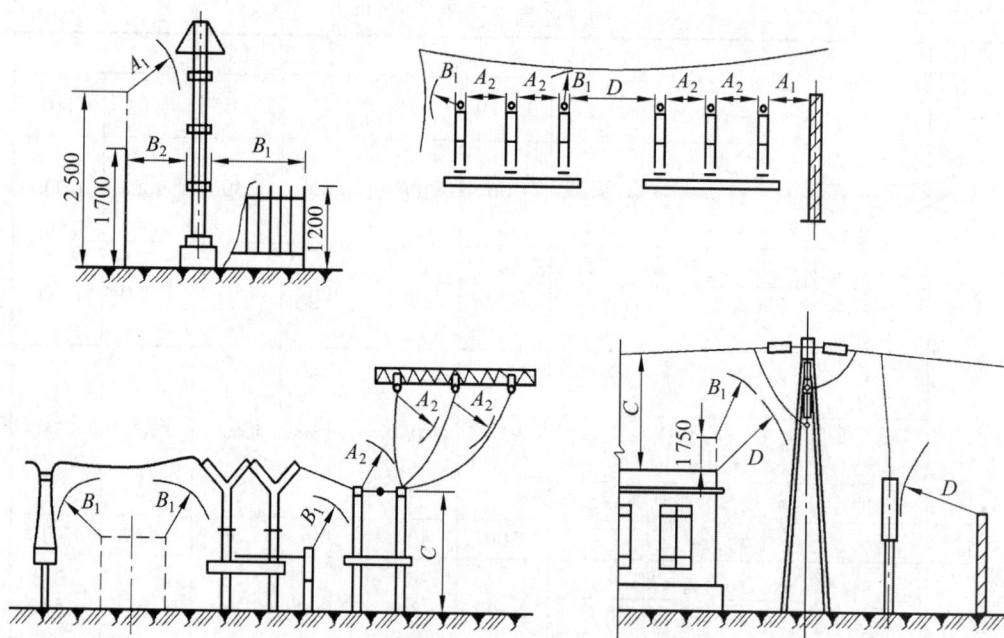

图 3.39　屋外配电装置最小安全净距校验图

屋外配电装置使用软导线时，由于软导线在风力、温度、覆冰等情况下，导线会伸缩和摆动，无法保证表 3.3 规定的安全净距。在不同条件下，带电部分至接地部分和不同相带电部分之间的最小安全净距，应根据表 3.4 进行校验，并采用其中的最大数值。

表 3.4　不同条件下的计算风速和安全净距（mm）

条件	校验条件	计算风速 /（m/s）	A 值	额定电压/kV			
				35	66	110J	110
雷电电压	雷电过电压和风偏	10	A1	400	650	900	1 100
			A2	400	650	1 000	1 100
操作电压	操作过电压和风偏	最大设计风速的 50%	A1	400	650	900	1 100
			A2	400	650	1 000	1 100
工频电压	1. 最大工作电压、短路和风偏（风速取 10 m/s） 2. 最大工作电压和风偏（取最大设计风速）	10 或最大设计风速	A1	150	300	300	450
			A2	150	300	500	500

注：① 110J 指中性点有效接地电网。

（三）牵引变电所的配电装置布置

1. 牵引变电所屋外配电装置结构要点与配置原则

屋外配电装置的布置及结构，与主接线形式、电压等级、母线套数、架构的结构方式、地形地势等有关，装置的结构尺寸、距离主要取决于屋外配电装置的安全净距离。

牵引变电所屋外配电装置的结构特点如下：

（1）屋外配电装置根据电气设备和母线布置的高度和层次分为中型、半高型和高型。牵引变电所屋外配电装置，通常采用中型配电装置。所有电气设备安装在较低的基础和支架上，处在同一平面内。母线一般采用软母线，用悬式绝缘子串悬挂在较高水平面的门形架构上，母线水平面高于电气设备的水平面。

如果将电气设备和母线分层布置，将一组母线与另一组母线重叠布置，为高型配电装置。如果仅将母线与断路器、电流互感器等重叠布置，则为半高型配电装置。

（2）主接线中每一回路的电气设备组成一个间隔，间隔之间没有专门的间隔物。一般屋外配电装置是由电源进线间隔，变压器间隔，电压互感器、避雷器间隔，及母线联络（或旁路母线）断路器间隔等组成。配电装置的纵向距离与母线的套数、架构的形式等因素有关。

（3）电源进出线间隔与主变压器间隔对称布置。

（4）将电压互感器、避雷器间隔布置在母线的延长端或主变压器间隔的延长端，以靠近主变压器和减小占地面积。

（5）电源进出线间隔应布置在分段母线的中部，尽量使母线各段通过的电流比较均匀。

（6）两汇流母线架构间接入的单元间隔数一般不应超过 3~4 个。

（7）应将两主变压器间隔布置在不同的汇流母线跨距内（两母线架构为一跨距），以保证安全供电。

（8）应使设备布置整齐、规律，进出线避免交叉，维修、运输设备安全、方便。

（9）为防止大气过电压的危害，变电所四周设有单独避雷针。为防止感应过电压的危害，母线上挂有避雷器。

（10）电缆沟的配置应使控制电缆和电力电缆走的路径最短。电缆沟盖板可以揭开，以利于检修维护，平时电缆沟还可作为巡视设备的路径。

2. 27.5 kV 屋内配电装置结构要点与配置原则

屋内配电装置的布置及结构，与主接线形式、电压等级、母线套数等有关，装置的结构尺寸、距离主要取决于屋内配电装置安全净距。

屋内配电装置既可采用装配式配电装置，也可采用成套配电装置。27.5 kV 屋内配电装置的设备特点多与单相元件类似，结构与普通三相屋内配电装置有明显不同。

（1）高压室内用钢板和网栅围成一个个间隔，27.5 kV 主接线中同一回路的电气设备布置在同一间隔内，如馈线回路所有设备——母线、隔离插头、电流互感器、断路器等电气设备都安装在馈线间隔内，主接线中有多少条回路就得有多少个间隔，并且还需适当预留备用间隔。间隔走廊侧设有带瞭望孔的钢板门、隔离开关的手动操作机构或断路器合闸直流电源配电箱。

（2）屋内配电装置的布置要方便设备的操作、搬运、检修和试验，间隔可单列或双列布置，布置应对称，操作通道和维护通道的最小宽度满足表 3.5 的规定。

表 3.5　配电装置室内各种通道的最小宽度（mm）

设置方式	通道种类		
	维护通道	操作通道	
		固定式	手车式
设备单列布置	800	1 500	单车长 + 1 200
设备双列布置	1 000	2 000	双车长 + 900

（3）高压室内硬母线可分相布置或不分相布置。两相硬母线用支持绝缘子水平或垂直固定在墙上，布置母线时应考虑分段母线检修时互不影响，互为备用。

配电间隔双列布置时，对面两墙上的同一相母线应用同一规格的硬母线连接起来。

硬母线应涂上不同颜色的漆以示相别和增加散热能力。通常黄、绿、红色代表 A、B、C 相，黑色代表中性线。

（4）尽量将电源引入线（进线间隔）布置在分段母线的中部，减小母线截面通过的电流。

（5）电缆沟设在操作走廊地下，控制电缆经电缆沟与每个间隔的电气设备和主控室中的配电盘相连。

（6）对于充油电气设备（如变压器），当油量大于 100 kg 时，应安装在与其他间隔隔绝的防爆间隔（变压器间隔）内，采取密封措施以防止事故时油箱爆炸。间隔内地面上应设有能将蓄油量为变压器用油量 20% 的蓄油坑，并用排油管将事故排油引至安全地点。电压互感器（无论油量多少）或小容量自用电变压器（一般为 50 kV·A）均可安装在一般的敞开式小间内。

（7）单台容量较小的电容器组可采用高层结构组装，以减小占地面积。电容器组设在单独的电容器房间内。电容器组的布置应便于检查维护，室内电容器组应装设金属网状栅栏防护。

（8）长度大于 7 m 的配电装置应有两个出口，位于楼上的配电装置室，其中一个出口可通向楼梯的平台。配电装置室的门应向外开，并装弹簧锁。

3. 牵引变电所 10 kV 成套配电装置简介

对于牵引变电所中的 10 kV 地区负荷，无例外的采用成套配电装置，即高压开关柜（简称高压柜）。常用的开关柜有固定式开关柜和手车式开关柜，现在一般多用手车式，现以 KYN28-10 型手车式开关柜为例说明其结构。

KYN28-10 型高压开关柜是铠装中置式金属封闭开关柜，柜整体是由柜体和中置式可抽出部分（即手车）两大部分组成。开关柜由母线室、断路器手车室、电缆室和继电器仪表室组成。手车室及手车是开关柜的主体部分，手车在柜体内有断开位置、试验位置和工作位置。

开关设备内装有安全可靠的联锁装置，完全满足五防（防止带负荷推拉断路器、防止误分合断路器、防止接地开关处在闭合位之时关合断路器、防止误入带电间隔、防止在带电时误合接地开关的联锁功能）的要求。采用中置式形式，小车体积小，检修维护方便。母线室封闭于开关后上部，不易落入灰尘管和引起短路，出现电弧时，能有效将事故限制在隔室内而不向其他柜蔓延。由于开关设备采用中置式，电缆室空间较大。电流互感器、接地开关装在隔室后壁上，避雷器装设在隔室后下部，继电器仪表室内装设继电保护元件、仪表、带电检查指示器，以及特殊要求的二次设备。

二、GIS 组合电器

（一）概　述

GIS 是由断路器、隔离开关、接地开关、互感器、避雷器、母线、链接元件等单元封闭在接地的金属体内组成，其内部充有一定压力并有优异灭弧能力的 SF_6 气体。由于 GIS 既封闭又组合，故占地面积小，占用空间少，基本不受外界环境影响，不产生噪声和无线干扰，运行安全可靠，且维护工作量少，在电气化铁路建设和改造工程中，得到广泛应用。它的突出优点如下。

（1）最大限度地缩小配电装置的占地面积和空间体积，结构十分紧凑。110 ~ 220 kV GIS 占地面积仅为敞开式变电站的 1/10，这在人口高度密集的大都市和密集的负荷中心，显得更为重要。

（2）全封闭的电器结构，不受污染、雨雷、沙尘及盐雾等各种恶劣自然环境条件影响，减少了设备故障的可能性，特别适合工业污染和气候恶劣及高海拔地区。

（3）安装方便。因 GIS 已向三相共简化、复合化和智能化方向发展，一般由整件或若干单元组成，可大大缩短安装工期。

（二）GIS 结构

1. 110 kV 电压等级的圆筒形 GIS

气体绝缘金属封闭开关设备（简称 GIS）用于电力系统中对输电线路进行控制、测量、保护和切换。如图 3.40 所示 ZF12B-126 型 GIS 是中国自主研发的新一代小型化 GIS，配有三工位隔离-接地开关，技术参数达到国内外同类产品的先进水平。它应用于 110 kV 电压等级的牵引变电所，断路器采用自能灭弧原理，该产品在国内外已安全运行 600 多个变电站。中国电气化铁路个别牵引变电所 110 kV 或者 220 kV 侧开始使用这种气体绝缘金属封闭开关设备。

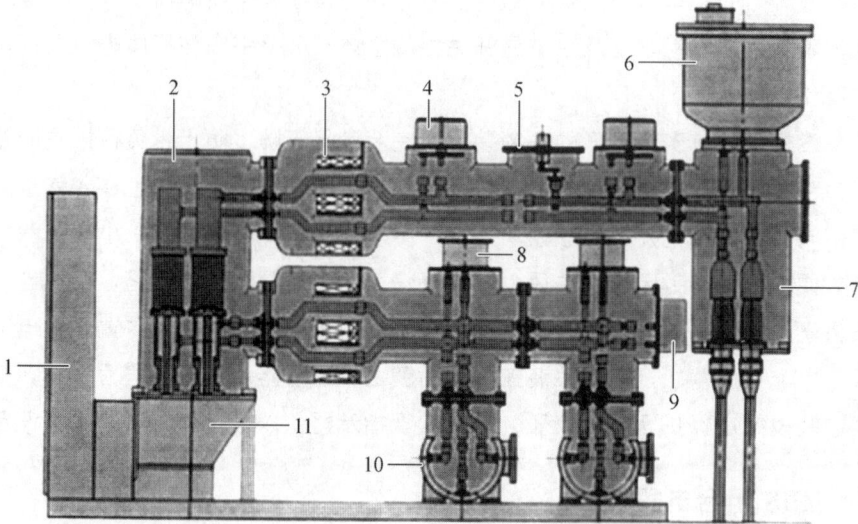

1—汇控柜；2—断路器；3—电流互感器；4—接地开关；5—出线隔离开关；6—电压互感器；
7—电缆终端；8—母线隔离开关；9—接地开关；10—母线；11—操动机构。

图 3.40　ZF12B-126 型 GIS

2. 110 kV 电压等级 GIS 的结构

它由几种标准功能模块，如断路器、隔离开关、接地开关、电流互感器、电压互感器、氧化锌避雷器等基本原件组成。结构形式有三相共箱式，以满足不同客户要求。

（1）断路器。

断路器是 GIS 的重要原件，采用自灭弧原理，运动质量轻，所需操作功小，开断能力强。它采用的是三相共箱断路器，ZF12B-126 型 GIS 的结构如图 3.41 所示。

断路器的灭弧室结构包括动触头、静触头，三相连板、拐臂盒、下出线导体、上绝缘支柱，下绝缘支柱、壳体等部分，如图 3.42 所示。

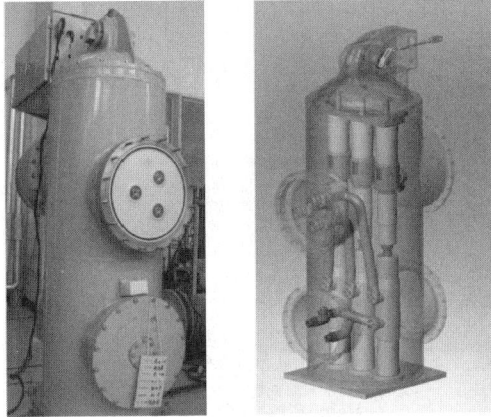

图 3.41　断路器外形与结构图

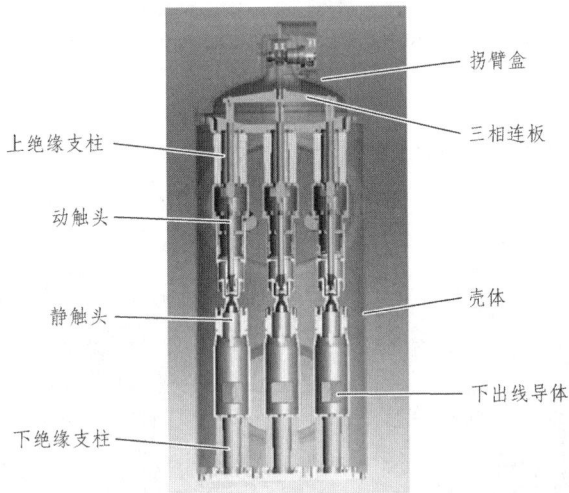

拐臂盒

三相连板

上绝缘支柱

动触头

静触头

下绝缘支柱

壳体

下出线导体

图 3.42　断路器的灭弧室结构

（2）隔离开关。

ZF12B-126型GIS把隔离开关和接地开关组合在一起形成三工位隔离-接地组合开关，不仅优化了设备结构，而且体积小，结构紧凑。隔离开关和接地开关共用一台电动机构，同时隔离开关和接地开关还能实现机械连锁。三工位隔离-接地组合开关的结构和外形如图3.43所示。

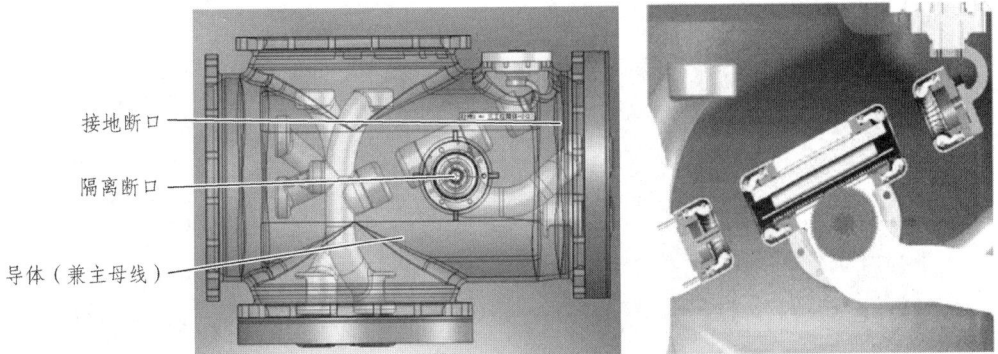

接地断口

隔离断口

导体（兼主母线）

图 3.43　三工位隔离开关-接地组合开关的结构图

（3）电流互感器。

ZF12B-126 型 GIS 中的电流互感器采用穿心式内置结构，壳体采用铸铝件。其结构如图 3.44 所示。

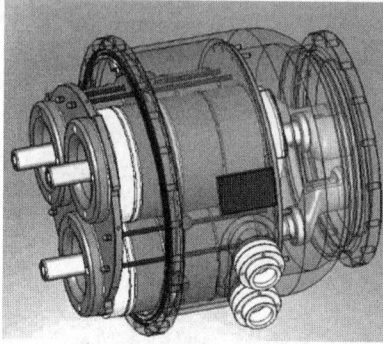

图 3.44　GIS 中电流互感器的穿心式内置结构图

（4）套管。

ZF12B-126 型 GIS 中套管的结构简单，整体结构小型化。其结构和外形如图 3.45 所示，该 GIS 可按用户提出的不同主接线要求进行组合，油套管进出线.电缆进出线或与变压器直连三种连接方式。

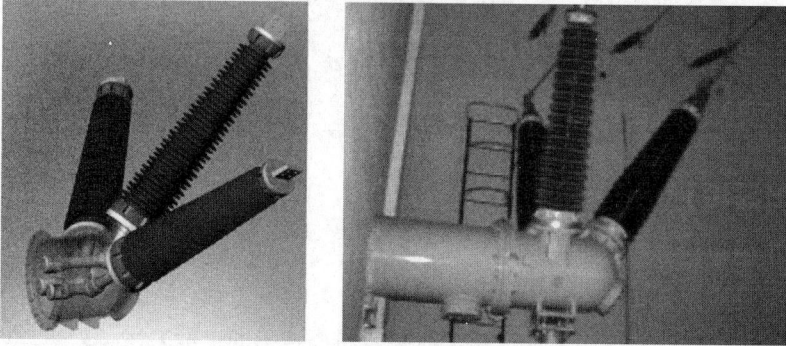

图 3.45　ZF12B-126 型 GIS 中的套管的结构和外形图

3. 常用的典型 GIS 间隔布置图

常用的典型 GIS 双母线间隔尺寸为：3 900*820*3 287（mm），间隔宽度 1 000（mm）。ZF12B-126 型 GIS 间隔布置如图 3.46 所示。

图 3.46　青海群科变电所

4. ZF12B-126 型 GIS 产品主要特点

（1）断路器配备弹簧机构，隔离开关、接地开关配备电动弹簧机构或电动机构，实现了机构的无油化、无气化，结构简单，维护方便，具有高度可靠性。

（2）该产品采用铝壳体，具有重量轻、温升低、防腐能力强的特点。

（3）气体密闭性能优良，采用双道密封，年漏气率在 0.5% 以下。

（4）采用整体运输方式，安装、检修方便。

（5）对 GIS 而言，外壳全都是接地的，二次线和二次电缆全封闭布置，所以没有任何触电危险，安全性好。

（6）绝缘性能优异。

（7）导电性能优良。

（8）通流能力强。

（9）ZF12B-126 型 GIS 的三工位隔离-接地组合开关，是将隔离开关和接地开关组合在一起，共用一个筒体和一台机构，可以实现三个位置的操作功能，能实现隔离开关和接地开关的机械联锁，简化了二次控制，提高了可靠性。

5. 中压圆筒形 GIS

如图 3.47 所示的 8DA10 型 GIS 是德国西门子公司生产的开关设备，也是西门子公司的第一种将免维护真空开关管封闭在充有 SF$_6$ 绝缘气体的金属外壳内的开关设备。目前，在中国高速客运专线（武广、郑西、京津等）牵引变电所 2×27.5 kV 侧得到应用。

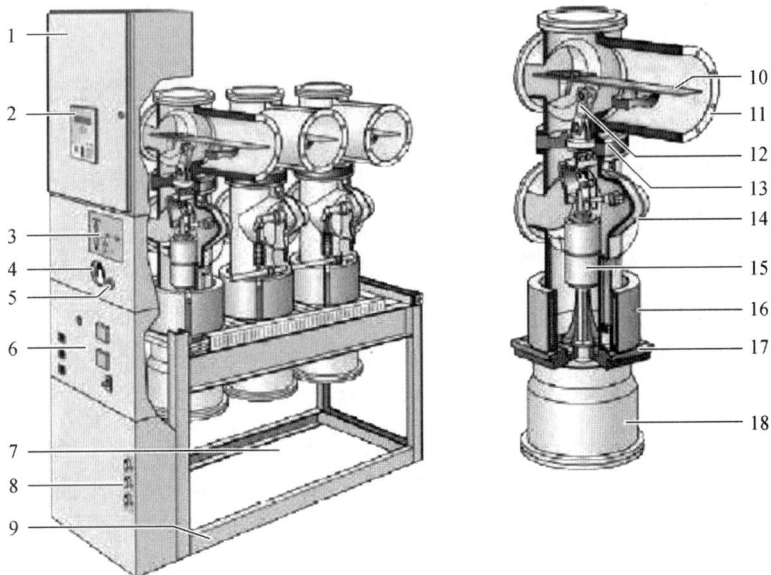

1—低压室；2—保护继电器；3—三位置隔离开关的控制与指示板，带有断路器位置指示器；4—气体压力指示器；5—气体灌充阀；6—真空断路器的控制与指示板；7—电缆隔室；8—用于检测系统的插孔；9—框架；10—母线；11—母线外壳；12—三位置隔离开关；13—上套管；14—断路器外壳；15—真空灭弧室；16—电流互感器；17—下套管；18—开关柜连接外壳。

图 3.47 8DA10 型 GIS 开关设备

该 GIS 每相有两个接地的铸铝圆筒外壳，呈 T 形排列。上部圆筒中装有母线、隔离开关，下部圆筒中装有真空断路器，电流互感器放在圆筒之下，电缆头由下部引出。采用免维护的真空断路器、紧凑式的三工位隔离开关，断路器操作机构为弹簧储能操作机构。

（三）GIS 开关柜运行管理

1. SF_6 气体管理

（1）水分管理。

控制 GIS 水分含量的基本原则是保证所含水蒸气的露点在 $-5\ ℃$ 以下，使固体绝缘件沿面闪络电压不致因凝露而降低；保证与电弧分解物作用的生成物很少，不致引起设备损坏或性能下降。

（2）纯度管理。

充入 GIS 的气体应是经过抽样检查、符合新气纯度指标的合格气体。运行一段时间后，随着空气的侵入，电弧或有局部放电的出现，会使气体逐渐被污染，纯度降低。试验表明，当 SF_6 气体含量（体积百分数）为 95% 以上时，对绝缘和开断性能影响甚微。

2. GIS 设备管理

对 GIS 内各主元件，如断路器、负荷开关、熔断器、隔离开关、接地开关、避雷器、互感器等仍需按各自特性进行巡视检查。

各测控、保护装置除各自运行良好后，还需保证与 SCADA 系统通讯正常。

GIS 设备巡视的一般检查项目如下。

（1）设备安装牢固，无倾斜、外壳无严重锈蚀，接地良好，基础、支架应无严重破损、剥落。

（2）检查各断路器、隔离开关的现实位置是否与实际位置相符。

（3）检查 SF_6 气压表的显示是否在正常范围。

（4）检查液压操作机构、气动操作机构的压力表的显示是否在正常范围，以判断是否有漏油、漏气现象；检查弹簧操作机构的储能弹簧是否在储能位置；检查操作机构是否有锈蚀，传动装置是否有脱位、变形现象。

（5）正常运行时，"当地/远方"控制选择应在"远方"位。

（6）正常运行时，相关的连锁不应该解锁，电磁锁、机械锁、带电显示正常。

（7）检查各测控、保护装置运行是否正常，有无异常的信号显示或弹出告警栏。

（8）检查开关柜外壳接地部分是否良好。

（9）检查 SF_6 气压防爆装置是否良好：正常巡视时勿在防爆膜附近长时间停留。

（10）检查各类中间继电器、接触器运行是否正常。

（11）检查用于防潮、防露的加热器工作是否正常。

3. GIS 设备的维护

一般 GIS 的维修方式，维修内容和周期如表 3.6 所示。

表 3.6　GIS 开关柜的维修方式、维修内容和周期

序号	维修方式	设备状态	主要内容	周期
1	巡视检查	正常运行	检查分合闸指示及信号	每天或数天
			记录介质压力、温度	
			检查有无异常声音、臭味或痕迹	
2	一般维修	停运	分合闸操作试验	3~5 年
			操作机构及控制柜外部检查	
			测定绝缘电阻等	
3	全面维修	停运，机构解体	检查操作机构和控制柜内零件，必要时应更换	6~10 年
			操作特性测试	
			密度继电器和压力开关调整	
4	临时检查	停运，是否解体视情况而定	更换磨损件	达到规定操作次数或发现异常时
			进行必要的修理、清理或更换零件	
5	抽样检查	是否停运视情况而定	气体抽检 开关元件抽检，进行必要的检修、清理和更换零件	视抽查项目和运行情况而定

【任务实施】

（1）学生接受任务，根据给出的相关知识通过学习并查阅相关的资料，自行完成任务的内容。

（2）各小组成员之间、各小组之间互相检查，发现问题，提出意见。

（3）老师检查各小组及个人完成的任务，提出问题，给出成绩。

【课堂训练与测评】

（1）什么叫最小安全净距？

（2）高压配电装置的分类及其特点分析。

（3）什么是 GIS 组合电器？

（4）GIS 开关柜的维修方式、维修内容和周期的判断。

【知识拓展】

扫一扫二维码 3.4，可查阅学习高压开关柜（AIS 组合电器）相关知识。

二维码 3.4

项目四 牵引变电所运行维护

项目导入

牵引变电所运行维护是变配电值班员运行维护时应知应会的基本知识和技能，我们应该了解牵引变电所运行中有关人员的职责，牵引变电所交接班制度，值班工作制度，巡视工作、倒闸作业、验电接地工作及安全用具的使用，牵引变电所检修工作制度，工作票制度，常见电气设备的事故处理及运行中突发性事故的应急处理方法等。

学习方法

资讯：接受学习任务，根据引导问题，通过学习查找资料、网络信息等，建立学习任务总体印象。

计划：与小组成员、教师、师傅、讨论变电所运行管理的主要内容、倒闸操作在变电所中的重要性、工作票在检修操作中的意义和作用、事故处理的一般原则。

决策：与教师或师傅进行专业交流、确认本项目的工作步骤和涉及的工具，拟定检查、评价标准。

实施：按照确定的工作步骤完成对应的学习任务，发现问题，共同分析，遇到无法解决的问题时请老师或师傅帮助解决。

检查：

（1）生产文件准备好了吗？

（2）工具准备好了吗？

（3）安全注意事项有哪些？

评价：与同学、老师、师傅进行专业交流，任务完成有改进的建议吗？

任务 1 牵引变电所运行管理

【任务目标】

（1）了解牵引变电所运行管理工作的分工和职责划分。

（2）熟悉牵引变电所的值班工作。

（3）熟悉牵引变电所的交接班工作。

（4）了解牵引变电所倒闸作业的基本要求。

【任务描述】

通过对牵引变电所值班、交接班、倒闸的作业标准及注意事项要的学习，能够进行牵引变电所的值班和交接班。

【学习步骤】

（1）了解运行车间与检修车间的职责划分。

（2）熟悉牵引变电所的值班和交接班的内容和注意事项。

（3）进行牵引变电所的日常巡视。

（4）正确执行牵引变电所的基本倒闸操作任务。

【知识链接】

一、运行车间与检修车间职责划分

牵引变电所运行管理工作包括运行和检修两部分。

（一）运行车间

（1）负责变电所的设备运行管理。

（2）负责接收检修车间所提报各种计划，并向供电调度提报。

（3）负责变电所工作票的签发、办理。

（4）负责变电所的倒闸作业、设备绝缘清扫、视频摄像头清扫、设备巡视、测温工作。

（5）负责变电所场坪、院落、照明、安全标志等基础设施的维护管理。

（6）负责变电所设备故障的应急处理，包括高、低压保险更换，位置信号灯的更换等。

（7）负责变电所图纸、说明书，设备履历、设备台账等基础资料以及各种记录的填写及管理。

（8）负责变电所、无人值班分区所、开闭所、AT所、开关控制站钥匙的保管使用。

（9）负责外来人员（非段检修人员）作业的作业监护。

（10）负责无人分区所、开闭所、AT所、开关控制站应急倒闸操作。

（11）负责掌握检修作业情况，负责检修作业完成后的设备验收、状态确认工作。

（二）检修车间

（1）负责除运行车间管辖外所有牵引供电设备的巡视，检修、试验、应急抢修和故障处理。

（2）负责向变电所值班员提报次日检修作业计划。

（3）负责向供电调度提报无人值班分区所、开闭所、AT所、开关控制站所次日的检修计划。

（4）负责无人值班分区所、开闭所、AT 所、开关控制站工作票的签发办理以及检修作业的要令，消令。

（5）负责无人值班分区所、开闭所，AT 所、开关控制站履历、台账及各种相关记录的填写和管理。

（6）负责无人值班分区所、开闭所、AT 所、开关控制站钥匙的保管使用。

子任务 1　牵引变电所的值班与交接班

（一）班　制

（1）变电所实行 24 h 不间断值班倒班制，每班设值班人员两人。

（2）工区根据倒闸作业、车次等情况，规定各所交接班时间。交接班时间列表报车间备案，交接班时间如有变动及时报车间。

（二）值　班

（1）牵引变电所值班员安全等级不低于三级，助理值班员的安全等级不低于二级。

（2）变电所值班业务受供电调度指挥。

（3）当班值班员不得参加检修工作，当班的助理值班员可参加检修工作，但必须根据值班员的要求能随时退出检修，助理值班员在值班期间受当班值班员的领导，当参加检修工作时，听从作业组工作领导人的指挥。

（4）牵引变电所要按规定的班制昼夜值班。值班人员在值班器件要做好下列工作：

① 掌握设备现状，监视设备运行。

② 按规定进行倒闸作业，做好作业地点的安全措施，办理准许及结束作业的手续，并参加有关的验收工作。

③ 及时、正确地填写值班日志和有关记录。

④ 及时发现和准确、迅速处理故障，并将处理情况报告供电调度及有关部门。

⑤ 保持所内整洁，禁止无关人员进入控制室和设备区。

（三）交接班

值班人员要认真按时做好交接班工作，包含内容如下：

（1）交班人员向接班人员详细介绍设备运行情况及有关事项，接班人员要认真阅读值班日志及有关记录，熟悉上一班的情况。离开值班岗位时间较长的接班人员，还要注意了解离所期间发生的新情况。

（2）交接班人员共同巡视设备，检查核对值班日志及有关记录是否与实际情况符合，信号装置、安全设施要完好。

（3）交接班人员共同检查作业有关的安全设施，核对接地线数量及编号。

（4）交接班人员共同检查工具、仪表、备品和安全用具要完备，并要妥善保管。

（5）办完交接班手续时，由交接班人员分别在值班日志上签字，由接班人员向电力调度报告交接班情况。

（6）正在处理故障或进行倒闸作业时不得进行交接班。未办完交接班手续时，交班人员不得擅离职守，应继续担当值班工作。

子任务 2　牵引变电所的巡视

牵引变电所设备巡视的目的是监视设备运行情况，及时发现设备潜在的隐患。

（一）巡视路线及工器具

1. 巡视路线图

巡视作业前首先要确定牵引变电所的设备巡视路线图。制定巡视路线图的基本原则为：先 110 kV 侧，后 27.5 kV 侧；先室外，后室内；先高压室，后控制室。巡视时要按照设备巡视路线图进行巡视。

2. 巡视工器具

巡视作业前要检查巡视工器具，具体检查内容有：安全帽、绝缘靴每人一套，应齐全、完好，有合格证标签，未过期；望远镜一副，应完好；测温仪一台，电池充满电，开机应正常；应急灯一个，应充满电，使用正常；钥匙一套，应齐全，无遗漏。

（二）巡视的类型及周期

1. 有人值班牵引变电所

（1）交接班巡视：在班组交接班时进行。

（2）班中巡视：每天不少于 4 次（不含交接班巡视），具体巡视时间由供电段自行规定。（一般按照每天 6 点、12 点、18 点、22 点进行整点巡视。）

（3）特殊巡视：每次断路器跳闸后或调度下发专项巡视通知时进行。

（4）加强巡视：巡视的时间间隔由供电段自行规定，遇到下列情况时进行。

① 设备过负荷，或负荷有显著增加时。

② 设备经过大修、改造或长期停用后重新投入系统运行。

③ 新安装的设备加入系统运行。

④ 遇有雾、雪、大风、雷雨等恶劣天气。

⑤ 事故跳闸和设备运行中异常和非正常运行时。

⑥ 新装或大修后的变压器投入运行后 24 h 内，要每隔 2 h 巡视 1 次。

（5）熄灯巡视：每周进行一次，具体巡视时间由供电段自行规定。

（6）变电所负责人单独巡视：每周不少于一次。

2. 无人值班的分区所（亭）、AT 所、开闭所

（1）定期巡视：每周进行一次，由设备管辖班组（维修班组）负责进行。

（2）特殊巡视：由设备管辖班组负责，遇到调度下发专项巡视通知或设备运行中有异常和非正常运行时进行。

（三）设备巡视的方法

巡视检查项目和标准按照有关规定进行，采用看、听、嗅、摸、测等方法，综合分析设备运行状况。

（1）看：看设备的油色、油位，导电的各连接部分，瓷件及机械部分有无异常及损坏。

（2）听：听设备声音是否正常。

（3）嗅：嗅设备有无焦臭等异常气味。

（4）摸：摸运行设备外壳（接地部分）温度有无异常。

（5）测：测导电部分接触面发热情况。

（四）巡视内容及标准

1. 各种巡视的一般项目和标准

（1）绝缘体应清洁，无破损和裂纹，无放电痕迹及现象，瓷釉剥落面积不得超过 $300\ mm^2$。

（2）电气连接部分（引线、二次接线）应连接牢固，接触良好，无过热、断股和散股、过紧或过松。

（3）设备音响正常，无异味。

（4）充油设备的油标、油阀、油位、油温、油色应正常，充油、充胶、充气设备应无渗漏、喷油现象。充气设备气压和气体状态应正常。

（5）设备安装牢固，无倾斜；外壳无严重锈蚀，接地良好；基础、支架应无严重破损和剥落；设备室和围栏应完好并锁住。

2. 特殊情况下的巡视重点

（1）雷雨天气巡视：重点巡视避雷器计数器有无动作；避雷针针尖有无熔化。

（2）大雨天气巡视：重点巡视设备区场坪、电缆沟、电缆夹层、变压器油池有无严重积水；生产房屋有无渗漏雨；设备基础、支架有无下沉、倾斜；机构箱、端子箱密封、防潮情况。

（3）大风天气巡视：重点巡视户外设备区域有无轻飘物，设备本体及引线上有无搭挂、缠绕异物；设备引线有无严重摆动。

（4）雪天巡视：重点巡视户外设备绝缘件结冰、放电情况；主导电回路设备线夹积雪情况。

（5）雾霾天气巡视：重点巡视户外设备绝缘件放电及电晕情况。

（6）熄灯巡视：重点巡视设备绝缘件放电及电晕情况，检查主导电回路设备线夹、触头有无发热。

（7）跳闸巡视：重点巡视保护范围内一次设备的绝缘件、电气连接件状态及断路器机构状态。

（8）过负荷巡视：重点巡视变压器的负荷、音响、油温、油位、冷却装置运行状况及主变系统各设备间的电气连接情况。

（五）巡视的注意事项

巡视前检查所使用的安全工器具完好。

巡视检查时应与带电设备保持足够的安全距离。

（1）除有权单独巡视的人员外，其他人员无权单独巡视。

有权单独巡视的人员是：牵引变电所值班员和工长；安全等级不低于四级的检修人员、技术人员和主管的领导干部。

（2）值班员巡视时，要事先通知供电调度或助理值班员；其他人巡视时要经值班员同意。在巡视时不得进行其他工作。

当一人单独巡视时，禁止移开、越过高压设备的防护栅或进入高压分间。如必须移开高压设备的防护栅或进入高压分间时，要与带电部分保持足够的安全距离，并要有安全等级不低于三级的人员在场监护。

（3）在有雷、雨的情况下必须巡视室外高压设备时，要穿绝缘靴、戴安全帽，并不得接近避雷针和避雷器。

（4）巡视检查时，不得进行其他工作，不得移开或越过高压设备的防护栅或进入高压分间。

（5）牵引变电所发生高压设备接地故障时，在切断电源之前，任何人与接地点的距离为：室内不得接近故障点 4 m 以内，室外不得接近故障点 8 m 以内。进入上述范围的人员必须穿绝缘靴；接触设备的外壳和架构时，应戴绝缘手套。

（6）进出高压室、控制室、电容器组室，必须随手关门。

（7）发现设备缺陷时，及时汇报，采取相应措施，不得擅自处理设备。

子任务 3　牵引变电所的倒闸作业

（一）倒闸操作的概念

（1）运行状态，是指设备回路的隔离开关、断路器均在合闸位置，从而将电源至负载间的电路接通，使设备带电运行的工作状态。

（2）热备用状态，是指设备回路只断开了断路器，而隔离开关仍在合闸位置，其特点是断路器一经操作即接通电源。

（3）冷备用状态，是指设备回路的断路器、隔离开关均在断开位置。其显著特点是该设备（如断路器）与其他带电部分之间有明显的断开点。

（4）检修状态，是指设备所有来电方向的断路器、隔离开关均已断开，设备两侧装设了保护接地线或合上接地隔离开关，并悬挂了工作标示牌，安装了临时遮拦。

将电气设备由一种状态转换成另一种状态的过程叫作倒闸，所进行的操作叫倒闸操作。倒闸操作是值班员的一项重要工作。

（二）倒闸操作的形式

倒闸操作形式主要有三种：

（1）远动主站的远程操作。即由牵引远动主站供电调度通过远动通道下发倒闸操作命令。新开通的电气化铁路牵引变电所（亭）基本都实现了综合自动化和远程操作，分区所、开闭所和 AT 所等小所实现了无人值守，设备的倒闸操作基本上都是远程操作。

（2）控制室远方倒闸操作。一些老线电气化铁路由于设备尚未更新，不具备远动倒闸操作条件，由值班员和助理值班员在控制室综自后台上进行倒闸操作或在控制室测控盘上进行倒闸操作。

（3）就地倒闸操作。作为后备控制方式，当监控系统故障或网络故障时，需到设备本体进行就地倒闸操作。对一些不常操作的手动隔离开关，如变电所的跨条隔离开关、高压室母线隔离开关或电压互感器、所用电变压器等的隔离开关，需到设备本体进行倒闸操作。

（三）倒闸操作的标准化

倒闸操作的标准化包括操作术语标准化和操作程序的标准化两方面内容。

1. 操作术语的标准化

牵引变电所（亭）常用的倒闸操作的标准术语见表 4.1

表 4.1　变电所常用的倒闸操作的标准术语

序号	操作术语	含　义
1	报告数字时：幺、两、三、四、五、六、拐、八、九、洞、幺洞、幺幺	相应为：一、二、三、四、五、六、七、八、九、零、一零、一一
2	设备试运行	设备新安装，大修或事故、故障处理后投入系统运行一段时间，用以进行必要的试验或检查，视具体情况可随时停止运行
3	设备停用	运行中设备停止运行
4	设备投入	停用设备恢复运行
5	准备倒闸	从宣布时开始即算进入倒闸操作期间，并应执行有关要求和规定
6	开始模拟操作	开始在模拟图上按操作卡片或倒闸表的顺序逐项读票、复诵并操作
7	开始操作	开始在实际设备上按操作卡片或倒闸表的顺序逐项读票、复诵，确认并操作
8	倒闸结束	倒闸命令完成并消令，转入正常值班
9	发令时间	电力调度开始下达命令的时间
10	批准时间	值班员（接令人）复诵法令时间，命令内容，发令人、受令人姓名，操作卡片编号后，电力调度发布命令号及批准时间（即准许倒闸开始操作的时间）
11	完成时间	倒闸操作全部结束后，值班员汇报**号命令完成的时间
12	**时（读成点，下同）**分***跳闸，**动作	此系断路器自动跳闸时，**时**分***断路器（该断路器的运行编号）跳闸，同时**（保护名称）动作
13	**时**分***跳闸，**动作，重合成功（重合不成功，重合闸撤除，重合闸拒绝）	馈线断路器跳闸时，**时**分***断路器跳闸，**保护动作，重合闸动作使断路器合闸成功（或不成功，或该装置未投入运行，或发生拒绝动作）
14	**时**分***强送第*次成功	**时**分***断路器由操作强行合闸送电第*次成功

序号	操作术语	含 义
15	**时**分***强送第*次不成功，**动作，**欧（微安、公里，故测仪显示值）（或故测仪拒动，撤除）	**时**分***断路器由操作强行合闸送电第*次不成功，**保护动作，**欧（微安、公里为接触网故障探测装置的动作及指示情况），故测仪显示值为故障点标定装置计量部计量值
16	断（拉）开或合上***（****）	断（拉）开或合上***断路器（****隔离开关）
17	拉出或推上***手车	将运行编号为***的手车式断路器拉出至试验位置，使隔离动、静触指分开；或推上手车至运行位置，使隔离动、静触指合上
18	验明无电或有电	指线路或设备停电时检查验证隔离开关一侧或断路器两侧无电。送电时则检查验证隔离开关或断路器负荷侧有电

2. 操作程序的标准化

倒闸操作一般按下述程序进行：

（1）了解倒闸计划。

值班人员交接班后，由接班的值班人员向供电调度了解当天计划停电或送电的倒闸项目及预计的倒闸时间。

（2）做好倒闸准备。

供电调度在确定某项倒闸后，应提前通知变电所值班员（倒闸操作前至少 10 min）。

倒闸前 10 min，值班人员接到供电调度准备倒闸的命令后，要进行倒闸准备，包括准备好对应的操作卡片或倒闸表、操作命令记录本；助理值班员则检查倒闸所使用的绝缘用具、安全用具状态是否正常（包括绝缘靴、绝缘手套、验电器等），准备好与倒闸相关的高压室大门、网棚、机构箱、配电盘门等的钥匙。

（3）发布操作命令。

① 供电调度确认处所、受令人，加发令冠语"操作命令"后，发布发令时间、命令内容，倒闸卡片编号及发令人姓名。

标准用语：

"××变电所××时××分，×× ···（命令内容）、××号倒闸卡片，发令人×××"。

② 值班员接受供电调度发布的倒闸操作命令后，受令复诵，认真记录，有疑问时。应问清楚，助理值班员要监听受令人复诵，并校核其复诵内容与记录是否相符。

标准用语：

"××变电所××时××分，×× ···（命令内容）、××号倒闸卡片，发令人××
×、受令人×××"。

经发、受令双方核对无误后供电调度发布命令号及批准时间。

③ 供电调度员确认无误后，方给予命令编号和批准时间（无命令编号和批准时间的命令无效），每个倒闸命令，发令人和受令人双方均要认真填写倒闸操作命令记录。

（4）模拟操作。

受令人接受命令并正确记录后，操作前要先在模拟盘上进行模拟操作（综自所应在后台机上模拟操作），即按操作顺序在模拟图上进行核对性操作，确认操作条件无误后方可进行设备倒闸。

（5）正式操作。

倒闸时必须由助理值班员操作，值班员站在其左侧稍后处进行监护。值班员手执倒闸卡片（倒闸表）或倒闸操作命令记录本与助理值班员共同核对设备名称、编号，助理值班员站在设备前用右手按倒闸卡片（倒闸表）中的"倒闸程序"或倒闸操作命令记录中的命令内容逐项进行操作。操作过程中应逐项呼唤应答，即每进行一步，操作监护人均需用右手指点应操作的设备，操作人予以复诵，手指眼看，准确、迅速操作，以达到双方共同确认，保证操作无误的目的。

操作过程及标准用语：

值班员：手指运行编号并移向操作手柄或按钮"分（合）×××断路器"。

助理值班员："分（合）×××断路器"。

采用综合自动化后台机操作时，可程控操作的倒闸卡片允许进行程控操作。

值班员：手指程控表序号并移向倒闸目的"第××号×××××××"。

助理值班员："第××号×××××××"。

（6）检查和确认。

操作时，值班人员还应观察位置信号灯、表计指示等的变化情况，确认开关分合是否正常，操作目的是否达到。一项操作确认完成后，方可执行下一项操作。

（7）消令。

① 倒闸操作完成后，应立即消令。受令人确认发令人与已对话后，报告所名称、命令编号、"相关命令内容"及消令人姓名。

标准用语：

"××变电所××号操作命令完成，受令人×××"。

② 供电调度员确认消令人无误后，给出消令时间，发令人姓名。值班员复诵确认，至此倒闸作业结束。

标准用语：

供电调度："××号命令××时××分完成，×××"。

受令人："××号命令××时××分完成，×××"。

（8）复查。

倒闸结束后，值班员要对设备的技术状况进行检查。如检查小车式断路器的闭锁杆等是否到位，隔离触指接触是否良好等。必要时还可从观察窗检查 SF_6 断路器的触头及气体情况等。

（四）倒闸操作卡片及倒闸表

为保证变电所亭倒闸操作的正确性，一般将常见的倒闸操作编成固定的操作卡片，值班员倒闸操作时按操作卡片执行。遇有临时改变运行方式而无操作卡片时，应由值班员根据倒闸需要编写倒闸表，并记入值班日志中。倒闸表必须经供电调度审查同意后方可下令执行，倒闸完成后倒闸表应附在倒闸操作记录上。单一的操作，如拉开接地刀闸等可直接发令，不必编写倒闸表。

1. 操作卡片的分类

操作卡片可分为单项操作卡片和综合操作卡片两种。单项操作卡片是指仅按本卡片内容逐步执行即可达到操作目的的卡片，如牵引变电所馈线停送电的操作卡片。综合操作卡片是指该卡片中某一步骤实际上是另一张操作卡片的全部内容，只有在逐步（含某一单项卡片的各步）执行后，方可达到操作目的的卡片，如供电臂操作卡片中包括了分区亭解环的操作卡片。

2. 编写操作卡片及倒闸表原则

（1）停电时的顺序：先断开负荷侧，后断开电源侧；先断开断路器，后断开隔离开关。送电时，与上述操作程序相反。

（2）隔离开关分闸时，先断开主闸刀，后闭合接地闸刀。合闸时，与上述程序相反。

（3）禁止带负荷进行隔离开关的倒闸作业；禁止在接地闸刀闭合的状态下，强行闭合主闸刀。

（4）与断路器并联的隔离开关，只有当断路器闭合时，方可操作隔离开关。

（5）当回路中未装断路器时，可用隔离开关进行下列操作：

① 开、合电压互感器和避雷器。

② 开、合母线和直接接在母线上的设备的电容电流。

③ 开、合变压器中性点的接地线（当中性点上接有消弧线圈时，只有在电力系统没有接地故障的情况下才可进行）。

④ 用室外三联隔离开关开合 10 kV 及以下、电流不超过 15 A 的负荷。

⑤ 开、合电压 10 kV 及以下、电流不超过 70 A 的环路均衡电流。

⑥ 开、合小于 10 km 的接触网线路的空载电流。

（6）为防止回路谐振产生操作过电压损坏设备，凡涉及 27.5 kV 母线停电或送电的倒闸操作，均应先断开并联电容补偿装置。只有当 27.5 kV 母线送电操作完成后，才能投入该装置。

（7）下列项目应填入操作卡片或倒闸表：

① 应开、合的断路器和隔离开关（包括主闸刀、接地闸刀），应推上、拉出的断路器小车。

② 检查断路器和隔离开关的实际分、合闸位置及断路器小车的实际位置。

③ 安装或拆除接地线。

④ 安装或拆除的高、低压熔断器。

⑤ 投入或撤除的保护装置或回路；投入或撤除的自动装置。

⑥ 验明有电、无电。

【任务实施】

（1）学生接受任务，根据给出的相关知识通过学习并查阅相关的资料，自行完成任务的内容。

（2）各小组成员之间、各小组之间互相检查，发现问题，提出意见。

（3）老师检查各小组及个人完成的任务，提出问题，给出成绩。

【课堂训练与测评】

（1）运行车间和检修车间的职责区别？

（2）安全等级为三级和四级的牵引变电所工作人员分别应具备什么条件？

（3）牵引变电所巡视路线是怎么确定的？

（4）牵引变电所各种巡视中，一般项目的要求有哪些？

（5）倒闸操作小组训练：

① 依据某牵引变电所的电气主接线图，学生小组讨论，完成教师指定倒闸任务的倒闸操作卡片的填写。各小组完成的倒闸操作卡片汇成牵引变电所的倒闸操作卡片。

② 倒闸作业角色扮演：学生按小组进行角色扮演，根据抽取到的倒闸任务，完成某牵引变电所的倒闸作业（做好倒闸准备、发布操作命令、模拟倒闸、正式操作、检查确认、消令）。

【知识拓展】

（1）扫一扫二维码4.1，可查阅学习牵引变电所工作人员安全等级的规定。

（2）扫一扫二维码4.2，可查阅学习牵引变电所设备巡视注意事项及标准用语。

（3）扫一扫二维码4.3，可查阅学习电气设备的运行状态。

（4）扫一扫二维码4.4，可查阅学习倒闸操作的相关资料。

（5）扫一扫二维码4.5，可查阅学习验电接地工作的相关知识。

（6）扫一扫二维码4.6，可查阅安全用具的使用。

二维码 4.1

二维码 4.2

二维码 4.3

二维码 4.4

二维码 4.5

二维码 4.6

任务 2 工作票的签发和办理

【任务目标】

（1）明确工作票的基本要求。

（2）能够读懂工作票的内容。

（3）会正确填写工作票。

（4）能根据工作票的要求进行操作和执行。

（5）能正确办理工作票。

【任务描述】

通过学习工作票的签发和办理，了解工作票的分类和工作票的签发要求，熟悉工作票的填写要求，能够正确办理工作票并根据工作票的要求进行操作和执行。

【学习步骤】

（1）了解检修作业和工作票的分类。

（2）熟悉工作票的签发要求。

（3）学会工作票的填写。

（4）学会工作票的办理。

【知识链接】

工作票制度是检修作业的安全保证措施。在牵引变电所中进行电气设备的检修作业时，为保证人身安全和设备安全，统一实行工作票制度。有关人员应按工作票上相关人员的职责范围和《牵引变电所安全工作规程》进行标准化检修作业。

子任务 1 了解牵引变电所工作票的基本要求

一、工作票的分类

工作票是在牵引变电所内进行检修作业的书面依据。根据作业性质的不同，工作票分三种。

第一种工作票：用于高压设备停电作业，即在停电的高压设备上进行的作业以及在低压设备和二次回路上进行的需要高压设备停电的作业。

第二种工作票：用于高压设备带电作业，即在带电的高压设备上进行的作业。

第三种工作票：用于远离带电部分的作业、低压设备上的作业，以及在二次回路上进行的不需要高压设备停电的作业。

二、工作票的签发

工作票签发人应由安全等级不低于四级的人员担任，通常由段主管技术人员、车间技术员、牵引变电所所长、安全等级不低于四级的值班员或设备所属的检修工区的人员担当。

工作票签发人签发工作票时要做到：

（1）所安排的作业项目是必要的和可能的。安排检修的依据有三方面：一是年度或月度设备检修计划；二是设备发生事故、故障或存在缺陷需要处理；三是设备大修或更新改造的需要。

（2）采取的安全措施是正确的和完备的。根据不同的作业性质，采取相应的安全措施。

（3）配备的工作领导人和作业组成员的人数和条件符合规定。

发票人在工作前要尽早将工作票交给工作领导人和值班员，使之有足够的时熟悉工作票中内容及做好准备工作。

同一张工作票的签发人和工作领导人不得由同一人担任。

工作领导人更换时必须经发票人同意，并均要在工作票上签字。

使用过的工作票由发票人和牵引变电所工长负责分别保管。工作票保存时间不少于3个月。

子任务 2　工作票的填写

工作票是在牵引变电所内进行作业的书面依据，填写要字迹清楚、正确，不得用铅笔书写。工作票要一式两份，1份交工作领导人，1份交牵引变电所值班员。对无人值守所亭，一份存放在所亭内，一份由负责检修维护的电检班组保存。值班员据此办理准许作业手续，做好安全措施。

事故抢修，情况紧急时可不开工作票，但应向供电调度报告概况，听从供电调度的指挥；作业前必须按规定做好安全措施，并将作业的时间、地点、内容及批准人姓名记入值班日志中。

小组讨论，在教师指导下完成牵引变电所第一种工作票的填写。牵引变电所第一种工作票填写方法和要求，请扫描二维码学习。

牵引变电所第一种工作票

_____所（亭）第　　　号

作业地点及内容				
工作票有效期	自　年　月　日　时　　分至　　年　月　日　　时　　分止			
工作领导人	姓名：　　　　　　　　　安全等级：			
	（　　）	（　　）	（　　）	（　　）
	（　　）	（　　）	（　　）	（　　）
	（　　）	（　　）	（　　）	（　　）
	（　　）	（　　）	（　　）	（　　）
	共计　　　　人			

必须采取的安全措施 （本栏由发票人填写）	已经完成的安全措施 （本栏由值班员填写）
1. 断开的断路器和隔离开关：	1. 已经断开的断路器和隔离开关：
2. 安装接地线的位置：	2. 接地线装设的位置及其号码：
3. 装设防护栅、悬挂标识牌的位置：	3. 防护栅、标识牌装设的位置：
4. 注意作业地点附近有电的设备是：	4. 注意作业地点附近有电的设备：
5. 其他安全措施：	5. 其他安全措施：

发票日期：_____年_____月____日　　　　　发 票 人：_____（签字）
根据供电调度员的第_____号命令准予在_____年____月___日____时_____分开始工作。

　　　　　　　　　　　　　　　　　　　　　值 班 员：_____（签字）
经检查安全措施已做好，实际于_____年____月___日____时_____分开始工作

　　　　　　　　　　　　　　　　　　　　工作领导人：_____（签字）
变更作业组成员记录：

　　　　　　　　　　　　　　　　　　　　发 票 人：_____（签字）
　　　　　　　　　　　　　　　　　　　工作领导人：_____（签字）
经供电调度员_____同意工作时间延长到_____年____月___日____时_____分。
　　　　　　　　　　　　　　　　　　　　值 班 员：_____（签字）
　　　　　　　　　　　　　　　　　　　工作领导人：_____（签字）
工作已于_____年____月___日____时_____分全部结束。
　　　　　　　　　　　　　　　　　　　工作领导人：_____（签字）
接地线共　　　组和临时防护栅、标识牌已拆除，并恢复了常设防护栅和标识牌，工作票于____年____月___日____时_____分全部结束。
　　　　　　　　　　　　　　　　　　　　值 班 员：_____（签字）

说明：本票用白色纸印绿色格和字。

子任务 3　工作票的办理

（1）审票：由值班员复查工作票中采取的安全措施符合规定要求，并向助理值班员讲述后，交工作领导人审核确认无误。

（2）申请要令：在检修预定开始之前半小时内，由值班员向供电调度提出办理工作票的申请，并向供电调度逐条宣读工作票的检修内容、要求及工作时间。

（3）准备：助理值班员经值班员同意后准备倒闸，并准备好采取安全措施所用的工具备品。

（4）倒闸：按倒闸操作标准化程序将检修需要的倒闸操作逐项完成。

（5）要令（接受作业命令）：值班员接受供电调度准许作业的命令及要求完成的时间，并及时填写在作业命令记录和工作票上，依此办理工作票的各项措施。使用第一种和第二种工作票的检修作业时，由值班员向供电调度员申请作业命令，供电调度员发布作业命令及作业起止的时间；使用第三种工作票检修作业时，由值班员通知供电调度作业的起止时间。

（6）办理安全措施：助理值班员在值班员监护下，按顺序办理工作票上所载的除倒闸操作以外的其他安全措施。办理过程中，应对安全措施的内容进行宣读、复诵并互相确认。办理安全措施要按照工作票上的顺序进行，每办理一项措施，在此项序号上打"√"做标记，措施全部办理完毕后将工作票右栏内容及时补齐。

（7）会签：值班员会同工作领导人按室外、高压室、控制室的顺序检查各项安全措施，确认无误后，工作领导人与值班员在工作票上签名。领导人填写作业开始时间。

（8）点名开工：工作领导人召集作业组全体成员在作业地点附近点名并宣读工作票，明确说明作业范围、附近电气设备的状态、各项安全措施的实施，并指出本次检修应注意的安全工作事项。作业组成员对安全措施等如有疑问，要果断地提出，并及时解决。一切就绪后，宣布开工，填写作业命令并记录。

（9）验收：检修完成后，值班员会同工作领导人按检修工艺、设备标准共同检查、验收设备及作业后的场所，确认是否符合要求。对不符合要求的，要求检修人员立即整改，否则不予签字。

（10）恢复安全措施：由值班员监护助理值班员进行，其顺序与办理时相反。

（11）结束工作票：值班负责人确认安全措施已全部恢复后，宣布"××号工作票可以结束"。

（12）消令：值班员向电力调度汇报设备验收情况后，宣布"××号作业命令完成"，电力调度则下达消除作业命令时间，经复诵确认无误后，双方记录并签字。

（13）记录：结束工作票后，工作领导人负责填写检修记录，值班员负责检查记录，双方确认完整无误后签字。

（14）总结：工作领导人召集作业组成员总结检修及安全情况，最后宣布"××检修收工"，至此，检修作业全部结束。

【任务实施】

（1）学生接受任务，根据给出的相关知识通过学习并查阅相关的资料，自行完成任务的内容。

（2）各小组成员之间、各小组之间互相检查，发现问题，提出意见。

（3）老师检查各小组及个人完成的任务，提出问题，给出成绩。

【课堂训练与测评】

（1）牵引变电所工作票分为几类？它们各用于什么场合？

（2）牵引变电所三种工作票的有效期分别是多长时间？

（3）了解牵引变电所第二种、第三种工作票的格式与填写，跟第一种工作票有什么区别？

（4）工作票的办理训练：学生按小组进行角色扮演，分别担任工作票签发人、工作领导人、当班值班员、电力调度等角色，共同完成工作票的签发及办理。

【知识拓展】

（1）扫一扫二维码 4.7，可查阅学习工作领导人和作业组员人数和条件的规定。

（2）扫一扫二维码 4.8，可查阅学习工作票的填写。

（3）扫一扫二维码 4.9，可查阅学习工作票的办理。

（4）扫一扫二维码 4.10，可查阅学习牵引变电所第一种工作票填写示例。

（5）扫一扫二维码 4.11，可查阅学习检修作业的管理。

（6）扫一扫二维码 4.12，可查阅学习检修作业的技术安全措施。

（7）扫一扫二维码 4.13，可查阅学习变配电所检修作业安全关键点及卡控措施。

二维码 4.7　　　　　二维码 4.8　　　　　二维码 4.9　　　　　二维码 4.10

二维码 4.11　　　　　二维码 4.12　　　　　二维码 4.13

任务 3　事故的分析和处理

【任务目标】

（1）掌握牵引供电系统事故的分类。

（2）了解牵引变电所事故处理的原则。

（3）掌握一次设备故障后的基本处理原则。

（4）了解电气设备的事故分析和处理。

【任务描述】

通过学习牵引供电系统事故管理规则，根据事故的性质和损失能够判定属于哪类事故，发生事故后能够控制现场并能及时组织抢修，能对事故的处理及时上报。

【学习步骤】

（1）掌握事故分类。

（2）了解事故处理的原则。

（3）掌握一次设备故障后的基本处理原则。

（4）了解事故报告的方法。

（5）了解电气设备的事故分析和处理。

【知识链接】

子任务 1　事故处理的原则

在牵引供电系统中，凡是由于工作失误、设备状态不良或自然灾害致使牵引供电设备破损、中断供电，以及严重威胁供电安全者，均列为供电事故。

（一）事故的分类

根据事故的性质和损失，供电事故分为重大事故、大事故、一般事故和障碍 4 种，如表 4.2 所示。根据发生事故的原因，事故分为责任、关系及自然灾害 3 种。

表 4.2　供电事故分类表

重大事故	① 接触网停电时间超过 5 h；
	② 牵引变电所全所停电超过 3 h；
	③ 牵引变电所主变压器破损需整组更换线圈或必须拆卸线圈才能进行的铁芯检修；
	④ 牵引变电所一次侧的断路器破损达到报废程度
大事故	① 接触网停电时间超过 4 h；
	② 牵引变电所全所停电超过 2 h；
	③ 由于牵引供电设备反常、工作失误迫使列车降低牵引重量或限制列车对数超过 48 h；
	④ 牵引变电所主变压器破损需检修线圈或铁芯；
	⑤ 额定电压为 27.5 kV（包括 35 kV 和 55 kV）的变压器或断路器破损达到报废程度
一般事故	① 接触网停电时间超过 30 min；
	② 牵引变电所全所停电（重合闸成功或备用电源自动投入供电者除外）；
	③ 由于牵引供电设备反常、工作失误迫使列车降低牵引重量或限制列车对数；
	④ 由于供电调度错发令或人员误操作造成断路器跳闸，或者造成接触网误停电、误送电；
	⑤ 由于供电调度错发令或人员误操作或牵引变电所保护拒动（避雷器除外），造成电力系统断路器跳闸且重合闸不成功；
	⑥ 正线承力索、接触线或馈电线断线
供电障碍	① 接触网停电时间超过 10 min；
	② 由于牵引供电设备反常、工作失误迫使列车降低运行速度或降弓运行通过故障处所；
	③ 由于设备状态不良或供电方面准备工作不充分，使备用设备不能按要求投入运行；
	④ 保护装置（避雷器除外）误动、拒动

牵引变电所全所停电是指牵引变电所内除自用电设备外，所有的设备均停电（不包括牵引变电所电源侧隔离开关与电源连接的部分）。

接触网停电时间是自接触网中断供电时开始（不能按时送电时，自规定送电的时间开始），至恢复供电时为止的连续停电时间。故障停电时间与计划停电时间重复者，在计算停电时间时应将计划停电时间扣除。由于事故损坏的设备抢修完毕，已具备送电条件，但由于其他原因不能及时送电时，应以具备送电条件的时间作为恢复供电时间。

接触网中断供电是指区间接触网停电或车站因接触网停电不能接发电力牵引的列车；双线区段为其中之一线、车站部分股道或专用线的接触网停电。该站仍能接发电力牵引的列车，不算接触网中断供电。

耽误列车是指列车在区间内停车；通过列车在站内停车；列车在始发站或停车站晚开超过运行图规定的停车时间或列车调度制定的时间（包括早到不能早开、晚点列车增晚）；列车停运、合并、保留。

耽误列车时间是指接触网停电时间范围内正在运行的列车因受事故的影响造成阻碍的时间、加运行的列车被迫途停或通过列车在站内停车，应自停车时开始至再开车时为止的连续停车时间；若列车在始发站或停车站晚开，超过规定时间（运行图规定或列车调度时间），自规定开车时间开始到实际开车时间为止。

在巡视、检查、修理或试验过程中，发现设备异常，有计划地进行设备整修，不算供电事故。由于同一原因同时构成行车和供电事故时，应分别上报，但供电段总事故件数仍算一件，统计为行车事故，在填写牵引变电所事故报告时，在事故类别栏中应同时填写两项即供电事故和行车事故的类别。

（二）牵引变电所事故处理的原则

牵引变电所中发生电气设备事故（故障）时，值班人员应迅速报告电力调度，除按规定进行现场防护外，还应在力所能及的范围内采取措施，防止事故的发展，尽可能消除事故根源，减少事故损失。

在危及人身安全或设备安全的紧急情况下，如触电、火灾、爆炸等事故，值班员有权先处理，可先行断开有关的断路器和隔离开关，解除对人身、设备安全地危急后，再将情况报告电力调度。

在事故发生后，电力调度要和行车调度加强联系、密切配合，采取有效措施，适当调整运行方式，尽可能减少对行车的影响，及时安排抢修或处理时间，尽快恢复对接触网的供电和正常行车秩序。

发生事故后，值班人员不准盲目处理，不能慌乱，以免扩大事故；必须沉着、迅速地根据仪表指示、设备外部征象、继电保护动作状态、信号指示等情况判断事故性质，准确地处理。

事故抢修时，牵引变电所所长应尽快赶到现场并担任事故抢修工作领导人，如所长不在即由当班值班负责人自动担任抢修领导工作。事故抢修工作领导人应沉着冷静，首先根据断路器、继电保护及自动装置运行情况，各种信号及表计显示情况以及各种异常现象进行综合分析判断，然后组织值班人员以及在变电所的检修人员共同进行检修。切忌慌乱匆忙或未经慎重考虑即行处理，以免事故扩大，造成不应有的损失。

事故抢修时应有明确的分工，并指定专人负责与电力调度保持联系。各级领导及有关技术人员应通过电力调度了解现场情况和下达指示，不宜分别直接与发生事故的变电所联系，以免造成混乱。

事故抢修可不开工作票，除非危及人身、设备安全，但必须向供电调度报告概况，有电力调度的命令，听从供电调度的指挥，在作业前必须按规定做好安全措施，并将作业的时间、地点、内容及批准人的姓名等记入值班日志中。

事故处理后，应将事故发生及处理经过详尽如实地记录下来，并及时组织有关人员分析事故原因，讨论处理措施是否得当，同时制订出预防措施等。

断路器跳闸后，不管什么原因造成，值班人员均应按照"断路器自动跳闸后的处理作业程序"进行。

发生事故后除了遵循上述一般原则外，还要遵循以下原则：

（1）故障处理及事故抢修，要遵循"先通后复"的原则。

（2）有备用设备，首先考虑投入备用，采用正确、可行的方案，迅速、果断地进行处理和事故抢修，以最快的速度设法先行送电，并及时通知有关部门再修复或更换故障设备，恢复正常运行状态。

（3）迅速限制事故、故障的发展，消除事故、故障根源及对人身和设备安全的威胁。

（4）用一切可能的办法保持设备的继续运行，保持对接触网的正常供电。

（5）与电力调度联系，调整或改变运行方式，尽快对已停电的设备恢复送电。

（6）处理事故时，除领导和有关人员外，其他外来人员应立即退出事故现场。

（7）在事故处理过程中，值班员除积极处理外，还应有明确分工，并将事故发生和处理经过，详细记录在事故等级簿中。

（8）如遇交接时发生事故，由交班的值班员处理，准备接班的值班员协助，待恢复正常后，再进行交班。若一时不能恢复，应在事故处理告一段落后，得到领导同意才能交接班。

（三）一次设备故障后的基本处理原则

1. 坚持先送电、后故障处理的原则

即一次设备故障引起全所或馈线停电后，在保证不扩大事故范围和不危及人身安全的前提下，应该先送电，后进行事故处理，尽量缩短停电时间。

（1）无论主变压器系统，还是馈线系统，在发生设备故障后，应先使备用设备代替故障设备运行，然后再进行故障处理。

（2）在无备用设备的情况下，应先对故障设备进行临时处理（如使故障设备脱离电源或用短接法代替故障设备临时供电），达到供电条件后向外供电，然后再要停电点进行故障处理。

（3）若由于二次回路故障导致断路器拒动，可采用手动操作的方法将断路器断开和合上，然后再进行故障处理。

（4）若由于设备故障造成全所停电后，短时间很难恢复送电，应立即由相邻变电所进行越区供电，然后再进行故障处理。

2. 坚持先一次设备，后二次设备的故障处理原则

即在一二次设备同时发生故障的情况下，为保证尽快恢复送电，应先进行一次设备故障处理，再进行二次设备故障处理。

3. 坚持先无备用的设备、后有备用的设备的故障处理原则

在多处设备同时发生故障时，为了缩短事故影响的停电时间，应先处理无备用设备的故障，然后再处理其他有备用设备的故障。

4. 坚持先主要设备后辅助设备的事故处理原则

即在多处设备同时发生故障时，应先处理对正常供电影响大的设备的故障，后处理对正常供电影响小的设备故障，最后处理不影响正常供电的设备故障。

5. 坚持先处理危害大的设备、后处理一般设备的故障处理原则

如先处理事故影响范围大、事故正在蔓延扩大危及人身安全和其他设备安全的设备故障。再处理一般设备的故障。

6. 坚持先故障设备停电，后进行故障处理的原则

即在进行故障处理时，不管是高压设备还是低压设备，必须先将故障设备停电，并做好安全防护措施，然后再进行故障处理。

7. 坚持先查明事故原因，后进行事故处理的原则

由于受各种因素的影响，设备故障产生的原因很多，在没有查明故障原因之前就进行盲目处理，会适得其反，可能造成劳民伤财，扩大事故范围的严重后果。

8. 坚持值班人员临时处理，专业人员最终修复和复查的故障处理原则

由于变电所值班人员一直在现场，为了缩短事故影响的停电时间，在设备故障发生后，值班人员应尽力先进行临时处理，恢复送电运行。专业检修人员到达现场后，再对故障设备进行彻底修复；若值班人员已经把设备故障处理好，专业检修人员也要对故障设备进行复查，确保设备处于良好状态。

（四）事故处理

根据供电事故管理规程的要求，对每一件供电事故都要按照"三不放过""四查"（即"事故原因分析不清不放过，事故责任者和群众没有受到教育不放过，没有防范措施不放过"；"查思想，查纪律，查制度，查领导"）的要求，认真组织调查，弄清原因，确定责任者，制定出有效的防范措施。这样才能及时正确地分析事故，可以早找出发生事故的原因，采取有效防范措施，避免同类事故发生。

（五）事故报告

事故报告分为电话速报和书面报告两种。电话速报是于故障发生后用电话向上级

机关的报告，书面报告是于事故处理后用书面向有关上级机关的报告。供电调度接到供电故障报告后在尽快组织抢修的同时要按照电话速报的内容要求迅速用电话报告供电段、铁路局供电调度。对每一件责任供电事故，供电段均要填写《牵引供电事故报告》，必要时附图和说明。

子任务 2　电气设备的事故处理

通过自主学习和教师指导，掌握变压器和断路器的事故分析和处理，了解馈线隔离开关故障、电容补偿装置故障、穿墙套管击穿、高压室硬母线支持绝缘子击穿、直流系统故障、失压等事故的处理原则和方法，了解电气设备的事故处理注意事项。

本模块属于拓展模块，可扫描二维码自主学习。

【任务实施】

（1）学生接受任务，根据给出的相关知识通过学习并查阅相关的资料，自行完成任务的内容。

（2）各小组成员之间、各小组之间互相检查，发现问题，提出意见。

（3）老师检查各小组及个人完成的任务，提出问题，给出成绩。

【课堂训练与测评】

（1）供电事故是如何划分的？

（2）一次设备故障后的基本处理原则？

（3）牵引变压器的油温、油位异常时值班员应怎么做？

（4）馈线隔离开关发生事故后应如何应急处理？

【知识拓展】

（1）扫一扫二维码 4.14，可查阅学习变压器的事故分析和处理。

（2）扫一扫二维码 4.15，可查阅学习断路器和隔离开关的事故分析和处理。

（3）扫一扫二维码 4.16，可查阅学习失压后的处理原则。

（4）扫一扫二维码 4.17，可查阅学习其他电气设备的事故处理。

二维码 4.14　　　二维码 4.15　　　二维码 4.16　　　二维码 4.17

项目五　牵引变电所二次回路

项目导入

　　会看变电所的常用图纸资料是变电所运行维护检修人员的一项基本能力，是值班员通过自学熟悉变电所的前提条件，是分析二次回路异常或故障的基础能力。

　　通过对牵引变电所二次回路的基本概念，二次回路电气图的符号和基本表示方法的了解，牵引变电所二次图的分类的了解以及对典型二次回路的学习，学生应学会分析主要电气二次图的作用、组成和工作原理，能够对二次回路的故障进行分析和处理。

学习方法

　　资讯：接受学习任务，根据引导问题，通过查找资料及网络信息等，建立学习任务总体印象。

　　计划：与小组成员、教师、师傅讨论二次回路在牵引变电所中的影响和意义。

　　决策：与教师或师傅进行专业交流、确认本项目的工作步骤和涉及的工具，拟定检查、评价标准。

　　实施：按照确定的工作步骤完成对应的学习任务，发现问题共同分析，遇到无法解决的问题时请老师或师傅帮助解决。

　　检查：

　　（1）生产文件准备好了吗？

　　（2）工具准备好了吗？

　　（3）安全注意事项有哪些？

　　评价：与同学、老师、师傅进行专业交流，任务完成有改进的建议吗？

任务 1　二次回路的认识——识读 27.5 kV 馈线过电流保护原理图

【任务目标】

（1）明确牵引变电所的一次设备和二次设备。

（2）理解二次回路在牵引变电所运行中的重要作用。

（3）熟悉牵引变电所二次回路的分类。

（4）熟悉二次回路的读图方法。

【任务描述】

通过对 27.5 kV 馈线过电流保护原理接线图的识读，初步认识二次回路的基本概念，了解二次回路的基本知识，能够识读馈线过电流保护二次回路的展开式原理接线图。

【学习步骤】

（1）认识牵引变电所二次设备。

（2）认识馈线过电流保护回路的二次设备。

（3）认识牵引变电所二次回路归总式原理接线图和展开式原理接线图。

（4）初步熟悉牵引变电所二次回路电气图的符号和基本表示方法。

（5）会分析牵引变电所馈线过电流保护原理接线图。

（6）归纳总结读图方法。

【知识链接】

一、二次回路基本概念

在发电厂、变电所中，直接生产、输送和分配电能的设备称为一次设备，包括发电机、变压器、断路器、隔离开关、母线、输电线路、电力电缆、电抗器、电动机、避雷器等。

而对一次设备进行控制、监视、保护、测量、调节及远动的设备称为二次设备。将二次设备按一定的功能要求连接成的电路称为二次接线或二次回路。

常见的二次设备有：测量表计，如电压表、电流表、功率表、电能表，用于测量电路中的电气参数；绝缘监察装置；控制和信号装置，如实现配电装置中断路器合闸、跳闸的按钮等操作电器，断路器的位置信号灯，主控制室中用于反映电气设备状态的中央信号装置等；直流电源设备，如蓄电池组、充电装置等，供给控制保护装置使用及直流负荷和事故照明用电等；继电保护及自动装置，如主变保护装置、馈线保护装置、自动重合闸装置等。继电保护装置用于监视一次系统的运行状况，迅速反应异常和事故，然后作用于断路器，进行保护控制。自动装置用于实现输电线路自动重合闸、备用电源自动投入等。

二次回路是确保电气化铁路安全生产、经济运行和可靠供电不可缺少的重要组成部分。一次设备与二次设备构成一个整体，只有二者都处在良好状态，才能保证电力系统的安全。尤其是在中心牵引变电所中，二次设备的重要性更显突出。

二、综合自动化变电所二次设备

综合自动化变电所中的二次设备分为微机保护、微机测控、自动装置、远动设备等。微机保护、微机测控等装置由于采用了微型计算机作为核心，许多功能都由芯片运算完成，在保护原理的算法和实现上进行了很大的改进，对高等数学及计算机等专业知识水平要求较高。

电磁式继电器保护装置的定型化程度很高，接线简明、原理清晰、易于理解。微机保护则是由不同厂家根据继电保护的基本原理独立开发的。各套产品之间在配置原则、保护算法等方面存在较大差异，虽然经过一定时间的运行实践已经总结出一定的经验，但是仍然很难确定地将某一种产品作为范例进行推广，这也导致了教学中对微机保护二次接线提及较少。

我们先从电磁式继电器组成的过电流保护二次回路开始认识二次回路，再结合图纸分析综合自动化变电所二次回路的工作过程，循序渐进，逐步加深对二次回路的理解。

三、二次回路的分类

（1）按电源性质分为交流电流回路、交流电压回路和直流回路。如二次设备的工作电源；断路器、隔离开关的电机电源等。

交流电流回路由电流互感器二次侧供电给测量仪表及继电器的电流线圈等所有电流元件的全部回路。

交流电压回路由电压互感器二次侧供电给测量仪表及继电器的电压线圈等所有电压元件的全部回路。

变电所的直流系统回路是独立的重要操作电源，主要用于开关的控制、继电保护、自动装置、信号装置、监控系统、事故照明等。

（2）二次回路按功能分为监视和测量回路、控制回路、保护回路、信号回路、自动和远动回路等。

① 监视和测量回路：主要由测量元件及显示仪表组成，其作用是监视、测量一次设备的工作状态，为运行管理、事故分析提供参数。如温度、流量、档位等传感器信号回路。

② 控制回路：主要由控制开关和相应的控制继电器组成，其作用是对高压开关进行分、合闸操作。如跳、合闸回路；保护屏之间的启动、闭锁回路；联锁、闭锁回路；分接头调节回路。

③ 信号回路：主要有开关设备的位置信号、报警信号、事故信号、至故障录波器的信号等。其作用是反映一次设备和二次设备的工作状态。

④ 保护回路：主要有继电保护、自动装置和相应的辅助元件，其作用是自动判别一次设备的工作状态，在事故和不正常运行状态下，继电保护装置能够自动切除故障和消除不良状态并发出报警信号。

⑤ 自动、远动装置回路：牵引变电所的继电保护和远动装置属于二次接线范畴，但因为它们自成一个完整的体系，故将其独立看待。

【任务分析】

子任务 1　认识牵引变电所 27.5 kV 馈线过电流保护归总式原理接线图（见图 5.1）

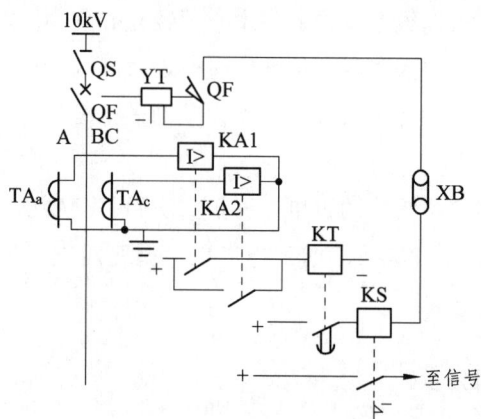

图 5.1　27.5 kV 过电流保护归总式原理接线图

（1）查阅表 5.2《二次回路常用文字符号表》，找出图 5.1 27.5 kV 馈线归总式原理接线图中的图形符号和文字符号代表的二次设备或元件。

文字符号	二次设备或元件	文字符号	二次设备或元件
KA1、KA2	电流继电器	KS	信号继电器
KT	时间继电器	XB	保护用连接片
YT	27.5 kV 馈线断路器操作机构的跳闸线圈	TA	保护用电流互感器
QS	27.5 kV 馈线母线侧隔离开关	QF	27.5 kV 线路断路器

（2）将交流回路和直流回路分开，依次从电源开始分析 27.5 kV 馈线过电流保护回路的工作原理，画出馈线过电流保护动作时，先后导通的二次回路。

①_____

②_____

③_____

当 27.5 kV 线路内部发生相间短路故障时，电流继电器 KA1、KA2 的二次侧回路中的电流增大，当通过继电器 KA1、KA2 线圈中的电流超过其动作值时，其动合触点闭合，直流电源的正极加到时间继电器 KT 的线圈上，线圈的另一端接在直流电源的负极，启动时间继电器；经过 t 秒后，KT 的延时动合触点闭合，启动信号继电器 KS，同时启动断路器操作机构，使断路器自动跳闸，切除短路故障，信号继电器 KS 发出保护动作信号。

【知识链接】

二次识图前必须具备的概念。

（1）接点的常态：指在二次回路图中，所有断路器或隔离开关辅助接点和继电器、接触器的接点都按照它们在正常状态时的位置来表示。所谓正常位置是指断路器和继电器的线圈未通电、无电压、不受外力时，它们的接点所处的状态。

（2）励磁与不励磁：对于电压型线圈的继电器或接触器，励磁状态是指在它们的线圈两端施加有足够大的电压，能使其接点分、合状态发生改变的状态。对于电流型线圈的继电器或接触器，励磁状态是指在它们的线圈通过足够大的电流，能使其接点转态发生变化的状态。

（3）接点动作与不动作：接点处于常态，叫接点不动作。如因设备的继电器或接触器励磁，或者压力改变、温度改变等，导致接点的分、合状态不同于常态，叫接点动作。

（4）二次回路图中的图形符号、文字符号和回路标号都要国家的统一规定，如表5.1所示。图形符号和文字符号用来表示和区别二次回路图中的电气设备；回路标号用来区别电气设备间相互连接的各种回路。

表 5.1 《电气图用图形符号》中的一些图形符号

二次回路设备名称	图形符号	二次回路设备名称	图形符号
继电器延时断开的动断触点		动合按钮开关	
继电器、接触器线圈一般符号	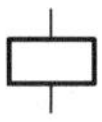	动合（常开）触点	
电流互感器		接通的连接片	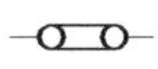
控制或转换开关的两对触点（三条纵向虚线表示开关有三个位置）		缓慢释放继电器的线圈	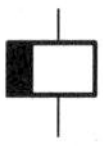
缓慢吸合继电器的线圈	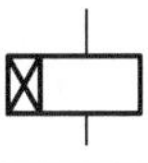	接触器动合触点	
继电器延时闭合的动合触点		断路器	
隔离开关		接地隔离开关	
蓄电池组		三极开关	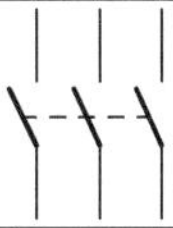
动断（常闭）触点		断路器一般符号	
半导体二极管一般符号		灯的一般符号	
热继电器动断触点		交流电动机	

表 5.2　二次回路常用文字符号

序号	元件名称	新文字符号	旧文字符号	序号	元件名称	新文字符号	旧文字符号
1	继电器	K	J	30	按钮	SB	AN
2	电流继电器	KA	LJ	31	合闸按钮	SBC	HA
3	电压继电器	KU	YJ	32	分闸按钮	SBO	TA
4	时间继电器	KT	SJ	33	紧急停机按钮	SBE	KA
5	中间继电器	KAM	ZJ	35	试验按钮	SBT	SA
6	信号继电器	KS	XJ	36	复归按钮	SR	FA
7	瓦斯继电器	KG	WSJ	37	熔断器	FU	RD
8	压力继电器	KP	PJ	38	红色指示灯	HLR	HD
9	差动继电器	KD	CDJ	39	绿色指示灯	HLG	LD
10	合闸继电器	KC	HJ	40	白色指示灯	HLW	BD
11	分闸继电器	KO	TJ, FJ	41	光字牌	LMP	GP
12	自动合闸继电器	KCA	ZHJ	42	直流信号回路电源小母线	WS/ + 700	+ XM
13	合闸位置继电器	KCP	HWJ	43	直流合闸回路电源小母线	WO/ +	+ HM
14	跳闸位置继电器	KTP	TWJ/FWJ	44	控制回路断线小母线	WCB	KDM
15	保护出口继电器	KPE/KCO	BCJ	45	闪光母线	WF/ M100(+)	(+)SM
16	闭锁继电器	KLA/KCB	BSJ	46	事故音响信号小母线	WAS/M708	SYM
17	防跳继电器	KML	TBJ	47	预告信号小母线	WPS/ M709、 M710	1YBM、 2YBM
18	合闸线圈	YC	HQ	48	辅助小母线	WA/M703	FM
19	分闸线圈	YT	TQ	49	直流控制回路 电源小母线	WC	KM
20	接触器	KM	C	50	电压互感器	TV, PT	YH
21	合闸接触器	KMC	HC	51	电流互感器	TA, CT	LH
22	分闸接触器	KMO	FC	52	电流表	PA	A
23	控制开关	SA	KK, WK	53	电压表	PV	V
24	转换开关	SA	ZK	54	电阻	R	R
25	低压闸刀开关	QK	HK	55	二极管	VD	D
26	行程开关	ST	CK	56	三极管	VT	BG
27	断路器及其 辅助触点	QF	DL	57	电铃	HA	JL
28	隔离开关及其 辅助触点	QS	G	58	蜂鸣器/警笛	HA	FM/JD
29	连接片	XB	LP	59	端子板、接线柱	X	D

子任务2　分析27.5 kV 馈线归总式原理接线图对应的展开式原理接线图

（1）分析展开式原理接线图与归总式原理接线图的不同。

（2）分析27.5 kV 展开式原理接线图的工作原理。

（3）归纳出展开式原理接线图的读图方法。

（4）总结出展开式原理接线图的特点。

【知识链接/任务学习信息/知识储备】

归总式原理接线图通常表示二次回路的组成及工作原理，图中各二次设备用整体图形符号形式表示，并将与二次回路有关联的一次回路绘制在一起。

展开式原理接线图通常表示二次回路的动作原理，图中二次设备的各组成元件，分别绘制在不同性质回路中，即交流电压回路、交流电流回路、直流回路及信号回路等。如图5.2所示。

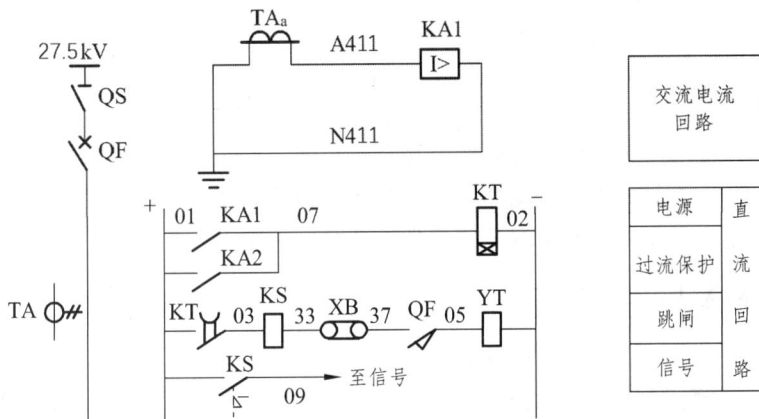

图5.2　27.5 kV 过电流保护展开式原理接线图

【任务小结】

通过完成本任务，同学们初步认识了牵引变电所馈线过电流保护二次回路，变电所二次回路的基本知识和识图方法。

通过本任务的学习，可以总结出归总式原理接线图和展开式原理接线图的特点。

一、归总式原理接线图的特点

（1）二次电气设备以半集中形式的图形符号表示，例如：电流继电器 KA1 的线圈与触点等。

（2）将与二次接线有关的一次接线画在一起，例如：27.5 kV 线路断路器、隔离开关、电流互感器与过电流保护接线画在一起。

（3）二次电气设备内部结构、接线端子等一般没有画出，例如：电流继电器 KA1 的线圈与触点的接线端子、电流继电器内部结构没有画出。

二、展开式原理接线图具有如下特点

（1）按二次电气设备的供电电源不同，展开接线图由交流电流（电压）回路、直流电压（信号）回路组成。

（2）二次电气设备的不同组成部分，分别画在不同回路中；同一个二次电气设备的不同组成部分，用同一文字符号表示。例如：电流继电器线圈画在交流电流回路，触点画在直流电压回路，均用 KA1（KA2）表示。

（3）交流电流（电压）回路按 A、B、C 相序，直流电压（信号）回路按继电器动作顺序，组成许多不同的行；不同的行按从上到下排列，每一行右侧常有对应文字说明。

（4）不同的回路，用不同的字母和数字标注，表示回路的性质和特征。

【任务实施】

（1）学生阅读任务描述和相关知识链接，通过学习相关知识并查阅相关的资料，自行完成任务要求。

（2）小组成员之间、小组之间互相检查，发现问题，提出意见。

（3）老师检查各小组及个人完成的任务，提出问题，给出成绩。

【课堂训练与测评】

（1）二次回路按功能可分为哪些回路？

（2）二次接线图中的展开图和安装接线图各有何作用？

（3）归总式原理接线图和展开式原理图的区别有哪些？

【知识拓展】

（1）扫一扫二维码 5.1，可查阅学习电气图的基本表示方法。

（2）扫一扫二维码 5.2，可查阅学习常用二次回路图形符号和文字符号使用规范。

二维码 5.1   二维码 5.2

任务 2　安装接线图的认识

【任务目标】

（1）明确二次回路安装接线图有三种类型：屏面布置图、屏后接线图和端子排图。

（2）理解二次回路中的安装接线图的重要作用。

（3）能够对照展开式原理图识读对应的安装接线图。

（4）熟悉二次回路的读图方法。

【任务描述】

通过对 27.5 kV 馈线过电流保护安装接线图的识读，进一步掌握二次回路的读图方法，能够读懂基本的屏面布置图、原理接线图、安装接线图和端子排图。

【学习步骤】

（1）对牵引变电所的二次回路图进行分类。

（2）认识馈线过电流保护回路的安装接线图。

（3）初步熟悉牵引变电所二次回路电气图的符号和基本表示方法。

（4）会分析牵引变电所馈线过电流保护安装接线图。

（5）会分析牵引变电所馈线过电流保护屏面布置图、屏后接线图及端子排图。

（6）归纳总结读图方法。

【知识链接】

安装接线图一般包括屏面布置图、屏后接线图和端子排图三种图纸。

安装接线图是以展开式原理接线图为依据，按照安装图设计的有关具体要求绘制的，用于表明配电盘的类型、各二次设备在盘上的安装位置、设备间的尺寸及二次设备接线情况的图纸，是厂家制造控制保护屏柜及现场施工安装接线所依据的主要图纸，也是变电所运行维护和检查依据的主要图纸。安装接线图标明了屏上各个设备的文字符号、安装顺序号以及每个设备引出端子之间的连接情况和设备与端子排之间的连接情况。

常见的有屏柜的端子接线图、开关或端子箱的安装接线图。图中每个设备都有按一定顺序的编号、代号，设备的接线端子也有标号，此标号完全与产品的实际位置相对应。每个接线端子还注明有连接的去向。端子排图还有回路编号（与展开图对应），端子连接的电缆去向、电缆的编号，与现场实际设备的安装情况完全对应，是安装和核对现场不可缺少的图纸。

【任务分析】

子任务 1　识读 27.5 kV 馈线归总式原理接线图和展开式原理接线图

图 5.3 是牵引变电所 27.5 kV 馈线保护及测量回路的原理接线图实例。图中继电保护装置的电路是通过电流互感器 1LH 与主电路的馈线联系起来的。

27.5 kV 馈线的保护由成套保护装置和作为后备的电磁型过电流保护装置构成。成套保护装置由电流速断保护和阻抗保护组成，图中显示出电流继电器 LJ 和阻抗继电器 KI 的常开触点。电磁型过电流保护装置由电流继电器 LJ、时间继电器 SJ 和信号继电器 XJ 组成。TQ 是断路器的跳闸线圈，DL2 是断路器的辅助触点，LP 是连接片。

当靠近牵引变电所的接触网发生短路故障，且短路点位于电流速断保护区范围内时，由于短路电流超过电流速断保护的整定值而使该保护动作，馈线断路器跳闸。如短路点超出电流速度保护的保护范围，则由于馈线电流的增大和母线电压的降低，由阻抗保护测得的短路阻抗值下降，相角由负荷的相角变到短路的牵引网回路阻抗角，导致阻抗值和阻抗角落入整定值范围内，从而使之动作于断路器跳闸。

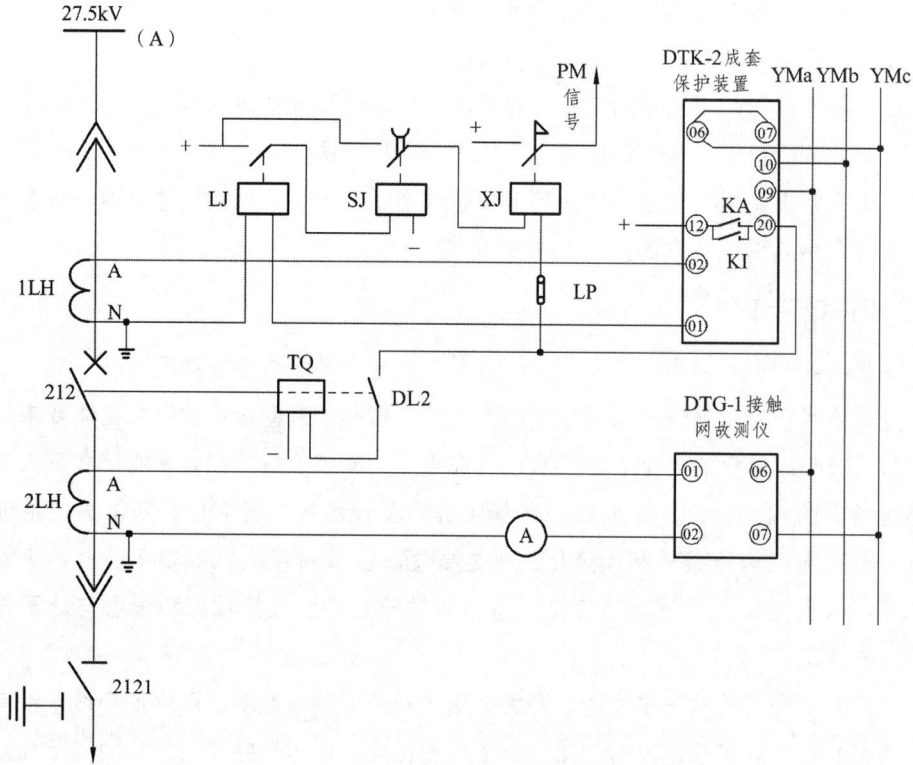

图 5.3　27.5 kV 馈线保护及测量回路归总式原理接线图

　　阻抗保护还可以作为电流速断保护的后备，当整个成套保护装置拒动时，则由电磁型过电流保护动作于断路器跳闸。它们之间的动作顺序（即选择性）是靠阶梯形的时限来保证的，即成套保护中的阻抗保护要比电流速断保护晚一个时限（Δt）动作，而电磁型过电流保护则又比阻抗保护晚一个时限（Δt）动作。在图 5.3 中，电磁型电流继电器 KA 启动后，因其触点闭合而启动时间继电器 KT，经过整定的时限后 KT 的延时闭合的常开触点闭合，这时断路器跳闸线圈 YT 的电源被接通，从而造成断路器跳闸；同时，由于跳闸线圈的电流通过信号继电器 KS 的线圈而使 KS 动作发出事故跳闸信号。如果成套保护装置动作正常，则电磁型保护的 KT 在尚未达到的整定时限之前，馈线断路器已由成套保护动作跳闸，从而因短路点被切除而使电磁型继电器 KA 返回，其触点断开亦使 KT 途中停止而返回。断路器跳闸后整套保护装置均恢复原状，为下次动作做好准备。

　　馈线的 2TA 是供给测量用的接触网故障点探测仪及电流表的电流互感器。

图 5.4 为牵引馈电线二次回路的展开图实例，是与图 5.3 的归总式原理图相对应的展开图。

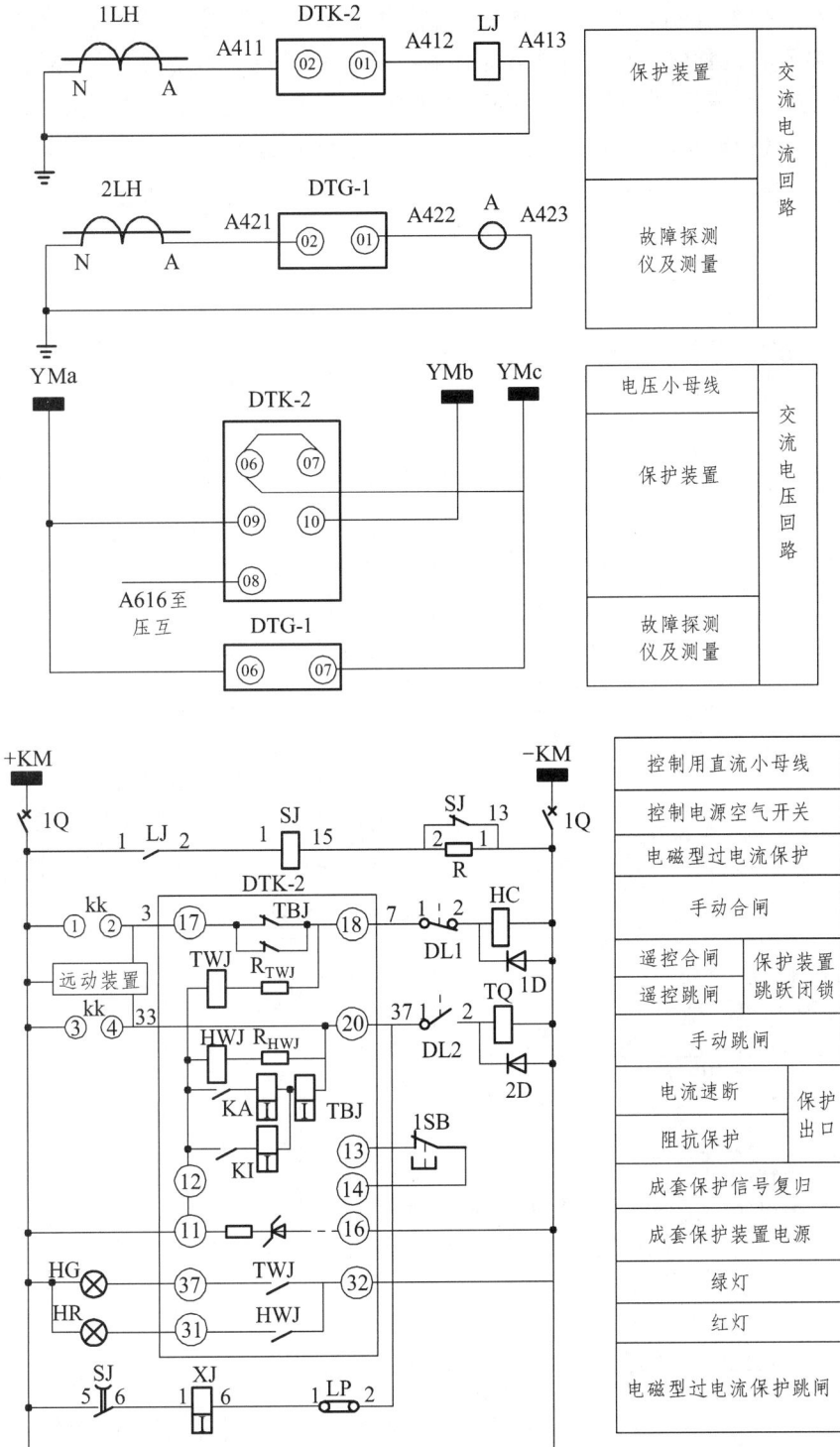

图 5.4　牵引馈电线二次回路展开图（交流电流、电压回路和控制回路）

　　其中包括交流电流回路展开图、交流电压回路展开图和断路器控制回路展开图。断路器控制回路采用直流电，直流操作电源由直流屏上直流馈线引出，构成正、负控制电源小母线±KM，经过电源小空开，所有回路分列于正、负电源之间。若电磁型过电流保护装置中的 LJ 动作后，其常开触点闭合接通 SJ 线圈，SJ 的瞬时常闭触点断开。在 SJ 动作过程中，回路通过电阻 R 而导通（因 SJ 启动电流大，启动后在电磁式时间继电器的钟表机构连动过程中则要求电流小），当 SJ 达到整定的时限后，其常开触点闭合，接通断路器跳闸线圈 TQ 的回路，使断路器跳闸。XJ 因跳闸线圈电流通过而动作后，在图 5.5 信号回路展开图中，XJ 的常开触点闭合，分别给出事故音响信号（3、8 触点）、掉牌未复归信号（2、7 触点）和该信号继电器动作的信号灯显示（10、5 触点）。

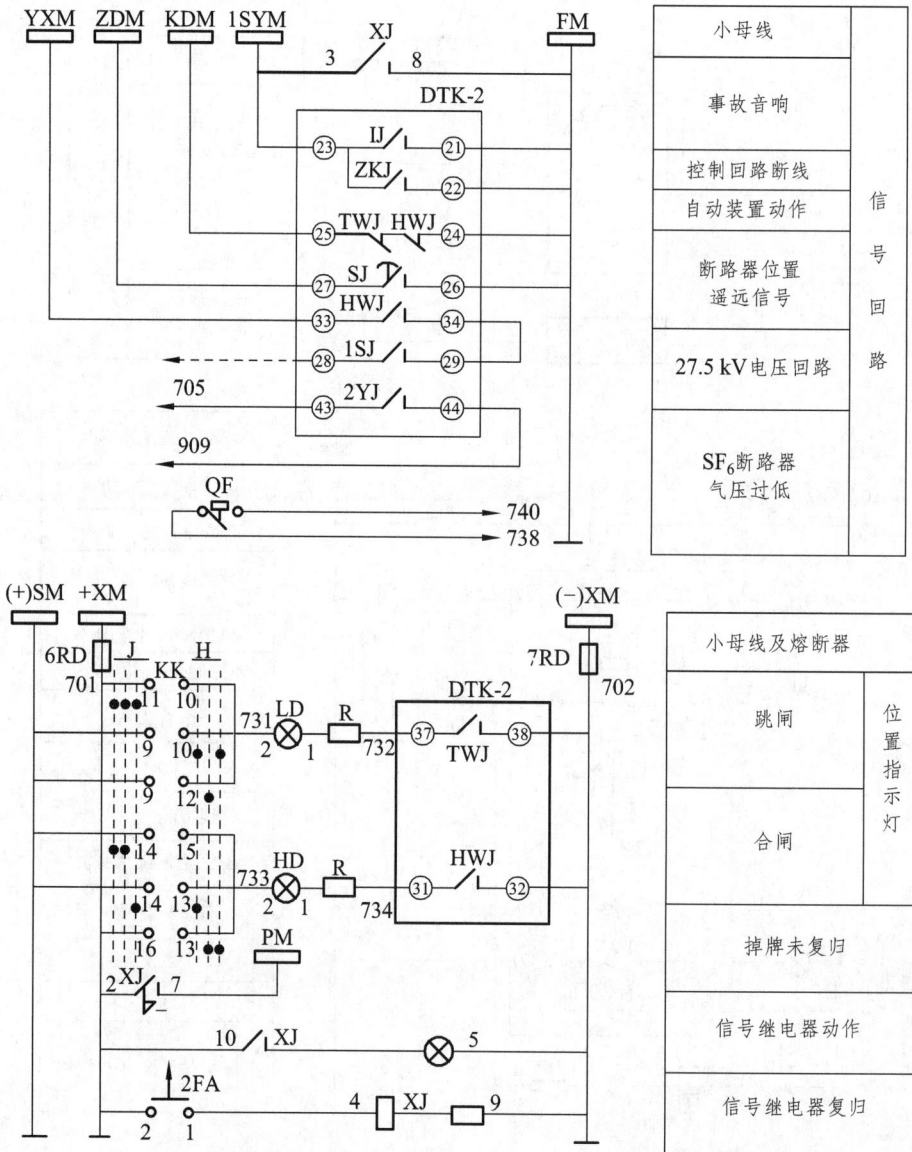

图 5.5　牵引馈电线二次回路展开图（信号回路）

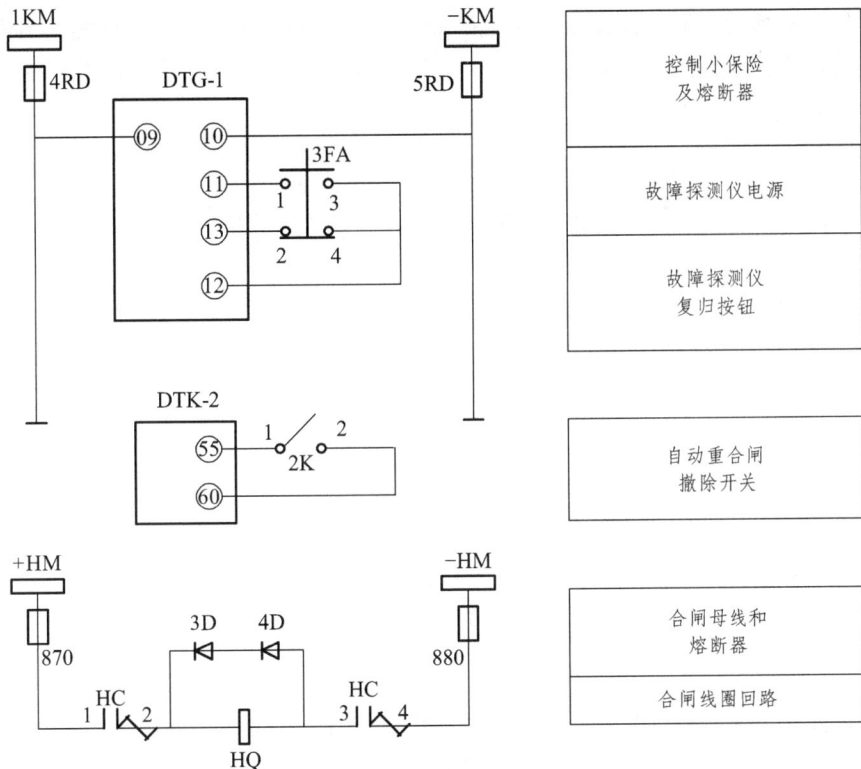

图 5.6　牵引馈电线二次回路展开图（其他回路）

子任务 2　认识牵引变电所 27.5 kV 馈线安装接线图

【学习步骤】

（1）识读综合自动化变电所主变保护测控屏屏面布置图

（2）查阅屏面布置图的布置原则。

（3）了解牵引变电所的施工设计图和竣工图都包括哪些图纸：目录清单、主接线图、二次回路原理图、二次回路安装接线图、相关设备的厂家的原理图、电缆清册。

（4）查阅端子排的图片并了解端子排的作用。

【知识链接】

安装接线图又称屏背面接线图，它是厂家制造屏柜的过程中配线的依据，也是安装、施工、运行、检修时的参考图纸。它是以展开图、屏面布置图和端子排图为原始依据，由设计人员绘出。

一、安装接线图中各设备间的接线采用"相对标号法"和"等电位标号法"两种，并不画出连线

1. 相对标号法

相对标号法就是在每个接线端子处标明它所连接对象的编号，以表明二者间相互连接关系的一种方法。如 A、B 两个设备需要相互连接时，则在 A 设备的接线端标上

B 设备的端子标号;而在 B 设备的接线端标明 A 设备的端子标号,用符号标明该线段的连接去向。由于是相互标注连接对方的标号,故称为相对标号法。如图 5.7 所示为相对标号法。

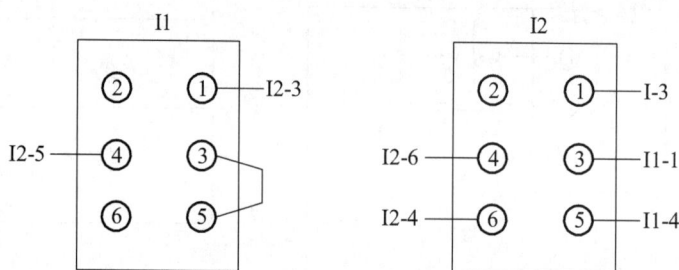

图 5.7　采用相对标号法标号的接线图

其中,I2-4 的含义是:I 表示安装单位,2 表示设备序号,4 表示设备端子号。I-3 的含义是:I 表示安装单位,3 表示端子序号。

相对标号法具有表示简单、清晰,查线方便等优点,当二次接线复杂时尤为突出。因此,牵引变电所内的端子排、盘后接线图均采用相对标号法。

2. 等电位标号法

等电位标号法是指在接线端子处只注明它所连接对象在二次电路中的回路编号,不具体指明所连接的设备。因为二次回路编号是按等电位原则编制的,所以称为等电位标号法。这种标号法表示简单,与二次电路相对应,便于电路分析,但由于标出的回路号并不反映设备间实际的连接线段,故查线不方便。

二、安装接线图上的设备符号（见图 5.8）

安装接线图上设备的相对位置应与实际的安装位置相符合设备标志符号的内容有:与屏面布置图一致的安装单位编号及设备顺序号,如 I 1、II 2 等,其中罗马数字 I 表示安装单位代号,阿拉伯数字下标 1、2、3 表示设备安装顺序;与展开图相一致的该设备的文字符号和同类设备编号,如 LJ 表示电流继电器,LJ 前面的 3 表示第 3 块电流继电器;DL-11/20 表示设备型号。

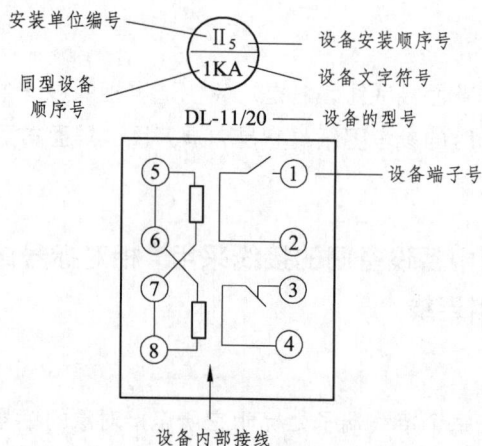

图 5.8　屏后设备标志符号

图 5.9 是与图 5.4、图 5.5、图 5.6 相对应的与牵引馈电线电磁型过电流保护有关的保护屏端子排图的一部分，图 5.10 是相对应的屏后接线图。请将展开图的线与安装接线图的线一一对应。

核查安装接线图与展开图上设备的对应关系有两个主要目的：一是认识展开图中各设备在现场的位置。二是检查安装图与展开图的对应关系，理解二次回路工作原理，便于查找故障。

要从安装接线图的端子排图查清某个端子排的端子在展开图中的位置，可以先查出该端子上所在的回路标号，再查对展开图中回路标号，相同的回路标号即同个回路，即可在展开图中迅速找到该回路，并在展开图中查明它在整个回路中的作用。

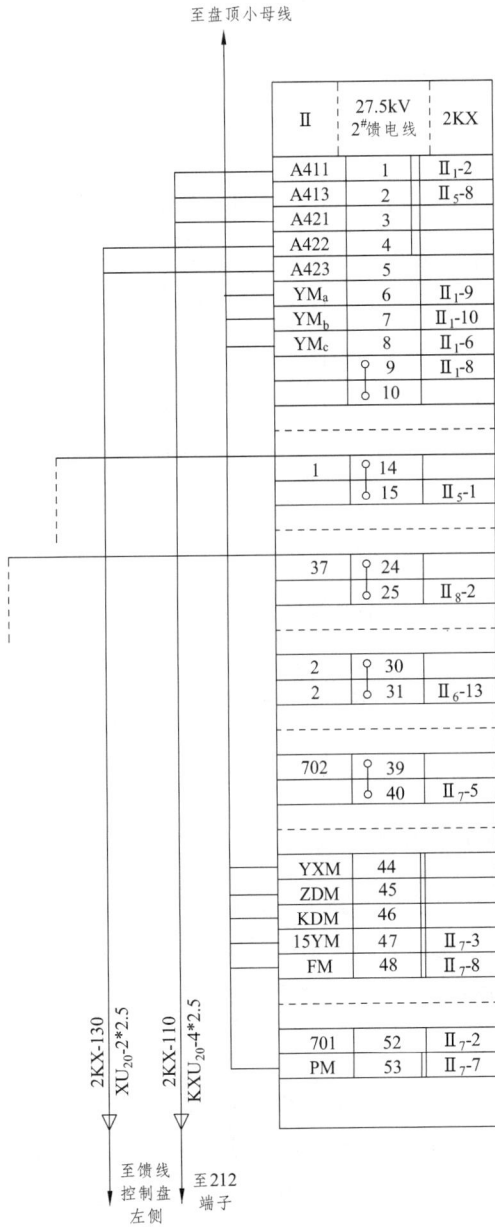

至盘顶小母线

Ⅱ	27.5kV 2#馈电线	2KX
A411	1	Ⅱ_1-2
A413	2	Ⅱ_5-8
A421	3	
A422	4	
A423	5	
YM$_a$	6	Ⅱ_1-9
YM$_b$	7	Ⅱ_1-10
YM$_c$	8	Ⅱ_1-6
	9	Ⅱ_1-8
	10	
1	14	
	15	Ⅱ_5-1
37	24	
	25	Ⅱ_8-2
2	30	
2	31	Ⅱ_6-13
702	39	
	40	Ⅱ_7-5
YXM	44	
ZDM	45	
KDM	46	
15YM	47	Ⅱ_7-3
FM	48	Ⅱ_7-8
701	52	Ⅱ_7-2
PM	53	Ⅱ_7-7

2KX-130 XU$_{20}$-2*2.5　2KX-110 KXU$_{20}$-4*2.5

至馈线控制盘左侧　至212端子

图 5.9　牵引馈电线端子排图

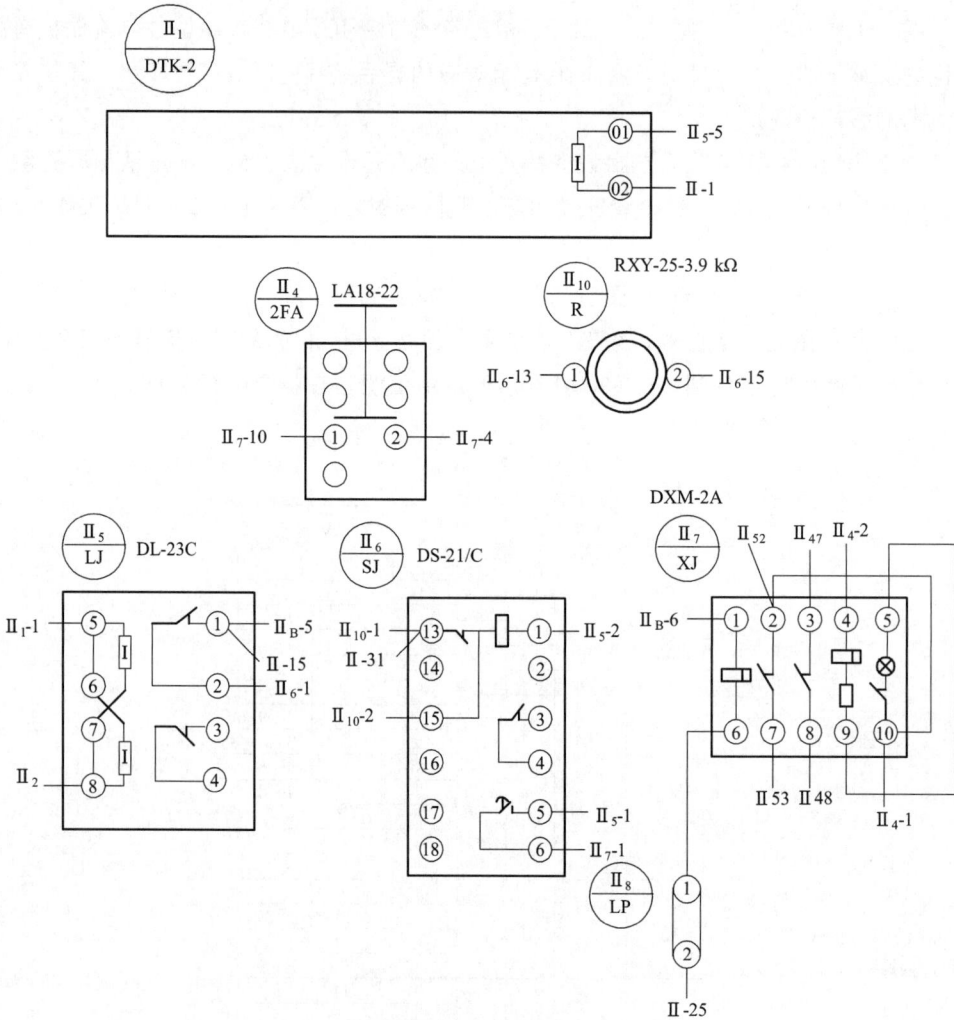

图 5.10 牵引馈电线屏后接线图

子任务 3 根据安装接线图辨识二次回路

【知识链接】

一、接线端子和端子排图

接线端子简称端子，是二次回路中不可缺少的配件。单元内与单元外设备之间的连接是通过端子和电缆来实现的。许多端子组合在一起构成端子排。端子排有垂直布置方式，安装在屏后的左右两侧；有水平布置方式，安装在单元屏柜的下部。

1. 接线端子的类型和作用

目前国内通用的是 B_1、D_1 系列的接线端子。B_1 系列适用于交流 50 Hz，额定电压至 250 V，额定电流至 20 A 的低压操作控制电路，作线端连接分线和试验用。D_1 系列适用于交流 50 Hz 或 60 Hz，额定电压至 500 V，额定电流至 100 A 的配电设备、保护装置中作导线间的连接。

其基本结构由绝缘座和导电片组成。绝缘座一般由胶木粉压制而成，其作用是隔绝导电片与接线端子的固定槽板，而且可以避免端子接线时误碰到临近端子的导电部分。在绝缘座的下部有一个锁扣弹簧，供接线端子固定在端子槽内用。

接线端子按用途可分为以下几种类型：

（1）一般端子：用于连接单元内外导线或电缆。

（2）连接端子：用于端子间的连接。

（3）试验端子：用于需要接入试验仪表的电流回路中。一般交流回路应设置试验端子，可在不切断二次回路的情况下检校测量表计和继电器。

（4）连接型试验端子：它同时具有试验端子和连接端子的作用，用于在端子上需要彼此连接的电流试验回路中。

（5）终端端子：用于固定或分隔不同安装单位的端子排。终端端子不接线，上面打有文字符号，表明端子排的归属。

（6）特殊端子：用于需要方便地断开的回路中，如闪光母线、预告音响小母线等回路。

2. 端子和端子排的表示方法

（1）一般端子用图形符号"〇"表示，可拆卸的端子用"∅"表示。接线图中的元件、器件、部件、组件和设备等项目，应尽量采用圆形、矩形等简化外形来表示。对于用简化外形表示项目时，其上的端子可不画符号，只用端子代号表示。

（2）表示各接线端子的组合及其与盘内外设备连接情况的图称为端子排图。它反映了配电盘上需要装设的接线端子数目、型号、导线去向，详细表明了各端子的接线情况，是变电所配电盘的生产、安装以及运行维护必不可缺少的图纸。

端子排图一般采用三格表示法，如图 5.9 所示。端子排的中格表明端子顺序号及端子类型。与电缆相连接侧标明所接盘外设备的二次回路标号和所接盘顶设备的名称符号。与盘内设备相连侧应标明所接设备的编号或回路标号。注意：端子排两侧的标记在安装接线中是标在连接导线所套的胶木头或塑料套管上的。端子排的起始、终端端子上，标注端子排所属的回路名称、文字符号及安装单位。同盘内有多个安装单位时，端子排按各安装单位划分成段，并以终端端子分隔。同类安装单位的端子排的结构、接线顺序相同。

【任务分析】

二次回路是牵引供电系统的重要组成部分，是牵引供电系统安全、经济、稳定运行的重要保证。二次回路故障常会破坏或影响供电系统的正常运行。运行人员及检修人员必须具备检修作业范围内运行设备与运行回路的辨识能力，特别注意作业范围内电流回路、分合闸回路等运行回路的辨识，提升风险辨识和管控能力。可通过以下几种方法辨识二次回路的功能：

一、通过端子排辨识二次回路

根据 DL/T 317-2010《继电保护标准化设计规范》要求，对保护装置的编号也进行了统一，如表 5.3 所示。1D、2D、3D 等为屏、柜或端子箱内端子排的编号，1n、2n、1-1n 等为各装置的编号。

表 5.3　保护装置的端子排编号

装置编号	端子排编号	装置类型
1n	1D	线路保护、变压器保护、高抗保护、母线保护
2n	2D	线路独立后备保护（可选）
3n	3D	断路器保护（带重合闸）
4n	4D	操作箱
5n	5D	变压器（高抗）非电量保护
7n	7D	交流电压切换箱
8n	8D	母联（分段）保护
9n	9D	过压及远方跳闸保护
10n	10D	短引线保护
11n	11D	远方信号传输装置

（1）ZD 端子排。

ZD 端子排即直流电源段，通常在柜端子排的最上端，保护及自动化设备直流电源为 DC 110 V/220 V，通信设备直流电源为 DC 48 V。

（2）QD 端子排。

QD 端子排即强电开入段，若直流系统是 DC 110 V 的，强电开入电压为 DC 110 V。通常是屏内设备需要与屏柜外设备的开关量入才使用强电开入段，电缆长度较长。

（3）RD 端子排。

RD 端子排即弱电开入段，通常弱电开入电压为 DC 24 V，是不接地系统，即无法测量其对地电压。通常是屏内设备的配合用，也有屏外开关量的配合，但电缆长度太能太长。

（4）CD 和 KD 端子排。

CD 和 KD 即出口端子排（"出口"拼音的第一个字母），用于装置动作开出回路，一般为跳闸、重合闸等出口控制回路。CD 是回路正电端。KD 则接回路的负电端。

（5）PD 端子排。

PD 端子排即与保护配合段，通常是开出回路，与屏内外的保护配合，常见于操作箱的端子排。如操作箱的跳闸位置（TWJ）、合闸位置（HWJ）、闭锁重合闸、永跳（TJR）等开出接点。

（6）UD 端子排。

UD 端子排即交流电压段，接入线路、变压器各侧及母线的相电压、零序电压等。接入 UD 后到各保护专用的交流电压小开关（零序电压不经空开），再接到各保护专用的电压端子排。

（7）ID 端子排。

ID 端子排即交流电流段，接入线路及元件各侧的三相电流和 N 相电流。

（8）XD、YD、LD 端子排。

XD、YD、LD 端子排即信号、遥信和录波段，为动作开出回路，用于测控装置信号记录和故障录波的信号记录。

（9）JD 端子排。

JD 端子排即交流电源段，接入 AC 220 的市电或 UPS 交流电源，用于屏内需要用交流电源的设备，如照明、打印机、风扇、交换机等。

（10）TD 端子排。

TD 端子排即网络通信段，通常接有打印机的数据线（并口、串口）、B 码对时线、485 串口通信线（保信用）等。

（11）BD 端子排。

BD 端子排即集中备用段，也就是备用端子。常位于整个端子排的最小部分，通常由于接线施工时电缆芯不够长，需要在 BD 进行过渡。或者原来的功能端子排公共端端子已接满，用 BD 来扩展。或者回路改造后电缆不够长，在 BD 过渡到其他展柜。

（12）GD 端子排（测控装置）。

GD 端子排，有两种用法，一种与 BD 端子排用法相同，即"过渡"端子。另一种用作"公共端"段，如测控装置的遥信公共端。

（13）BS 端子排（测控装置）。

BS 端子排，即闭锁段，常见于测控屏，是测控五防的联锁开出接点，即满足操作条件时导通。BS 端子的闭锁接点一般与本装置的控制回路配合。

（14）WD 端子排（测控装置）。

WD 端子排，即微量段，常见于测控屏，为测控装置采集的直流量（4-20 mA/0-5 V），即现场表计的读数用直流电压和可变电阻的方式输出直流电流量到 WD 端子，测控将电流量转换成对应的数量显示到系统中，如主变的油温、避雷器的泄漏电流等。

2. 通过电缆回路标号辨识二次回路

二次回路的设计有统一规范的命名，设计和施工均要求二次回路号头上标有回路标号。

（1）常见的直流回路（见表 5.4）。

表 5.4　常见直流回路的标号

序号	回路名称	回路标号		
		I	II	III
1	直流控制电源回路	L1±	L2±	L3±
2	直流保护电源回路	R1±	R2±	R3±
3	控制正电源回路	101	201	301
4	控制负电源回路	102	202	302

序号	回路名称	回路标号		
		Ⅰ	Ⅱ	Ⅲ
5	合闸回路	103	203	303
6	启动重合闸回路	103H	203H	——
7	监控系统合闸回路	103J	203J	303J
8	合闸监视回路	105	205	305
9	跳闸回路	133	233	333
10	操作箱到机构箱合闸回路	107	207	307
11	操作箱到机构箱跳闸回路	137	237	337
12	监控系统跳闸回路	133J	233J	333J
13	跳闸监视回路	135	235	335

（2）信号和录波回路（见表 5.5）。

表 5.5　信号和录波回路的标号

序号	回路名称	回路标号
1	信号正电源	701
2	信号负电源	702
3	红灯指示回路	703
4	绿灯指示回路	705
5	保护动作瞬动信号回路（合并）	709
6	保护、安全自动装置动作、告警信号回路	711～799
7	断路器的位置信号回路	801～809
8	隔离开关的位置信号回路	811～825
9	接地开关的位置信号回路	827～839
10	断路器，隔离（接地）开关的本体信号回路	841～879
11	隔离（接地）开关电气闭锁回路	881～899
12	录波公共端回路	901
13	录波开关量信号回路	903～999

（3）交流电流回路和交流电压回路（见表 5.6）。

表 5.6　交流电流回路的标号

回路名称	用途	回路标号组				
		A	B	C	中性线	零序
保护装置及测量表计电流回路	TA	A401～A409	B401～B409	C401～C409	N401～N409	L401～L409
	1TA	A411～A419	B411～B419	C411～C419	N411～N419	L411～L419
	2TA	A421～A429	B421～B429	C421～C429	N421～N429	L421～L429
	9TA	A491～A499	B491～B499	C491～C499	N491～N499	L491～L499
	10TA	A501～A509	B501～B509	C501～C509	N501～N509	L501～L509
	19TA	A591～A599	B591～B599	C591～C599	N591～N599	L591～L599

回路名称	用途	回路标号组				
		A	B	C	中性线	零序
保护装置及测量表计电压回路	TV	A601～A609	B601～B609	C601～C609	N601～N609	L601～L609
	1TV	A611～A619	B611～B619	C611～C619	N611～N619	L611～L619
	2TV	A621～A629	B621～B629	C621～C629	N621～N629	L621～L629
经隔离开关辅助触点或继电器切换后的电压回路	6～10 kV	A（B、C）760～769、N600				
	35 kV	A（B、C、L）790～799、N600				
	110 kV	A（B、C、L、X_C）710～719、N600				
	220 kV	A（B、C、L、X_C）720～729、N600				
	330 kV	A（B、C、L、X_C）730～739、N600				
	500 kV	A（B、C、L、X_C）750～759、N600				
绝缘检查电压表的公用回路	用途	A700	B700	C700	N700	
母线差动保护共用电流回路	6～10 kV	A360	B360	C360		
	35 kV	A330	B330	C330		
	110 kV	A310	B310	C310		
	220 kV	A320	B320	C320		
	330 kV	A330	B330	C330		

交流电流（电压）回路要在回路标号前加表示相别的 A、B、C、N 等字母。TA1 表示第 1 组电流互感器，同理，TA2 表示第 2 组电流互感器。回路标号 A401 中："A" 表示相别，"4" 表示电流互感器回路。TV2 表示序号为 2 的电压互感器。"6" 表示电压互感器回路。

二次回路标号按"等电位"原则进行，即二次回路中连于同一点的所有导线为同一标号，按回路从上到下，每一回路从左到右的顺序进行标号。每一直流回路从正电源开始，以奇数顺序，每隔一个元件，标一个不同的回路标号，直到最后一个电压降元件；然后，再从负电源开始，按偶数顺序，每隔一个元件，标一个不同的回路标号，直到第一个电压降元件位置。

3. 通过电缆芯辨识二次回路

（1）通过电缆芯的颜色、粗细辨识。

有相色的一般为电流、电压回路。

A 相：黄色

B 相：绿色

C 相：红色

N 相：黑色

电流电缆截面不小于 2.5 mm^2

电压电缆截面不小于 1.5 mm^2

（2）通过电缆芯接入的端子辨识。

电流、电压回路接入的端子一般为可开断的试验端子。

在变配电所里，屏内二次设备与屏外设备的连接，如屏内设备与室外互感器副绕组之间的连接，主控室内设备与高压室内设备的连接，一般是采用控制电缆连接的。二次回路控制电缆的数量相当多，为便于识别、安装检修和查找故障，需要对各种用途的每一根电缆都要按规定进行统一编号，并将编号悬挂于电缆根部。其编号是用不同范围内的三位数字组成。除数字编号外，还应标明电缆所属电缆安装单位、型号和电缆去向，以便和二次回路编号区别。

① 打头字母表征电缆的归属。如"Y"就表示该电缆归属于 110 kV 线路间隔单元，若有几个线路间隔单元，就以 1Y、2Y、3Y 进行区分；"T"表示变压器；"2UYH"表示该电缆归属于 35 kVII 段电压互感器间隔。

② 阿拉伯数字表征电缆走向。

如表 5.7 所示，121～125 表示该电缆是从控制室到 110 kV 配电装置的，130～149表示该电缆是连接控制室内各屏柜的，有时还在阿拉伯数字后面加上英文字母表示相别。180～189 表示该电缆是连接本台配电装置（TA、隔开辅助触点）和另一台配电装置（端子箱）的。

表 5.7　控制电缆编号

电缆用途	编号
主控制室到 6～10 kV 配电装置	111～115
主控制室到 25～35 kV 配电装置	116～120
主控制室到 110 kV 配电装置	121～125
主控制室到主变压器	126～129
主控制室内屏间联系	130～149
配电装置间联系或其他	150 ～199

2T-118KVVP-10×2.5 表示 2 号主变压器，从控制室到 35 kV 配电装置的第三根电

缆，型号规格为 KVVP，10 芯，每芯截面面积为 2.5 mm²。KVVP 表示铜芯聚氯乙烯绝缘聚氯乙烯护套铜线编织屏蔽控制电缆。

变电所内二次回路复杂，在工作时，需要拿着图纸到现场，对照图纸回路进行工作，切忌禁止凭记忆工作，特别是涉及运行回路的时候，更要谨慎，双人核实后才能进行工作。

【任务实施】

（1）学生阅读任务描述和相关知识链接，通过学习相关知识并查阅相关的资料，自行完成任务要求。

（2）个小组成员之间、个小组之间互相检查，发现问题，提出意见。

（3）老师检查各小组及个人完成的任务，提出问题，给出成绩。

【课堂训练与测评】

（1）安装接线图分为哪些图？

（2）端子排图的表示方法和布置原则是什么？

（3）二次回路的标号方法是什么？

（4）二次回路中直流回路和交流回路的标号原则分别是什么

【知识拓展】

（1）扫一扫二维码 5.3，可查阅学习变电站电气二次接线的文字符号和编号。

（2）扫一扫二维码 5.4，可查阅学习电气常用新旧文字符号对照表。

二维码 5.3　　　　二维码 5.4

任务 3　识读断路器的控制回路

子任务 1　识读断路器控制回路之基本跳闸、合闸回路

一、基本的跳闸、合闸回路分析

分析二次回路时要记忆常见的图形符号，如常闭接点、常开接点、延时断开与延时闭合接点的区别、按钮、线圈的符号、接触器的触点、电阻等。

图 5.11 为简化后的跳闸、合闸原理图，＋KM 和 － KM 代表正、负电源，DL 为断路器辅助触点，HQ、TQ 分别为合闸线圈、跳闸线圈。

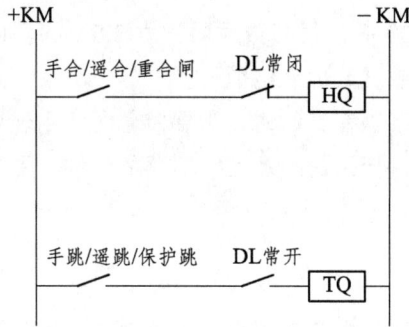

图 5.11　简化的跳闸合闸回路原理图

注意：手合/遥合/重合闸动作接点在实际设备中并不是同一个合闸出口接点，手跳/遥跳/保护跳也不是同一个跳闸出口接点，此处简化是为了方便理解。

假定断路器在合闸状态，断路器辅助接点 DL 常开接点闭合。当保护装置发跳闸命令，跳闸出口接点闭合，通过正电源→跳闸出口接点→DL→TQ→负电源构成回路，跳闸线圈 TQ 得电，断路器跳闸。断路器完成跳闸动作后，DL 常开接点断开跳闸回路，DL 常闭接点闭合，为下次合闸做准备。断路器合闸过程同理。

利用 DL 常开接点断开跳闸电流是为了防止跳闸出口接点粘连造成跳闸线圈 TQ 烧坏（因为 TQ 的热容量是按短时通电来设计的），如果由跳闸出口接点来断开跳闸电流，由于接点的断弧容量不够，容易造成接点烧坏，这就为下一次保护跳闸（或合闸）埋下了隐患且不易被发现。

二、跳、合闸保持回路分析

如图 5.12 所示，为了防止分、合闸操作结束前失效，保证分、合闸动作完整，需要加入保持回路。增加跳、合闸自保持回路的目的是防止跳、合闸出口接点先于 DL 辅助接点断开，导致分、合闸动作未完成。其中 HBJ 和 TBJ 分别代表合、跳闸保持继电器，S1 代表储能弹簧的行程接点。

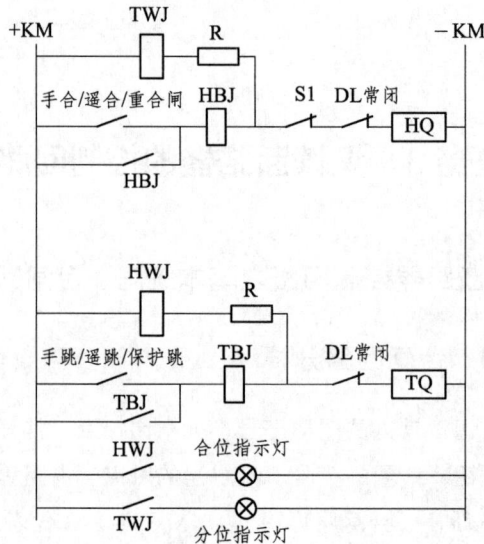

图 5.12　带保持回路的跳闸合闸回路原理图

三、监视回路分析

图 5.12 中还增加了 TWJ 跳闸位置继电器、HWJ 合闸位置继电器，用来监视跳闸回路、合闸回路的完整性。HWJ 和 TWJ 分别为合、分闸位置监视继电器。

当开关在分位时，DL 常闭触点闭合，TWJ 继电器所在回路导通，TWJ 动作，在本图下方的 TWJ 常开触点闭合，分位指示灯点亮，指示断路器在分闸位置，合闸回路完好。同理合位指示灯亮时，指示断路器在合闸位置，跳闸回路完好。

四、防跳回路分析

所谓防跳并不是防止"跳闸"而是防止"跳跃"。跳跃指的是由于某种原因，造成断路器不断重复跳-合-跳-合-跳的过程。导致跳跃的原因如图 5.13 所示。

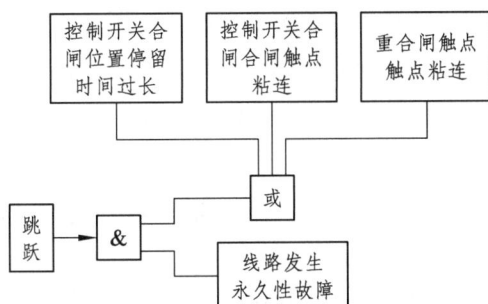

图 5.13　导致跳跃的原因

（1）防跳回路的存在会不会影响正常的合闸？

不会影响正常合闸的，因为在正常的分合闸过程中，分闸指令发出后 TBJ 启动防跳回路，同时自保持跳闸回路，在跳闸完成后辅助接点 DL 会切断跳闸回路，TBJ 失电，退出防跳回路。此时并不会影响正常合闸。

（2）会不会出现 TBJ 还未启动防跳回路，辅助接点 DL 就已经断开跳闸回路的情况？

如果 TBJ 动作不迅速，快速完成跳闸后，TBJ 不能合上，确实无法启动防跳回路，所以要求 TBJ 防跳继电器的灵敏度必须要高，接于跳闸回路的 TBJ 电流线圈，要求其在分闸时造成的压降要小，规程规定不能大于控制电源额定电压的 5%。TBJ 电流线圈的额定动作电流不能大于分闸电流的 50%，保证 TBJ 在跳闸过程中可靠动作。

五、分析控制回路的闭锁原理

为保证断路器工作的安全，控制回路往往采取多种闭锁措施，当条件不满足时，禁止断路器的操作。常见的闭锁回路一般有三种：

（1）断路器的操作系统异常时对分、合闸回路进行闭锁。当液压机构的液压、空气操动机构的空气压力过高或过低，弹簧操动机构弹簧未储能，SF_6 断路器的 SF_6 压力低等，这些都将串接在跳、合闸回路中的常闭接点断开，不允许断路器分合。

（2）存在不同电源需要并列的场合，断路器控制回路要增加同期闭锁回路。

（3）为了满足防误操作需要，在断路器的操作回路中应增加防误闭锁回路，在不具备操作条件时将控制回路断开。

子任务 2　识读断路器控制回路二次原理图

【知识链接】

一、断路器的控制方式

1. 按控制地点分类

（1）所内控制：被控制的断路器与主控制室之间一般都有几十米到几百米的距离，因此也称之为距离控制。在控制室的控制屏上用控制开关或按钮，通过控制电缆去接通在高压室或屋外配电场所中的断路器的合闸线圈（或分闸线圈），使断路器合闸（或分闸），从而实现对断路器的控制。

（2）就地控制：在开关柜上对断路器直接进行分、合闸操作（可手动或电动）。

（3）远方控制：也称遥控，是在电力调度端由电力调度通过计算机系统对断路器和隔离开关进行分、合闸操作。这种方式可实现变电所无人值班，有利于实现管理控制自动化。

2. 按控制电源的性质分类

（1）直流操作电源：一般采用蓄电池组和微机高频开关电源柜供电，用于大、中型变配电所。

（2）交流操作电源：一般采用所用变压器、电压互感器或电流互感器供电，常用于小型变配电所。

3. 按对断路器工作状态、控制电路完整性监视方式分类

（1）灯光监视控制回路。

（2）音响监视控制回路。

4. 按控制信号的传送过程分类

（1）常规变电所的控制信号传递过程。

由图图 5.14 可以看出，断路器的控制操作，有下列几种情况：

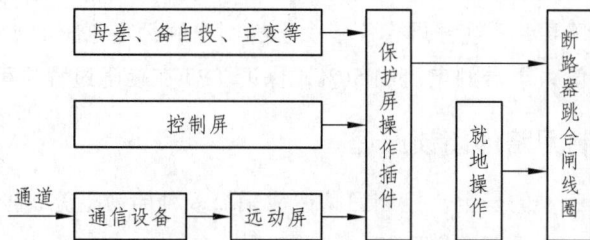

图 5.14　某线路高压开关控制信号传递过程

① 主控制室所内操作：通过控制屏操作把手将操作命令传递到保护屏操作插件，再由保护屏操作插件传递到开关机构箱，驱动跳、合闸线圈。

② 就地操作：通过机构箱上的操作按钮进行就地操作。

③ 遥控操作：调度端发出遥控命令，通过通信设备、远动设备将操作信号传递至变电站远动屏，远动屏将空触点信号传递到保护屏，实现断路器的操作。

④ 开关本身保护设备、重合闸设备动作，发跳、合闸命令至操作插件，引起开关进行跳、合闸操作；母差等其他保护设备及自动装置动作，引起断路器跳闸。

可以看出，前三项为人为操作，后一项为自动操作，因此断路器的操作据此可分为人为操作和自动操作。

根据操作时相对断路器距离的远近，可分为就地操作、所内操作、遥控操作。就地通过开关机构箱本身操作按钮进行的操作为就地操作。有些开关的保护设备装在开关柜上，相应的操作回路也在就地，这样通过保护设备上操作回路进行的操作也是就地操作。保护设备在主控室，在主控室进行的操作为所内操作。通过调度端进行的操作为遥控操作。

（2）综合自动化自变电所的控制信号传递过程。

图 5.15 所示为综合自动化自变电所的操作方式，与常规变电所相比，仅在所内操作和遥控操作时不同。

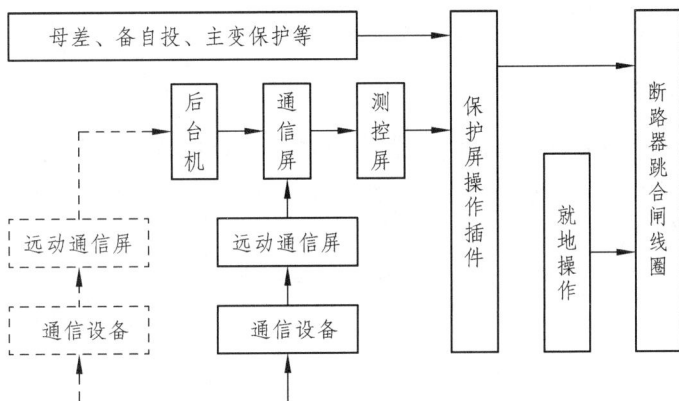

图 5.15　某线路高压开关控制信号传递过程

在主控室内进行所内操作，一般是通过后台机进行，操作命令传达到测控装置，启动测控装置跳、合闸继电器，跳、合闸信号传递到保护装置操作插件，启动操作插件手跳、手合继电器，手跳、手合继电器触点接通跳、合闸回路，启动断路器跳、合闸。当后台机死机或因其他原因不能操作时，可以在测控屏进行操作。

遥控操作由调度端发送操作命令，经通信设备发至站内远动通信屏，远动通信屏将命令转发至站内保护通信屏，然后保护通信屏将命令传输至测控屏，逐级向下传输。

需要指出，有些老式变电所的遥控命令是通过后台机进行传输的，如图中虚线所示，但由于后台机死机时，将不能进行遥控操作，因此，现在新式变电所的遥控通道不再经后台机，提高了遥控操作可靠性。

二、控制开关

控制开关是运行值班人员进行直接操作发出控制命令，使断路器分闸或合闸，以改变设备运行状态的装置。控制开关的种类很多，牵引变电所中广泛采用 LW2-W/F6 型控制开关，如图 5.16 所示。

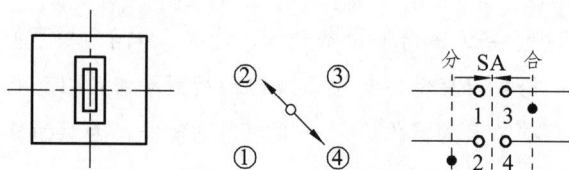

图 5.16　控制开关外形/触点状态表示图

　　控制开关手柄平时处于"零位置"。将控制开关手柄沿顺时针方向旋转 45°到"合闸"位置，SA：1-3 触点闭合，发出合闸命令脉冲。由于控制开关的合闸位是个不固定位置，当操作完毕后控制开关手柄在弹簧力的作用下，自动沿逆时针方向转 45°返回中间零位，SA：1-3 触点断开。分闸操作时，将控制开关手柄沿逆时针方向旋转 45°到"分闸"位置，SA：2-4 触点闭合，操作人员手松开后，控制开关自动恢复到中间零位，SA：2-4 触点断开。

　　为了看图方便，在展开图上将控制开关的 3 位置用 3 条虚线表示。中间的虚线表示"零位置"，左侧的虚线代表"分位置"，右侧的虚线代表"合位置"，并以小黑点"●"表示接通状态，即虚线上有黑点者表示开关转到此位置时该对触点接通，反之不接通。

【任务分析】

　　如图 5.17 所示为 ZNT-1 弹簧储能操作机构的断路器控制信号回路，分析其工作原理。

　　断路器的控制回路一般由分合闸回路、防跳跃回路、位置信号回路、事故跳闸音响信号回路等组成。

　　1. 合闸回路工作原理分析。(请同学们自行分析，将分析过程写到空白处)

　　2. 分闸回路工作原理分析。

3. 事故自动分闸回路工作原理分析。

4. 事故信号回路工作原理分析。

5. 熔断器监视分析。

6. 电气防跳回路分析。

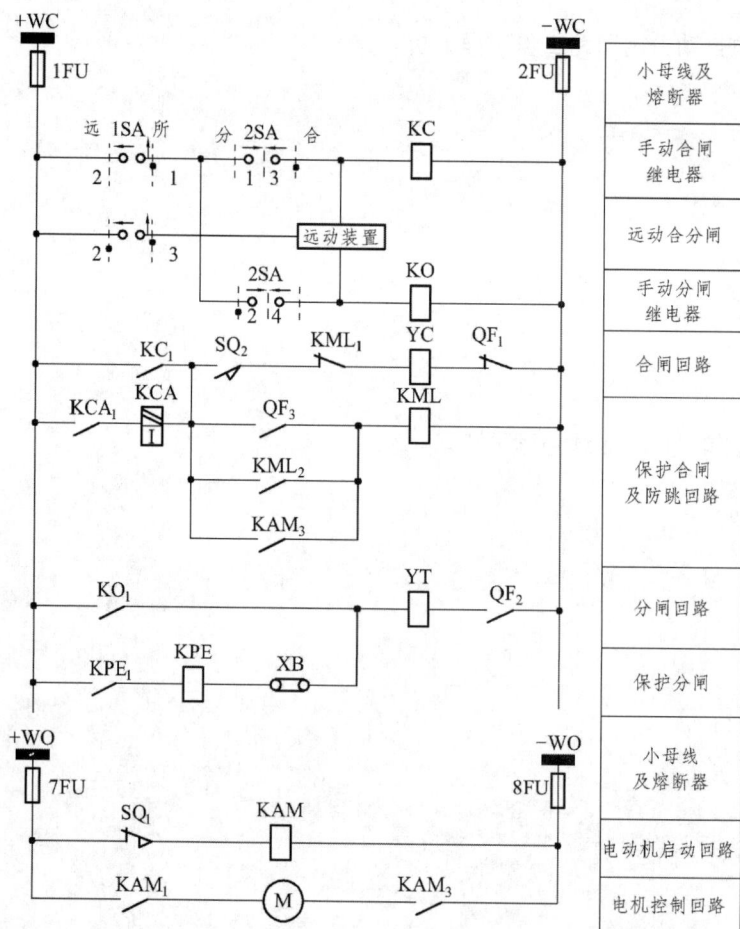

图 5.17　ZN_T-1 弹簧储能操作机构的断路器控制信号回路

分析过程参考:

该电路采用双灯制音响监视控制方式。由于合闸电流小,一般为 5 A,合闸线圈直接串接于合闸回路中,省去了合闸接触器线圈回路,所以说采用弹簧储能操作机构的断路器所配备的蓄电池容量小。

ZN_T-1 型断路器的操作机构正常工作时,分、合闸弹簧都处于压缩储能状态,限位开关 SQ_2 闭合。而限位开关 SQ_1 处于断开位置,中间继电器 KAM 不受电,其常开接点 KAM_1、KAM_2 断开,储能电机不受电运转。断路器合闸操作时,合闸弹簧释放能量,断路器合闸到位后,限位开关 SQ_1 闭合,中间继电器 KAM 线圈受电,其常开接点闭合,储能电机受电运转,当合闸弹簧储能到位后,SQ_1 断开、储能电机停转。

储能回路与合闸回路之间经限位开关 SQ_2 及中间继电器 KAM 实现电气闭锁。当合闸弹簧未储能时,限位开关 SQ_2 断开,合闸线圈 YC 不能受电,断路器不能进行合闸操作。

若储能电机正在运转储能 (即未储能到位) 时,中间继电器的常开接点 KAM_3 闭合。此时,若人工合闸,合闸继电器的常开接点 KC_1 闭合,使+WC—1FU—KC1—KAM3—KML 线圈—2FU——WC 电路接通。

防跳继电器 KML 受电动作，常开接点 KML_2 闭合，对 KML 进行电源自保持。常闭接点 KML_1 断开，闭锁合闸回路，断路器不能进行合闸操作。

断路器合闸操作完成后，其辅助联动接点 QF_3 闭合，若 KC1 或 KCA_1 仍在接通状态，使 +WC—1FU—KC_1—QF_3—KML—2FU— – WC 电路接通。

防跳继电器 KML 受电动作，常开接点 KML_2 闭合，防跳继电器自保持在动作状态。其常闭接点 KML_1 断开，切断合闸回路，避免了断路器再次合闸，从而起到了防止断路器跳跃的作用。只有当合闸脉冲消除后（如 KC_1 接点断开），防跳继电器线圈断电返回，电路才能恢复合闸功能。

子任务 4　识读弹簧储能操作机构的 110 kV SF_6 断路器控制信号回路

110 kV 电压等级中最常用的户外高压开关电气设备是 SF_6 断路器。三相交流高压 SF_6 断路器广泛应用于 110 kV 电压等级，采用自能灭弧结构，每极为单柱单断口，每台断路器由三个单极组成，三极同装在一个框架上，配用一台 CT20-1XP 型弹簧操动机构进行三极机械联动操作，具有一定的代表性。本书选用西高电气公司生产的 LW25-126 型 SF_6 绝缘弹簧机构断路器为例，介绍断路器的控制回路。其二次回路设备如表 5.8 所示。

弹簧操动机构利用已储能的弹簧为动力，来实现断路器的分合闸操作。由于不需要专门的操作电源，储能电机功率小，交直流两用，使用方便等优势，伴随着自能式灭弧技术的实现，减少了断路器所需操作功，弹簧操动机构被广泛应用于高压断路器。

【任务分析】

一、LW25-126 型断路器控制回路及电机控制回路工作原理分析

1. 就地合闸回路工作原理分析

合上控制回路电源空气开关 8D，将方式选择开关 43LR 打至就地位置，方式选择开关 43LR 的 23、24 触点接通，合闸回路处于准备状态，按下合闸按钮 11-52C 即可合闸。

以下回路接通：

+KM—8D 的 1、2 触点—合闸按钮 11-52C 的 13、14 触点—方式选择开关 43LR 的 23、24 触点（闭合）—88M 的 21、22 触点（合闸弹簧已储能，限位开关 33hb 断开，88M 失磁，触点 21、22 闭合）—49MX 的 31、32 触点（闭合）—33HBX 的 31、32 触点（33HBX 失磁，触点 31、32 闭合）—断路器常闭触点 52b/1、52b/2（闭合）—合闸线圈 52C—SF_6 低压闭锁继电器 63GLX 的 31、32 触点（63GLX 失磁，触点 31、32 闭合）—8D 的 3、4 触点— – KM。

合闸线圈 52C 接通，断路器机构合闸。

合闸回路由 11-52C、52Y 常闭触点、88M 常闭触点、49MX 常闭触点、33HBX 常闭触点、52b 常闭触点、52C、63GLX 常闭触点组成。需要满足以下条件：

表 5.8　应用弹簧操动机构的断路器二次回路设备表

符号	名称	备注
8D	就地直流电源自动开关	
R1、R2	电阻	
43LR	远方就地切换开关	
52a/1，52a/2	辅助开关	常开接点
52b/1，52b/2	辅助开关	常闭接点
63GL	SF_6低气压闭锁接点	压力降低时，其接点闭合
63GLX	SF_6低气压闭锁继电器	压力降低时，通电，常闭接点打开
33hb	合闸弹簧限位开关	弹簧未储能时，其接点闭合
33HBX	合闸弹簧状态监视辅助继电器	弹簧未储能时，通电，其常闭接点打开
52T	分闸线圈	
52C	合闸线圈	
11-52T	手动分闸操作按钮	
11-52C	手动合闸操作按钮	
52Y	防跳辅助继电器	
8M	电机控制自动开关	储能电机电源投入开关
88M	直流接触器	动作后接通电机电源
49M	电机热继电器	
49MX	辅助继电器	反映电机过流、过热故障
48T	电机时间继电器	

① 52Y 常闭触点闭合。
② 88M 常闭触点闭合。
③ 49MX 常闭触点闭合。
④ 33HBX 常闭触点闭合。
⑤ 断路器的动断辅助触点 52b 闭合。

断路器的辅助触点用于反映断路器的分、合闸位置，根据需要接入测控装置或保护及自动装置。电机电源一般取自直流合闸母线网络。照明与加热电源取自交流自用电网络。断路器的动断辅助触点 52b 闭合表示的是断路器处于分闸状态。从图 5.18 中可以看出，有两个 52b 的常闭触点串联接入了合闸回路，这和传统控制回路图纸中的一个常闭触点的画法是不一致的。这是因为，断路器的辅助触点和断路器的状态在理论上是完全对应的，但是在实际运行中，由于机件锈蚀等原因都可能造成断路器变位后辅助触点变位失败的情况。将两对辅助触点串联使用，可以确保断路器处于这种触点所对应的状态。

　　将断路器动断辅助触点 52b 串入合闸回路的目的在于，保证断路器此时处于分闸状态，更重要的是，52b 用于在合闸操作完成后切断合闸回路。

　　⑥ 63GLX 的常闭触点闭合。

　　63GLX 是一个中间继电器，它是由监视 SF₆ 密度的气体继电器 63GL 的常闭触点启动的。由于泄漏等原因都会造成断路器内 SF₆ 的密度降低，无法满足灭弧的需要，这时就要禁止对断路器进行操作以免发生事故,通常称为 SF₆ 低气压闭锁操作。63GLX 启动后，其常闭触点打开，合闸回路及跳闸回路均被断开，断路器即被闭锁操作。

　　与前面几对闭锁触点不同的是，63GLX 闭锁的不仅仅是合闸回路。从图 5.18 中，我们可以明显地看出，这对触点闭锁的是合闸及跳闸两个回路，所以它的意义是闭锁操作。

　　将 63GLX 的常闭触点串入操作回路的目的在于，防止在 SF₆ 密度降低不足以安全灭弧的情况下进行操作而造成断路器损毁。

　　在满足以上六个条件后，断路器的合闸回路即处于准备状态，可以在接到合闸指令后完成合闸操作。

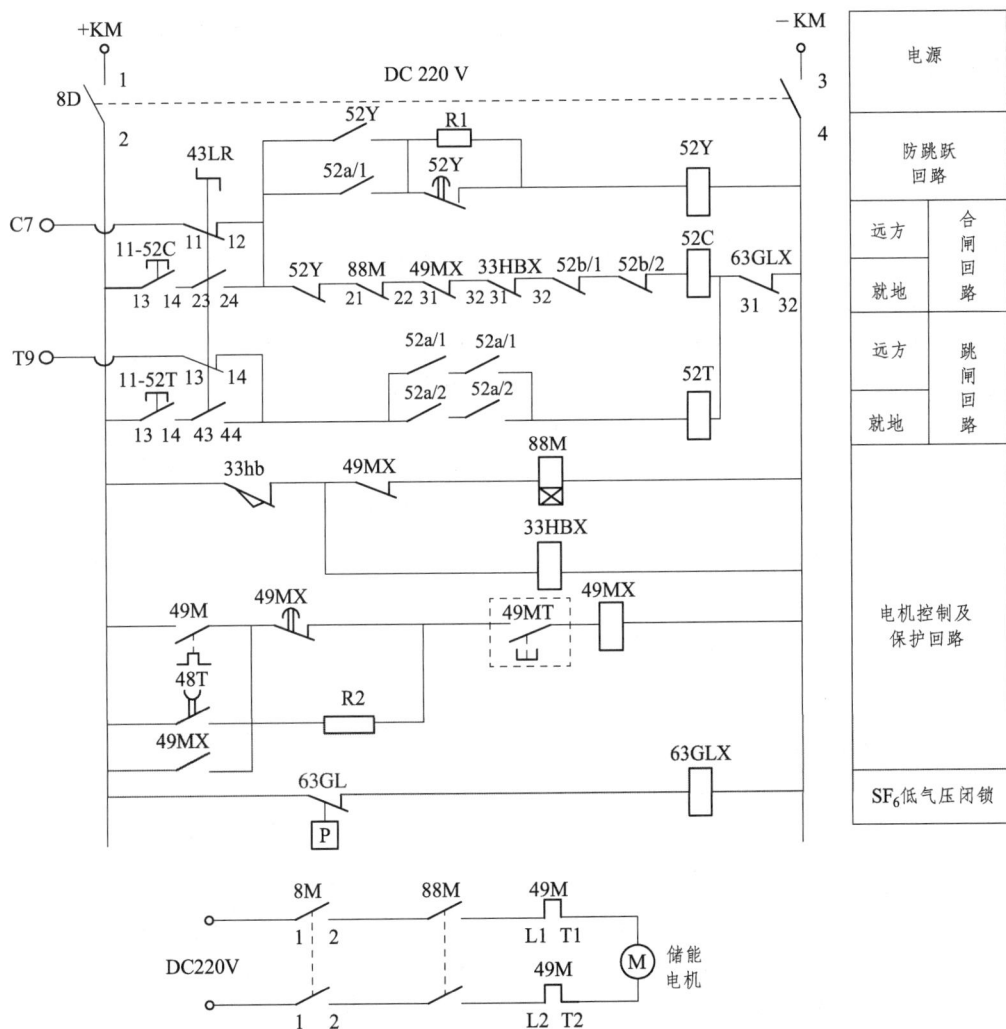

图 5.18　LW25-126 型断路器控制回路及电机控制回路

2. 就地分闸回路工作原理分析

合上控制回路电源空气开关 8D，将方式选择开关 43LR 打至就地位置，43LR 的 43、44 触点接通，按下分闸按钮 11-52T，以下回路接通：

+ KM—8D 的 1、2 触点—分闸按钮 11-52T 的 13、14 触点（闭合）—方式选择开关 43LR 的 43、44 触点（闭合）—断路器常开触点 52a/1 与断路器常开触点 52a/2—跳闸线圈 52T—SF$_6$ 低压闭锁继电器 63GLX 的 31、32 触点（63GLX 失磁，触点 31、32 闭合）—8D 的 3、4 触点— – KM。

跳闸线圈 52T 接通，断路器机构跳闸。

跳闸回路由跳闸按钮 11-52T、52a 常开触点、52T 和 63GLX 常闭触点组成。跳闸回路处于准备状态（按下 11-52T 即可成功跳闸）时，断路器需要满足以下条件：

① 断路器的动合辅助触点 52a 闭合。

断路器的动合辅助触点 52a 闭合表示的是"断路器处于合闸状态"。从图 5.18 中可以看出，跳闸回路使用了 52a 的四对常开触点。每两对常开触点串联，然后再将它们并联，这样既保证了辅助触点与断路器位置的对应关系，又减少了辅助触点故障对断路器跳闸造成影响的概率。将断路器动合辅助触点 52a 串入跳闸回路是为了保证断路器处于合闸状态，更重要的是，52a 用于在跳闸操作完成后切断跳闸回路。

② 63GLX 的常闭触点闭合。

3. 远方分闸、合闸回路工作原理分析

将方式选择开关 43LR 打至远方位置，则 43LR 的 11、12 触点和 13、14 触点接通，远方分、合闸控制信号分别加在 C7、T9 上，远方分、合闸回路动作与就地分、合闸回路的动作过程相同。

对断路器而言，远方合闸是指一切通过微机操作回路插件发来的合闸指令，它包括微机线路保护重合、自动装置合闸、使用微机测控屏上的操作把手合闸、使用综合自动化系统后台软件合闸、使用远动功能在集控中心合闸等，这些指令都是通过微机操作回路插件的合闸回路传送到断路器机构箱内的合闸回路的。

这些合闸指令是一个高电平的电信号，也可以简单地认为它就是直流正电源。当43LR 处于远方状态时，它通过 43LR 以及断路器机构箱内的合闸回路与负电源形成回路，启动 52C 完成合闸操作。

4. 断路器防跳回路工作原理分析

防跳回路是为了防止在手合断路器于故障线路且发生手合开关触点粘连的情况下，由于"线路保护动作跳闸"与"手合开关触点粘连"同时发生，造成断路器在跳闸动作与合闸动作之间发生跳跃的情况。

断路器合闸后，合闸触点（远方或就地合闸触点）粘连，当保护装置动作时，保护动作跳闸"命令"与合闸触点粘连所致的合闸"命令"同时存在，导致断路器反复跳闸、合闸的跳跃现象。若未设备防跳回路，当断路器远方合闸或手动合闸后，由于合闸触点粘连未打开，此时若被保护设备发生故障时，保护动作，断路器跳闸；合闸回路又被接通，断路器再次合闸于故障线路，保护装置动作，断路器跳闸，如此反复。设置防跳回路后，若合闸触点粘连未打开，则防跳回路通过粘连的触点启动防跳继电

器，其常闭触点打开，切断合闸回路，防止断路器出现反复跳闸、合闸现象。

断路器操作机构箱和保护装置的操作回路中都设置有防跳回路，一般只应用保护装置操作回路中的防跳回路，而把断路器操作机构箱中的防跳回路断开。

52Y 是防跳继电器。传统防跳回路起作用是由跳闸开始的，即跳闸这个动作启动了防跳回路，在合闸于故障线路且合闸触点粘连的情况下，断路器跳闸后就不可能进行第二次合闸操作；在合闸于故障线路而合闸触点不粘连的情况下，由于电压线圈未启动，所以防跳回路并没有被完整地启动，实际上无法形成对合闸操作的闭锁；但由于合闸触点未粘连，所以在值班人员再次发出合闸命令前，断路器也不会进行第二次合闸操作；在合闸于正常线路且合闸触点不粘连的情况下，防跳回路完全不启动。

断路器机构箱防跳回路由合闸动作启动，只要粘连就启动，与线路状态无关。所以52Y 的动作原理与传统防跳继电器有些不同：将 52Y 的常闭触点串入合闸回路的目的在于可以在手合断路器后且发生手合开关触点粘连的情况下，断开断路器的合闸回路。

5. 电机控制回路工作原理分析

电动机回路包括电动机控制回路和电动机电源回路。电动机控制回路由合闸弹簧限位开关 33hb 的动断触点和电动机接触器 88M 组成。88M 是由合闸弹簧限位开关 33hb 的常闭触点启动的。合闸弹簧释放后，33hb 动断触点闭合启动 88M，而后 88M 启动电动机开始运转给合闸弹簧储能。

电动机的直流 220 V 电源取自开关端子箱，合上电机电源空气开关 8M 即可。若合闸弹簧未储能，则限位开关 33hb 触点 C、NC 接通。

断路器机构内有两条弹簧，分别是合闸弹簧与跳闸弹簧。合闸弹簧依靠电机牵引进行储能（压缩），跳闸弹簧依靠合闸弹簧释放（张开）时的势能储能。断路器的合闸操作是通过合闸弹簧势能释放带动相关机械部件完成的。断路器合闸结束后，合闸弹簧失去势能，即合闸弹簧处于未储能状态，合闸弹簧限位开关 33hb 常闭触点闭合自动启动电机回路进行储能。即 88M 常开触点闭合接通电机电源使电机运转给合闸弹簧储能。同时，88M 常闭触点打开从而断开合闸回路，实现闭锁功能。电机转动将合闸弹簧压缩到一定程度后停止运转，储能完成，合闸弹簧由定位销卡死。即 33hb 常闭触点打开使 88M 失电，88M 常开触点打开从而断开电动机电源使其停止运转，同时，88M常闭触点闭合，解除对合闸回路的闭锁。在下一次合闸弹簧释放前，电动机均不再运转。88M 常闭触点闭合表示电动机停止运转。

电动机在断路器合闸后开始再次运转储能。储能完成后，在第二次合闸前，合闸弹簧一直处于已储能状态，与断路器在此期间是否跳闸无关。如此即可保证在断路器合闸后，即使断路器机构在再次储能完成后失去电动机电源，仍然可以在断路器跳闸后进行一次合闸操作。例如 110 kV 线路在故障跳闸后的重合闸操作所需的能量，是在断路器第一次合闸后就开始储备并留存待用的，而不是在跳闸后才开始储备的。

在排除电机故障的情况下，电动机停止运转在一定程度上表示合闸弹簧已储能。将 88M 的常闭触点串入合闸回路的目的在于，防止在弹簧正在储能的那段时间内（此时弹簧尚未完全储能）进行合闸操作。合闸弹簧释放（即合闸动作完成）后，将自动启动电动机进行储能。如果电动机存在故障，则合闸弹簧就不能正常储能，从而导致无法进行下一次合闸操作。在实际运行时，手合断路器成功后，如果电机故障造成合闸弹簧储能失败而断路器继续运行，则在发生故障时，断路器重合必然失败。例如手动合闸 110 kV 线路断路器成功后，如果电动机故障造成合闸弹簧储能失败而断路器继续运行，则在线路发生故障时，重合闸必然失败。

49MX 是一个中间继电器，是由电动机过流继电器 49M 或电动机超时继电器 48T 启动的，概括地说，它代表的是电动机故障。在电动机发生故障后，49M 或 48T 通过 49MX 的常闭触点启动 49MX，而后 49MX 通过自身常开触点及电阻 R2 实现自保持。同时，49MX 常闭触点打开从而断开合闸回路，实现闭锁功能。49MX 常闭触点闭合表示电动机正常。在 49MX 的自保持回路接通以后，存在无法复归的问题。即使电动机故障已经排除，49M 和 48T 已经复归，49MX 仍然处于动作状态。所以在 49MX 的自保持回路中串接了一个复归按钮（如图 5.18 中虚线框内的 49MT），解决了这个问题。49MX 的常闭触点串入合闸回路的目的在于防止将合闸弹簧已储能但储能电动机已经发生故障的断路器合闸。

33HBX 是一个中间继电器，它是由合闸弹簧限位开关 33hb 的常闭触点启动的。33hb 常闭触点闭合表示的是合闸弹簧未储能，它同时启动电动机接触器 88M 和合闸弹簧未储能继电器 33HBX，88M 的常开触点接通电机电源回路进行储能，33HBX 的常闭触点打开从而断开合闸回路，实现闭锁功能。33HBX 的常闭触点闭合表示的是合闸弹簧已储能。将 33HBX 的常闭触点串入合闸回路是为了防止在弹簧未储能时进行合闸操作，若无此常闭触点断开合闸回路，则会由于合闸保持继电器的作用导致合闸线圈 52C 持续通电而被烧毁。

6. 信号回路和加热器回路工作原理分析

所谓信号回路实际均是无源接点，可接入光字牌报警系统或微机测控装置，主要包括：SF$_6$压力降低报警、SF$_6$压力降低闭锁操作、电动机故障、合闸弹簧未储能等。

加热器回路由温湿度控制器 KT 自动控制。当断路器机构箱内温度偏低、湿度偏高时，KT 的动合触点闭合启动加热器，对断路器机构箱进行加热、除潮，避免环境原因对断路器机构运行造成影响。

子任务 5　识读液压操作机构的断路器控制信号回路

牵引变电所中 110 kV 断路器电磁操动机构的合闸功率很大，如 CD$_5$ 型电磁操动机构，直流电压为 220 V 时合闸电流可达 235 A。如此大的直流冲击负荷对无大功率蓄电池组的直流系统无疑是个沉重的负担，特别是全所停电后的复送电操作，受到较大影响。由于 SW6-110 断路器所配的 CY3 型液压操动机构合闸功率小，其合闸电流仅为 2.5 A（220 V），改善了直流系统的工作条件。

【任务分析】

1. 110 kV 断路器的合闸条件

图 5.19 为 110 kV 液压操动机构断路器的主接线图，采用双 T 接线，跨条上有 2 组隔离开关，其中 1001 为手动操作机构，1002 为电动操动机构。101、102 分别是变压器一次侧的断路器，1011、1021 为进线侧隔离开关。

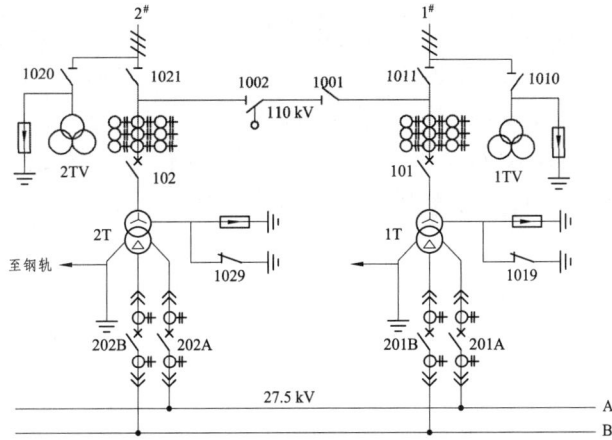

图 5.19　110 kV 进线至 27.5 kV 母线主接线

图 5.20 为 110 kV 液压操动机构断路器的控制信号电路。这种电路与 27.5 kV 断路器的控制、信号回路的区别是：合闸线圈的得电受电气联锁、闭锁制约因素多，只有在闭锁、联锁条件满足合闸要求时，断路器才能进行正常合闸；合闸线圈直接接入控制回路中，并在控制回路中增设了一套液压闭锁、油压信号装置和油泵电机启动回路。

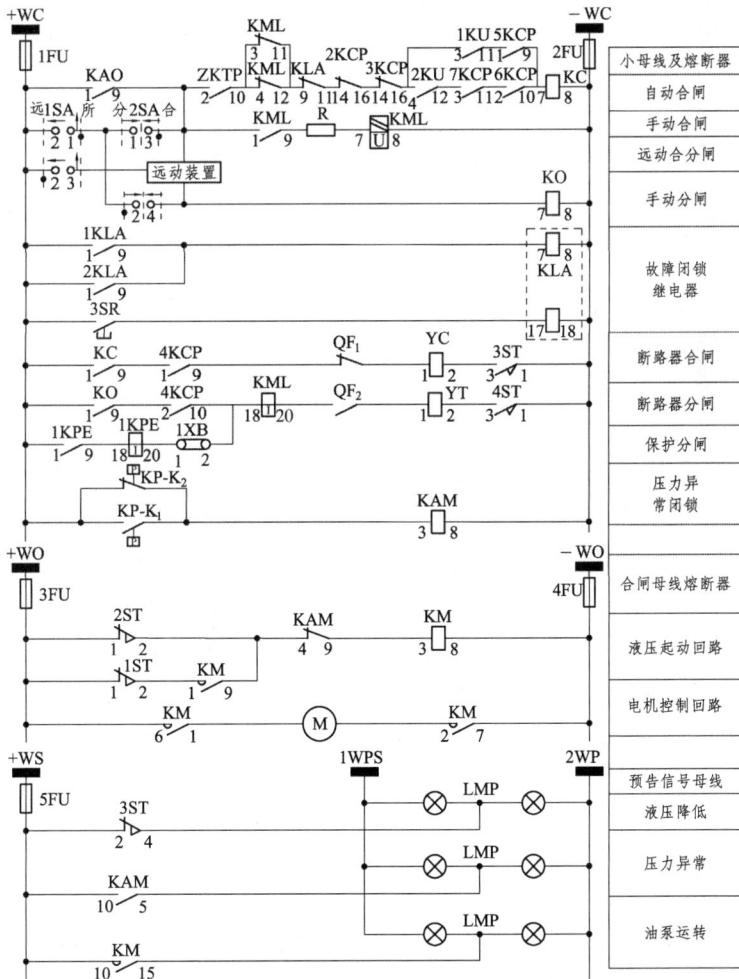

图 5.20　应用 CY3-V 型液压操动机构断路器的控制信号电路

（1）110 kV 进线电压正常，否则断路器合闸没有意义。1#110 kV 侧进线电压正常，隔离开关 1011 在合位。即 1#进线电压检测继电器 1KU 和 1011 合闸位置继电器 5KCP 受电动作，1KU3-11、5KCP1-9 闭合。或者 2#进线电压正常，1021、1002 在合位（1001 为手动隔离开关，平时一直处于合位）。即 2#进线电压检测继电器 2KU、1002 合闸位置继电器 7KCP 和 1021 合闸位置继电器 6KCP 受电动作，2KU4-12、7KCP3-11、6KCP2-10 闭合。

（2）根据高压开关"先合电源侧，后合负荷侧"的倒闸操作原则，断路器 101 合闸操作前，主变压器二次侧断路器 201A、201B 应在分位。即合闸位置继电器 2KCP、3KCP 失电，其常闭接点 2KCP14-16、3KCP14-16 闭合。

（3）变压器、断路器本体正常。即 101 不是因为变压器内部故障跳闸，也不是因为断路器油压（气压）过低而跳闸。因此闭锁继电器 KLA 不受电，KLA9-11 闭合。

当变压器本体发生内部重故障（如差动、重瓦斯保护动作）时，保护装置动作，变压器内部故障闭锁继电器 1KLA（在变压器保护回路中）受电，1KLA1-9 闭合，闭锁继电器 KLA 的线圈 7-8 受电，KLA9-11 打开，断路器不能进行合闸操作。在查明故障原因之前，禁止按动闭锁解除按钮 3SR。在查明故障原因并排除故障之后，方可按下闭锁解除按钮 3SR，使闭锁继电器线圈 KLA17-18 受电动作（KLA 是双线圈双位继电器，线圈 7-8 为启动线圈，线圈 17-18 为复归线圈），KLA9-11 闭合，断路器恢复正常的合闸操作。

当断路器本体发生重故障时，如油压系统的油压力过低，会对操作产生不良影响，合闸时会因功率不够而造成慢合现象，这是绝对不允许的。因此，断路器本体发生重故障时，断路器内部故障闭锁继电器 2KLA 受电动作，2KLA1-9 闭合，闭锁继电器 KLA 的线圈 7-8 受电，闭锁继电器接点 KLA9-11 断开，闭锁断路器合闸回路。

2KCP：1011 合闸位置继电器；

6KCP：1021 合闸位置继电器；

7KCP：1002 合闸位置继电器；

ZKTP—2#系 102、202A、202B、1029 均在分位时总分闸位置继电器；

1KLA—变压器内部故障闭锁继电器；2KLA—断路器故障闭锁继电器；

KAO—自动装置合闸出口继电器

（4）由于设计时两台变压器不能并联运行，断路器 101 合闸前，2#系高压开关 102、202A、202B、1029 均应在分位，即它们的分闸位置继电器接点 ZKTP2-10 闭合。

（5）变电所主变压器的中性点是否接地，是根据电力系统的要求决定的，但为了防止操作过电压对变压器绝缘的损伤，在变压器原边断路器 101 合闸或分闸过程中，要求中性点接地。为此，在断路器 101 合闸前，中性点隔离开关 1019 应在合位，其合闸位置继电器接点 4KCP1-9 闭合。

2. 手动操作合闸

当断路器合闸条件满足要求时，以 1#进线、1#变压器的运行方式为例，分析断路器 101 手动合闸回路工作原理。

合闸前，断路器在分闸位置；断路器联动辅助常闭接点 QF_1 闭合。选择开关 1SA 手柄在"所内位"，$1SA_{2-1}$ 闭合。

合闸时，将控制开关 2SA 手柄打至"合闸位"，$2SA_{1-3}$ 闭合，发出合闸命令脉冲。使 + WC—$1FU$—$1SA_{2-1}$—$2SA_{1-3}$—$ZKTP_{2-10}$—KML_{3-11}—KLA_{9-11}—$2KCP_{14-16}$—$3KCP_{14-16}$—$2KU_{4-12}$—$7KCP_{3-11}$—$6KCP_{2-10}$—KC_{7-8}—$2FU$— – WC 或 KML_{4-12}—KLA_{9-11}—$2KCP_{14-16}$—$3KCP_{14-16}$—$1KU_{3-11}$—$5KCP_{1-9}$—KC_{7-8}—$2FU$— – WC 电路接通。

合闸继电器 KC 线圈受电，其常开接点闭合，使 + WC—$1FU$—KC_{1-9}—$4KCP_{1-9}$—QF_1—YC_{1-2}—$3ST_{3-1}$—$2FU$— – WC 电路接通。

合闸线圈 YC 受电，操作机构驱动断路器合闸，断路器合闸完毕，常闭接点 QF_1 断开，合闸线圈失电复归。

3. 手动操作分闸

正常时，油压系统额定油压为 27.93 MPa，贮压器行程开关触点 $4ST_{3-1}$ 闭合。

分闸时，将控制开关 2SA 转至"分闸位"，$2SA_{2-4}$ 闭合，发出分闸命令脉冲，使 + WC—$1FU$—$1SA_{2-1}$—$2SA_{2-4}$—KO_{7-8}—$2FU$— – WC 电路接通。分闸继电器线圈受电，其常开接点闭合，使 + WC—$1FU$—KO_{1-9}—$4KCP_{2-10}$—KML_{18-20}—QF_2—YT_{1-2}—$4ST_{3-1}$—$2FU$— – WC 电路接通。分闸线圈受电，断路器分闸。断路器分闸完毕后，常开接点 QF_2 断开，切断分闸线圈回路，达到了命令脉冲自动解除的要求。

4. 液压系统的工作原理

正常时，液压系统的额定油压为 27.93 MPa，各压力接点的动作压力整定值如表 5.9 所示。当压力高于整定值时，常开压力接点（凡是超过规定压力值闭合的接点规定为常开接点，凡是低于规定压力值闭合的接点定为常闭接点）闭合，常闭压力接点断开，即处于动作状态，反之将处于正常状态。故正常运行时，各接点的状态为：$2ST_{1-2}$、$3ST_{2-4}$ 断开，$1ST_{1-2}$、$3ST_{3-1}$、$4ST_{3-1}$ 闭合，$KP\text{-}K_1$、$KP\text{-}K_2$ 断开，压力异常闭锁中间继电器 KAM 不受电，其常闭接点 KAM_{4-9} 闭合，常开接点 KAM_{10-5} 断开。

表 5.9　压力接点的动作整定值表

接点编号	$1ST_{1-2}$	$2ST_{1-2}$	$3ST_{2-4}$	$3ST_{3-1}$	$4ST_{3-1}$	$KP\text{-}K_1$	$KP\text{-}K_2$
动作压力值（MPa）	27.93	27.2	24	24	23	34.3	15.7

（1）分、合闸压力闭锁。

液压系统的油压过低，会对操作产生不良影响，如合闸时会因功率不够而造成慢合现象，这是不允许的。因此在合闸回路中串入液压行程开关接点 $3ST_{3-1}$，分闸回路中串入液压行程开关接点 $4ST_{3-1}$，作为压力闭锁。

当油压小于 24 MPa 时，$3ST_{3-1}$ 断开，切断合闸线圈回路，断路器不允许合闸。当油压小于 23 MPa 时，$4ST_{3-1}$ 接点断开，切断分闸线圈回路，使断路器不能分闸。实现了合、分闸压力闭锁。值得注意的是，对于分闸压力闭锁，本电路采用了低于规定压力限度时不允许分闸的闭锁方式。在工程实践中视主电路系统运行情况的要求，也可采用低于压力限度时断路器自动分闸的方式。

（2）油泵电机的启动。

当油压小于 27.2 MPa 时，液压行程开关接点 $2ST_{1-2}$ 闭合，使 + WO—3FU—$2ST_{1-2}$—KAM_{4-9}—KM 线圈—4FU— – WO 电路接通。

接触器 KM 受电动作，主接点闭合，使 + WO—3FU—KM_{6-1}—电机 M—KM2-7—4FU— – WO 电路接通。

油泵电机启动运转进行打压，接触器常开接点 KM_{10-15} 闭合发出油泵电机运转信号。同时接触器的另一对常开接点 KM_{4-9} 闭合，使 + WO—3FU—$1ST_{1-2}$—KAM_{4-9}—KAM_{4-9}—KM_{3-8}—4 FU— – WO 电路接通。

+ WO 通过 $1ST_{1-2}$ 接点向接触器线圈供电。当油压升到 27.2 MPa，$2ST_{1-2}$ 断开，但压力接点 $1ST_{1-2}$ 仍然闭合，油泵电机继续保持运转。油压继续升高到 27.93 MPa 后，$1ST_{1-2}$ 断开，接触器 KM 失电返回，油泵电机停止工作。

（3）压力异常闭锁信号。

当油压系统出了故障，使得油压急速下降或升高时，对油泵电机应采取压力异常闭锁。运行中若油压低于 15.7 MPa 时，接点 $KP-K_2$ 闭合，使得中间继电器 KAM_{3-8} 受电动作，常闭接点 KAM_{4-9} 断开，切断油泵电机的启动回路，使电机停转。因为出现这种现象时，油泵电机继续运转也无法使油压恢复正常，必须采取必要的检修措施。若运行中油压高于 34.3 MPa 油泵仍继续工作，则接点 $KP-K_1$ 闭合，使中间继电器 KAM_{3-8} 受电动作后切断油泵电机的工作回路，使其停转。中间继电器 KAM 受电动作后，除切断油泵电机回路外，另一对接点 KAM_{10-5} 闭合发出"压力异常"的预告信号，指明液压机构内出了故障。

当压力低于 24 MPa 时（根据实际运行情况而定），$3ST_{2-4}$ 接点闭合，发出"液压降低"的预告信号，提醒值班员注意并及时排除。

子任务 6 识读 GIS 断路器控制回路等二次原理图

【任务目标】

（1）查阅 GIS 六氟化硫封闭式组合电器的特点。

（2）了解 GIS 中的各一次设备和断路器的重要作用。

（3）能够识读 GIS 断路器控制回路的原理。

【知识链接】

1. GIS 的概念

六氟化硫全封闭组合电器，国际上称为气体绝缘开关设备（Gas Insulated Switchgear），简称 GIS。它将一座变电站中除变压器以外的一次设备，包括断路器（CB，Circuit Breakers）、隔离开关（DS，Disconnecting Switch）、接地开关（ES，Earthing Switch）、电压互感器（PT，Potential Transformer）、电流互感器（CT，Current Transformer）、避雷器（LA，Lightening Arrester）、母线（BUS）、电缆终端（C/H，Cable-Head Tank）、进出线套管等经优化设计有机地组合成一个整体。

2. GIS 二次回路的基本概念

在 GIS 设备中凡是对一次设备进行操作、控制、保护、测量的设备以及各种信号装置，统称为二次设备。GIS 二次回路即在 GIS 设备中对一次设备进行操作、控制、保护和测量的回路。GIS 二次设备及相关的二次回路构成了 GIS 的二次控制系统。

3. 对 GIS 断路器控制回路进行分类

断路器是高压开关设备中最重要、最复杂的一种，既能切换正常负荷，又可排除短路故障，同时承担着控制和保护双重任务。

断路器控制回路包括：合闸回路、防跳回路、分闸回路、监视回路、电动机控制及保护回路、SF$_6$ 低气压闭锁回路、电机回路、加热回路及指示回路，如图 5.21 所示。

【任务分析】

一、认识 GIS 二次控制回路的电源

GIS 二次控制回路的电源是用来对一次设备进行操作、控制、保护、测量的设备以及各种信号装置提供电源的。

GIS 二次回路一般需要三路或四路独立的直流 220 V/110 V 电源，一路 220 V 或 380 V 交流电源。其中直流电源回路分别为控制回路、信号报警回路、电机回路。如果分闸回路为两套时，应为第二套回路单独提供一路直流电源。如果直流屏提供直流电源回路有困难时，电源的设计会采用环网形势或直流合并形式。间隔较多时，交流采用 AC 380 V 三相四线制，各间隔从环网中取一相，整个工程需尽可能达到三相负载平衡。

二、认识 GIS 二次控制回路原理图中的合闸、分闸回路及防跳回路

如图 5.22 所示为 GIS 断路器控制回路之合闸回路，其中 CB 是 Circuit Breakers 的缩写，即断路器。合闸回路分析如下：

（1）ZK1 为就地远方选择开关，选择就地时，ZK1：1/2 接通，ZK1：3/4 断开；CZK1 为 CB 的操作开关，CZK1：3/4 为合闸接点，CZK1：1/2 为分闸接点。

（2）PC 为断路器的六位数显合闸计数器，CB 每电气合闸一次，PC 加 1，PC 有可复归和不可复归两种形式供选择。

（3）合闸回路中串有 LSJ 常闭接点、FTJ 常闭接点、DBJ 常闭接点、两个 DL 闭接点、并联的 CK1\CK2，当这些接点都处于闭合位置时，CB 的合闸回路算正常。

① LSJ：当 CB 两侧的某个隔离开关在操作过程中时，LSJ 被驱动，LSJ：21/22 常闭接点断开，CB 的合闸回路被切断。

② FTJ：当合闸操作后，合闸指令保持未复位时，FTJ 被驱动，FTJ：21/22 常闭接点断开。

③ DBJ：当 CB 气室气压降低至闭锁值时，DBJ：21/22 常闭接点断开。

④ 当 CB 已经处于合闸状态时，其辅助接点 DL：11/12、DL：21/22 都断开。

⑤ 当 CB 的弹簧能量未储满时，CK1\CK2 处于断开状态。

以上五种状态闭锁了 CB 的合闸回路，且合闸回路监视信号将反馈给主控室，告知合闸回路不正常，执行不了合闸操作。

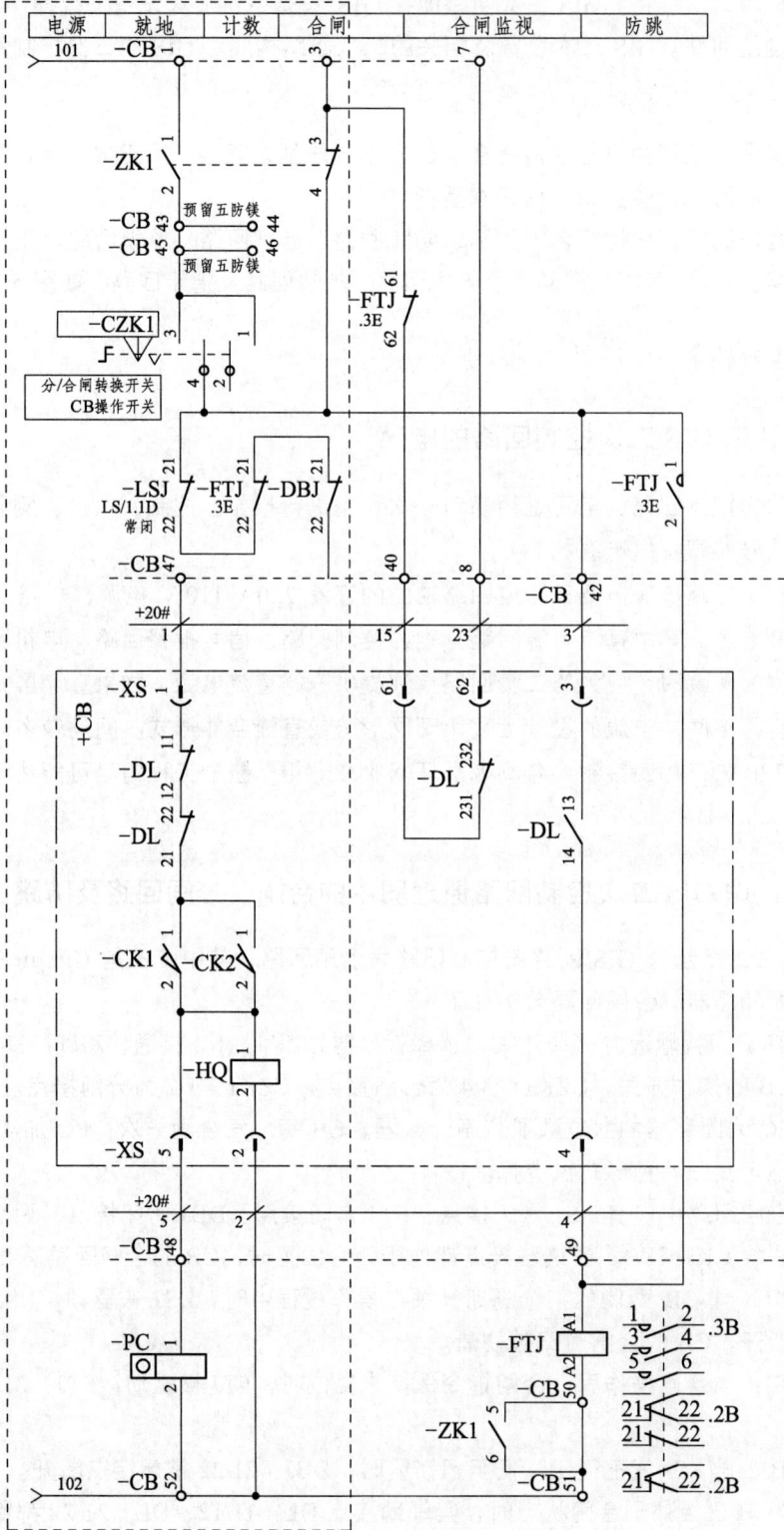

图 5.22　GIS 断路器控制回路之合闸回路

如图 5.23 所示为 GIS 断路器控制回路之分闸回路。分闸回路分析如下：

（1）CB 有两个分闸线圈，145 kV GIS 工程中大部分间隔只使用了第一个分闸回路，第二个分闸回路预留。

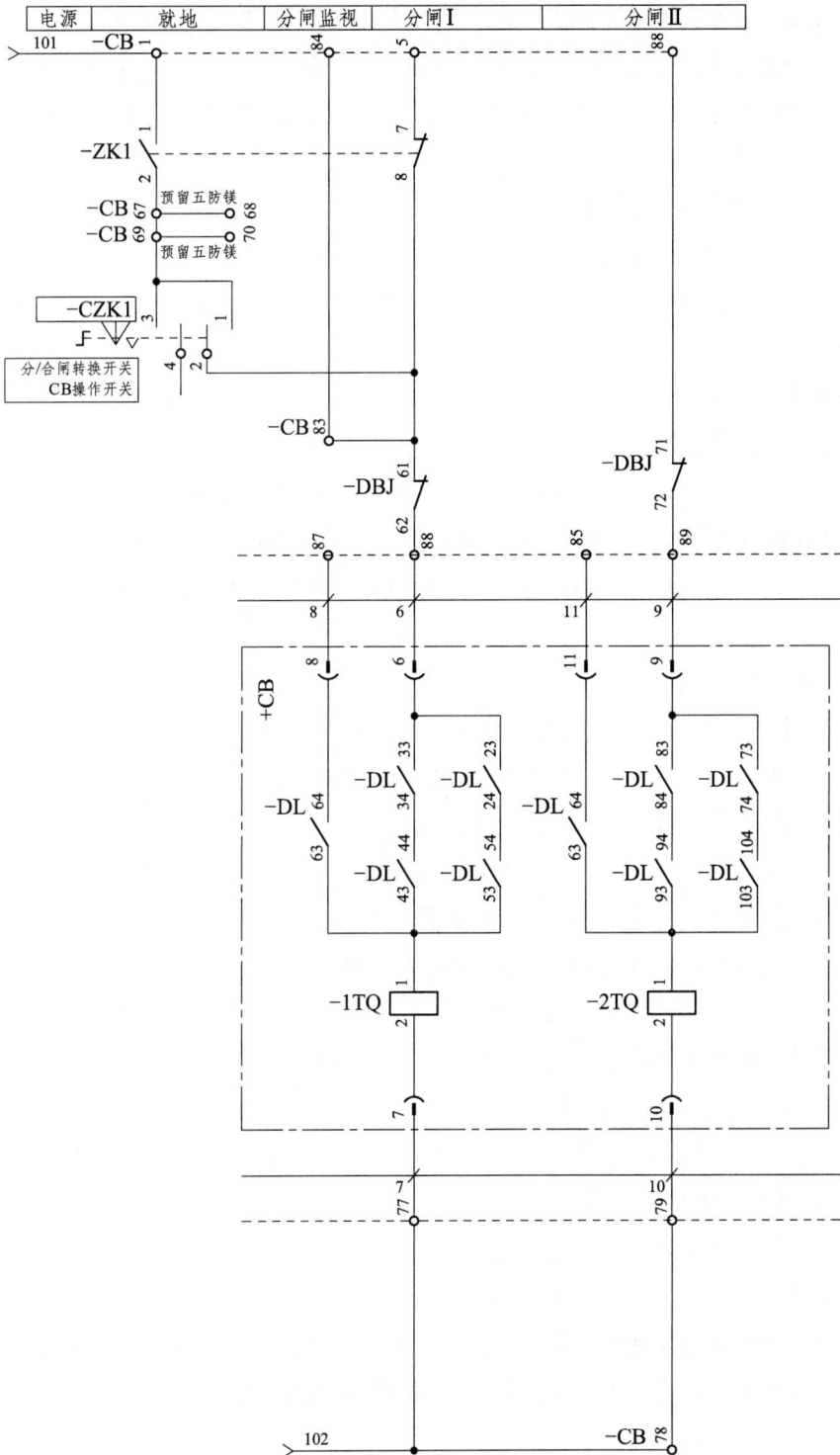

图 5.23　GIS 断路器控制回路之分闸回路

（2）CB 的第一分闸回路与合闸回路共用控制电源；如果有工程要求使用第二分闸回路，一般会为第二跳闸回路设置独立电源。

（3）两分闸回路中串有 DBJ 和 CB 的常开辅助接点 DL：

① DBJ：当 CB 气室气压降低至闭锁值时，DBJ：21/22 常闭接点断开。

② 当 CB 已经处于分闸状态时，其分闸回路中的辅助接点 DL 都处于断开状态。

以上两种状态闭锁了 CB 的分闸回路，且分闸回路监视信号将反馈给主控室，告之分闸回路不正常，执行不了分闸操作。

（4）分闸回路与合闸回路不同点：

① 分闸回路中没有串接 LSJ 接点，CB 的分闸无联锁条件。

② 分闸回路中无弹簧储能闭锁接点，只要 CB 合闸，对 CB 的分闸弹簧进行了一次储能。

如图 5.24 所示为 GIS 断路器控制回路之防跳回路。防跳回路分析如下：

（1）假如没有 FTJ 回路：

CB 接到合闸指令（因某种原因，合闸指令一直保持未复归），CB 执行了合闸操作；当 CB 接到分闸指令，CB 执行了分闸操作，因合闸指令一直保持，CB 又执行合闸，如果分闸指令不断，断路器将会不断地分合，这样会降低断路器的性能甚至带来事故。

（2）有 FTJ 回路：

CB 接到合闸指令（假如因某种原因，合闸指令一直保持未复归），断路器合闸后，其辅助开关 DL：13/14 闭合，驱动防跳继电器 FTJ 动作，FTJ：1/2 将闭合自保持，FTJ：21/22 常闭将断开，切断了 CB 的合闸回路。

当 CB 执行分闸后，因 FTJ：21/22 切断了 CB 的合闸回路，即使 CB 合闸指令保持，也执行不了合闸操作，避免了 CB 重复分合闸。

（3）就地远方转换开关 ZK1：5/6 接点的说明：

① 图 5.24 中 CB：50 与 CB：51 短接，ZK1：5/6 接点无实际功能，无论就地还是远方操作 CB 合闸，都使用 CB 本体自身的防跳功能。

② 如将 CB：50 和 CB：51 短联片拆除，当 ZK1 打在就地位置时，ZK1：5/6 接通，FTJ 回路正常使用，即就地操作 CB 时，使用就地的防跳回路，ZK1 在远方位置时（ZK1：5/6 断开），FTJ 回路不起作用了。

监视回路：监视回路分为合闸回路监视和分闸回路监视。

接入监视回路电流≤50 mA，如果电流过大会造成合闸、分闸线圈误动作。

个别设计图纸的监视点会有不同，如：无论就地和远方状态下都监视合闸和分闸回路；只监视 CB 线圈（带辅助接点），不监视 DBJ、FTJ、LSJ 等状态对合闸回路的影响。

合闸监视回路中另串接了 FTJ 接点和常闭辅助接点。

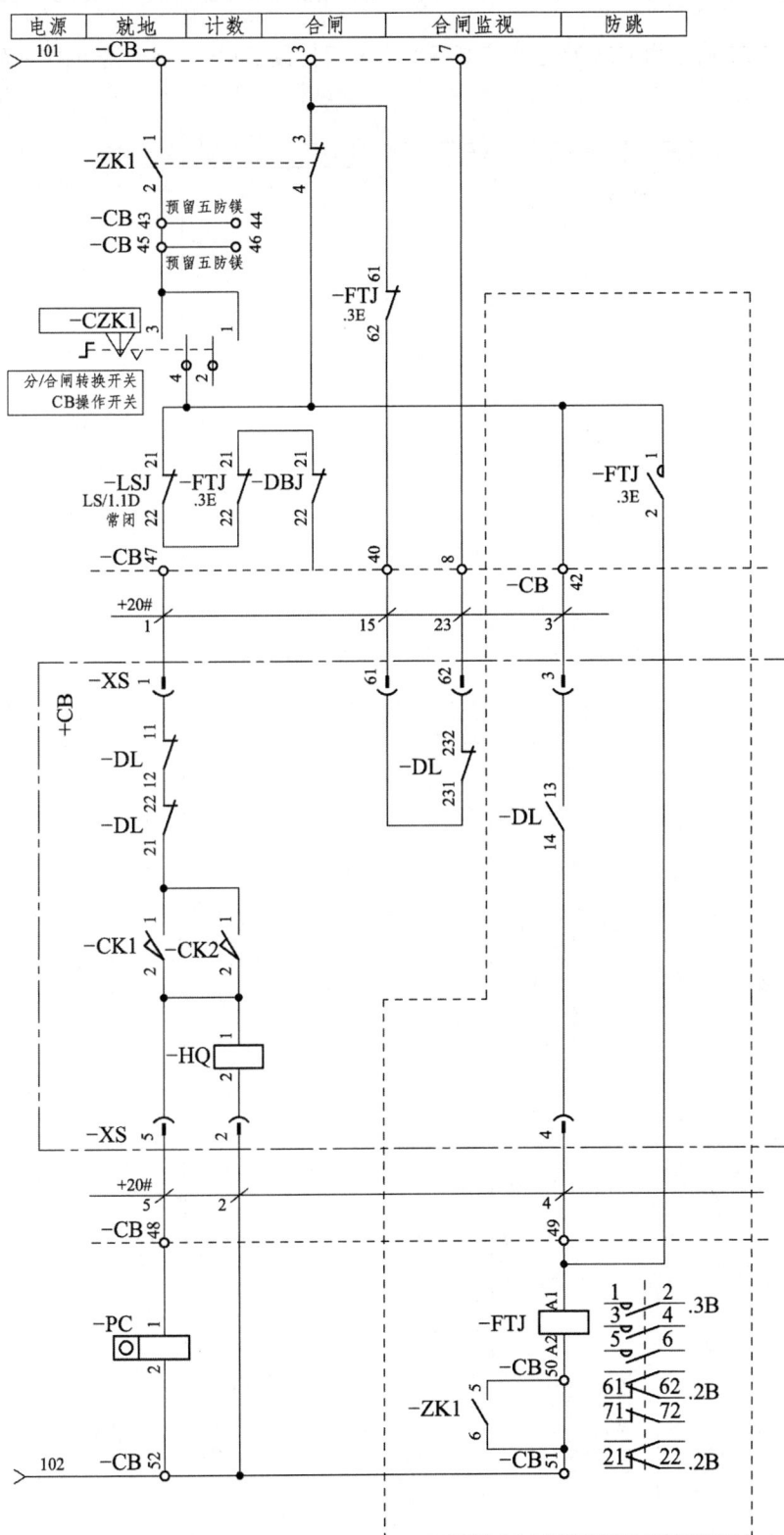

图 5.24 GIS 断路器控制回路之防跳回路

子任务 3　认识 GIS 二次控制回路原理图中的电机控制及保护回路

如图 5.25 所示为 GIS 断路器控制回路之电机控制及保护回路。电机控制及保护回路分析如下：

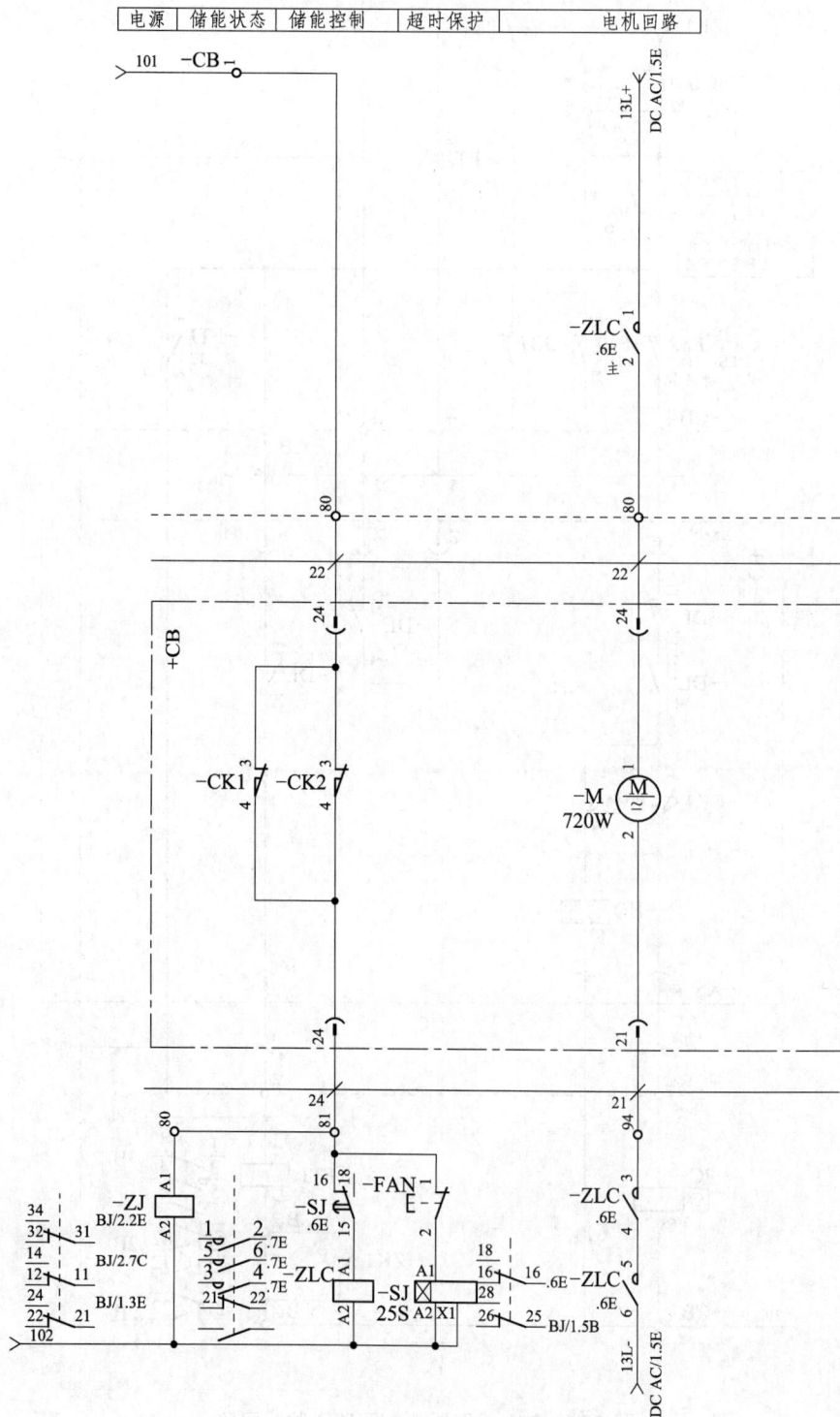

图 5.25　GIS 断路器控制回路之电机控制及保护回路

（1）电机控制回路中的 CK1\CK2 为储能限位开关，当弹簧储能未到位时，CK1：3/4 和 CK2：3/4 都闭合，驱动 ZLC（电机储能接触器），电机转动，为合闸弹簧储能。储能到位时，CK1：3/4 和 CK2：3/4 断开，ZLC 失电复归，停止储能。

（2）SJ（时间继电器）：ZLC 通电动作开始，时间继电器开始计数，储能发生异常，25 秒后储能还未结束，SJ 的延时断开接点断开，切断了储能回路，故障排除后，通过 FAN 对时间继电器复归。

（3）ZJ（中间继电器）：在储能期间，ZJ 提供"储能未储能"信号。

（4）CB 电机控制及保护与 CB 控制共用电源，个别设计会要求将电机控制及保护与电机共用电源。

加热回路：机构内装有 100W 加热器，受 LCP 柜内的温控器控制。

指示回路：指示灯与机构辅助开关串接，通过机构辅助开关变位指示断路器分合位置，合闸位亮红灯，分闸位亮绿灯。

【任务实施】

（1）学生阅读任务描述和相关知识链接，通过学习相关知识并查阅相关的资料，自行完成任务要求。

（2）个小组成员之间、个小组之间互相检查，发现问题，提出意见。

（3）老师检查各小组及个人完成的任务，提出问题，给出成绩。

【课堂训练与测评】

（1）二次展开图有什么特点？识读二次展开图的要领有哪些？

（2）断路器有哪几种控制方式？断路器的辅助接点在正常时是什么状态？

（3）断路器控制回路应具有哪些功能？

（4）分析任务 3 中的二次回路展开图，老师设置故障，学生分析故障现象。

（5）防跳回路的存在会不会影响正常的合闸，为什么？

【知识拓展】

扫一扫二维码 5.5，可查阅学习 KYN28 型高压开关柜的一次设备与二次回路。

二维码 5.5

任务 4 识读隔离开关的控制回路

子任务 1 识读隔离开关控制回路

【任务描述】

一、识读隔离开关电动操动机构电动机控制回路原理图

图 5.26 是隔离开关的电动操动机构中电动机控制回路的原理图,W 是电动机的电枢绕组。请同学们首先查二次回路常用文字符号表,写出图中其他文字符号代表的电气设备。

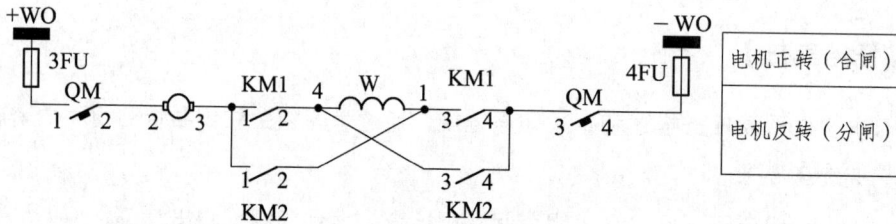

图 5.26 隔离开关电动机控制回路图一

+WO 和 –WO 是直流合闸回路电源小母线。3FU 和 4FU 是两个熔断器。QM 是电动机保护开关。请同学们口述隔离开关电动操动机构中,电动机正反转控制的过程。

图 5.27 所示的隔离开关电动机控制回路采用的是三相交流电动机。QF1 是电动机操作电源的空气开关,KM1 和 KM2 分别是合闸、分闸接触器,GDH 为电机综合保护器,M 为电动机。请同学们口述隔离开关电动操动机构中,电动机正反转控制的过程。

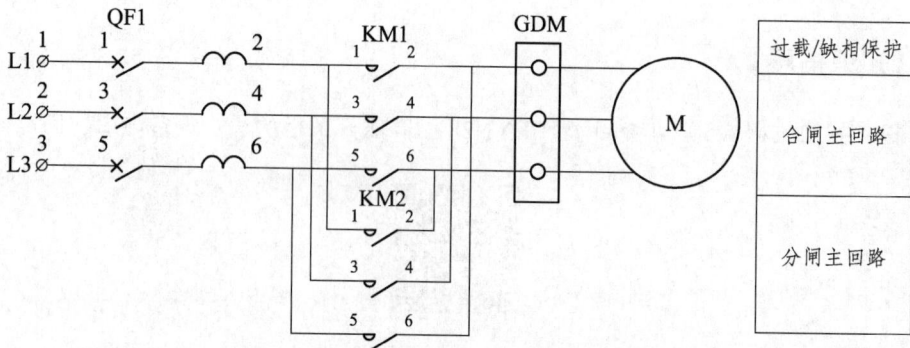

图 5.27 隔离开关电动机控制回路图二

【任务分析】

打开隔离开关电动操动机构箱，仔细观察机构箱内部的电气设备，分析图 5.28 隔离开关电动机控制回路图三，回答下面的问题：

（1）要完成手动合闸隔离开关操作，需要具备哪些条件？

（2）要完成手动分闸隔离开关操作，需要具备哪些条件？

（3）要完成远方控制隔离开关分闸、合闸，需要具备哪些条件？

（4）隔离开关拒动，排除了机械故障，请分析电气方面的故障可能有哪些？

隔离开关电气故障大部分是由于电动操动机构箱门密封胶边老化掉落、密封不严、氧化锈蚀等原因，电气二次回路串联的控制保护元器件较多，包括微型断路器、转换开关、交流接触器、限位开关及联锁开关、热继电器以及辅助开关等。任一处元件故障，就会导致隔离开关拒动。当按分合闸按钮不启动时，要首先检查操作电源是否完好，然后检查各相关元件。发现元件损坏时应更换，并查明原因。二次回路的关键是各个元件的可靠性，必须选择质量可靠的二次元件。

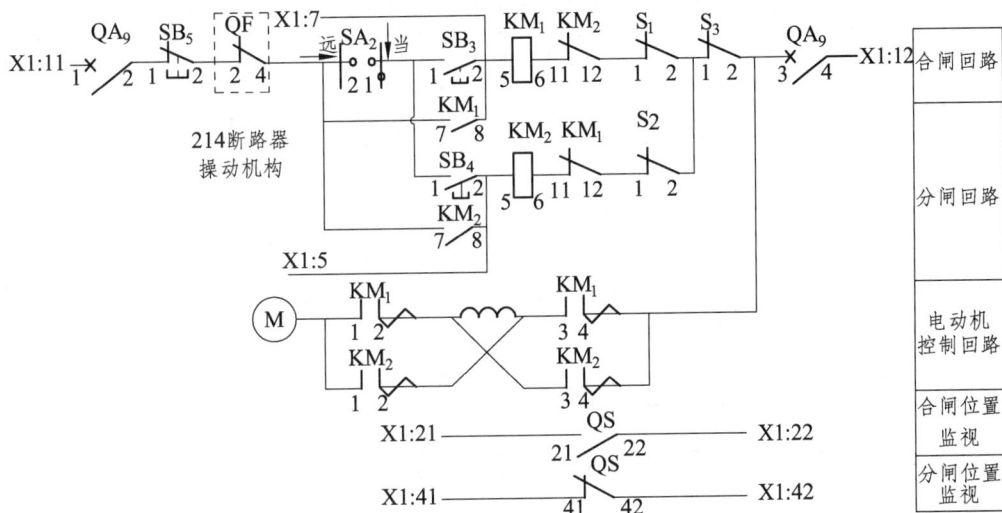

图 5.28 隔离开关电动机控制回路图三

表 5.10 隔离开关电动机控制回路图三中的文字符号的设备名称

QA9	电动机电源空气开关	S1	合闸行程开关
SA2	远方/当地选择开关	S2	分闸行程开关
SB3	合闸按钮	S3	手动/电动选择开关
SB4	分闸按钮	KM1	合闸接触器
SB5	紧急停止按钮	KM2	分闸接触器

分析图 5.29 220 kV 隔离开关操作机构控制回路，假如运行人员进行遥控合闸，隔离开关拒动，请分析可能存在的电气方面的故障。

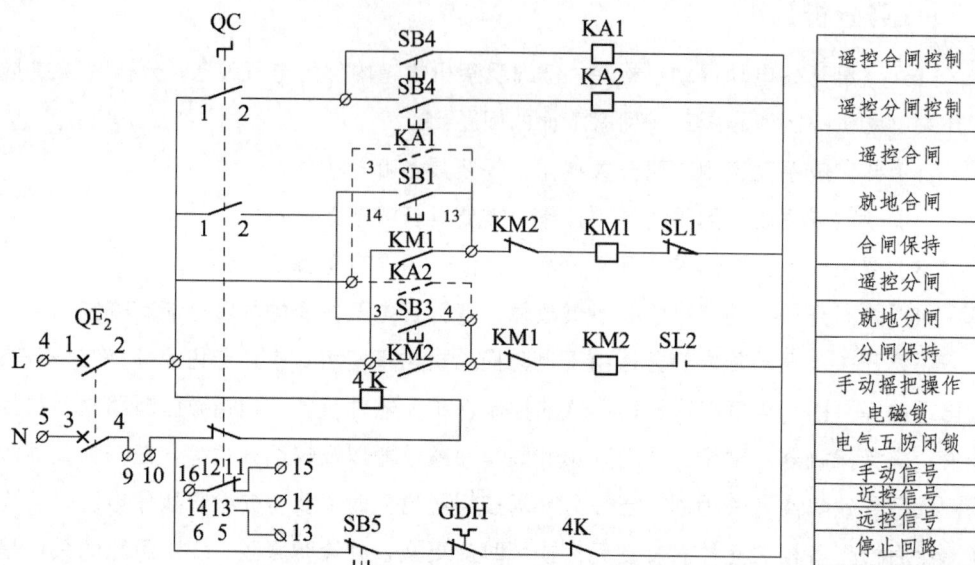

图 5.29　220 kV 隔离开关操作机构控制回路

表 5.11　220 kV 隔离开关操作机构控制回路图中文字符号的设备名称

QF2	控制电源空开	SB1	就地合闸按钮
QC	远控、近控转换开关	SB2	遥控合闸按钮
KA1	遥控合闸继电器	SB3	就地分闸按钮
KA2	遥控分闸继电器	SB4	遥控分闸按钮
KM1	合闸线圈	SB5	紧急停止按钮
KM2	分闸线圈	SL1	合闸限位开关
4K	手动摇把操作电磁阀	SL2	分闸限位开关

二、识读馈线隔离开关控制和信号回路展开图

除了虚线框内设备，其他设备都布置在馈线保护测控屏。

SA_1：控制方式选择开关；

HL_1　HL_2：位置信号灯；

SB_1　SB_2：分闸、合闸控制按钮。

写出图 5.30 中 2141 馈线隔离开关的手动分闸回路、合闸回路：

①_____

②_____

电动分闸回路、合闸回路：

①_____

②_____

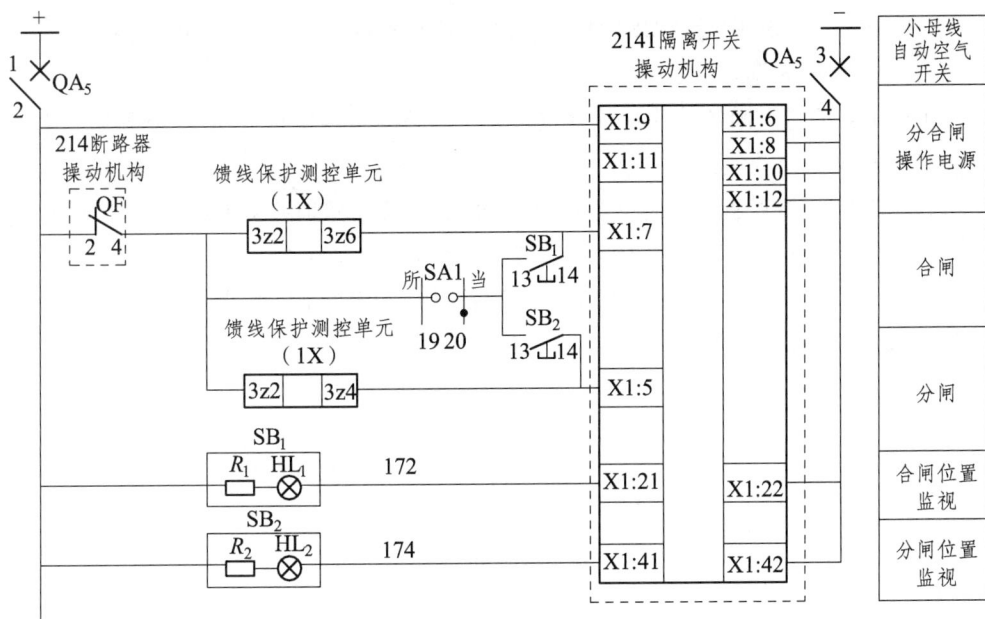

图 5.30　2141 馈线隔离开关控制和信号回路

子任务 2　识读 GIS 三工位开关控制回路

【任务描述】

三工位开关 DS（Disconnecting Switch）是隔离开关和接地开关集成一体的开关元件。由于隔离和接地共用一个动触头，因此共有三种工作位置：隔离分、接地分；隔离合、接地分；隔离分、接地合，这样实现了隔离和接地的机械闭锁；同时电动操动机构内部有两套驱动和控制装置，实现了隔离和接地的电气联锁。三工位开关不仅可以进行电动操作，还可以使用工具进行手动操作。

三工位开关控制回路包括：联锁回路、分合操作过程信号回路、合闸控制回路、分闸控制回路、手动操作联锁回路、电机回路、加热回路、指示回路，如图 5.31 所示。

ES：Earthing Switch，接地开关，通常用于设备维修时接地。

FES：也叫作 HSGS（High Speed Grounding Switch）快速接地开关。线路发生故障时，短时闭合短路电流，避免电弧对结构的影响。

【任务分析】

三工位中隔离开关控制回路分析

（1）远方控制与就地控制共电源，远方合分闸遥控信号时无源接点。

（2）合闸回路中串接有 TJ12（DS 分闸继电器常闭接点）、HJ21（ES 合闸继电器）、CK12（DS 合闸限位开关）、CK13（机构挡板限位开关）、-2DL（ES 的常闭辅助开关）、联锁回路。

（3）过程联锁回路并联了 HJ11、TJ12、CK14，当隔离开关在电动操作或机构挡板打开时，其回路会驱动 LSJ，用以闭锁 CB 合闸回路。

（4）隔离开关的合分闸是由电机带动的，电机正反转分别实现合闸和分闸。

接地开关与隔离开关控制原理相同，接地开关其过程联锁功能一般不使用。

FES 与 ES 的区别：

（1）FES 机构一般简称为"快速接地开关"或"故障接地开关"，其具有关合 2 次 100 kA 短路电流的能力。

（2）FES 一般仅配置在进线间隔中，用于防止带电误合接地开关造成事故的偶然现象。

（3）一般 FES 机构与高压带电显示装置（验电器）配合使用。

（4）ES 合分闸是由电机带动动触头来实现的，FES 分合闸是由电机为弹簧储能后弹簧释放能量来实现的。

【任务小结】

1. 看懂工作原理的常用方法

（1）直流回路从正极到负极：

例如控制回路、信号回路等。从一个回路的直流正极开始，按照电流的流动的方向，看到负极为止。

（2）交流回路从火线到中性线：例如电流、电压回路，变压器的风冷回路。从一个回路的火线（A、B、C 相开始），按照电流的流动方向，看到中性线（N 极）为止。

（3）见接点找线圈，见线圈找接点：见到接点即要找到控制该接点的继电器或接触器的线圈位置。线圈所在的回路是接点的控制回路，以分析接点动作的条件。见线圈找出它的所有接点，以便找出该继电器控制的所有接点。

（4）利用欧姆定律分析继电器判断是否动作：判别的依据是，电压型线圈的两端加有足够大的电压，电流型线圈的通过两端加有足够大的电流。对于电压型继电器的线圈回路，当线圈的两端通过若干个继电器的接点或电流线圈与分别电源的正、负极贯通，则认为继电器（接触器）动作（励磁），当回路中有断开的接点，或线卷回路串接有比较大的电阻，或者线圈被并接的接点短接时，则认为继电器（接触器）不动作（不励磁）。例如：开关分闸回路，当开关处于合位，分闸线圈的正极端串接有合位继电器（电阻大），则认为其不动作。当保护跳闸接点闭合，将线圈直接接到电源正极时，则认为分闸线圈动作。对于电流型（如跳闸回路的防跳跃继电器），当线圈的两端通过若干个继电器的接点或电阻较小的线圈与分别电源的正、负极贯通，则认为继电器（接触器）动作（励磁）。当回路中有短开的接点，或线卷回路串接有比较大的电阻，或者线卷被并接的接点短接时，则认为继电器（接触器）不动作（不励磁）。

（5）看完所有支路：当某一回路，从正极往负极看回路时，如中间有多个支路连往负极，则每个支路必须看完。否则分析回路的就会漏掉部分重要的情况。

（6）利用相对编号法、回路标号明确安装图与展开图的接线原理图中设备的对应关系。当想找到展开图上设备的位置时，一是利用展开图上的设备表提供的位置，然后去相应的安装图上查对。二是先弄清展开图中的端子符号，哪些是屏柜端子排的端子、哪些是（保护或自动）装置的端子，然后直接去可能的屏柜、端子箱中查找。

如手上只有安装图或者发现安装图与展开图的原理接线图无法对应时，则从安装图中每个的设备端子上所标的编号，依据相对编号法，查到该所连接的另外设备的端子，然后再查出该端子所连接另外设备，直到查到直流电源的正负极或交流回路的火线和中性线为止。最后把整个相关的回路都查出来，画成图后可分析连接是否符合动作原理。

（7）识图特殊问题的解决方法。

① 如何用设备的实际状态（现场能看到的设备状态）来描述回路或继电器的动作条件：先以回路的接点分、合状态来描述回路的条件，然后根据接点的分、合状态与设备的状态的对应关系，替换描述（如用开关机构箱的"远/近控切换开关"在"远方"位置来代替"远/近控切换开关"在远方控制回路中的接点状态）。必须逐步形成这一能力，否则看图纸将停留在原始状态，只能看到接点的分、合和继电器的是否励磁，无法与运行中设备状态的监视和操作结合起来。

② 弄清展开图中的部分采用方框画法设备与外部其他部分的连接关系的方法：先查清方框画法设备的端子编号，然后利用能展示该设备内部接线图的装置说明书或厂家图，在这些图纸中找到往外部连接的端子编号，再与内部回路连接起来，然后通过往外的连接的端子再与外部回路联系起来。

2. 识读二次图应注意的问题

（1）虽然在一套二次图纸中最重要的图纸为控制及信号回路图、电流和电压回路图、保护屏（控制屏）端子排图及开关的安装接线图，看图时应熟悉这几份图纸。但不能忽略其他图纸的辅助作用，否则可能事倍功半，卡在某个问题出不来或漏掉一些特殊的回路。

（2）记忆一些常用的回路编号和图形符号，看图时则会大大加速看懂图纸的速度。

（3）特别留意值班员操作的设备，如电源保险、空开、切换开关，它们在图纸中位置及所起的作用，必须查清它们在现场的实际位置。

【任务实施】

（1）学生阅读任务描述和相关知识链接，通过学习相关知识并查阅相关的资料，自行完成任务要求。

（2）个小组成员之间、个小组之间互相检查，发现问题，提出意见。

（3）老师检查各小组及个人完成的任务，提出问题，给出成绩。

【课堂训练与测评】

（1）隔离开关在合闸状态时，其常开辅助接点和常闭辅助接点的状态是什么？

（2）隔离开关的电动操动机构箱内有哪些二次设备？

（3）看隔离开关的控制信号回路的关键点是什么？

【知识拓展】

扫一扫二维码 5.6，可查阅学习断路器和隔离开关的控制、信号回路。

二维码 5.6

任务 5　识读微机保护及测控装置的二次回路

【任务目标】

（1）了解综合自动化变电所中的微机保护的基本构成。

（2）熟悉牵引变电所主变压器保护的保护类型、保护范围及反映的故障。

（3）了解微机继电保护的特点。

（4）学会识读保护回路相关二次图纸。

【任务描述】

通过对主变压器本体保护二次回路接线图和 1 号主变压器 101 断路器保护控制原理图的识读，初步掌握微机保护二次回路的读图方法。

【学习步骤】

（1）认识综合自动化变电所中微机保护的基本构成。

（2）认识微机保护装置中的开关量输入和开关量输出。

（3）认识牵引变电所主变压器保护的保护类型、保护范围及反映的故障。

（4）认识微机保护的特点。

（5）识读主变压器本体保护二次回路接线图和 1 号主变压器 101 断路器保护控制原理图。

子任务 1　识读馈线保护测控装置二次回路图

【任务目标】

（1）明确牵引变电所综合自动化系统具备的功能。

（2）明确二次回路中继电保护回路的作用和分类。

（3）识读馈线保护测控二次回路图。

【任务描述】

通过本任务的学习，能够读懂馈线保护测控二次回路图，熟悉牵引变电所综合自动化系统的功能和二次设备的构成。

【知识链接】

一、综合自动化变电所中各二次设备的主要功能

1. 微机保护

微机保护是将电流量、电压量及相关状态量采集进来，按照不同的算法实现对电力设备的继电保护，并且根据计算结果做出判断并发出相应指令。

微机保护装置是能反映电力系统中电气设备和元件发生故障或不正常运行状态，并作用于断路器跳闸或发出信号的一种自动装置。

2. 微机测控

微机测控的主要功能是测量及控制，取代的是常规变电站中的测量仪表（电流表、电压表、功率表）、就地及远传信号系统和控制回路。

变电所必须具备对电气设备进行控制、测量、监视和调节的功能。传统变电所是采用万能转换开关对断路器直接进行操作控制，并由红绿信号灯监视断路器的位置；测量是通过电流表、电压表、有功功率表、无功功率表等强电仪表连接在电流互感器、电压互感器的回路中实现；信号是通过光字牌及中央信号系统与相关设备连接来构成，这些分散的设备装设在控制屏及中央信号屏上。在综合自动化变电所中，这些都属于监控子系统的功能。为了实现这一功能，在综合自动化变电所中设置了单元层，其中包括了测量控制装置，简称测控装置。

测控装置首先要能正确测量交流电流、电压、功率等。这些物理量不能直接接入计算机中，是因为这些量都属于强电，它们的高电压和大电流会烧坏计算机芯片。这些量都属于模拟量，即随时间连续变化的物理量。计算机无法识别模拟量。必须经过测控装置将电流互感器和电压互感器送出的电流、电压转换为弱电信号，并进行隔离，然后将这些模拟量转换为数字量。再通过通信网络将这些数字量传送到监控计算机中，然后通过数学运算得到所需要测量的电流、电压的有效值或峰值、相位、频率、有功功率和无功功率等量，并在计算机中进行存储、处理和显示。测控装置是模拟信号和计算机系统之间的桥梁。

在变电所中有大量的电气设备，如断路器、隔离开关、继电器的触点、按钮和普通的小开关等，它们都具有通、断或分、合两种工作状态，所以这些物理量都属于开关量。这些量也要通过测控装置经过通信网络送到监控计算机中。这些要传送的物理量的两种工作状态可以用 0、1 来表示，计算机可以直接识别。这些通、断的工作状态可以表示为数字量的输入，这些数字量按二进制数或 ASCII 的编码标准输入计算机，每 8 位、16 位或 32 位组合为一个数字或符号，这些不同的数字或符号表示了不同开关量的不同状态。

测控装置具有对电气设备进行控制的功能，如断路器、隔离开关的分合，变压器有载调压开关的升降等。这些控制命令一般也只是两种状态，当需要对电气设备进行控制时，从监控计算机发出指令，这些指令按照规定的编码标准，组合为若干二进制的数。经过通信网络的传输送入测控装置，在测控装置中将这些数字量还原为命令，通过开关量输出接口电路去驱动继电器。再由继电器触点接通跳、合闸回路或变压器有载调压分接开关的控制回路。

遥测的模拟量有各相母线电压、馈线电流的有效值和相位，有功功率、无功功率、功率因数和频率。需要采集的开关量有断路器的分、合状态，断路器的远方、就地操作状态，隔离开关的状态，接地开关的状态，断路器和隔离开关操动机构中的告警信号，保护装置中无法通过网络传输的信号等。

各厂家的测控装置的遥控开出量及遥信开入量按不同的一次设备形式可以有不同的配置。本书选用东方凯发公司的微机测控保护产品为例来说明。DK3520 电铁馈线测控保护装置侧遥信功能为：共有 20 路开入量，其中 12 路为采集外部遥信，8 路为内部开关量信号，另有 2 路为软件判断遥信。遥控功能为：可以完成 1 个断路器、2 路隔离开关的遥控分合操作。这些装置的液晶屏面板上可用汉字显示信息内容。当装置没有操作时，液晶屏上循环显示测控装置的交流量有效值、装置当前投入的连接片及主接线图。

3. 操作回路

断路器的操作回路用于执行微机保护、微机测控对断路器发出的操作指令。操作回路的配置与微机测控是类似的，即一台断路器有且只有一套操作回路。一般在同一电压等级中，所有类型的微机保护配备的操作回路都是一样的。在 110 kV 以上电压等级的二次设备中，由于操作回路相对复杂，要设置独立的操作箱；在 110 kV 及以下电压等级中，操作回路与微机保护整合在一台装置中。需要指明，尽管在一台装置中且有一定的电气联系，但是操作回路与保护回路在功能上是完全独立的。

操作回路一般安装在微机保护装置内，用于执行各种针对断路器的操作指令。这类指令分为合闸、分闸、闭锁三种，可能来自多个方面，例如本间隔微机保护、微机测控、外部微机保护、自动装置等。

4. 自动装置

牵引变电所内最常见的自动装置有备用电源自动投入装置和自动重合闸装置。自动装置的功能主要是维护整个变电所的运行，而不是像微机保护一样针对某一个间隔。例如备用电源自动投入装置主要是为了防止全所失压而在失去工作电源后自动接入备用电源。与微机保护相比，自动装置的工作过程相对简单，虽然也采集电流、电压，但是只进行简单的数值比较或"有、无"判断，然后按照相对简单的固定逻辑动作。

二、二次回路的分类

保护装置所涉及的二次回路按用途分为：
（1）电源回路。
（2）电流回路。
（3）电压回路。
（4）信号回路：监控系统信号回路；故障录波信号回路。
（5）开入量回路：压板、把手回路；开关位置、启动闭锁回路等。
（6）出口回路：跳合闸回路；启动、闭锁回路等。

三、牵引网馈线保护装置及馈线保护类型

接触网无备用，架设低，扰动大，悬挂点多，分支线多、故障率高；接触网停电将严重干扰铁路运输生产，造成很大的损失；接触网线路较长，寻找故障点困难。牵

引网的上述特点决定了必须采用故障点探测装置。牵引网供电系统的大多数故障是瞬时性短路，广泛采用馈线故障点测距装置，俗称接触网故障探测仪（简称故测仪）。它的作用是当牵引网馈线发生短路故障时，能够自动而迅速地测量出故障点位置及短路故障时的电量值。

牵引变电所的馈线保护测控装置一般由以下几种保护和自动装置构成：电流速断保护、阻抗保护、过电流保护、增量保护、高阻保护、一次重合闸装置、故障点测距（标定）装置等。

【任务描述】

（1）查阅《电气常用新旧文字符号对照表》及 DK3520 电铁馈线保护测控装置内部原理展开图右侧的说明将图 5.32 和图 5.33 中文字符号的对应电气元件写出来。

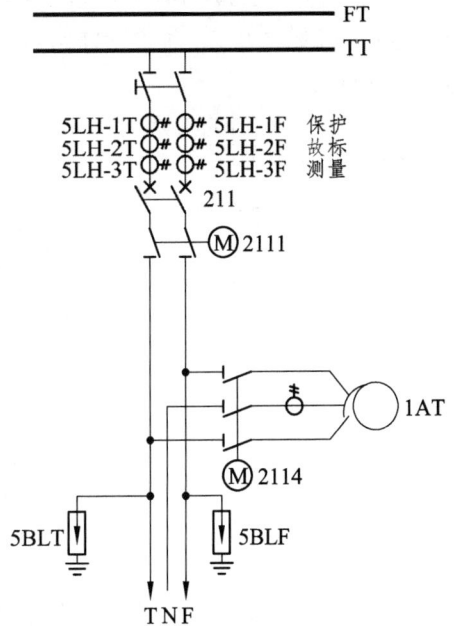

图 5.32 某变电所 211 馈线主接线图

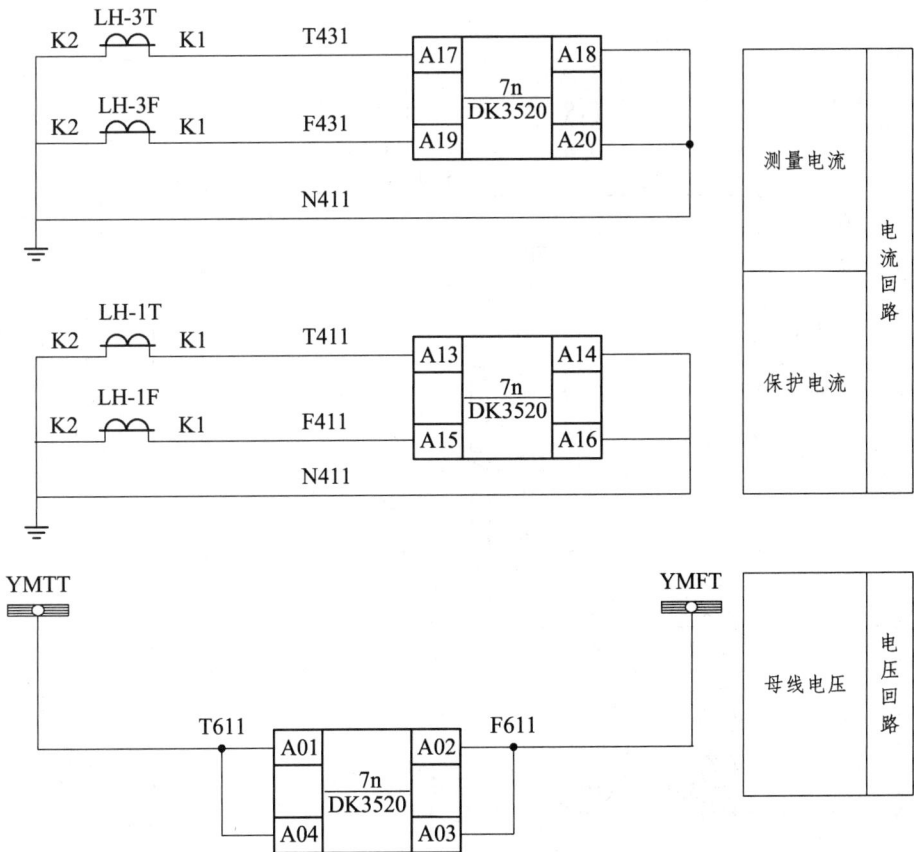

图 5.33 某变电所 211 馈线保护测控装置电流回路和电压回路

（2）查阅资料，熟悉牵引网馈线保护装置及馈线保护类型。

（3）对照图 5.34 和图 5.35 的 DK3520 电铁馈线保护测控装置内部原理展开图和图 5.36 分析某变电所 211 馈线断路器分合闸过程，写出手动分、合闸及保护动作自动跳闸的过程。

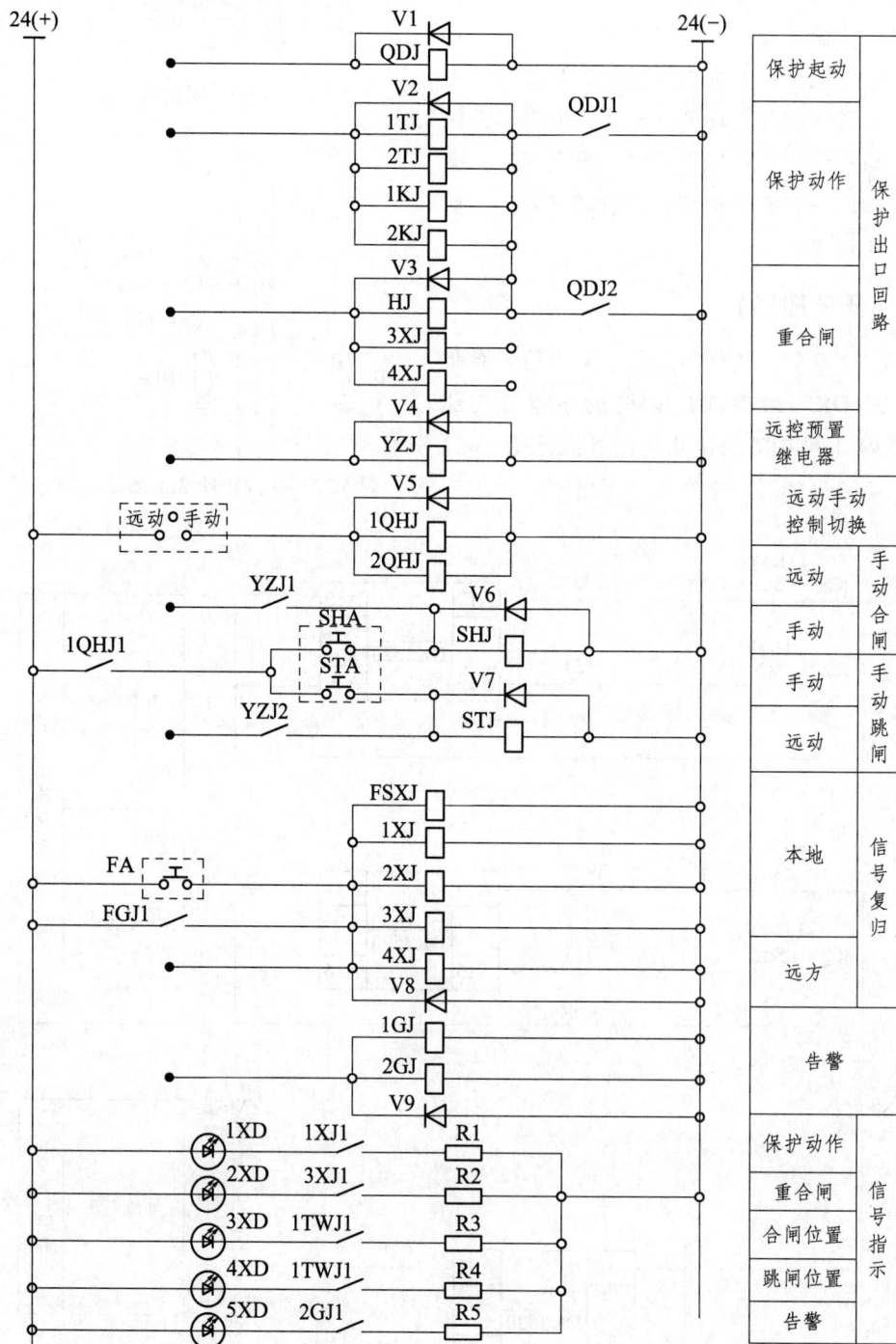

图 5.34　DK3520 电铁馈线保护测控装置内部原理展开图一

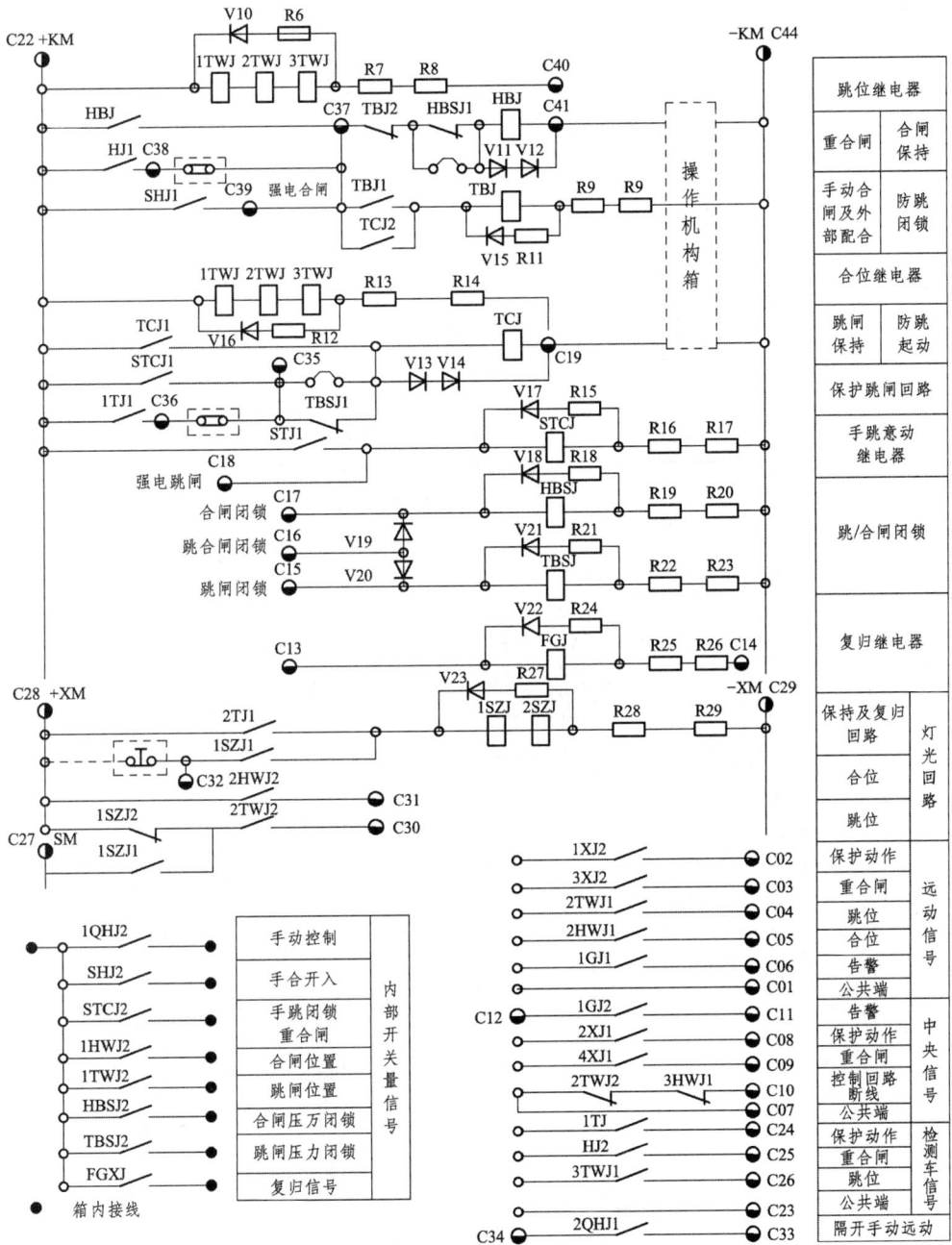

图 5.35　DK3520 电铁馈线保护测控装置内部原理展开图二

240

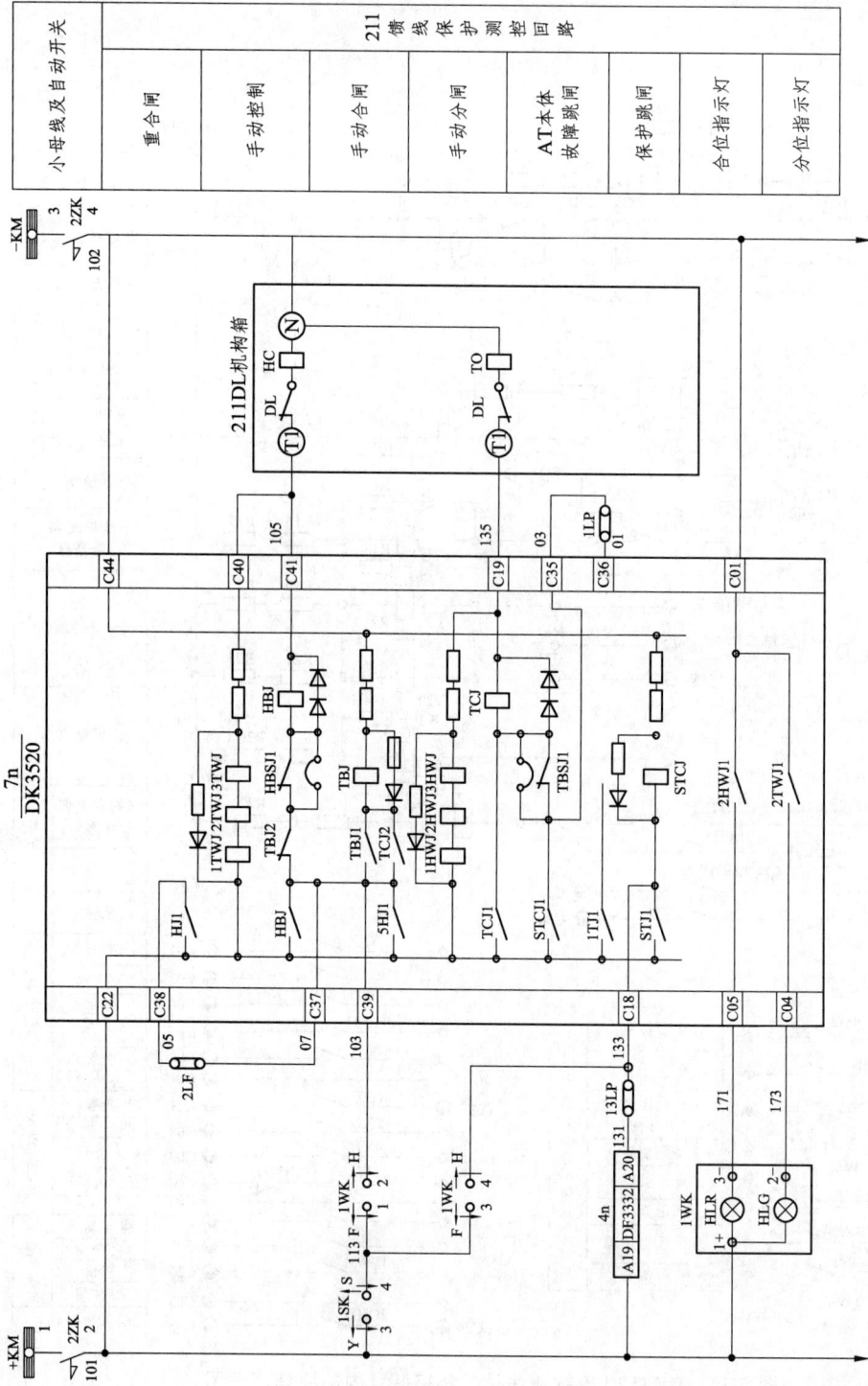

图 5.36 211 馈线保护测控装置二次回路

DK3520 是东方凯发电气自动化公司的馈线测控保护装置。

2ZK 为自动空气开关，1SK 为远方-当地转换开关，1WK 为断路器分合控制开关。

TWJ、HWJ 分别是跳闸位置继电器和合闸位置继电器。

SHJ 和 STJ 分别是手动合闸继电器和手动跳闸继电器。

STCJ 手跳重动继电器，TBJ 防跳闭锁继电器，TCJ 防跳启动继电器；

HBSJ 合闸压力闭锁继电器，TBSJ 跳闸压力闭锁继电器；

【任务分析】

（1）当 211 断路器处于分位时。

位于 211 断路器机构箱内的 DL 断路器辅助常开接点断开，辅助常闭接点闭合。此时导通的回路为：

① +KM—$2ZK_{1-2}$—7n：C22—1TWJ 线圈—2TWJ 线圈—3TWJ 线圈—7n：C40—DL 机构箱内 DL 辅助常闭接点—HC 合闸线圈—$2ZK_{3-4}$— –KM

由于有跳闸位置继电器 TWJ 线圈分压，HC 合闸线圈不得电；

TWJ 线圈得电，2TWJ1 常开接点闭合，绿灯亮，指示断路器处于分闸位置。

② +KM—$2ZK_{1-2}$—HLG 绿灯—7n：C04—2TWJ1—7n：C01—$2ZK_{3-4}$— –KM

（2）若要手动合闸。

将 1SK 开关手柄打至 S 手动位置，$1SK_{3-4}$ 接点闭合；将 1WK 开关手柄打至合闸位置，$1WK_{1-2}$ 接点闭合，下面这条回路导通：

① +KM—$2ZK_{1-2}$—$1SK_{3-4}$—$1WK_{1-2}$—7n：C18—TBJ2 常闭接点—HBSJ1 常闭接点—HBJ 线圈—7n：C41—DL 机构箱内 DL 辅助常闭接点—HC 合闸线圈—$2ZK_{3-4}$— –KM

此时 HC 合闸线圈得电，断路器开始合闸；

同时 HBJ 线圈得电，HBJ 辅助接点改变原先的状态，HBJ 常开接点闭合，HBJ 线圈自保持回路接通：

② +KM—$2ZK_{1-2}$—7n：C22—HBJ 常开接点—HBSJ1 常闭接点—HBJ 线圈—7n：C41—DL 机构箱内 DL 辅助常闭接点—HC 合闸线圈—$2ZK_{3-4}$— –KM

（3）当断路器合闸完成后。

DL 辅助常闭接点断开，HC 合闸线圈失电；1TWJ、2TWJ、3TWJ 线圈失电，2TWJ1 常开接点断开，绿灯灭，红灯亮，指示断路器处于合闸位置；同时 DL 辅助常开接点闭合，为下一次断路器分闸做好准备。

① +KM—$2ZK_{1-2}$—7n：C22—1HWJ 线圈—2HWJ 线圈—3HWJ 线圈—7n：C19—DL 机构箱内 DL 辅助常开接点—TQ 跳闸线圈—$2ZK_{3-4}$— – KM

② +KM—$2ZK_{1-2}$—HLR 红灯—7n：C05—2HWJ1—7n：C01—$2ZK_{3-4}$— – KM

（4）若要手动分闸，则将 1SK 开关手柄打至 S 手动位置，$1SK_{3-4}$ 接点闭合；将 1WK 开关手柄打至分闸，$1WK_{3-4}$ 接点闭合，下面这条回路导通：

① +KM—$2ZK_{1-2}$—$1SK_{3-4}$—$1WK_{3-4}$—7n：C18—STCJ 线圈—7n：C44—$2ZK_{3-4}$— –KM

STCJ 线圈得电，STCJ 常开接点闭合，下面的回路导通：

② +KM—$2ZK_{1-2}$—7n：C22—STCJ 常开接点—TBSJ1 常闭接点—TCJ 线圈—7n：

C19—DL 机构箱内 DL 辅助常开接点—TQ 跳闸线圈—2ZK$_{3-4}$— – KM

此时 TQ 跳闸线圈得电，断路器跳闸。

同时 TCJ 线圈得电，TCJ1 常开接点闭合，TCJ 线圈自保持。

③ + KM—2ZK$_{1-2}$—7n：C22—TCJ1 常开接点闭合—TCJ 线圈—7n：C19—DL 机构箱内 DL 辅助常开接点—TQ 跳闸线圈—2ZK$_{3-4}$— – KM

断路器跳闸完成后，回到 211 断路器处于分位时的初始状态，DL 断路器辅助常开接点断开，辅助常闭接点闭合，绿灯亮，红灯灭。

（5）TJ 跳闸出口继电器、HJ 合闸出口继电器及 DL 断路器辅助接点的作用。

根据手动跳闸分析过程，我们也可以分析出保护跳闸的过程，若保护装置动作，TJ 跳闸出口继电器线圈得电，1TJ1 常开接点闭合，下面的回路导通，断路器跳闸。

+ KM—2ZK$_{1-2}$—7n：C22—1TJ1 常开接点—7n：C36—1LP—7n：C35—TBSJ1 常闭接点—TCJ 线圈—7n：C19—DL 机构箱内 DL 辅助常开接点—TQ 跳闸线圈—2ZK$_{3-4}$— – KM

利用 DL 断路器辅助常开接点断开跳闸电流，一是为了防止 TJ 粘连造成跳闸线圈 TQ 烧坏，因为 TQ 的热容量是按短时通电来设计的；二是因为如果由 TJ 来断开合闸电流，由于 TJ 接点的断弧容量不够，容易造成 TJ 接点烧坏。这就为下一次保护跳闸（或合闸）埋下了隐患且不易被发现。HJ 也是同样的道理。

（6）分析 TWJ 跳闸位置继电器和 HWJ 合闸位置继电器的作用。

TWJ 与 HWJ 的主要作用是提供开关位置指示。

HWJ 线圈接于跳闸回路，该回路在断路器跳圈 TQ 之前串有断路器常开辅助触点。当开关在合位时，其常开辅助触点闭合，HWJ 线圈带电，表明开关处于合位。

TWJ 线圈一般接于合闸回路，该回路在断路器合闸线圈 HC 之前串有断路器常闭辅助触点。当开关在分位时，其常闭辅助触点闭合，TWJ 线圈带电，表明开关处于分位。

注意：当开关在分位时，其实 HC 合闸线圈是带电的。TWJ 为电压线圈，线圈本身电阻就较大，加上回路上串的电阻，整体阻值约 40 千欧（可测量控制电源正极端和 TWJ 负端）。TWJ 线圈上串联的电阻，也是为了防止 TWJ 线圈击穿短路，导致合闸线圈误动。

位置继电器除了提供位置指示外，还有一个重要作用是监视控制回路是否完好。因为正常情况下，不论开关处于何状态，TWJ 和 HWJ 必有一个带电，状态为 1。如果全为 0，则代表控制回路异常，也即我们常说的控制回路断线。

（7）"断路器状态"开关量和 TWJ/HWJ 的区别。

装置里侧开关量状态显示菜单或通讯信息表里可以看到除了有 TWJ 和 HWJ 状态外，还有"断路器状态"。那么，这个"断路器状态"跟 HWJ 是否一样呢？

其实并不完全一致。不论我们是采用 TWJ 还是 HWJ 来判断断路器的位置，只要控制回路断线，就会导致位置判断错误的问题。比如断路器在合位，此时 HWJ 线圈应得电，用 1 表示；如果这时控制电源掉了，则 HWJ 失电，HWJ 为 0，就会错误判断为开关分开。为了避免这种情况发生，装置提供了"断路器位置"这个经过程序判断处理后的状态量。正常情况下，TWJ 和 HWJ 状态是相反的，程序会判为状态有效，断路器状态和 HWJ 状态是一致的；当 TWJ 和 HWJ 全部为 0 或全部为 1 时，程序认为该状态变位为无效状态，断路器位置还是会保持原状态不变。

（8）分析 STCJ 手跳重动继电器、HBJ 合闸保持继电器和 TBJ 防跳闭锁继电器的作用。

① 增加接点容量。由保护元件的接点直接通断开关的跳合闸回路容易导致保护出口接点烧毁，所以由操作回路的大容量的中间继电器 STCJ 手跳重动继电器来重动。

② 因为跳、合闸回路接有跳、合闸线圈，属于感性负载，故接点在断开时，会承受线圈产生的很高的反向浪涌电压，往往会造成接点拉弧，导致接点烧毁。而采用保持回路后，保护出口接点在导通跳、合闸回路的同时启动保持回路，由保持回路来保证即使保护接点断开，跳、合闸回路仍然能够导通。由具有一定灭弧能力的断路器辅助触点在开关主触头动作后切断跳、合闸线圈回路，从而既保证了开关的可靠分合，也避免了保护接点直接拉弧。所以在电力部的继电保护要求中明确规定应有保持回路。

（9）电气防跳的实现。

① 什么是防跳？

防跳是防止"开关跳跃"的简称。所谓跳跃是指由于合闸回路手合或遥合接点粘连等原因，造成合闸输出端一直带有合闸电压。当开关因故障跳开后，会马上又合上，保护动作开关会再次跳开，因为一直加有合闸电压，开关会再合上。对此现象，通俗地称为"开关跳跃"。一旦发生开关跳跃，会导致开关损坏，严重的还会造成开关爆炸，所以防跳功能是操作回路里一个必不可少的部分。

② 防跳的实现。

防跳的实现是通过防跳启动继电器 TCJ 和防跳闭锁继电器 TBJ 来共同实现的。TCJ 是供启动用的电流线圈，接在跳闸回路中；TBJ 是自保持用的电压线圈，通过本身的常开触点 TBJ1 接入合闸回路。

保护或手动跳闸时，TCJ 动作，启动跳闸保持回路的同时，接于 TBJ 线圈回路的 TCJ2 常开接点也闭合。若此时断路器合闸辅助接点是闭合的，则 TBJ 线圈带电，且串于其线圈回路的 TBJ 常开接点闭合，构成一个自保持回路；接于合闸线圈回路的 TBJ 常闭接点打开，切断合闸回路。

整个回路有两点：

① 防跳功能是在跳闸时才启动的，通过 TCJ 来启动，如果 TCJ 跳闸保持没有启动，则也不能启动防跳。

② 一旦防跳启动继电器 TCJ 启动后，通过自身的保持回路自保持，这样虽然断路器跳闸后跳闸保持继电器 TBJ 会返回，但防跳回路仍然会起作用，直到合闸接点分开，TBJ 才会返回。

子任务 2　识读主变压器微机保护测控装置的二次回路

【知识链接】

主变压器配置的继电保护的类型：

主变压器配置的继电保护可分为本体保护和电气保护两类。

变压器的电气保护依靠采集相关电流量、电压量完成。电气保护主要包括差动保护、电流速断保护、过负荷保护等。

电气保护反映变压器的短路故障、接地故障以及变压器外部故障引起的变压器过电流等。

【任务描述】

如图 5.37 所示，例如某变电所选择的主变压器是 V/V 接线牵引变压器 110/27.5 kV，微机保护模块有差动保护装置 DK3530A，本体保护装置 DK3532A、高、低压侧后备保护测控装置 DK3531A、主变测控装置 DK3571B，这些装置需要 DC 110 V，5 A 的电源，它们和操作开关、切换开关、复归按钮等组成一面主变压器保护测控屏。

标签框上的标字

编号	符号	标字
1-1	2n	主变差动保护装置
1-2	5n	主变后备保护装置
1-3	4n	主变本体保护装置
1-4	3n	主变测控装置
1-5	SK	1B 远方—当地
2-1	SK	跨来隔开远方当地
3-1	12n	自投装置

元件标字

编号	符号	标字
1-6	1WK	101
1-7	2WK	203
1-8	3WK	201
1-9,1-10	AF,AHI	1011 分,合
2-2,2-3	AF,AH	1001 分,合

连片标字

编号	符号	标字
1	1LP	压力脊放
2	2LP	超温跳闸
3	3LP	重瓦斯
4	4LP	101 差动跳闸
5	5LP	101 后备跳闸
6	6LP	101 本体跳闸
7	7LP	203 差动跳闸
8	8LP	203 后备跳闸
9	9LP	203 本体跳闸
10	10LP	201 差动跳闸
11	11LP	201 后备跳闸
12	12LP	201 本体跳闸

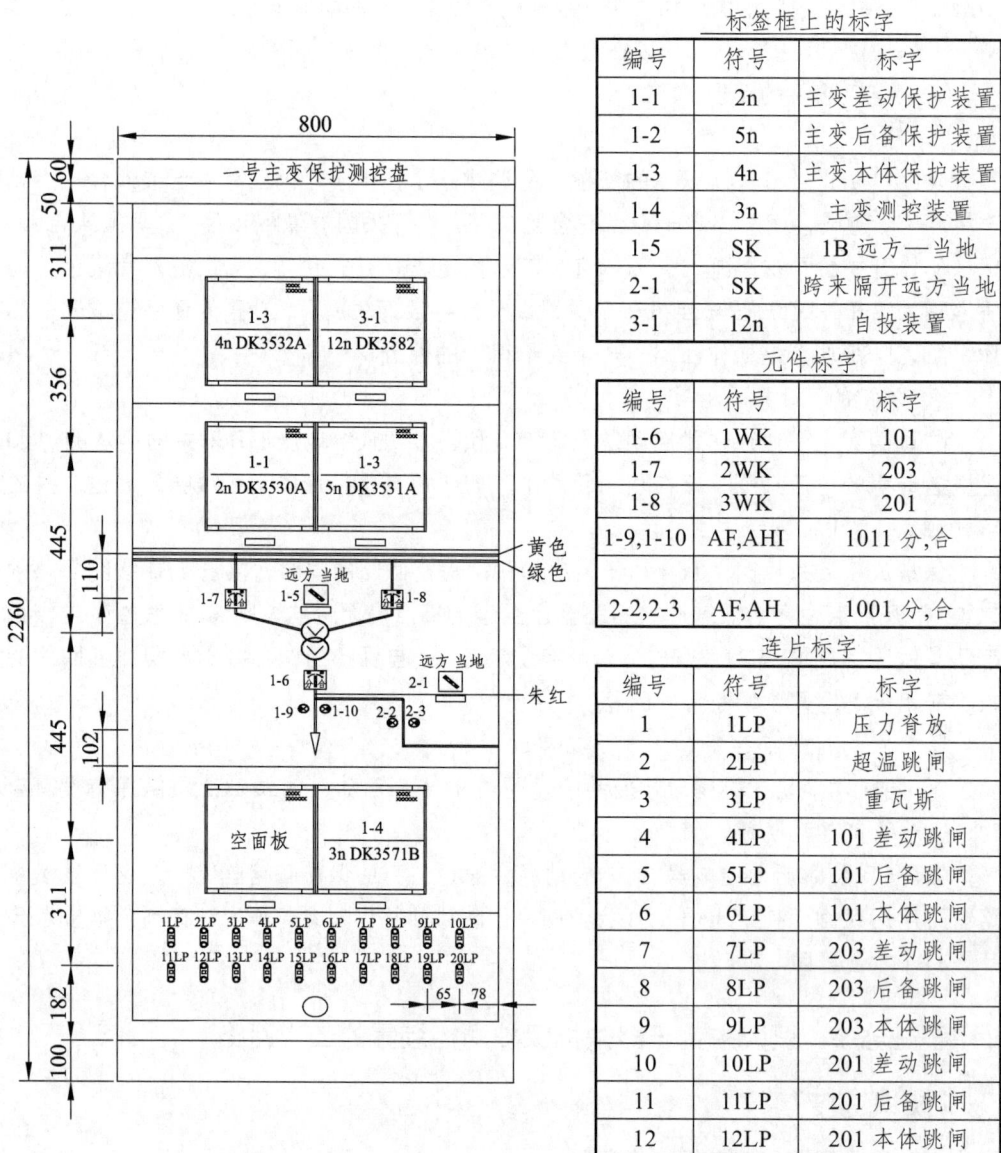

图 5.37 某综合自动化变电所主变测控保护盘

一、微机型变压器差动保护装置

主变压器差动保护的保护范围是主变压器各侧电流互感器用于差动保护二次绕组之间的全部设备，不仅包括变压器本身，还包括导线、隔离开关等设备。在保护范围内设备发生故障时，差动的电流不为零，保护元件随即被启动。如图 5.38 所示为某综合自动化变电所主接线图（1#主变部分）。

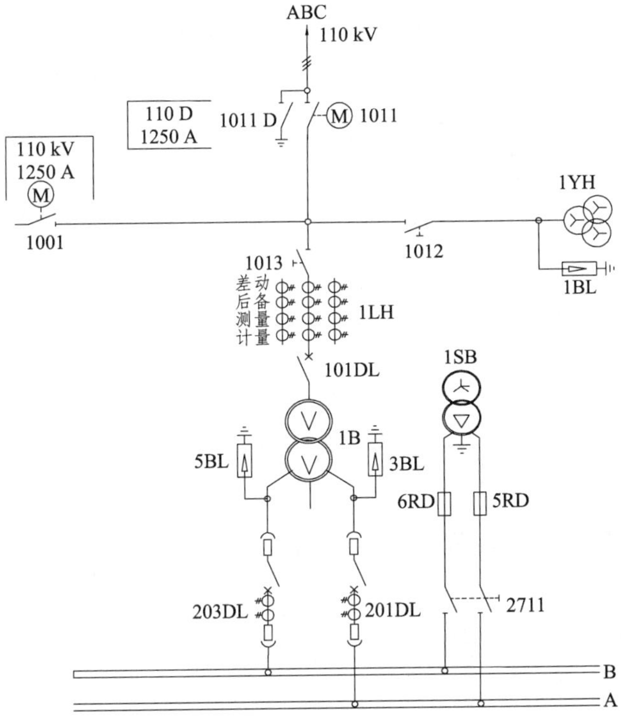

图 5.38 某综合自动化变电所主接线图（1#主变部分）

变压器差动保护是变压器常用的一种主保护，微机型变压器差动保护装置的二次回路包括交流电流回路、保护开入回路、出口回路及信号回路，如图 5.39 所示。

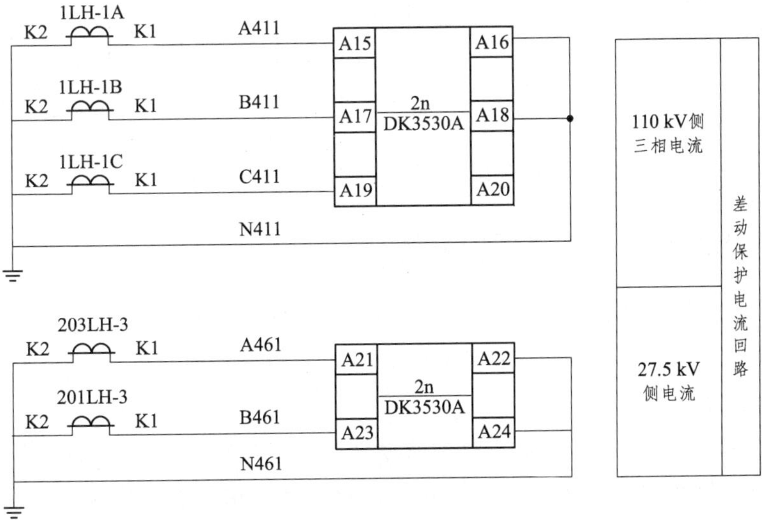

图 5.39 某综合自动化变电所主变差动保护电流回路

微机保护装置的开出只有无源触点，而且均为跳闸继电器触点。差动保护动作后会向主变压器各侧进线断路器发出跳闸指令，其作用方式就是将这些无源接点接进各断路器的操作箱，即主变压器差动保护动作跳闸。

二、微机型变压器后备保护装置

变压器后备保护装置可以反映由外部接地或相间短路引起的过电流保护及中性点过电压保护动作。变压器后备保护可作为相邻元件及变压器内部故障的后备保护。如图 5.40 和图 5.41 所示为某综合自动化变电所主变后备保护电流回路以及电压回路和信号回路。

反映相间故障的变压器后备保护有过电流保护、复合电压闭锁过电流保护、复合电压闭锁的方向过电流保护。

反映接地故障的变压器后备保护有变压器零序电流保护、零序电压保护及间隙零序电流保护。

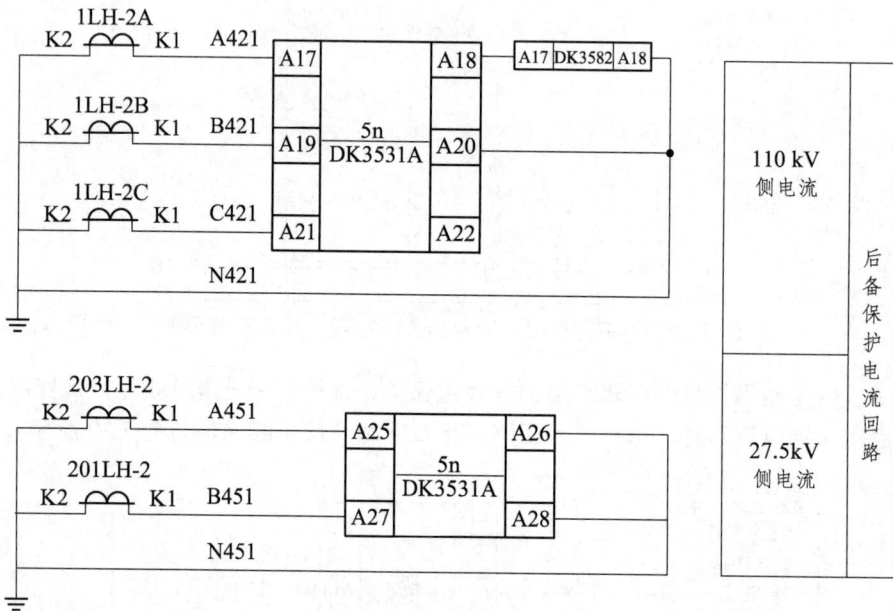

图 5.40　某综合自动化变电所主变后备保护电流回路

三、微机型变压器本体保护装置

微机型变压器本体保护装置是变压器的非电量保护装置，各种非电量保护信号从主变压器本体引来，由测控装置能够完成开关量采集、测量、控制、脉冲量采集、通讯和事件记录等功能。

如图 5.42 所示：如 1#主变本体重瓦斯、本体轻瓦斯、主变超温跳闸、主变油位异常、主变温度过高等信号。主变压器本体提供这些信号的无源接点，它们都接入DK3532A 主变本体保护装置中。

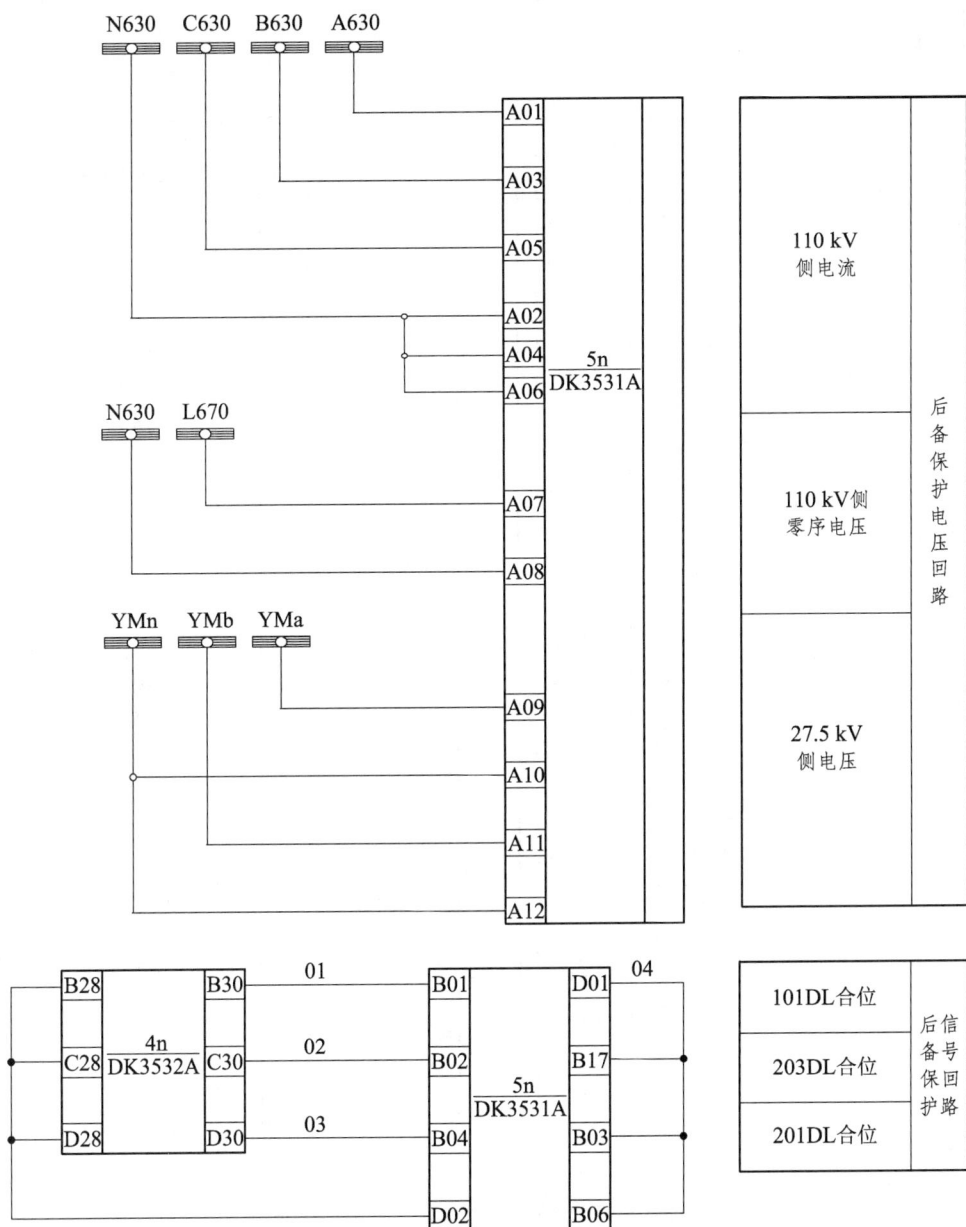

图 5.41 某综合自动化变电所主变后备保护电压回路和信号回路

GG 为光电隔离器，也称光耦合器（Optical Coupler，OC），简称光耦。在光耦合器中，信息传输介质是光，输入和输出都是电信号，信息的传递和转换过程都是在不透光的密闭环境下进行的，它不受电磁信号和外界光的影响，因而具有良好的抗干扰性能。

变电所的断路器、隔离开关、继电器等处于强电场中，电磁干扰比较严重，若要采集这些强电信号，必须采取抗干扰措施。光耦合器广泛用于电气绝缘、电平转换、驱动电路、开关电路及微机接口中，它在计算机实时控制中作为信号隔离的接口器件，大大提高了计算机工作的可靠性。综合自动化变电所中，光耦合器大多用于传输各类开关信号。保护测控装置强电输入的光电隔离器有的装设在保护装置外面，布置在屏柜面板或端子排上；有的装设在装置箱体内部。

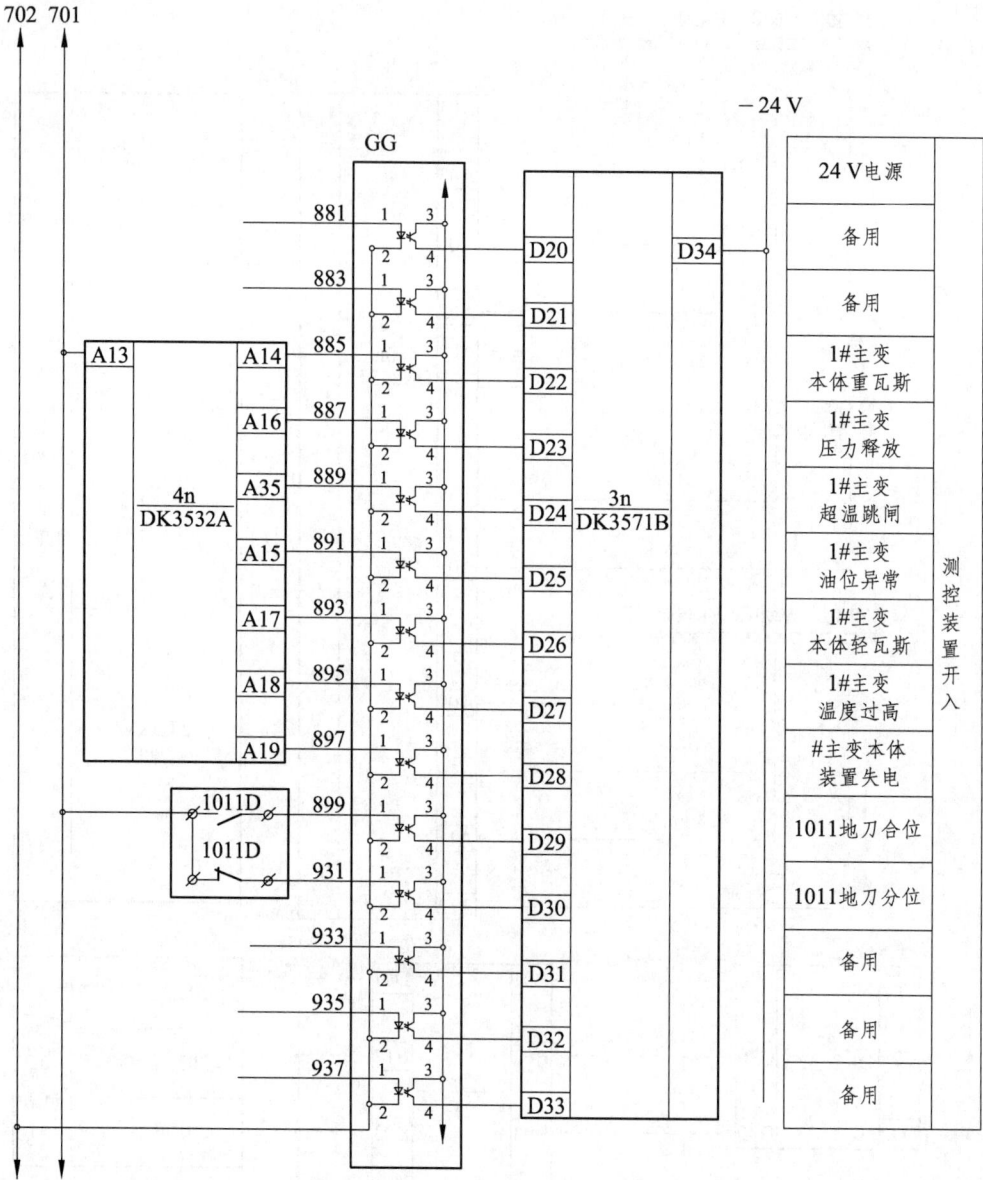

图 5.42　某综合自动化变电所主变遥信回路（1#主变开入）

测控装置的开关输入有断路器分合闸位置、手车开关的试验位置和工作位置、操动机构弹簧未储能、控制回路断线等信号。这些输入信号可以通过保护测控装置转换为数字量，经网络传输在监控主机的显示器上显示。

测控装置的直流电源一般从控制电源小母线 KM 接入，经 1ZK 小开关接到测控装置中。接入测控装置的信号分为两部分，一部分从本屏其他装置或元件直接接入，另一部分从配电装置经电缆接入。

如图 5.42 所示，测控装置所有的开入输入均为 24 V，如果需要接 110 V 或 220 V 的开入，则需外接光耦转接端子。装置的 E02 端子提供 + 24 V，隔离后再接入本装置。开入信号的输入电压有两类：一是弱电开入，接入的开入回路从测控装置上取 24 V 信号电源接入测控装置的背板端子，进入测控装置后经一级光电隔离后送入 CPU 微处理器，如当地操作开入；二是强电开入，开入回路从屏内取测控装置的 220 V 信号正电源，接入测控装置的背板端子，经过装置内两级光电隔离后再送入 CPU 微处理器。一般规定直流 24 V 电源不出屏，从屏外引入的信号必须经过两级隔离后才能接入装置 CPU。

弹簧储能、弹簧未储能、GK 分位、GK 合位等开入量信号，在软件编程中可以以报文形式出现，也可以在模拟图对应的图符中以变色或变位的形式出现。一般断路器位置变位在监控主机显示器上，以主接线图中图符的红、绿色变化及闪烁来表示，并同时出现事件报文。

【任务分析】

一、识读图 5.43 某综合自动化变电所主变压器本体保护二次回路图的工作原理

跳闸继电器 1CKJ、2CKJ，用于给出跳闸出口；

信号继电器 11XJ、12XJ ~ 41XJ、42XJ，用于发信号并点亮相应信号灯。

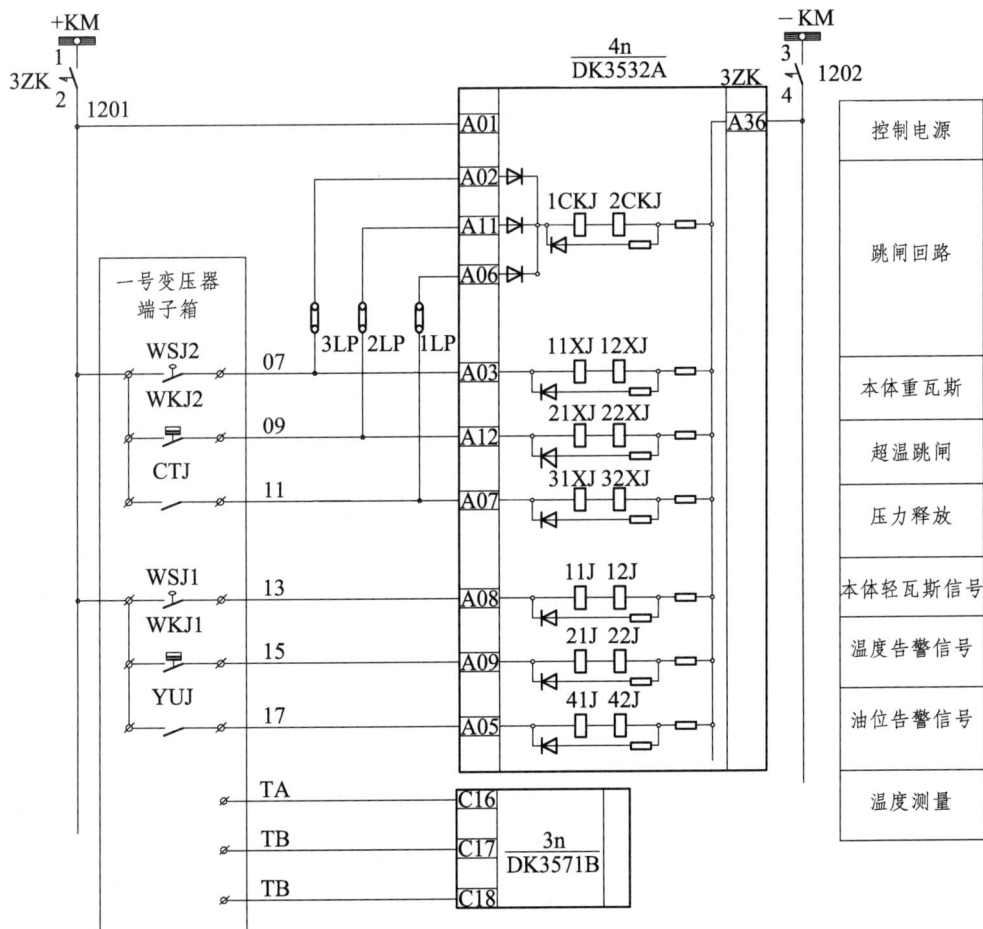

图 5.43　某综合自动化变电所主变压器本体保护二次回路图

1. 本体瓦斯保护插件

油浸式变压器内部严重故障时，装置接收本体重瓦斯信号，重瓦斯回路继电器11XJ、12XJ动作，可以跳闸和发信号。本体重瓦斯跳闸信号可以自保持。

装置的本体轻瓦斯告警回路，反应变压器内部轻微故障情况。本体轻瓦斯回路继电器11J、12J动作发信号。本体轻瓦斯跳闸信号可以自保持。

2. 压力保护回路

当变压器内部故障使油箱内压力增加时，装置接收压力释放信号，压力释放继电器31XJ、32XJ动作，动作于信号或跳闸。压力释放器保护是新型变压器配置的一种非电量保护。以往的变压器在顶盖上安装有高出储油柜的防爆筒，在筒口处装嵌玻璃封口。当变压器内部发生严重故障时，会产生很大的压力，将封口玻璃冲破，释放变压器内部的压力，以免由于故障造成变压器壳体机械变形，从而减小变压器的破坏程度。现在生产的变压器已将防爆筒更换为在变压器顶盖面板上配置的压力释放器（简称释压器）。当变压器内部发生严重故障时，压力会将释放器的薄金属片冲破，释放变压器内部的压力。压力释放器就是将一个压力开关装嵌在释压器上，当释压器动作的同时压力开关的触点闭合，发出断路器跳闸命令。

3. 超温保护回路

冷却系统故障、变压器过负荷、变压器铁芯故障和变压器绕组故障等都会引起变压器温度升高，当温度超过允许值时，温度计触点闭合，超温跳闸继电器21XJ、22XJ动作，发出断路器跳闸命令。

4. 事故跳闸回路

当变压器本体重瓦斯保护动作时，WSJ瓦斯继电器动作，一号变压器端箱中的WSJ1常开接点闭合，通过连接片（压板）3LP，使保护跳闸继电器1CKJ和2CKJ线圈得电，保护出口继电器接点接入跳闸回路，使跳闸回路导通，实现断路器自动跳闸。

变压器本体超温跳闸继电器和压力释放继电器动作、断路器跳闸的过程也是同样的。WSJ1常开接点、WKJ1常开接点、YUJ常开接点分别通过压板1LP、2LP、3LP后与DK3532A（4n）装置的1CKJ、2CKJ跳闸继电器线圈相连，形成三个独立的操作回路。

通常将跳闸回路和相应的跳闸信号回路输入端通过连接片接在一起，即A02和A03，A06和A07，A11和A12短接在一起。

5. DK3532装置的面板显示及操作插件

（1）装置的面板显示。

如图5.44所示，装置的面板上设有指示灯，反映装置的运行状态及动作指示；还设有跳、合闸按钮和本地/远动切换开关以及信号复位按钮。

正常运行时，面板上"电源"指示灯发绿色平光，"跳位"（绿色）、"合位"（红色）指示灯与断路器位置相对应，即"跳位"发平光表示在分闸位置，"合位"发平光表示断路器在合闸位置，其他灯灭。

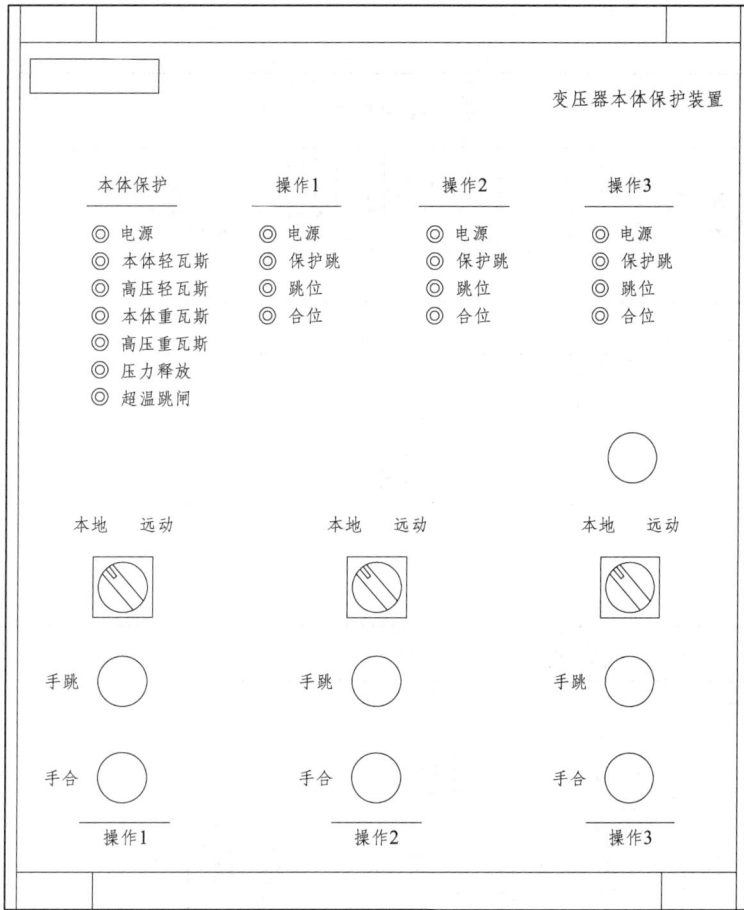

图 5.44　DK3532 装置的面板

跳位和合位的灯不亮表示失电或控制回路断线。当重瓦斯、压力释放、超温保护、本体轻瓦斯、温度过高、油位异常动作时，面板上相应的信号灯亮。确认故障后按复归按钮可将信号复归掉。保护跳（红灯）发平光表示保护装置启动跳闸；相应的信号灯亮，故障解除后信号灯灭。

（2）操作插件。

若需要进行手动跳、合闸操作，应首先将远动/手动旋钮开关置于本地位置。当此开关处于远动位置时，对装置进行不了任何操作。

二、识读图 5.45 某变电所 1 号主变压器 101 断路器保护控制原理图

图 5.45 中 DK3532A 主变本体保护装置的操作插件安装着以下继电器：

手动跳闸继电器 STJ、手动合闸继电器 SHJ；

跳闸保持继电器 TCJ、合闸保持继电器 HBJ、防跳闭锁继电器 TBJ；

跳闸重动继电器 ZJ、跳闸信号继电器 TXJ；

跳闸压力闭锁继电器 TYJ、合闸压力闭锁继电器 HYJ；

跳闸位置继电器 TWJ、合闸位置继电器 HWJ；

切换继电器 QHJ。

252

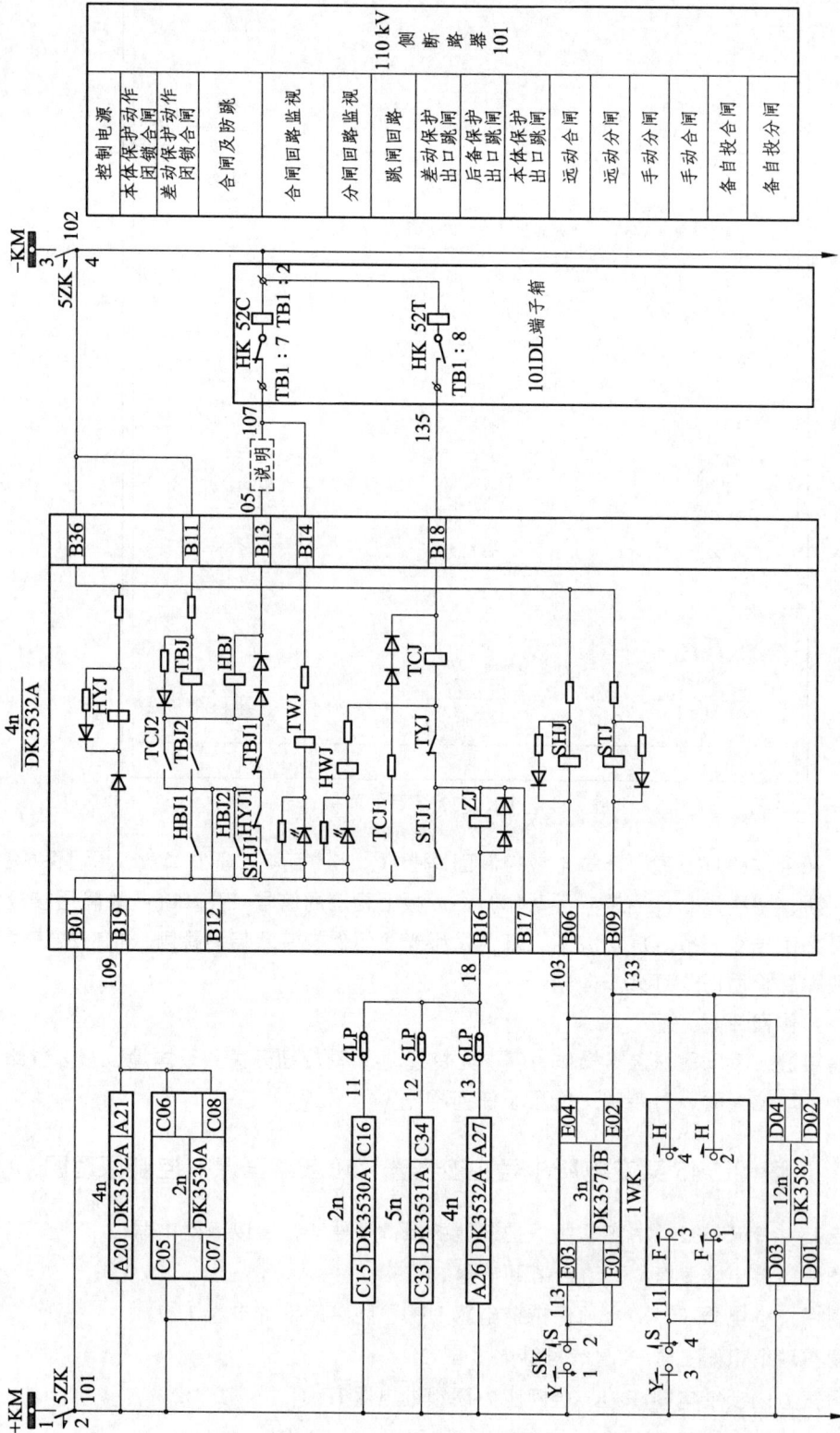

图 5.45　某变电所 1#主变压器 101 断路器保护控制原理图

跳闸重动继电器 ZJ 实际和中间继电器的意义差不多,它一般选用的就是快速中间继电器,主要作用有两个,一是两个回路之间的电气隔离,二是提供了更多的接点容量。对于变压器的非电量保护,为了提高可靠性,不让瓦斯继电器等非电量继电器直接接通跳闸回路,所以在非电量保护接点(如瓦斯继电器或温度接点等)动作闭合后是去启动相应的重动继电器。若变压器本体重瓦斯、压力释放或油温高,则重动继电器分别输出两副接点,其一经连接片启动跳闸继电器,其二输出作为事件记录和发信号。本体轻瓦斯重动后分别输出一副接点作为事件记录和发信号。

手动跳合闸时,将本地/远动开关置于本地位置。合上自动开关 5ZK,端子 B11 与负电源短接。

按下手动合闸按钮或将 1WK 打至合位,手动合闸继电器 SHJ 动作,机构合上后迅速返回,跳闸位置继电器 TWJ 返回,跳位灯熄灭;合闸位置继电器 HWJ 动作并保持,面板的合位灯点亮;此时断路器动作,由跳闸状态切换到合闸状态,跳闸灯熄灭,合闸灯点亮。

按下手动跳闸按钮或将 1WK 打至分位,手动跳闸继电器 STJ 动作,机构跳开后迅速返回,合闸位置继电器 HWJ 返回,合位灯熄灭;跳闸位置继电器 TWJ 动作并保持,跳位灯点亮;此时断路器动作,由合闸状态切换到跳闸状态,合闸灯熄灭,跳闸灯点亮。

装置的跳闸回路采用小型大功率快速继电器,其固有动作时间不大于 5 毫秒,并且可以引出 4 个跳闸出口。跳闸回路包括本体重瓦斯、压力释放、超温跳闸三个输入端。

【任务小结】

微机测控保护装置中断路器的控制回路与传统变电所控制回路的区别。

(1)在综合自动化变电所中,将传统变电所中用于对断路器距离分合闸操作的控制开关保留,并和微机测控装置安装在一面屏上,在技术手段上通常称为"强电手操"。"强电手操"是指在综合自动化变电所中为了防止弱电操作系统(后台软件、远动装置等)故障造成无法对断路器进行操作而保留的"强电(直流220 V)手动操作方式",可以切实保证对断路器进行控制。

(2)传统的断路器操作回路中,合闸回路里是没有合闸保持继电器 HBJ 的,但是在微机操作回路中要增加合闸保持继电器。

要保证断路器合闸成功,必须保证使合闸回路中的电流持续一定的时间以启动合闸线圈。传统控制回路中采用的是 LW2 系列转换开关 KK、WK 或 SA。手动合闸时,在有值班人员操作的情况下,可以通过人力保证足够的合闸电流持续时间。

微机保护的发展思路是和变电所综合自动化系统及无人值班变电所紧密联系在一起的。遥控合闸指令是一个只有几十至几百毫秒的高电平脉冲,如果脉冲在合闸线圈启动之前消失,则合闸操作就会失败。所以,在微机操作回路中引入了合闸保持继电器 HBJ,依靠 HBJ 的自保持回路,可以保证在断路器合闸操作完成之前,断路器的合闸回路一直保持导通状态,确保断路器能够完成合闸操作。同时,HBJ 的自保持回路还保证了一定是由断路器的常闭辅助接点断开合闸回路,避免了不具备足够开断容量的转换开关接点或遥合接点断开此回路造成粘连甚至烧毁的危险。在 HBJ 启动以后,其常开接点闭合，在断路器合闸完成以前通过使合闸回路导通实现自保持。此时，转换开关的合闸接点或遥合接点断开都不会起到分断合闸电流的作用，只有在断路器合闸成功后，断路器常闭辅助接点打开才会切断合闸回路的电流。

在运行中也出现过由于增加了 HBJ 造成合闸线圈 HQ 烧毁的情况。合闸回路中断路器机构内的部分（虚线框内）只是一种示意画法，其实不只是一个断路器的常闭接点 DL 和合闸线圈 HQ，它还串联了断路器机构内的一些闭锁接点。但是，很多采用弹簧机构的断路器合闸回路中没有串联"弹簧已储能"的常开接点，只是将"弹簧未储能"作为预告信号引入中央信号系统进行告警。在这种状态下，如果操作回路在"弹簧未储能"时发出合闸指令，则断路器由于合闸弹簧没有足够的势能无法合闸成功，断路器常闭辅助接点无法断开合闸回路，HBJ 的自保持回路会一直导通，使 HQ 中长时间有电流通过而烧毁。此情况发生后许多断路器厂家都对产品设计进行了修改，在弹簧机构断路器合闸回路中都已串联了"弹簧已储能"的常开接点，运营部门对不符合要求设备也进行了改造。在以上条件均满足的情况下，旋转转换开关手柄合闸，即可使合闸指令到达连接端子，然后通过控制电缆到达断路器操作机构箱，实现合闸功能。

（3）在有些断路器保护控制回路中有 HYJ"禁止合闸"继电器。其中文名称应该是"合闸压力闭锁继电器"，最初是和"跳闸压力闭锁继电器"TYJ 配合使用来监测采用液压（或气动）机构的断路器的操作动力（即压力）是否满足断路器合闸、跳闸的要求。从操作回路来看，它可以反映一切应该禁止断路器合闸的情况，而且液压及气动机构逐渐退出运行，所以将 HYJ 称为"禁止合闸"继电器。一般情况下，断路器本身带有完善的闭锁功能，如在图 5.18 中，将 SF_6 低气压闭锁继电器的常闭接点 63GLX 串联接入机构箱的操作回路，起到了闭锁合闸及跳闸的功能，所以，习惯上不再将闭锁接点引至操作回路启动 HYJ 以及下文将要提到的 TYJ 进行重复闭锁。也就是说，操作回路中 HYJ 和 TYJ 的常闭接点始终都是闭合的，其作用相当于导线。

（4）自动跳闸包括本体保护跳闸、外部跳闸和自动装置跳闸。"本体保护"指的"操作"这个操作箱的微机保护装置。微机操作回路是和微机保护装置配套使用的，微机保护负责对采集到的数据进行运算分析，确定是否要对断路器进行操作，操作回路则仅仅负责执行微机保护发出的对断路器的操作指令。所以，操作回路一个主要的功能就是执行其服务的微机保护的"跳闸"命令。

保护跳闸一般是由保护跳闸继电器 TJ 的常开接点启动的，而 TJ 是由继电保护 CPU 驱动的。"防跳"继电器 TBJ 常开接点的另一个重要作用就是：防止在自动跳闸时，保护出口继电器 TJ 常开接点先于断路器辅助常开接点断开时，起到切断跳闸电流的作用而烧毁。保护跳闸受"断路器本体禁止跳闸"继电器 TYJ1、TYJ2 的限制。外部跳闸和自动装置跳闸指的是由操作回路配套的微机保护之外的其他微机保护或自动装置发出的跳闸命令，例如母差保护动作、备自投动作等。操作回路中"防跳"回路的作用与断路器机构箱操作回路中的"防跳"回路的作用也是重复的，两套"防跳"回路同时运行时，会出现多种配合问题，保留 套即可。一般情况下，选择拆除断路器机构箱内的"防跳"回路，保留操作回路中的"防跳"回路。

（5）跳合闸启动回路不同。常规保护控制回路只在分相操作回路中有手跳、手合继电器及其自保持回路。常规三相操作回路中，手跳、手合直接由控制开关触点启动断路器线圈。与常规控制回路相比，微机保护控制回路在进行手跳、手合时，要启动手动跳闸继电器 STJ、手动合闸继电器 SHJ，手跳、手合继电器通过自保持回路启动跳、合闸回路。

（6）红绿灯启动回路不同。红绿灯启动回路不同，常规保护红绿灯直接由断路器辅助触点启动，微机保护控制回路中，红绿灯分别由合闸位置继电器和跳闸位置继电器启动。

（7）微机保护控制回路中均有自保持功能。

目前的微机保护控制回路全部带有跳、合闸自保持回路。不论是手动操作，还是自动操作（保护跳闸，重合闸动作），只要合闸命令发出以后，合闸回路就一直处于自保持状态，直到开关合上以后，依靠断路器辅助接点的切换，断开合闸回路合闸电流。如果开关由于种种原因开关没有合上，或者是合上以后断路器辅助接点没有切换到位，则合闸保持回路将一直处于保持状态，这样一直持续下去，将会把合闸线圈烧毁，对于电磁机构，将会同时烧毁合闸接触器线圈与合闸线圈，有时甚至会烧毁保护装置操作插件。常规变电所三相操作回路中只有自动操作经过自保持回路，手动操作不经过自保持回路。

（8）为保证断路器工作的安全，控制回路往往采取多种闭锁措施，当条件不满足时，禁止断路器的操作。常见的闭锁回路一般有三种：

① 断路器的操作系统异常时对分、合闸回路进行闭锁。当液压/气压操作机构压力过高或过低，弹簧操作机构弹簧未储能，SF_6 断路器的 SF_6 压力低等，这些都将串接在跳、合闸回路中的常闭接点断开，不允许断路器分合。

② 为了防止误操作的防误闭锁回路，在不具备操作条件时将控制回路断开。

子任务 3 识读音响信号二次回路

常规变电所是将各保护装置的合闸、跳闸、装置告警、直流消失、控制回路断线等信号通过合闸位置继电器 HWJ 和跳闸位置继电器 TWJ 的空触点送往中央信号回路。对于综合自动化变电所，这些信号不再由触点传输，而是转换为数字量，通过网络送到测控装置的信号开入回路或监控主机，在综合自动化系统的后台机或集控中心的监控机进行报警显示。由于装置直流消失会造成系统通信中断，一般设计中将此信号汇集成小母线，送至公共测控装置，显示保护测控装置发生直流消失的报警。

中央信号回路的另一组成部分是在断路器控制电路中的位置信号。断路器的位置信号有灯光监视和音响监视两种。灯光监视通常设红绿灯，红灯表示合闸状态，绿灯表示分闸状态。音响监视信号一般用嵌在控制开关把手内的灯表示断路器位置。

【知识链接】

随着综合自动化系统对变电所传统二次系统的替代，中央信号装置的功能也被监控单元所替代，甚至其功能远远超过常规变电所信号系统功能。作为当地监控单元的备用和补充，在某些实现综合自动化的变电所中，传统的中央信号装置简化接线予以保留（如预告信号中只保留对变电所起安全作用的主要信号），而在无人值守变电所中，中央信号系统被完全取消，中央信号的功能由微机监控系统实现。保护动作信号、告警信号均以事件报文的形式出现。每路开关量均可设置为长延时或短延时，还可以设置为一般状态量，或 SOE 状态量（变位的同时也产生状态量信息）。每路信号开入量可定义当开关量变位时，是否响警铃或电笛。常规变电所的中央信号系统，出现事故信号时电笛响，出现预告信号时警铃响。综合自动化变电所也遵循这一原则，当出现断路器跳位变位时（发出事故信号）定义电笛响，当出现保护动作或告警信号的开入量变位时（发出预告信号）定义警铃响。

综合自动化变电所采用以微机为核心的分层分布式数字监控系统。由于电气设备和线路的数据采集模块与控制模块和监控主机能实时交互信息，对设备状态进行监视、控制，并能实现变电所主接线图运行工况的画面监视与显示，当断路器事故分闸时，通过开关量变位处理和逻辑运算，画面自动发出该断路器图形发出闪光的故障显示，并模拟光字牌发平光，事故分闸的同时还启动音响报警信号，发出事故音响，并启动打印机打印输出全部事故信息和参数，从而实现中央事故信号的各种功能。中央预告信号则是通过对电气设备的电量参数和电气量上、下限量值进行监视来实现的，在异常情况下和越限时，能发出越限报警，CRT 画面自动显示有关参数并启动打印机打印输出。

例如，"所用电变压器 201 断路器的弹簧未储能"信号回路原理图如图 5.46 所示。信号回路始于 + XM 信号正极母线，经空开、QF 端子箱，接到断路器内辅助接点，再经光耦隔离接入测控装置信号负极。若断路器内辅助接点接通，则信号正负两极母线接通，测控装置发出相应告警信号。

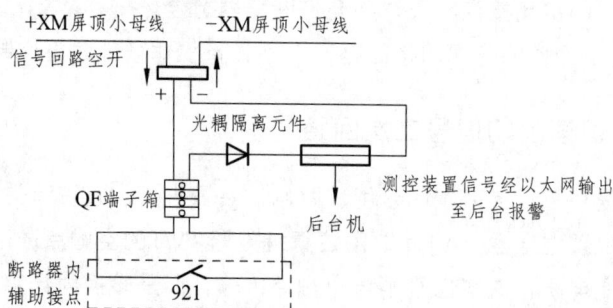

图 5.46　断路器操动机构弹簧未储能信号回路原理图

一、信号回路的分类

信号回路分为跳闸信号回路和告警（预告）信号回路。

信号包括灯光信号和触点信号。在微机本体保护测控装置中，跳闸信号包括本体重瓦斯、压力释放、超温和断路器跳闸四个信号。告警信号包括本体轻瓦斯、油位异常、温度过高三个信号。跳闸回路中的信号继电器为磁保持继电器，动作后点亮相应信号灯。选择一组或几组跳闸触点串入断路器操作回路用于跳开断路器。将信号触点串入灯光、音响和开入量采集回路中用以发出信号。

二、信号复归回路

信号复归包括手动复归回路和远动复归回路。

信号复归回路中串入跳闸信号继电器的复归线圈。复归回路使用装置的电源，按下面板上的复归按钮可复归跳闸信号。

【任务分析】

图 5.47 为音响信号回路:

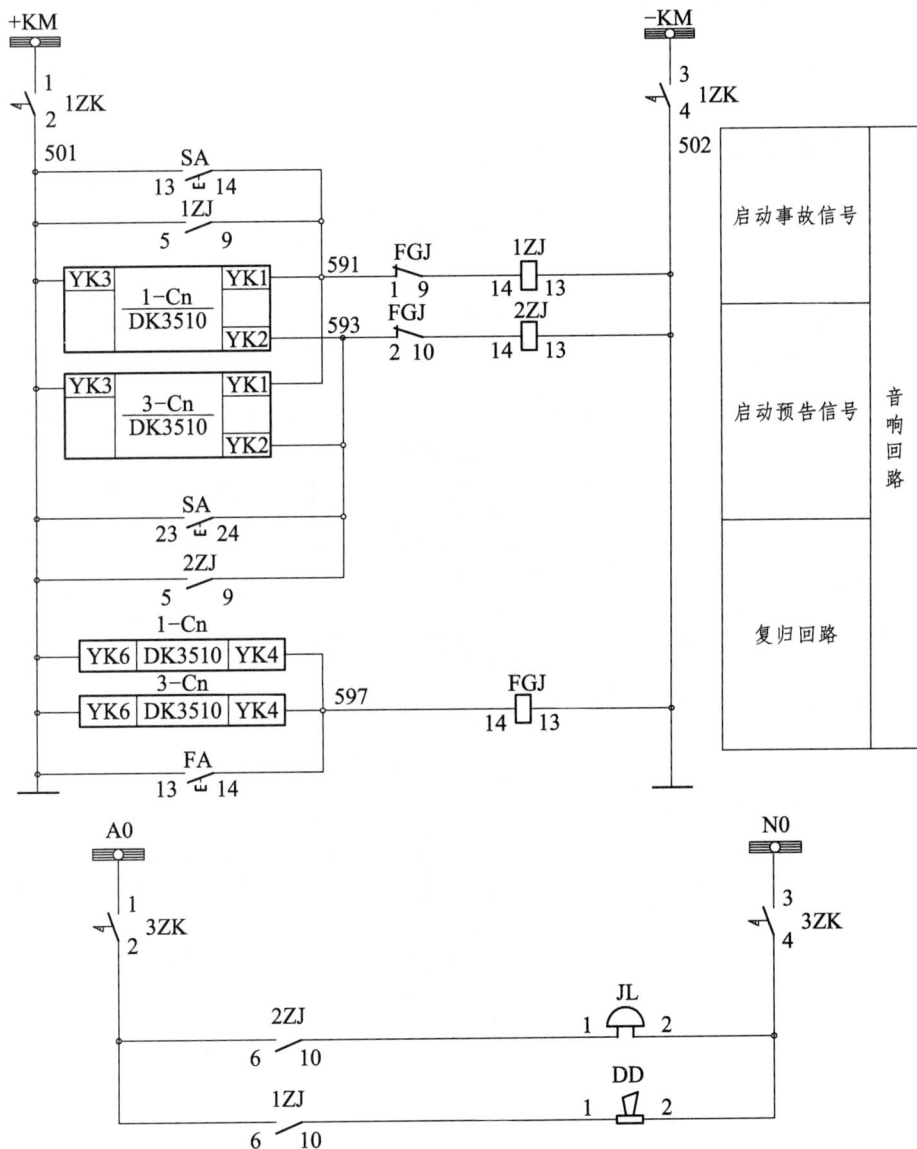

图 5.47 音响信号回路

Cn: 通讯装置，SA: 音响实验按钮，FA: 音响复归按钮;

1ZJ、2ZJ、FGJ（复归继电器）: 中间继电器（DC 110 V，3 A）;

1ZK、3ZK: 自动空气开关（DC 110 V，6 A）;

DD：电笛，JL：警铃（AC 220 V，8 W）；

请分析当事故信号或预告信号发出后，电笛和警铃发出声响的工作原理；以及音响的实验和复归工作原理。

子任务 3　识读测量回路和计量回路

变电所和供电装置中的测量系统是保证一次电气设备经济运行和一、二次设备安全可靠工作所必需的。监视、测量电路是变电所二次接线的重要组成部分，由各种电气测量仪表、监察装置、切换开关相互连接而成。

【知识链接】

一、牵引变电所测量回路的作用

综合自动化牵引变电所中，测控装置中的测量回路能够指示、记录数据，监视、测量一次设备的工作状态，为运行人员及时调整、控制设备的运行和分析处理事故提供参数，保证变电所一次设备的安全和经济运行。

测量电路主要测量电压、电流、有功电能、功率因数、有功和无功损耗等参数，如表 5.12 所示。

表 5.12　牵引变电所测量表计及用途

电路名称	测量表计配置	用途
电源进线	三只或者一只电流表 一只三相有功功率表	监视三相负荷大小、平衡情况及三相功率
主变压器	三只或一只电流表 三只单相（或一只三相）有功电能表 三只单相无功电能表 铜损与铁损表	监视负荷大小、平衡情况及计量电能消耗等
牵引网馈电线	一只电流表	监视负荷情况
动力变压器	一只电流表、一只三相有功电能表	监视负荷情况及计量电能消耗
10 kV 动力馈线	一只电流表、一只三相有功电能表	监视负荷情况及计量电能消耗
10～110 kV 母线	三只或一只电压表	监视母线电压
牵引侧母线	每相一只电压表	监视母线电压
并联补偿电容器组	一只电流表、一只无功电能表	监视补偿电流及计量补偿无功电能

为便于运行人员的监视、观察与统计，各种测量表计一般都装在控制室的控制、信号及计量等盘面上，有时也在室内配电间隔或开关柜上就地配置，测量装置通过电流互感器或电压互感器与一次设备联系起来。

二、熟记交流电流回路和交流电压回路的标号

交流回路按相别顺序标号，它除用三位数字编号外，还加有文字标号以示区别。例如 A411、B411、C411。电流回路的数字标号，一般以十位数字为一组。如 A411-A419，B411-B419、C411-C419 等，供一套电流互感器之用。电压回路的数字标号也是以十位数字为一组，A611-A619，B611-B619、C611-C619 等。

A4XX、B4XX、C4XX、N4XX：为 CT 二次电流回路的 A、B、C、N 相。特点为标号以 4 开头。

A6XX、B6XX、C6XX、N6XX：为 PT 二次电压回路的 A、B、C、N 相。特点为标号以 6 开头。其中 A630、B630、C630 为Ⅰ号母电压，其中 A640、B640、C640 为Ⅱ号母电压。

【任务描述】

识读图 5.48 主变测量电流回路，图 5.49 主变测量电压回路，图 5.50 1#进线电压互感器测量保护回路和图 5.51 计量电流回路和计量电压回路。

注意电流互感器和电压互感器二次回路的接线方法和图中交流电流回路和交流电压回路的二次回路标号。

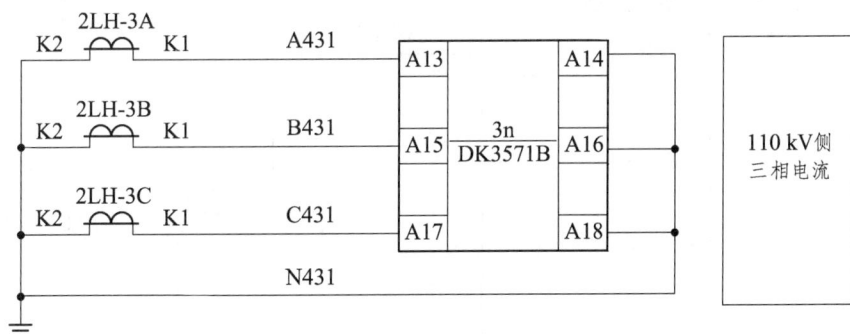

图 5.48　主变测量电流回路

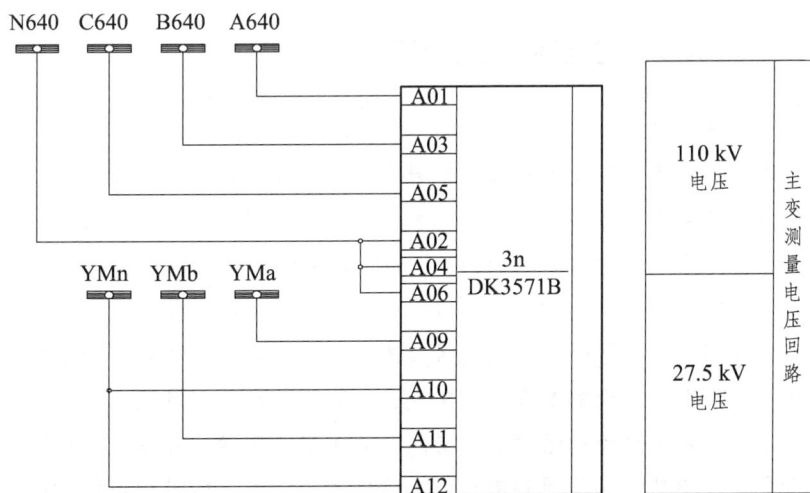

图 5.49　主变测量电压回路

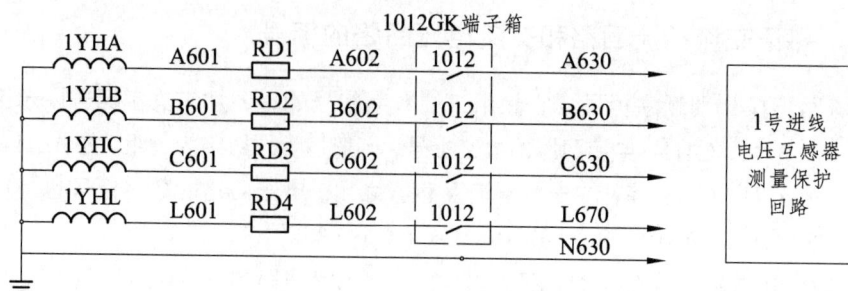

图 5.50　1#进线电压互感器测量保护回路

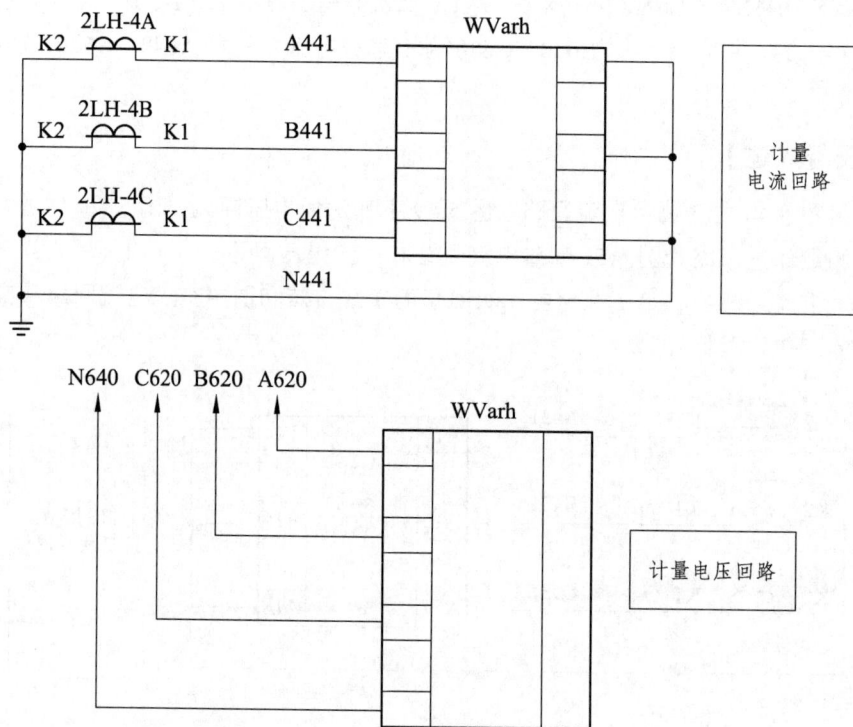

图 5.51　计量电流回路和计量电压回路

子任务 4　识读自用电系统二次回路

【知识链接】

变电所中的一次电气设备如断路器、隔离开关等和二次设备如保护测控装置、通信设备等的操作控制或工作电源是由专设的交流电源或直流电源提供。

交流自用电主要用作主变压器通风、设备加热、室内外及柜内照明、动力、空调、电采暖、直流装置的充电、消防等设备的电源。直流自用电系统指直流配电系统和目前广泛采用的微机控制高频开关直流电源装置，其中包括充电机和蓄电池组。

直流电源主要向开关电器的操作、控制、信号、保护、自动装置等回路供电。当变电所发生故障，甚至交流电压全部消失时，要求直流电源仍能保证对控制、信号、保护等直流负荷及事故照明负荷的供电。为确保上述变电所内部自己消耗的交直流负荷用电，通常装设专用供电系统，称为自用电系统。

【任务分析】

一、分析某分区所、开闭所交流电源屏系统图的工作原理

如图 5.52 所示，为某分区所、开闭所交流电源屏系统图。所内交流自用电系统一般有两路进线，一般为一台 27.5 kV 的自用电变压器供电，另一台电源取自贯通线的 10 kV 自用电变压器。这两台自用电变压器二次电压一般为 0.4 kV（或 220 V）。两台自用电变压器的副边采用分开供电或一主一备的供电方式。

分开供电时，两路进线均有电时，每台自用变各负担自己的负荷。若采用互投操作：当其中一台失电时，母联开关自动投入，由另一台自用变担负全部负荷。当失电的自用变来电时，母联开关自动断开，重新回到原来的运行方式。

一主一备方式时，两路进线均有电。正常运行时，一台主变担负所有的负荷，当这一台主变失电时，另一台主变担负起所有的负荷。

如果电力机车的谐波含量过大，使用 27.5 kV 的自用变会使低压设备工作极不正常。为保证设备运行安全，一般可采用 10 kV 自用变担负主用，不得已才使用 27.5 kV 的自用变供电的方式。

当两路交流均失电时，可以自动启动事故照明系统。

二、分析变电所直流屏事故照明回路原理接线图

直流自用电系统包括蓄电池组、直流充电装置及直流配电系统等。直流配电系统主要是向断路器的操作、控制、保护及信号回路供电。蓄电池组则能在变电所发生任何故障，甚至交流电压全部消失时，仍能保证对上述负荷及事故照明负荷的供电，断路器可靠分合闸并发出分合闸信号。蓄电池组由多个蓄电池串联组成，其电压等级一般为 110 V 或 220 V，近年来以采用 220 V 居多。

直流系统中一般按每组蓄电池或每组充电装置设置一套微机监控装置。微机监控装置具备四种基本功能，即：① 测量功能。测量直流系统母线电压，充电装置输出电压和电流，蓄电池组电压和电流。② 信号功能。发出直流系统母线电压过高和过低，直流系统接地，充电装置运行方式切换和故障等信号。③ 控制功能。控制充电装置的开机、停机和运行方式切换。④ 接口功能。通过通信接口将信息传至变电所综合自动化系统。直流电源系统各装置的报警信号及其他信息，均应先传至直流系统的监控装置，然后通过通信接口传至上位机。

如图 5.53 所示，交流屏供给直流屏的两路电源分别是 X11、X12、X13 交流一路三相电源和 X21、X22、X23 交流二路三相电源，经交流自动切换模块（直流屏背面 PM4A1 交流监控单元）来实现两路交流电源的互相切换。交流监控单元正常工作时右下角扳把开关打在"自动"位置。

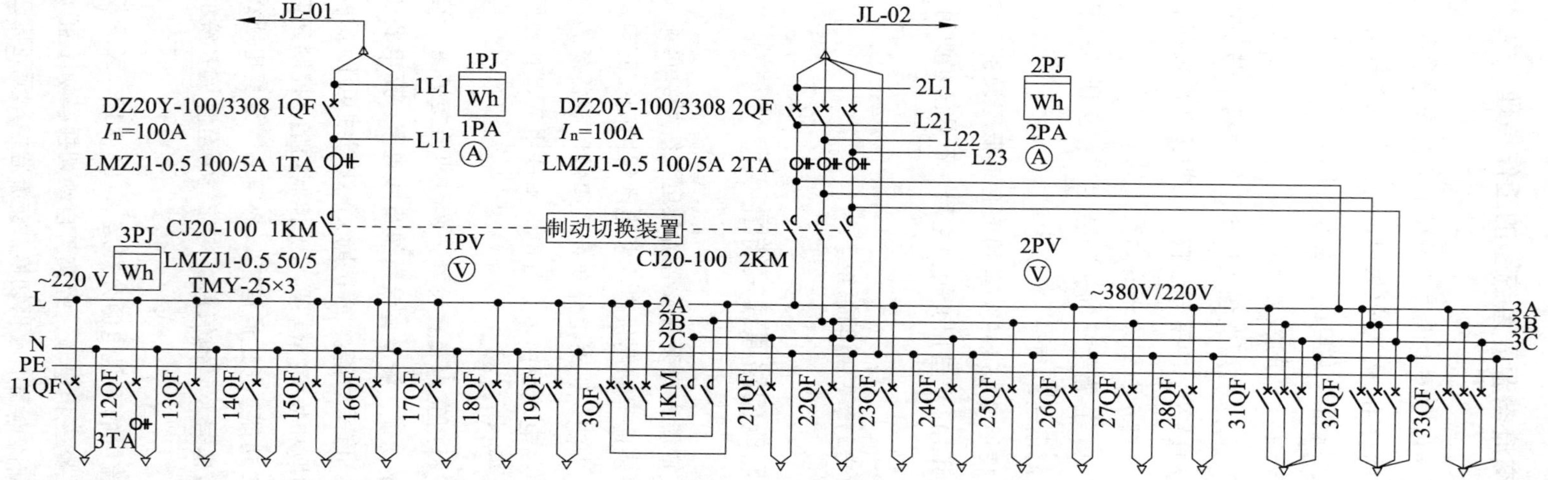

交流电源屏

备用	照明配电箱	GK	备用	综合自动化	无线转发	备用	直流屏	备用	母联开关	回路名称	直流屏	备用	备用	备用	GK	视频	通讯室配电箱	备用	动力配电箱	备用	备用
ZB30-63/1C25	ZB30-63/1C63	ZB30-63/1C25	ZB30-63/1C25	ZB30-63/1C25	ZB30-63/1C25	ZB30-63/1C10	ZB30-63/1C50	ZB30-63/1C63	DZ20Y-100/3368	开关型号	ZB30-63/1C50	ZB30-63/1C25	ZB30-63/1C25	ZB30-63/1C25	ZB30-63/1C25	ZB30-63/1C16	ZB30-63/1C25	ZB30-63/1C20	ZB30-63/3C63	ZB30-63/3C63	ZB30-63/3C63
										电缆型号											
										电缆编号											

图 5.52　某分区所、开闭所交流电源屏系统图

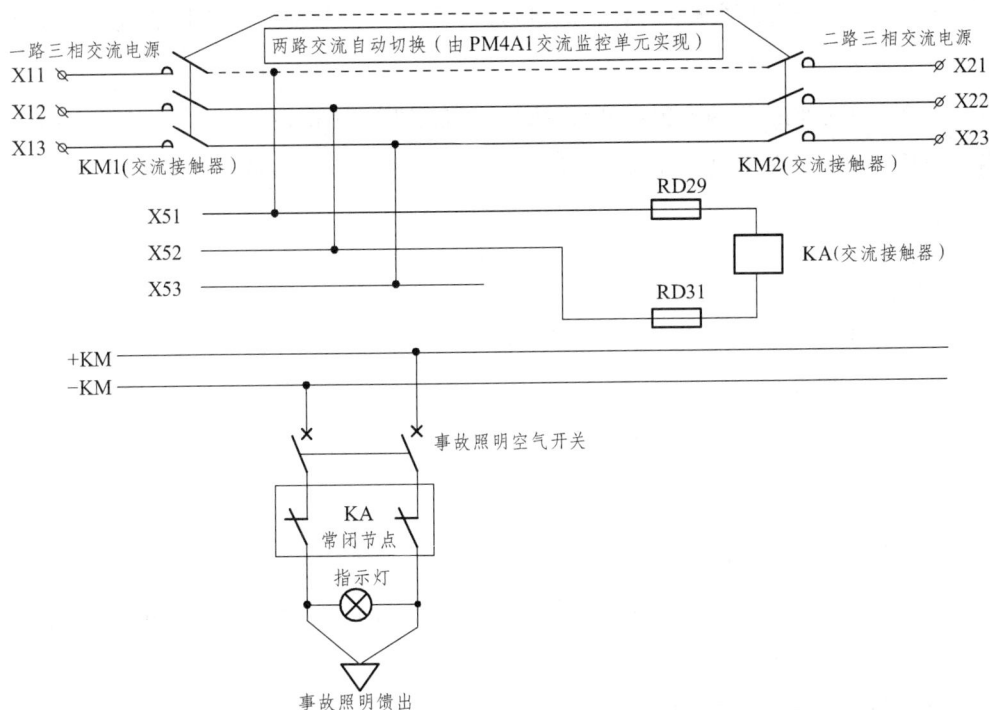

图 5.53　某变电所直流屏事故照明回路原理接线图

日常巡视时应注意该扳把开关打在"自动"位置，小修清扫维护也注意防止误动该扳把开关；两路交流电源只要有一路电源正常时，通过 KM1 或 KM2 三相交流接触器选通一路三相交流电源即 X51、X52、X53（供四个充电机模块工作的电源），在此电源并接了一个交流接触器 KA，正常情况下交流接触器 KA 受电，其常闭接点打开，断开了事故照明馈出回路，故事故照明空开虽然在合位，但没有直流馈出，事故照明指示灯不亮。

当两路交流电源消失或 KM1（KM2）三相交流接触器同时故障时，X51、X52、X53（供四个充电机模块工作的电源）电源无电，交流接触器 KA 失电，其常闭接点闭合，接通了事故照明馈出回路，事故照明有直流电源馈出，事故照明指示灯，高压室及控制室的事故照明灯点亮。

事故照明检查试验步骤为：

①　测量直流屏背面右侧端子排 X11、X12、X13，X21、X22、X23 两路三相交流电源是否正常（用万用表交流 500 V 挡位测量相间是否有 380 V 交流电压）。

②　检查两组蓄电池组与 HM 电源空开（保险）是否在合位并且状态良好。

③　检查直流屏事故照明空开是否在合位。

④　拉下直流屏正面两组充电模块交流电源空开，并确认直流馈出是否正常。

⑤　拉下交流屏供直流屏两路交流电源空开（模拟两路交流断电），观察直流屏事

故照明空开馈出指示灯亮并且高压室及控制室事故照明灯点亮。

⑥ 试验完毕将两组充电模块交流电源空开合上，并确认充电机及直流馈出是否正常。

测量直流系统电压的位置：测量直流系统电压时，不得在直流屏内测试，必须在控制屏内控制开关处测试控制母线电压，在高压室断路器端子箱合闸母线端子接线处测试合闸母线电压。

【任务实施】

（1）学生阅读任务描述和相关知识链接，通过学习相关知识并查阅相关的资料，自行完成任务要求。

（2）个小组成员之间、个小组之间互相检查，发现问题，提出意见。

（3）老师检查各小组及个人完成的任务，提出问题，给出成绩。

【课堂训练与测评】

（1）综合自动化变电所的断路器控制回路与传统的变电所断路器控制回路有什么区别？

（2）举例说明微机保护装置中都有哪些输入开关量和输出开关量？

（3）图 5.34、图 5.35 DK3520 电铁馈线保护测控装置内部都采用了哪些继电器？

（4）分析图 5.34 DK3520 电铁馈线保护测控装置中都有哪些信号要输出？

任务 6　二次回路故障的查找

【任务目标】

（1）了解二次回路故障的危害。

（2）熟悉二次回路故障处理的原则。

（3）了解二次回路故障的防范措施。

（4）学会根据图纸查找二次回路的故障。

【任务描述】

图 5.54 为某综合自动化变电所微机测控装置断路器控制回路图。图中二次设备名称及其文字符号如表 5.13 所示，转换开关接点表如表 5.14 所示。

（1）当手动操作转换开关 WK 操作断路器分闸时，断路器拒动，请分析故障可能的原因。

（2）当远方合闸时，断路器拒动，请分析故障可能的原因。

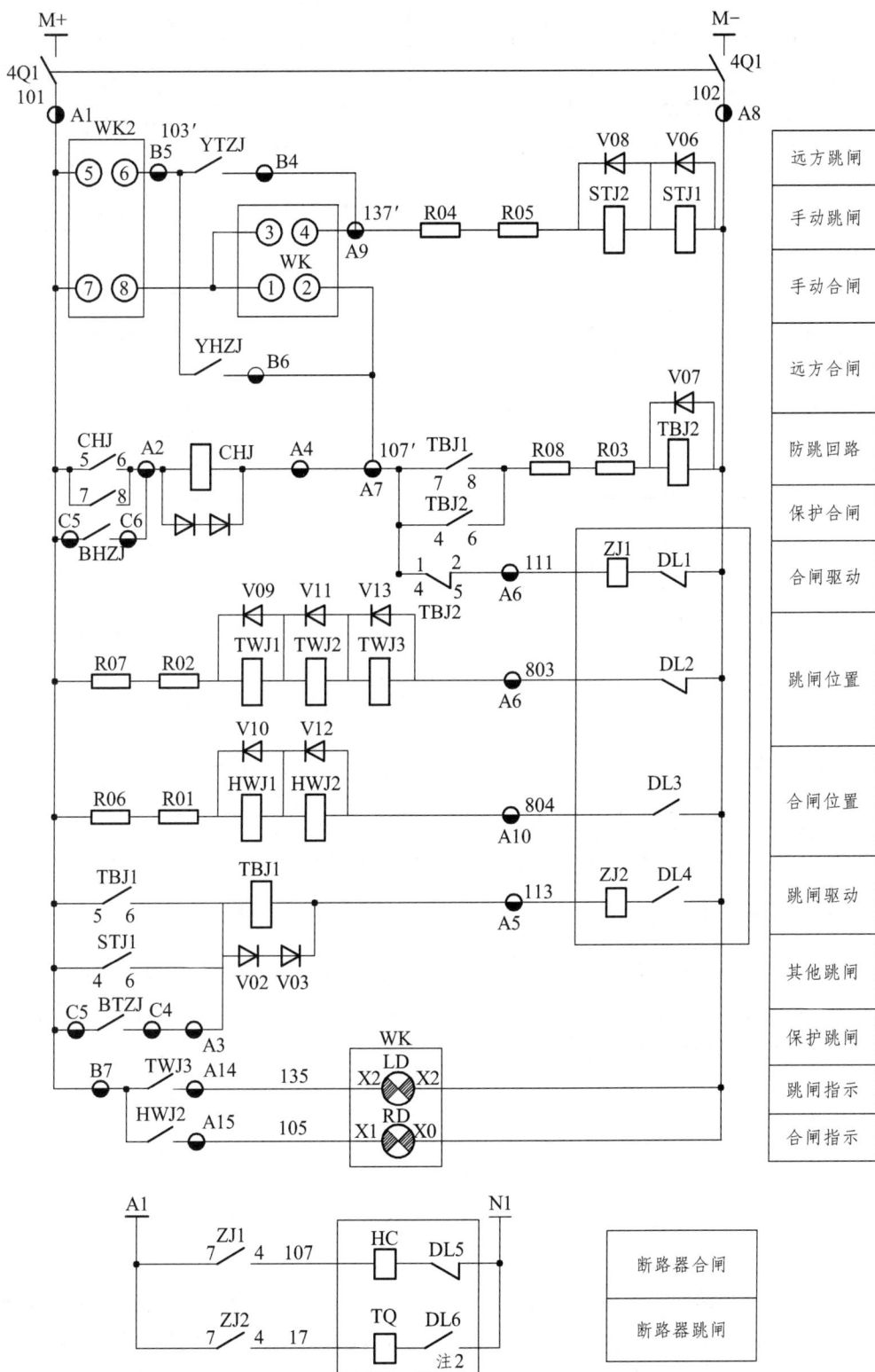

图 5.54　微机测控装置断路器控制回路

表 5.13　二次设备名称及文字符号

文字符号	名称	文字符号	名称
M＋、M－	正极和负极控制电源小母线	ZJ1、ZJ2	中间继电器
4Q1	空气开关	WK、WK2	万能装换开关
YTZJ	远方跳闸中间继电器	YHZJ	远方合闸中间继电器
STJ1、STJ2	手动跳闸继电器	CHJ	重合闸继电器
BHZJ	保护合闸中间继电器	TBJ1、TBJ2	防跳继电器
DL1～DL4	断路器辅助触点	LD、HD	绿灯、红灯
TWJ	跳闸位置继电器	HWJ	合闸位置继电器
HC	合闸线圈	TQ	跳闸线圈

表 5.14　转换开关接点表

开关型号	LW39A—16R33J/3		开关型号	LW39A—L16Z2002/2-gr28			
面板标志	远方	就地	面板标志	分	●	●	合
手柄方向			手柄方向	←	↑		
手柄角度	45°	45°	手柄角度	135°	90°	0°	45°
1-2	×		1-2				×
3-4		×	3-4	×			
5-6	×		5-6				×
7-8		×	7-8	×			
9-10	×		C＋—G—	绿色指示灯			
11-12		×	C＋—R—	红色指示灯			

【知识链接】

二次回路故障有可能引起继电保护和自动装置以及断路器的误动或拒动，也可能引起各种信号显示、表计指示失常，难以监视一次设备的运行情况，进而对一次设备的运行、供电安全构成威胁。

一、二次回路故障的应急处理及防范措施

1. 二次回路故障处理的原则

（1）根据故障现象、事故及预告信号显示情况、有关表计指示等进行综合分析，确认故障范围。

（2）各种回路的故障兼而有之时，应分清主次，从主要回路入手检查处理。若断路器拒分的同时未给出事故音响信号时，应先查找断路器拒分的原因，后查找事故音响回路的问题。若断路器拒合的同时信号显示也不正常，应按合闸回路、控制回路、信号回路的顺序查找各回路故障。

（3）查找某一具体回路故障时，应首先检查并排除电源部分的故障，再检查直流母线电压及熔断器等，最后检查容易发生故障的元件。

2. 处理措施及步骤

（1）确认故障范围，迅速排除或隔离故障，保证设备正常运行。

（2）根据故障现象、事故及预告信号显示情况、有关表计指示等进行综合分析，确认故障范围，关闭该回路电源，依据回路二次接线原理图逐一查找。

（3）对于无法查出的故障，将故障隔离后迅速上报电调和检修车间，并做好检修前的准备。

以控制回路断线故障为例，若信号显示控制回路断线故障发生，应巡视检查控制电源是否正常，航空插头是否插好，断路器远方/就地转换开关是否在远方位，断路器储能是否正常，断路器闭锁杆是否完好。在进行简单巡视检查后若故障仍未消除，若此时断路器在合位，应投入备用断路器，再手动将故障小车在本体机械分闸；若此时断路器在分位，投入备用断路器即可。开关柜中的手车式断路器的二次回路引出线分别接在航空插座的不同插头上，插座端的引线按照回路的设计分别接在开关柜的端子排上。当断路器及手车需要拉出检修时，二次回路可以从航空插座处断开。

3. 防范措施

（1）提高设备小修质量，减少因端子松动造成的二次回路故障。

（2）加强设备关键点的电位测量，保证电气回路正常，及早发现电气回路故障。

（3）加强理论学习，熟悉二次原理图，提高动手能力。

二、二次回路故障的查找方法

故障查找的方法：牵引变电所二次回路查找的方法应结合设备安装位置等情况灵活运用，下面介绍三种常见的查找二次回路故障方法。

1. 对地电位法

牵引变电所直流系统中均设有绝缘监察装置，其原理接线如图 5.55 所示。

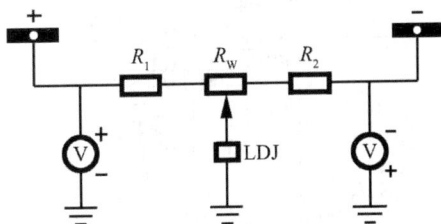

图 5.55　牵引变电所直流系统绝缘监察装置原理接线图

图中 $R_1 = R_2 = 1\,000\ \Omega$，继电器 LDJ 的电阻较小，一般为 $5\,000\ \Omega$，若使用内阻较高的电压表时，则 $R_V \gg R_{LDJ}$ 电压表指示值应为电源电压的一半。"对地电位法"查找故障正是基于这一原理进行的，即用万用表电压挡测量各点对"地"（金属外壳）的电位是否正常来判断有无故障。如被测点正常时应为正极性，则将万用表"－"表笔接

"地","＋"表笔试触该点，此时如果电压表指示值为直流电源电压的一半，则表明该点至该回路正电源间良好；如电压表指示相反或指示值相差很大，则说明该点至正电源间存在故障。如被测点正常时应为负极性，则将"＋"表笔接"地","－"表笔试触该点，判断方法与上述相同。

应用"对地电位法"查找二次回路故障的方法和步骤如下：

（1）首先确认回路的电源正常。即测量空气开关下端电压应正常。

（2）万用表选用直流电压挡，量程与本所直流系统额定电压（即 220 V 或 110 V）相符。

（3）按图纸判定欲测回路各点在正常时的电位极性。

若回路正常情况下为通路状态，则在线路断线点到正电源之间中为正电位，断线点到负电源之间均负电位。回路中各类触点两端电位的极性与数值均相同，未发生断线时线圈、信号灯、电阻等元件两端的电位数值不同，极性根据元件安装位置和回路分压也有不同。

（4）测量和判断从正、负电位分界处开始，分别向电源两极进行各点的极性测量。或者从不同盘之间、控制室与高压室间、不同高压设备间的电缆处查找，当发现极性异常时，与应逐步缩小故障范围，直至找出故障点。

现以图 5.56 为例，正常时，断路器分闸后该回路在正电源 ZK 的 2 端子 1 号线—1X 的 4d2—4z26—4d10—控制屏端子排 1D18 端子—P1：11 端子—DL 常闭接点—合闸线圈 HQ—2 号线—负电源 ZK 的 4 端子接通，1X 内 4d2 至 4z26 间接分闸位置继电器受电，保护装置给后台管理机发出分闸位置信号，分闸位置继电器与合闸位置继电器不会出现同时失电，也不会发出"控制回路断线"告警信号。同时，WK4 端子和 1X 的 3d6 端子连接后通过 1X 的 4d14—4d10 与 1D18 端子导通，合闸控制回路良好，后台管理机控制 1X 的 3d2—3d6 接通或操作 WK 使 WK3—4 接通电源全电压作用于合闸线圈 HQ 使断路器合闸，分闸位置继电器返回。

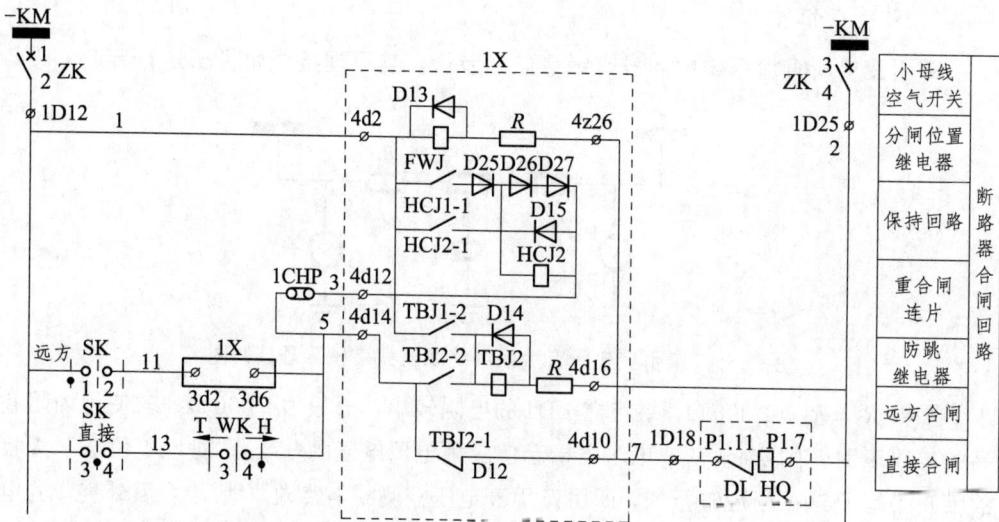

图 5.56 断路器合闸回路故障示例

由于 1X 内 4d2 至 4z26 间接分闸位置继电器线圈电阻远大于合闸线圈电阻，继电器线圈分得电压远大于合闸线圈，正常时 4z26—4d10—控制屏端子排 1D38 端子—P1：11 端子—DL 常闭接点—合闸线圈 HQ—2 号线—负电源 ZK 的 4 端子间、WK 的 4 端子和 1X 的 3d6 端子连接后通过 1X 的 4d14—4d10—4z26 各点均为"－"电位，ZK 的 2 端子 1 号线—1X 的 4d2 间各点为"＋"电位，根据 SK1 选择的不同位置 1X 的 3d2 或 WK 的 3 端子为"＋"电位。

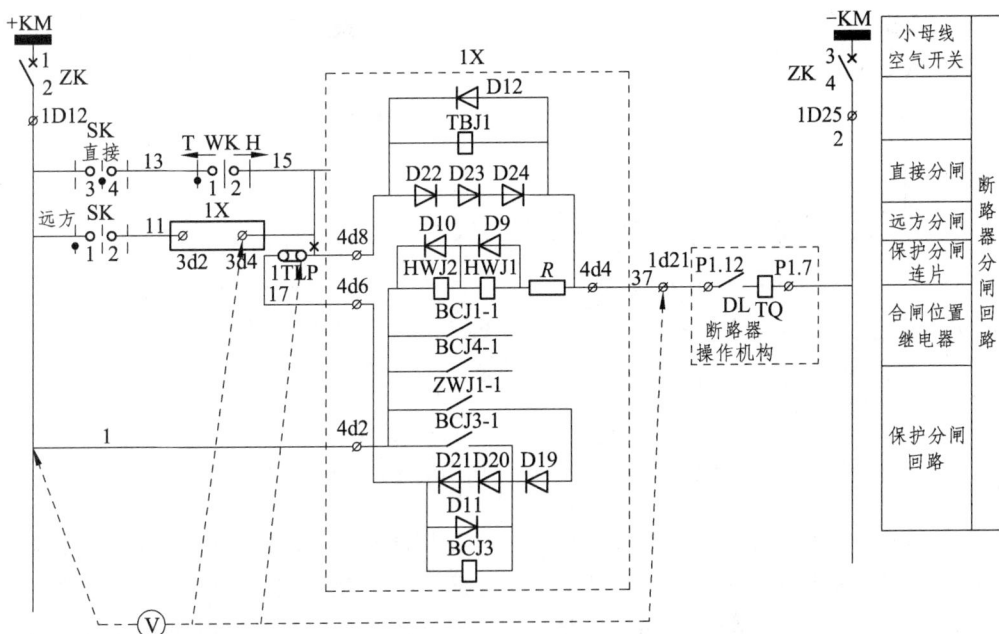

图 5.57　断路器分闸回路故障示例

以图 5.57 为例，假设该回路在断路器分闸后，后台管理机断路器位置信号"不定态"，同时发"控制回路断线"告警信号，操作 WK 合闸时不能合闸，故障是由于 1D18 端子处端子与保护装置 1X 接线未导通所致，查找方法如下：

首先将万用表红表笔接在正电源 ZK 的 2 端子，黑表笔测量分界点控制屏 1D21 端子电压接近电源电压，再将黑表笔依次向正电源方向移动，依次分别测量 1TLP、1X 的 3d4 端子，测量 1TLP 时电压未发生变化，测量 3d4 端子时无电压，则说明 1TLP 与 3d4 端子间存在开路，再逐步对照接线图和线号，缩小故障范围找出断开点。无论是使用"电位法"还是"电压法"查找故障时，必须先排除电源故障，确认直流电源电压正常，方可进行测量查找。

2. 导通法

导通法就是直接使用仪表测量不带电的回路是否导通，以此判别回路有无故障。

应用"导通法"查找二次回路故障的方法和步骤如下：

（1）首先断开所查回路的电源，即断开电源空气开关或拆除端子接线。

（2）万用表选择电阻挡，量程一般可选择为 1 kΩ。

（3）按图将表笔一端固定在正电源侧或负电源侧，另一表笔由近及远触及各段线路中的连接端子，检查是否导通。当遇有应断开的触点时，可将表笔移至触点两端，以确认是否断开。以后，跳过触点继续检查。需要注意的是，如被测点有导通的旁路支路时，应拆开旁路点处的连接端子，将导通的旁路甩开，然后再进行导通的检查，以避免误判断。

下面以图 5.58 为例，设断路器在合闸位置，合闸位置指示灯红灯不亮，回路断开点在分闸位置指示灯 LD 的 X1 端子与合闸位置指示灯 HD 的 X1 端子接线上。

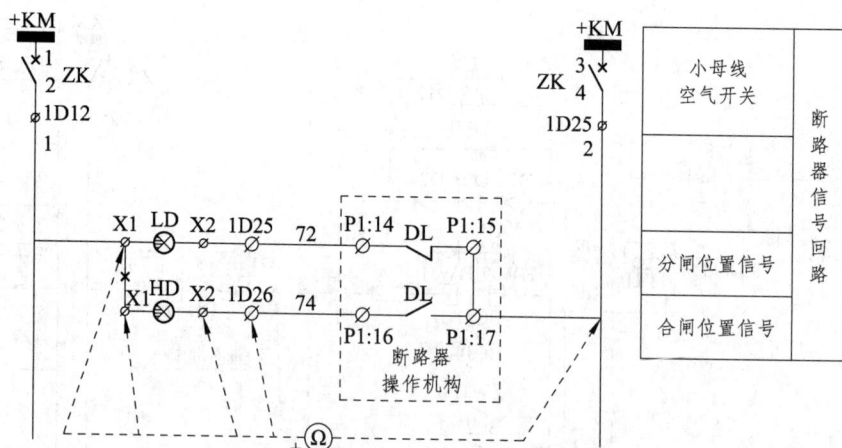

图 5.58 断路器信号回路故障示意图

先将图中所示电源空气开关 ZK 断开，将万用表打至 1 kΩ 档，如图所示红表笔（电源 " − "）接在 ZK 的 4 端子，黑表笔（电源 " + "）依次测量 1D26 端子、HD 的 X2 发现电阻为零，在测量 HD 的 X1 端子时有电阻值增大，当测量 LD 的 X1 端子时电阻为 " ∞ "，此时就可判断 HD 的 X1 端子与 LD 的 X1 端子之间存在断开点。为查找是否还有其他故障，可将红表笔移动接至 LD 的 X1 端子，黑表笔继续测量 1D12 端子、ZK 的 2 端子，如果电阻为零可认为 LD 的 X1 端子与 ZK 的 2 端子间无故障。

导通法可以准确测量出回路各段的电阻，被经常用来查找交流电流回路故障。

三、装置或机构动作后的处理

当继电保护和安全自动装置动作、开关跳闸或合闸以后，值班员应做的工作如下：恢复音响信号；根据光字牌、红绿灯闪光等信号及表计指示判明故障原因，恢复音响及灯光信号或将控制开关搬至相应的位置；在继电保护屏上详细检查继电保护和安全自动装置及故障录波器的动作情况并做好记录，然后恢复动作信号，并向当值调度员汇报，根据调度命令进行事故后处理；向主管领导及主管技术部门汇报事故情况。

四、在继电保护、仪表等二次回路上工作的规定

（1）工作前应做好准备，了解工作地点一次及二次设备运行情况和上次的检验记录、图纸。

（2）在现场开始工作前，应检查已做的安全措施是否符合要求，运行设备与检修设备是否明确分开，还应查看设备名称，严防走错位置。

（3）在全部或部分带电的屏上进行工作时，应将检修设备与运行设备前后用明显的标志隔开（例如屏后用红布帘，屏前用"在此工作"标志牌等）。

（4）在保护盘上或附近进行打眼等振动较大的工作时，应采取防止运行中设备跳闸的措施，必要时经值班调度员或值班负责人同意，将保护装置暂时停用。

（5）在控制室的通道上搬运或安放试验设备时，要与运行设备保持一定距离，防止误碰运行设备，造成保护误动作。清扫运行设备和二次回路时，要防止振动，防止误碰，要使用绝缘工具。

（6）继电保护装置做传动试验或一次通电时，应通知值班员和有关人员，并由工作负责人或由他派人到现场监视，方可进行。

（7）所有电流互感器和电压互感器的二次绕组应有永久性的、可靠的保护接地。

（8）在带电的电流互感器二次回路上工作时，应采取如下安全措施：严禁将电流互感器二次侧开路；短路电流互感器二次绕组，必须使用短路片或短路线，短路应妥善可靠，严禁用导线缠绕；严禁在电流互感器与短路端子之间的回路和导线上进行任何工作；工作必须认真、谨慎，不得将回路的永久接地点断开；工作时，必须有专人监护，使用绝缘工具，并站在绝缘垫上。

（9）在带电的电压互感器二次回路上工作时，应采取如下安全措施：严格防止短路或接地；应使用绝缘工具，戴手套。必要时，工作前停用有关保护装置；接临时负载，必须装有专用的刀闸和熔断器。

（10）二次回路通电或进行耐压试验前，应通知值班员和有关人员，并派人到各现场看守，确认回路上无人工作后，方可加压。

电压互感器的二次回路通电试验时，要防止由二次侧向一次侧反充电，除应将二次回路断开外，还应取下一次熔断器或断开刀闸。

（11）检验继电保护和仪表的工作人员，不准对运行中的设备、信号系统、保护压板进行操作，但在取得值班人员许可后并在检修工作盘两侧开关把手采取防误操作措施后，可拉合检修开关。

（12）试验用刀闸必须带罩。禁止从运行设备上直接取试验电源。熔丝配合要适当，要防止越级熔断总电源熔丝。试验接线要经第二人复查后，方可通电。

（13）保护装置二次回路变动时，严禁寄生回路存在，没用的线应拆除，临时所垫纸片应取出，接好已拆下的线头。

【任务实施】

（1）学生阅读任务描述和相关知识链接，通过学习相关知识并查阅相关的资料，自行完成任务要求。

（2）个小组成员之间、个小组之间互相检查，发现问题，提出意见。

（3）老师检查各小组及个人完成的任务，提出问题，给出成绩。

【课堂训练与测评】

（1）用测对地电位法查找二次回路故障的具体方法是什么？

（2）在继电保护、仪表等二次回路上工作时有哪些注意事项？

项目六　牵引变电所事故处理

任务 1　电气设备的事故处理

牵引变电所是牵引供电系统的可靠动力，牵引变电所一旦发生故障，迫使行车中断或运输能力下降，将直接影响运输生产。为了在发生事故后能尽快处理，需要掌握常见故障的现象、原因、处理措施和应急处理流程。

一、馈线断路器跳闸应急处理

现象为馈线断路器跳闸，重合成功或重合失败。若重合成功，则属于供电臂存在瞬时短路故障，重合失败则可能是供电臂存在永久性短路故障。

（一）处理措施

应加强设备巡视，采取各种措施尽快恢复供电。供电恢复后要在跳闸断路器馈线出线侧验明有电。

（二）应急处理流程

对于跳闸后重合失败的，应确认并复归信号，确认跳闸时间，记录保护动作相关数值，对相关设备进行巡视，确认所内设备是否正常。值班人员通过保护启动情况、故障测距参数等进行故障点的基本分析判断，确定是接触网发生短路故障、保护误动还是馈线过负荷跳闸等。

（1）如所内设备正常，向供电调度报告跳闸及重合失败情况，按供电调度命令进行强送。如强送不成功，则应再次汇报后等待供电调度命令再次强送或组织事故抢修。

（2）如检查跳闸或重合失败是本所设备故障原因引起，则应向供电调度报告跳闸、重合失败及设备异常情况，申请倒换断路器送电；向相关部门报告情况，并迅速组织人员查明故障原因进行处理，自行无法处理及时报检修人员处理。

（3）对于短时间内发生两次及以上跳闸的还要分析是否是同一故障点引起的跳闸，如是供电臂上同一故障点引起的，则要立即向供电调度汇报情况并立即通知网工区。

（4）跳闸处理完毕后应将保护名称，重合闸动作情况，保护动作时的电压、电流、阻抗，故障测距值等内容记入保护装置动作和断路器自动跳闸记录和值班运行记录中。

上述流程如图 6.1 所示。

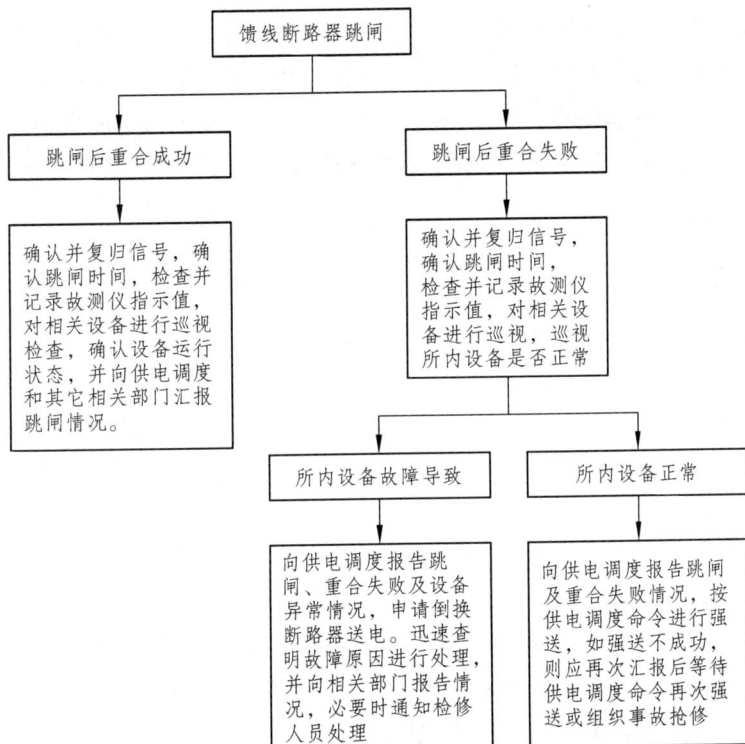

图 6.1　馈线断路器跳闸应急处理流程图

（三）防范措施

（1）加强日常巡视，重点巡视馈线保护装置各保护压板投入状态及保护跳闸、保护合闸连片状态是否良好，隔开法兰盘焊接有无开裂，传动杆状态是否良好，传动杆上下销钉状态是否良好。

（2）重点巡视隔开机构箱内"远动/近动"转换开关位置是否正确，"急停"按钮是否弹出。

（3）加强馈线隔离开关关键点电位测量，保证电气回路正常，馈线重合闸时开关能可靠动作。

二、馈线隔离开关拒动应急处理

馈线隔离开关拒合或拒分后，可能是馈线隔离开关存在电气回路或机械回路故障。处理时要保证在最短的时间内将电送出去，不中断供电。

（一）电气回路故障

馈线隔离开关直接位拒合或拒分，可尝试在隔离开关本体进行合、分。室外电动隔离开关本体分、合闸步骤：① 将控制盘相应断路器"远、直、单"转换开关打至"单独位"，无"单独位"则打至"直接位"；② 将隔离开关面板"远动/近动"转换开关打在"近动"位；③ 根据隔开实际分合状态，按下"合"、"分"按钮"观察隔开合闸、分闸情况。

馈线隔离开关直接位拒合或拒分，本体操作也拒合或拒分，采取紧急手摇分、合闸操作。紧急手摇分、合闸步骤：① 将手摇摇把插入手摇孔内（此时摇把将控制回路电源已切断）；② 根据隔离开关实际分合状态，按照标示分合方向转动，观察隔离开关分合情况，直至隔离开关分合到位；手摇分隔离开关前先要确认相应断路器在分位。

（二）机械回路故障

电动隔离开关机械回路的常见故障有隔离开关传动杆上下销钉折断、法兰盘焊接开裂、电动机烧损、隔离开关内部传动装置故障等。

（1）隔离开关传动杆下销钉折断、法兰盘焊接开裂、电动机烧损、隔离开关内部传动装置故障，可将隔离开关机构箱法兰盘螺丝松开，借助管钳转到传动杆将隔离开关分合到位，若隔离开关合闸送电则应采取一定的安全措施后将隔离开关动静刀头用铁丝绑扎固定。

（2）隔离开关传动杆上销钉折断，停电时可将断路器拉至试验位不再分隔离开关。合闸送电前则必须采取一定的安全措施后将隔离开关动

变电所发生隔离开关机械回路故障后申请投入备用断路器和隔离开关即可。

馈线隔离开关无论存在电气回路或机械回路故障，应在应急处理后及时报告相关部门，并通知检修人员及时彻底解决故障。

三、馈线送电后接触网无电

（一）馈线送电后接触网无电的原因

若馈线送电后接触网无电，应再次在馈线外侧验电确认，再根据以下故障原因分别进行处理。

（1）馈线隔离开关及其连接母线故障。

① 若是隔离开关两侧母线故障，则向电调申请停电，采取必要的安全措施后对隔离开关两侧软母线进行绑扎、补强或换线。

② 若是馈线隔离开关合闸不到位，应向电调申请先断开已处于合位的馈线断路器，然后采用手摇隔离开关，使隔离开关合闸到位，再合馈线断路器并验明馈线有电。

（2）馈线断路器存在问题。

① 若是断路器故障，向电调申请先合上备用断路器，再将故障断路器断开，并拉至试验位，并验明馈线有电。

② 若是由于断路器在试验位，向电调申请先断开在试验位馈线断路器，将断路器推至运行位后再次合闸，并验明馈线有电。

③ 如果是因为错合了其他断路器，向电调申请先断开已错合的馈线断路器，合上处于正确的馈线断路器，并验明馈线有电。

（二）馈线送电后接触网无电应急处理及防范措施

天窗结束后，馈线送电后接触网无电，原因可能是馈线隔离开关合闸不到位或隔

离开关两侧母线故障，倒闸操作后未确认馈线隔离开关及引线的状态；馈线备用断路器处于试验位，合闸时错合备用断路器；馈线断路器故障，虽断路器信号转换但断路器实际未真正合闸。

（1）处理措施：迅速查明原因，尽快恢复供电。

（2）防范措施：

① 落实标准化作业，作业中执行呼唤应答，值班人员在操作隔离开关或断路器后要确认其状态是否正常，馈线送电后必须进行验电。

② 发现馈线隔离开关合、分闸不到位时要及时进行检修恢复其技术状态。

③ 加强设备巡视，做到设备状态心中有数。

【任务实施】

（1）学生阅读任务描述和相关知识链接，通过学习相关知识并查阅相关的资料，自行完成任务要求。

（2）个小组成员之间、个小组之间互相检查，发现问题，提出意见。

（3）老师检查各小组及个人完成的任务，提出问题，给出成绩。

【课堂训练与测评】

（1）隔离开关及断路器辅助开关接点的辅助接点虚接，是否会导致开关拒动？

（2）馈线隔离开关拒动应急处理流程是什么？

（3）负荷开关合闸不到位可能会产生什么后果？

（4）馈线断路器跳闸应急处理流程是什么？

任务 2　变电运行典型故障案例分析

一、由于检修试验时未监控设备状态造成的故障

（一）故障概况

××年 3 月 28 日 11 时 40 分，××检修车间根据调度命令在××变电所做自投试验，11 时 45 分试验结束，自投试验全部成功。

12 时 15 分左右，变电所值班人员对变电所设备进行班中巡视，发现 1011 隔离开关支持瓷瓶自根部折断。12 时 20 分申请 1#进线停电及撤除 1#B、1#进线自投。13 时 13 分 1#进线停电，电调下令合 1010 地刀。同时立即联系由××检修车间派车自其他变电所带一只同型号支持瓷瓶。16 时 40 分，支持瓷瓶送到变电所，17 时 18 分更换完毕。1011 隔离开关分合正常。

（二）原因分析

（1）根据现场情况分析，支持瓷瓶是在隔离开关分闸时折断的。因为当时 1#进线

有电,如果合闸折断,自投试验时系统就会发 1#进线失压,而当时并没有发失压信号。

(2)瓷瓶折断的原因:经过与其他触指进线比对,其他触指顶部与触指槽间有 2 mm 间隙,对拆除的触指进行检查,触指顶部在触指槽内没有间隙,直接顶在触指槽内,造成触指活动受限,隔离开关分闸时,触头不能顺利从触指间滑出,同时隔离开关本身分合闸角度没有调整到位,自投试验时需要多次分合操作,造成瓷瓶受扭力过大而折断。

(3)××变电检修班自投试验时,没有安排检修人员在室外检查设备动作情况,未能及时发现瓷瓶折断情况。

(三)应吸取教训

(1)检修人员要对所有隔离开关按工艺标准进行调试,要求调试后的隔离开关触指动作灵活,分合闸时触头应平稳进出触指,支持瓷瓶不得出现明显晃动。

(2)做自投试验或设备投运时,必须安排人员对现场设备动作情况进行观察,发现问题及时处理。

二、由于维护保养不良造成的设备故障

(一)故障概况

××年 11 月 10 日 A 变电所母线支持瓷瓶放电污闪构成局定责任设备故障,××年 9 月 20 日 B 变电所母线支持瓷瓶延面放电污闪构成局定责任设备故障。

(二)原因分析

A 变电所设备故障原因是,由于 213 断路器静触头支持绝缘子脏污闪络对地放电,A 相母线接地,引起 1#主变 201A 断路器低压侧 a 相过流保护动作,在分闸瞬间大电流侵入二次回路,将 201A 断路器控制回路 - KM 保险熔断,直流屏信号回路总空气开关跳闸,201A 断路器低压侧过流保护出口但未跳闸成功,导致 1#主变高压侧三相过流保护越级动作,101、201B 断路器跳闸,231、232 失压跳闸,交流盘两路进线失压,同时在放电时引起 213 断路器接地,电流速断保护动作跳闸。

B 变电所 2121 穿墙套管室外端头在雨滴斜率较大的降雨时进水,内部填充的干燥剂粉末遇水融化后从套管内侧端头流出滴至支持瓷瓶金属底座上。干燥剂溶液具有较强的腐蚀性,从底座溅起的干燥剂溶液带有腐蚀的铁锈,污染了 2121 穿墙套管正下方的支持瓷瓶。9 月 20 日××地区为大雾天气,空气湿度大,在天窗停电时间该已受到污染的支持瓷瓶受潮,送电后发生延面放电污闪,引起跳闸,送电成功后,因绝缘性能下降,致使瓷瓶持续性放电,要做停电处理。

B 变电所设备管理制度落实差。一是雨中、雨后设备巡视检查制度落实不到位,在降雨时未发现 2121 穿墙套管高压室内侧端头滴漏水的问题;二是每日 5 次值班巡视制度落实差,未能发现支持瓷瓶附着黄色异物的污染问题;三是故障跳闸巡视制度个落实,天窗送电后 212 开关跳闸,没有对保护范围内的变电所设备进行巡视,支持瓷

瓶已延面闪络的严重隐患没能发现，进行了强送，险些造成故障扩大的严重后果；四是设备周期检修制度落实差，××年春检工作中计划未兑现高压室母线设备检查、检修及清扫维修，但在××年8月1日和8月18日厂家SVC施工两次该段母线停电时××供电车间、变电所没有安排对母线进行检修，造成设备失修，致使设备隐患问题未能及时发现并处理，最终导致设备故障的发生。

防范措施：精检细修，盯控检修人员将设备维修好，变电所按照要求及时做好维护保养工作，并做好巡视工作。

三、由于试验项目不全，检查不到位造成的故障

（一）主变差动保护动作

××年12月7日××变电所1号主变差动保护动作构成A类设备障碍。原因是：××互感器有限责任公司生产的A相流互一次绕组有两组线圈，接线方式应两组串联，出厂时一次绕组在与接线柱连接时产生交叉，实际只有一组绕组接入了导电回路，致使流互变比变大，远远大于铭牌上的300/5，实际变比约为1 000/5。

由于××检修车间在进行更换流互的作业过程中，简化了流互的各项试验项目，未发现流互变比错误的问题，主变投运后一、二次差流值大于整定值，引起主变比率差动保护动作，是造成问题发生的主要原因。

（二）负荷开关合闸不到位

××年4月21日××变电所2181、2191负荷开关合闸不到位构成A类设备障碍。原因是：检修人员对2181、2191负荷开关性能不熟悉，对2181、2191真空负荷断路器是否合闸不清楚。××修试工区在对2181、2191负荷开关检修过程中，对设备性能不掌握，在操作2181、2191负荷开关分合闸时，只从2181、2191负荷开关的隔离开关合闸角度达到180°的表面现象就认为2181、2191负荷开关已经合闸到位，没有真正发现负荷开关的真空开关未合闸到位的问题（该负荷开关在正常情况下操作方法：用"手摇把"将负荷开关的刀闸合成一条直线时，刀闸限位不再旋转，继续摇动触发真空开关弹簧，使真空开关合闸），导致在2161、216合闸后，馈线负荷开关外侧无电。

（三）断路器拒动

1. ××年8月18日××变电所201B开关拒动构成A类设备障碍

××年8月16日，检修车间对201B断路器进行检修试验时，未对闭锁杆定位孔进行检调，定位孔与闭锁杆存在卡磨问题。在值班员恢复安全措施过程中，闭锁杆操作手柄卡箍嵌入困难，在将小车及闭锁杆晃动后，将手柄卡箍嵌入槽内，但闭锁杆未完全进入定位孔（从外观看手柄卡箍嵌入槽内，闭锁杆进入闭锁孔内），使合闸联锁杆过高，将合闸掣子顶住，造成合闸掣子与凸轮滚子无法解扣，机械闭锁未解除。

8月18日××变电所值班员从直接位手合201B开关后，合闸闭锁继电器动作，合闸自保持回路接通，合闸线圈受电，在受电后因机械闭锁未解除合闸不成功，辅助

开关未断开，合闸自保持回路一直接通。因合闸闭锁继电器为电流线圈，短接跳位继与合位继，使之都无法动作而复归，发生 201B 控制回路断线，在合闸线圈一直受电过程中，线圈内部绝缘发热冒烟，伴有糊焦味，线圈膨胀，使得外部有细小裂纹。当电调下令退出 101 断路器后，合闸自保持回路断开，合闸线圈失电，跳位继受电动作，201B 控制回路断线复归，线圈冷却后，糊焦味消失，恢复绝缘及导电性能，试验良好。

××年春检工作中，××检修车间未对××变电所断路器轨道及闭锁孔进行检修，设备漏检、失修。

2. ××变电所 1021 隔开拒动构成 B 类设备障碍

××年 10 月 2 日 6 时 51 分由于线路电压波动造成××变电所 2#进线失压自投启动，在自投过程中因 1021 隔开机构箱内分闸接触器接点接触不良造成隔开分闸拒动，进线自投进程终止。

3. ××年 9 月 15 日××配电室 302 断路器跳闸构成 B 类设备障碍

原因是：① 重合闸启动条件是：母线有压（KV3、KV4 常开接点闭合），线路无压（KV1、KV2 常闭节点闭合），控制手柄在合后位，断路器在分闸位。只有满足以上 4 个条件重合闸才能启动。9 月 15 日××配电室 302（贯通）断路器跳闸后，因 KV1 继电器舌片卡滞导致线路失压时 KV1 常闭接点无法闭合，造成重合闸无法启动。② ××变电检修班人员×××、××在××年对××配电室春检过程中，设备检修质量不到位，没有及时发现电压继电器存在的异常情况，造成设备在检修周期内发生故障。

4. ××年 11 月 27 日××变电所 2111 隔离开关支持瓷柱断裂构成 A 类设备障碍

原因是：2111 隔离开关安装时等径杆距墙体较近，同时引线在与穿墙套管连接时又采用了过渡连接板，造成安装时截取的 LGJ-240 钢芯铝绞线长度过短。因 LGJ-240 钢芯铝绞线过短且其弯曲应力较大，造成隔离开关支持瓷柱向穿墙套管侧受力过大，在外力长期作用下，最终造成隔离开关支持瓷柱根部产生裂纹致使其断裂。

5. ××年 9 月 8 日ＸＸＸ变电所 21B 断路器故障构成 B 类设备障碍

原因是：① ××电器有限责任公司生产的 ZN42-27.5 型真空断路器分闸线圈接线端子为插接式接线，9 月 8 日在 21B 断路器合闸时该插接端子因振动松脱，虽然 21B 断路器已合闸，但因分闸回路不通，所以控制盘红灯不亮，同时发生控制回路断线，直接位、单独位电动分 21B 断路器拒动。② ××变电检修班人员×××、××在当年 7 月 7 日对 21B 断路器检修时，检修设备质量不高，未对 21B 断路器分闸线圈接线端子进行检查紧固，造成设备在检修期内发生故障。

6. ××年 4 月 26 日××变电所 2#进线瞬间失压构成 B 类设备障碍

原因是：××检修车间春检项目不全，检修工作不细致，未能根据前期隔离开关辅助接点接触不良的问题中得到启示，对该段安排对二次回路进行重点检查的工作不重视，在春检过程中未能对隔离开关及断路器辅助开关接点进行重点检查，致使隔离开关及断路器辅助接点虚接，最终导致开关拒动。

7. ××年 9 月 6 日××变电所 211 馈线断线故障构成局定设备故障

原因是：××检修车间由于检修不到位，造成××变电所 211 馈电线与隔开引线"T"型线夹处接触不良，经过长时间通过较大负荷电流造成接触面逐步发热氧化，造成线夹与馈线间接触电阻增大，最终烧断主馈电线。断线后，因线索自重作用将靠穿墙套管和墙面耐张线夹侧馈线触碰在 211 穿墙套管左上方墙面上，造成短路接地，致使 211 断路器跳闸。

8. 12 月 14 日××变电所 1021 隔离开关拒动构成 A 类设备障碍

原因是：××检修车间在春检检修电动隔离开关时，只进行开关分合试验，检查信号指示是否正确，未对电动隔离开关机构箱内辅助开关转换、传动部分及二次回路的电气闭锁情况的可靠性进行检查，是造成本次 1021GK 拒动的主要原因。

9. ××年 3 月 28 日××变电所 1011 隔开瓷瓶断裂故障

原因是：检修人员对隔开机构、触头调整不到位，造成在做自投试验多次分合时，开关瓷瓶底座断裂。当时室外没有安排检修人员进行监控。

10. ××年 5 月 25 日×××变电所 2161 隔离开关传动杆销钉断裂构成 B 类设备障碍

原因是：××检修车间变电检修班对隔离开关触指压力调整过大，造成隔离开关分合时传动杆销钉受力增大变形。

11. ××年 6 月 28 日××变电所直流屏两组蓄电池中各有 1 块蓄电池内部开路造成整组蓄电池无输出，全所没有直流电

原因是：对蓄电池状态的检查不到位，失修。

12. ××年 11 月 1 日××配电室蓄电池长期未充电使电池容量逐步下降，直至造成 1 日倒闸作业时开关"拒动"与位置信号灯不亮的严重后果

原因是：检修人员对蓄电池状态的检查不到位，失修。

防范措施：检修人员严格按照检修工艺进行检修，检修完毕后进行多次试验，工作领导人及现场盯控人员进行严格的质量把关。

四、变电运行故障案例分析

（一）××变电所 2#主变跳闸故障（带地线合闸）

1. 故障概况

××年 1 月 25 日，××检修车间变电检修班按照车间安排对××变电所 2#B 进行补油。12 时 19 分段调度给令批准执行*号工作票，作业内容：2#B 补油。12 时 40 分变电所值班员、助理值班员安全措施办理完毕后会同工作领导人对安全措施进行了检查确认，12 时 45 分在工作票上进行了签认。12 时 46 分检修作业开始，工作领导人为确保安全，将值班员放在 102 网栅前的地线拿起来挂在了 102 开关负荷侧的 B 相引线上。13 时 06 分作业完毕，工作领导人未将加挂的接地线取下，也未告知值班人员

就在工作票上签字消令。13 时 35 分变电所值班员向调度汇报，作业已结束，安全措施已恢复，消除了作业命令。14 时 38 分，调度向 A 变电所值班员下令将 1#进线 1#B 运行倒为 1#进线带 2#B 运行，14 时 39 分合 102 断路器时，2#B 差动保护动作。

2. 原因分析

（1）××检修车间变电检修班作业人员在未通知值班员的情况下擅自将值班人员放在地上的接地线挂在了设备上；作业完成后违反《牵引变电所安全工作规程》第 63 条及《C 供电段牵引变电所检修作业程序》的相关规定，未组织清理作业地点，未拆除自己加挂的接地线，未会同值班员检查修后设备，也未现场监督变电所值班员恢复安全措施，简化作业程序，是造成问题发生的主要原因之一。

（2）××变电所值班员、助理值班员违反《牵引变电所安全工作规程》第 63 条及《C 供电段牵引变电所检修作业程序》的相关规定，简化作业程序，检修作业结束后，未会同工作领导人检查修后设备；恢复安全措施时，未按工作票要求逐项拆除接地线，未组织清点接地线数目和核对接地线号码，未清理作业地点，接地线未拆除盲目消除作业命令，改变设备运行方式之前未对将投运的设备进行检查，是造成问题发生的另一主要原因。

3. 应吸取教训

（1）在变电设备检修作业中，检修人员要严格遵守安全防护的有关规定，当安全措施或现场条件不能满足安全保证时，绝对不许作业。在作业过程中如果对安全措施有异议，应及时向值班人员提出，值班人员不允许时不得擅自变更，如在作业过程中采取辅助防护措施，要告知作业组每一名成员，且在作业结束后应完全撤除自己所采取的安全措施。

（2）值班人员在恢复安全措施时要对作业现场进行检查确认，设备完毕需要投运前，必须再次对设备进行巡视检查，并对关键点电位进行测量，确保设备状良好。

（二）××变电所主变断路器跳闸（二次接线松动）

1. 故障概况

××年 10 月 30 日，××检修车间完成 E 变电所 1#主变保护改造工作，16 时 05 分投入 1#主变，18 时 41 分，1#主变高压 C 相过流保护动作引起跳闸，18 时 45 分 2#主变压器投运。

跳闸发生后，检修人员通过将故障报告与测量数据比较，查出 1#主变二次侧电压 ULab 不稳定，有时正常有时为 0，追踪发现中央信号盘上 1YMa 端子松动，紧固端子后电压恢复正常。

2. 原因分析

由于中央信号盘上 1YMa 端子松动，1#B 低压过流保护失去低电压闭锁，在负荷增大超过过流保护定值时保护误动作；1YMa 端子松动的原因是保护改造接线完成并试验合格后，因主变保护测控盘与中央信号盘盘面不整齐，需要对其进行调整，在调整盘面时产生震动致使盘内 1YMa 接线端子松动。

3. 应吸取教训

（1）设备改造结束投入运行后，施工人员必须认真核对装置运行参数是否正常，防止设备带病运行，并至少观察通过一趟列车时的负荷情况，及时发现装置存在的异常情况；

（2）设备施工改造和检修作业完毕需立即投入运行的，检修人员必须在设备投入运行观察无异常后方可离开作业现场。新安装或改造的不需立即投入运行的设备必须经过上电试验无异常后才能算工作结束。

（三）××变电所 201A/B 断路器跳闸故障（违章作业）

1. 故障概况

××年 4 月 17 日，按照春检春试计划，××变电检修班对××变电所动力变及 241A、241B、301、303 断路器进行检修试验，因检修人员前期发现 241B 断路器的上、下动触头与分间内墙上的上、下静触头位置有偏差，需要调整。13 时 55 分，检修作业组成员在 241B 分间外开始对 241B 断路器的上、下动触头进行调整，16 时 45 分，调整完毕。

16 时 53 分，根据检修作业组人员的要求，××变电所值班员与助理值班员将 241B 断路器从分间外推至运行位，以便检查断路器上、下触头调试是否到位时，201A、201B 分别跳闸，馈线失压断电，相应供电臂停电。

2. 原因分析

（1）当日断路器检修负责人在 241B 断路器动触头调试完毕后，没有严格按照作业标准程序（在完成 241B 断路器进行真空度、断口绝缘、整体绝缘、分合闸时间等试验项目，将地线撤除后，才能把断路器推至运行位），盲目认为 241B 断路器刚退出运行不久，设备应该完好，违章指挥变电所值班人员将 241B 断路器推到运行位查看触头位置情况，造成了接地短路。

（2）因 241B 断路器真空泡发生泄露，真空度严重降低，达不到绝缘和灭弧的效果，使断路器真空泡内的两触指之间导通，当 241B 断路器推至运行位时，高压电通过墙上下部静触头—241B 断路器下部动触头—241B 断路器电流互感器—241B 断路器上部动触头—墙上上部静触头—穿墙套管—接地封线构成通路，造成接地短路，201B 断路器因低压过电流保护动作跳闸。因动、静触头接触不牢固，电弧灼伤 241B 断路器的上、下动触头及上、下静触头；同时 B 相短路接地形成过电压对地放电，使下静触头左侧棒式绝缘子周围墙面有明显的电弧放电痕迹，241B 断路器电流互感器表面有黑色灰尘，下触头支撑绝缘杆烧黑。241B 断路器分间内的 B 相短路接地形成过电压形成的电弧击穿了 A、B 相间的空气，使顶部 27.5 kV 硬母线 A、B 相相间短路，造成了 201A 断路器因低压过电流保护动作跳闸，并灼伤硬母线。

（3）检修小组负责人违反了《牵引变电所安全工作规程》（铁运〔1999〕101 号）中第 66 条规定"对停电作业的设备，必须从可能来电的各方向切断电源，并有明显的断开点"及第 57 条第二款"由值班员将该停电范围内所有的工作票收回，拆除妨碍送电的临时防护栅、接地线及标示牌，回复常设防护栅和标示牌"之规定，在检修作业未结束的情况下，要求变电所值班员将 241B 断路器推至运行位，消除了这一"明显的断开点"，给检修安全造成了隐患。

（4）××变电所值班员、助理值班员违反了《牵引变电所安全工作规程》（铁运〔1999〕101 号）中第 57 条第二款"由值班员将该停电范围内所有的工作票收回，拆除妨碍送电的临时防护栅、接地线及标示牌，恢复常设防护栅和标示牌"之规定，在未拆除接地线的情况下，将 241B 断路器推至运行位，同时对检修人员提出的违章操作没有提出疑问和制止。

（5）××变电检修班的制度流于形式，在碰头会、预想预防分工会中未将 241B 断路器动触头位置调试作业列入会议内容，对作业中可能出现的问题没有进行事前预想，未根据检修、试验项目制定出有针对性的安全卡控措施和作业组织流程，检修方案不完整。

3. 应吸取教训

（1）变电检修班要将检修试验的内容和设备缺陷处理内容全部详细列出，并在预想预防分工会上进行详细分工，对各作业小组的作业顺序和试验顺序详细地说明，确保各作业组熟知本小组的作业顺序和内容。

（2）对变电所设备检修试验时，有可能触及附近带电设备的操作，必须在工作票中明确并记录，并且严格遵守如下规定：一是对断路器触头进行测试、调整时，必须将断路器拉至分间外进行，在确认各项规定的试验项目全部完成，且设备各项技术参数符合规定，方可进行设备的试投入运行；二是必须将所有的安全措施全部恢复完毕，方可将断路器推入运行位；三是运行设备退出后，严禁未进行检查盲目投运的现象。

（3）检修、试验和设备改造期间，供电车间主管技术员和变电所所长应该全过程盯控，对不符合规定及存在隐患的操作及时制止并组织整改，并对检修、试验完成的每台设备进行验收，对处理完的设备缺陷及时销号。

（四）××变电所故障处理不力（违章操作）

1. 故障概况

××年 6 月 5 日，××变电所正在进行春检作业，17 时 30 分值班人员交接班巡视设备进行对地绝缘测试时，发现变电所直流接地故障（正接地）时，立即停止交接班，并将发现的故障通知 B 检修车间负责人，检修人员开始查找直流接地原因。

17 时 40 分，段值班调度员接行调通知：××次××机车乘务员反映×地区三道没电，二道有电。段值班调度员立即通知××网工区出动巡视接触网设备，与××车站值班员联系询问机车情况，询问变电所值班员设备状况。17 时 51 分，检修人员发现 211 断路器在分位，检修车间主任确认保护装置无保护动作记录及巡视设备后，直接指挥技术员合上了 211 断路器，安排变电所值班员在 2111 隔开外侧进行验电，验明有电。

2. 原因分析

从跳闸记录可确定 211 开关在 17 时 38 分跳闸，但没有任何保护动作信息和报警信息。20 时 20 分，进行直流接地检查，在开关直流电源时，211、22B 保护装置发"开出光隔失效"信号，22B 保护装置信号可复归，但 211 保护装置"开出光隔失效"信号不能复归，开关装置电源也不能复归，键盘无效。打电话询问厂家设计人员后打开装置面板对内部排线重新安装后，打开装置电源信号恢复。再次进行试验未再发现异常，分析认为 211 开关跳闸原因为保护装置误动作。

21 时 45 分，查明直流接地处所为 301 开关柜内的 3LJ 1# 端子与底板接触接地，造成直流电源正接地，接地原因为底座与柜体底板间的绝缘垫在开关分合过程中振动脱落，且该接地在开关分合闸操作过程中时断时续。

3. 应吸取教训

（1）值班人员必须坚守工作岗位，不得擅离职守，控制室要时刻留人值班，值班期间不得做与值班工作无关的事情。值班人员值班期间要不断地监视设备仪表、信号的显示情况，正确计算并填写各种报表记录，按时巡视检查设备。本次故障在 17 时 38 分 211 断路器发生跳闸，信号灯由红变绿时未及时发现，直到 17 时 48 分询问时才发现 211 断路器跳闸。

（2）要严格遵守各项标准化作业制度的规定：B 检修车间主任、技术员违反《牵引变电所安全规程》第 18 条"牵引变电所自用电变压器、额定电压为 27.5 kV 及以上的设备，其倒闸作业以及撤除或投入自动装置、远动装置和继电保护，除第 37 条规定的特殊情况外，均须有供电调度的命令方可操作"之规定，在发现 211 断路器跳闸后，未经段值班调度员允许，擅自合上 211 断路器。

（3）检修人员在检修作业中要对发现的异常情况高度敏感。本次故障中在检修试验 301 开关过程中发生柜内二次回路打火和开关自动分闸情况，但检修操作人未引起重视，没有认真查找原因，也没有向工作领导人汇报，导致造成隐患未及时得到消除，致使直流电源频繁接地影响保护装置正常运行，最终造成严重后果。

（4）检修人员在作业过程中要随时监视设备运行情况，发现任何异常都要查清原因，发生故障后要立即停止作业，认真对有关设备进行检查分析，及时消除设备缺陷，保证设备运行安全。

（五）××变电所主变差动故障

1. 故障概况

××年×月×日 21 时 50 分××变电所 1#主变差动保护动作，101、201A、B、232、271、272 断路器跳闸，2#主变自投。

2. 原因分析

造成差动保护动作的原因是：201A 穿墙套管发生沿面放电，造成主变二次侧接地短路，致使主变差动保护动作。

（六）××变电所 1 号主变差动保护动作故障

1. 事故概况

××年 12 月 07 日 23 时 05 分 07 秒，××变电所 1#主变比率差动保护动作，23时 05 分 13 秒主变备自投装置备自投成功动作，1#进线 2#变代 1#进线 1#变运行。

2. 现场调查

（1）××年 9 月 18 日××变电所 1 LH A 相发生故障，××检修车间组织检修人员对 1 LH 三相同步进行了更换，并返厂对故障 LH 进行修理。LH 生产厂家为××互感器有限责任公司。

（2）××年 12 月 7 日 12 时 05 分至 21 时 05 分××变电检修班组织对××变电所 1 LH 进行更换。更换前，××检修车间对要更换的三只流互进行了绝缘、介损、直流耐压试验及极性检查，与出厂试验报告基本一致，但未对流互变比进行检查试验。

（3）12 月 8 日技术科主管人员组织××检修人员及流互厂家对 1 LH 变比进行校验，发现 1 LH A 相变比有误（铭牌上为 300/5，现场测试约为 1 000/5，）。厂家人员现场对 1LH A 相一次绕组接法进行调整后，校验流互变比正确，19 时 35 分投运 1LH 及1#B 后运行正常。

3. 原因分析

××互感器有限责任公司生产的 A 相流互一次绕组有两组线圈，接线方式应两组串联，出厂时一次绕组在与接线柱连接时产生交叉，实际只有一组绕组接入了导电回路，致使流互变比变大，远远大于铭牌上的 300/5，实际变比约为 1 000/5，由于××检修车间在进行更换流互的作业过程中，简化了流互的各项试验项目，未发现流互变比错误的问题，主变投运后一、二次差流值大于整定值，引起主变比率差动保护动作，是造成问题发生的主要原因。

（七）××变电所 211 开关跳闸（保护误动）

1. 故障概况

2010 年 8 月 5 日 01 时 41 分，××变电所 211 开关跳闸，电流速断保护动作，重合成功。跳闸参数：电流 741A，母线电压 25.562 kV，故障距离 21.22 km。

2. 原因分析

2010 年 6 月 22 日××检修车间作业人员在对 211 开关进行试验时，因试验需要将"电流速断低电压闭锁"保护退出，同时将电流速断保护整定值调整为"4 A"，而在试验结束后检修人员没有恢复原有保护定值，工作领导人未进行核对，值班员也未进行检查确认，造成 211 开关保护装置输入定值与该变电所保护整定书中内容不一致（保护配置中"电流速断低电压闭锁"在"退出"位），致使 211 开关误动作。

3. 应吸取教训

（1）检修车间应认真学习相关义件，严格执行检修作业制度。当涉及保护定值的调整、试验作业前必须认真核实作业内容并征得当班值员的同意方可开始作业。

（2）检修车间要将保护定值试验流程及注意事项纳入到《试验指导书》中，并在作业前召开"预想预防分工会"时向作业组成员进行宣讲。作业中作业人员要集中精神，一次完成，如无特殊情况不得中途打岔或中断作业，同时工作领导人需加强监护；作业结束后，必须认真核对装置中的保护定值，确保定值输入、保护压板投退及定值区投入无误后方可结束作业。作业结束后必须通知值班员对装置中的定值进行复核。

（3）变电所值班人员要认真学习保护定值调阅、查询方法，确保每个值班员都能熟练掌握定值的查询，保护定值区的切换，检修班试验检修结束后必须按照程序认真进行检查验收，严禁未经检查确认即对工作票、检修记录进行签字。

（八）××变电所202A/B开关跳闸故障（27.5 kV B相高压母线接地）

1. 故障概况

××年9月14日8时28分，××变电所值班员向段值班调度员汇报：8时27分，2#B低压过流保护动作，202A、202B断路器跳闸，动力变失压保护动作，241A、241B断路器跳闸；跳闸参数：主变二次侧a相电流3 960.6 A，b相电流3 990 A，主变二次侧a相电压2.16 kV、b相电压0.20 kV。段值班调度员立即通知了××变电所值班员巡视设备。

8时32分，××变电所值班员汇报：27.5 kV高压室内2002隔离开关、241B断路器高压分间的241B断路器引线（纵向硬母线）的2个支持瓷瓶绝缘子表面呈黑色，有严重放电痕迹，绝缘子底座墙面有放电痕迹；241B断路器引线（纵向硬母线）边缘有一处指甲盖大小的烧伤缺口；1#、2#高压室之间墙上A相母线2个支持瓷瓶有放电痕迹，其他设备正常；8时46分，202A、202B断路器合闸成功，2#B恢复运行。8时47分，214断路器合闸成功，××变电所右供电臂恢复供电。9时20分，拆除损坏的支持绝缘子作业完成。9时23分，2001GK、2002GK合闸，214断路器合闸成功，××变电所左供电臂恢复供电。

2. 原因分析

（1）因××变电所正在进行更换主变施工改造，中铁××局集团电气化公司××线电力工程项目施工人员在高压设备未停电的情况下，强硬抽取安装在27.5 kV Ⅱ高压室墙面上的2002GK至4YH、6YH间两根旧4（mm^2）×2低压电缆时，将电缆墙面固定装置拽脱后，低压电缆搭接在241B断路器引线（纵向硬母线）和支持瓷瓶上，造成B相高压母线接地，202B因低压过流保护动作跳闸；因接地短路电弧击穿A、B相母线间空气，形成相间短路；相间短路构成的过电压造成A相母线支持绝缘子（与被击穿的支持绝缘子并排的）闪烙接地，202A因低压过流保护动作跳闸，导致全所失压。因202A、202B断路器相继跳闸，27.5 kV母线无电，造成动力变失压保护动作，241A、241B断路器跳闸。

（2）因故障点在Ⅰ、Ⅱ段27.5 kV母线连接隔离开关2001、2002中间，在故障未消除前，只能先完成Ⅱ段27.5 kV母线供电。同时，由于1号主变在9月6日已拆除，用两个主变分别给Ⅰ、Ⅱ段27.5 kV母线供电的方案无法实施，耽误了抢通时间。

（3）施工人员正在高压室进行电缆更换施工，高压室内电缆沟盖板全部掀起，绝缘胶垫被撤出，场地较为混乱，干扰变电所值班人员正常故障抢修，耽误了抢通时间。

3. 应吸取教训

（1）变电所施工改造时必须加强施工监管：从此次故障调查过程中发现，从施工单位作业人员 8 时 23 分进入 27.5 kV 高压室内开始作业时至故障发生期间，变电所值班人员未在现场盯控，变电所所长不在所内，××检修车间施工盯控人员、供电车间盯控干部、技术人员均不在所内，施工现场监管、盯控出现"真空"，给施工人员野蛮施工作业创造了条件，最终导致设备故障的发生。

（2）必须加强对职工应急故障处理的培训力度，提高各班组应急抢修能力。设备故障发生后，××变电所值班人员对现场设备损坏情况叙述不清，故障原因反馈错误，在实施临时故障处理中慌乱无序，延长了故障抢修时间。

（3）设备改造施工、春检检修时变电所要加大对所内设备及作业场所的巡视检查频次，特别是对施工场地要安排人员进行认真、仔细观察巡视，发现隐患及时汇报处理。

【任务实施】

（1）学生阅读任务描述和相关知识链接，通过学习相关知识并查阅相关的资料，自行完成任务要求。

（2）个小组成员之间、个小组之间互相检查，发现问题，提出意见。

（3）老师检查各小组及个人完成的任务，提出问题，给出成绩。

【课堂训练与测评】

（1）若主变两侧的流互二次侧接线错误导致主变投运后一、二次差流值大于整定值，会引起主变哪种保护误动作？

（2）天窗结束后，馈线送电后接触网无电，可能会是哪些原因？

（3）断路器合闸时，虽然断路器已合闸成功，但因分闸回路不通，故控制盘红灯不亮，同时发生控制回路断线，直接位、单独位电动分 21B 断路器拒动，有可能是由 21B 断路器分闸线圈接线端子的插接端子因振动松脱造成的吗？

（4）检修车间作业人员对 211 断路器进行试验时，因试验需要将"电流速断低电压闭锁"保护退出，同时将电流速断保护整定值调整为"4A"，而在试验结束后检修人员没有恢复原有保护定值，工作领导人未进行核对，值班员也未进行检查确认，运行时可能会出现什么故障？

附 录

附表 1　计划和决策单

学习项目	项目：				
学习任务	任务：				
计划方式	小组讨论、团结协作共同制定计划				
序号	实施步骤		使用资源		
制定计划说明					
计划评价	班级		日期		第　　组
	组长签字		教师签字		
	评　语： 评　级：☆☆☆☆☆				

附表 2　检查单

学习项目	项目:			
学习任务	任务:			
序号	检查项目	检查标准	学生自检	教师检查
1	资讯问题	回答得认真，准确		
2	操作标准	日常用语标准、完整、准确 姿态良好、大方		
3	操作标准	检查部位正确、完整		
4	操作标准	检查内容顺序正确		
5	操作标准	标准术语使用正确，倒闸技术要领正确掌握		
6	工具使用	正确使用兆欧表、钳形电流表、红外线测温仪等		
7	工具使用	正确使用验电器、安全带、接地线等		
8	工具使用	正确使用警告牌、标识牌；临时防护栅等		
9	安全及其他	按规定设置防护，符合作业安全规定		
10	数据处理	能正确处理、描述现象		
11	数据处理	能正确处理出现的不良、故障现象		
12	数据处理	能对倒闸操作命令、作业命令等正确记录		

	班级		日期		第　　组	
	组长签字			教师签字		
检查 评价	评　语:					
	评　级：☆ ☆ ☆ ☆ ☆					

附表 3 评价单

学习项目	项目：										
学习任务	任务：										
序号	能力目标	专业能力			方法能力			社会能力		
		自评	他评	师评	自评	他评	师评	自评	他评	师评
1	任务分析，按规定填写									
2	表达能力									
3	与他人交流能力									
4	自信，做决定能力									
5	可信性									
6	外表形象									
7	专业资料学习能力									
8	小组主持人布置工作有耐心									
9	棘手问题处理									
10	了解人、尊重人的能力（与人相处）									
11	工作的时间感									
12	合理的工作									
13	安全意识									
14	工位的整洁									

	班级		日期		第　　组
	组长签字			教师签字	
评价评语	评语：				

评　级：☆ ☆ ☆ ☆ ☆

参考文献

[1] 赵先堃，窦婷婷. 牵引变电系统运行与维护[M]. 成都：西南交通大学出版社，2016.

[2] 李学武，等. 电气化铁路牵引供变电技术[M]. 北京：化学工业出版社，2012.

[3] 北京铁路局. 牵引变电所运行与维护[M]. 北京：中国铁道出版社，2015.

[4] 郭艳红，于红. 牵引供变电技术[M]. 成都：西南交通大学出版社，2015.

[5] 方彦. 基于工作过程的牵引变电所运营与维护教程[M]. 成都：西南交通大学出版社，2013.

[6] 陈海军. 电力牵引供变电技术[M]. 北京：中国铁道出版社，2008.

[7] 贺威俊，高仕斌. 电力牵引供变电技术[M]. 成都：西南交通大学出版社，2005.

[8] 谢刚. 牵引变电所运行[M]. 成都：西南交通大学出版社，2013.

[9] 杨扩武. 牵引变电所[M]. 北京：中国铁道出版社，2008.

[10] 贺威俊，高仕斌，等. 轨道交通牵引供变电技术[M]. 成都：西南交通大学出版社，2011.

[11] 赵莉. 牵引变电所一次设备检修[M]. 成都：西南交通大学出版社，2013.

[12] 王国光. 变电站二次回路及运行维护[M]. 北京：中国电力出版社，2011.

[13] 张希泰. 陈康龙. 二次回路识图及故障处理指南[M]. 北京：中国水利水电出版社，2005.

[14] 天津东方凯发电气自动化技术有限公司. 天津凯发综合自动化保护装置技术说明书. 2006.

[15] 郑新才，蒋剑. 怎样看 110 kV 变电站典型二次回路图[M]. 北京：中国电力出版社，2009.

[16] 中国铁路总公司. 高速铁路牵引供电知识读本[M]. 北京：中国铁道出版社，2015.

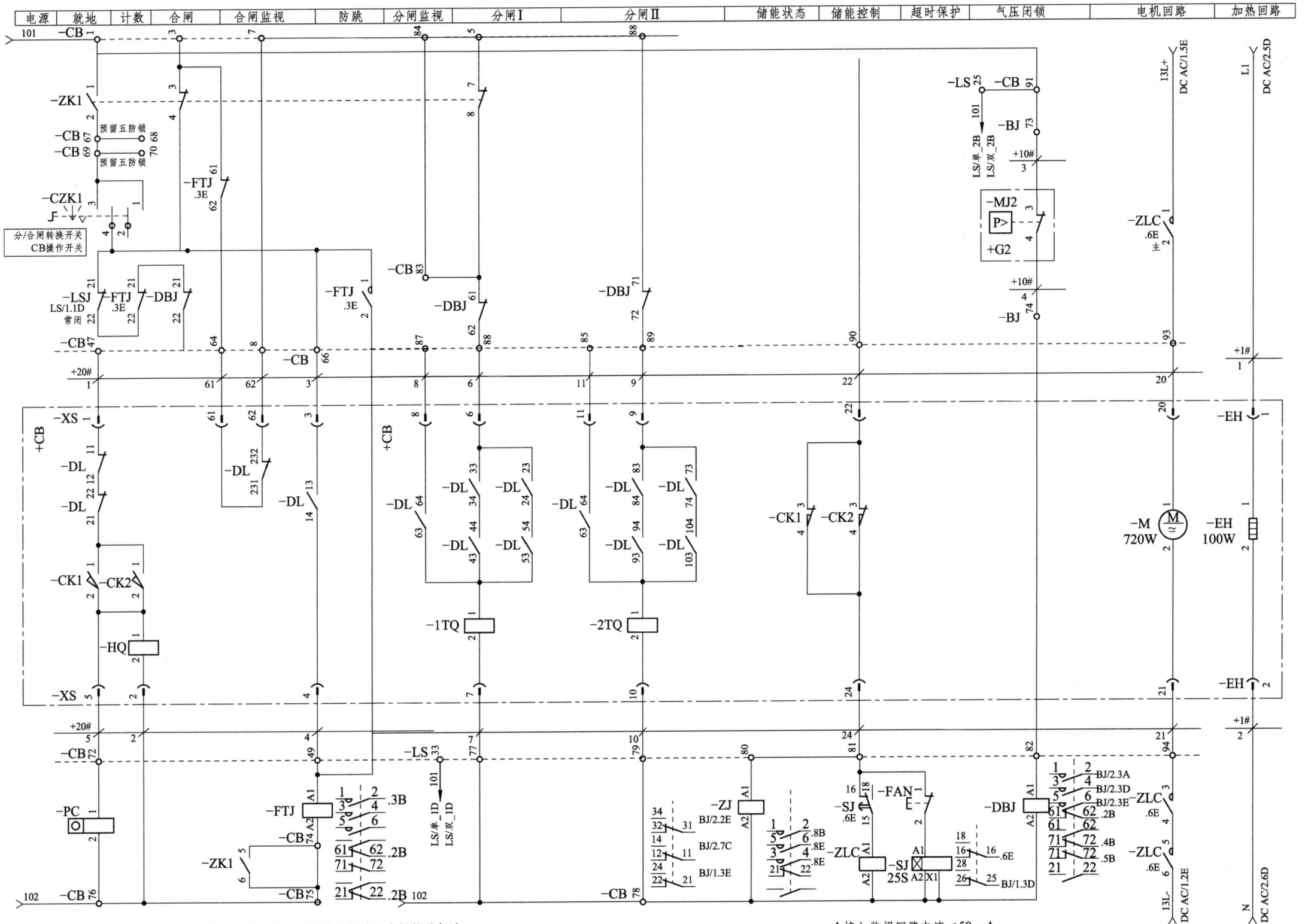

图5.21 GIS断路器控制回路

说明:1.CB:67-68、69-70为五防接点预留,接入时将该处短接线或桥接件解除。
2.控制电压为DC220V的工程,合闸回路电流为0.95 A,合闸线圈电阻231.9±6% Ω;分闸回路电流为1.02 A,分闸线圈电阻215.1±6% Ω。
3.控制电压为DC110V的工程,合闸回路电流为1.7 A,合闸线圈电阻68.1±6% Ω;分闸回路电流为2.2A,分闸线段电阻50.1±6% Ω。
4.接入监视回路电流≤50 mA。
5.断路器处于分闸状态;机构合闸弹簧未储能;SF6气体处于压力下降状态。
6.行程开关CK1/CK2状态;合闸弹簧未储能时3-4接通,1-2断开,已储能则相反。

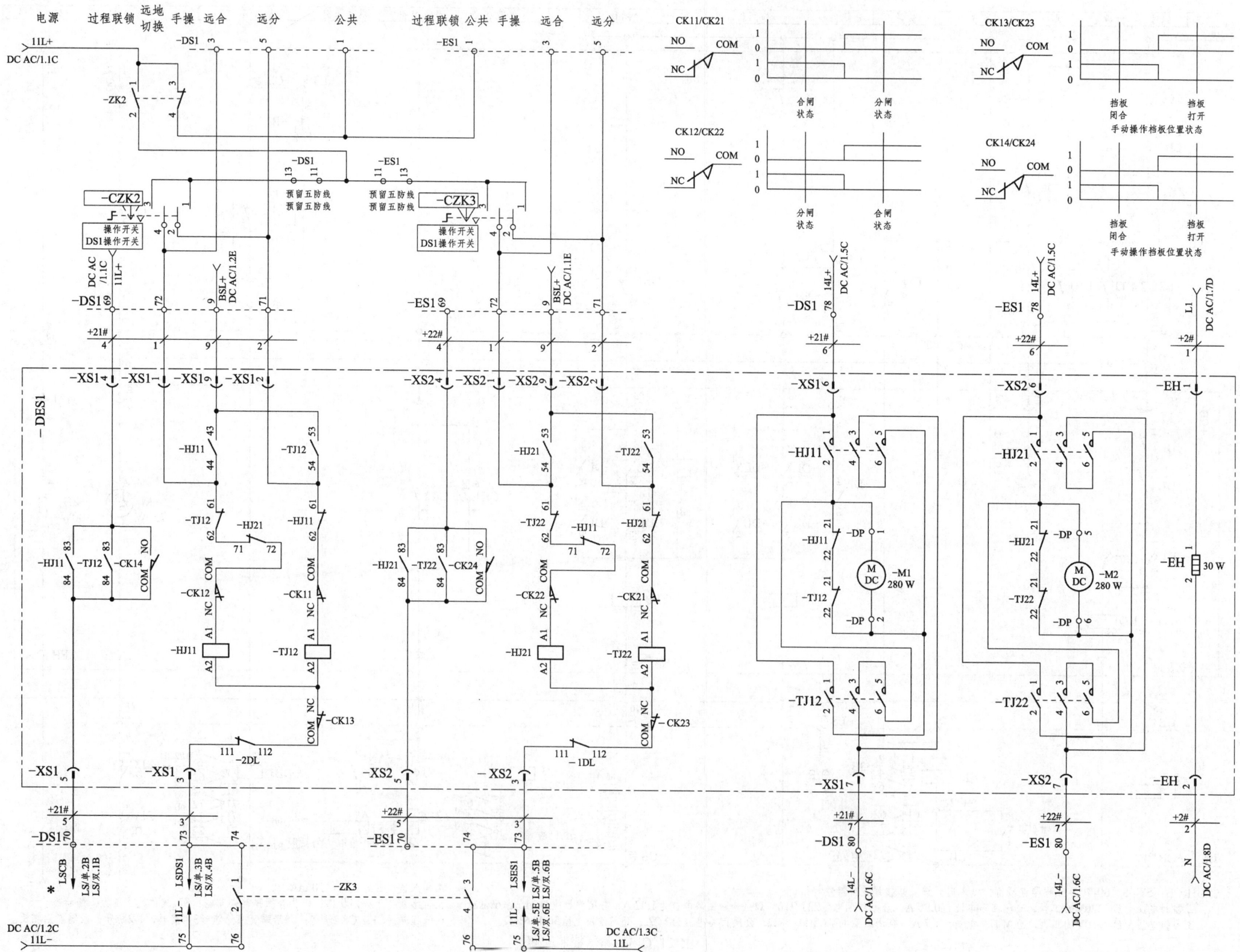

图5.31 GIS三工位开关控制回路